汉字孳乳之大法

转注论

（增补本）

孙雍长　著

语文出版社

韩山师范学院科学研究著作出版资金资助

目　录

增补版自序

拙著《转注论》认为，“六书”中的“转注”并非“用字之法”，而是“造字之法”，而且是汉字孳乳之大法。简单地说，“转”就是“移”，“注”就是“附”，“转注”就是将一个“转注原体字”移附授注到一个“类首”的形体上的一种造字之法，换言之，也就是对一个“转注原体字”加注一个“类首”符号（即意符）的造字之法。这种造字过程所包含的原理和法则，便是“转注”造字法。这种造字法所产生的背景是：汉字经过初创阶段后，原有的一些企求形义密合的造字法难以再造新字，“假借”之法应运而生，然而，字少事繁，一字多用的负担过重，表义歧向性的弊端越来越突出，必然给文字的使用和认读带来困难。于是就采用“转注”法给“假借字”加注“类首”符号以标示其代表的某一意义范畴，从而孳乳分化出代表某一假借义（包括引申义）或原来的本义的专用字。所以，明确而简单地说，“转注”其实就是今天的文字学家们所关注和常常提到的“加注意符”式的造字法。

本书的研究在理论上力求作出如下创新之尝试：（一）对客观存在的造字法则、规律与后人研究汉字而归纳出来的“六书”理论这二者之间的渊源关系及其异同性进行慎思明辨，廓清是非。将“造字法则”和“六书”理论明确分开，指明“六书”作为“造字之本”，在汉字的创制历史中早已客观存在，“六书”的真谛和“转注”造字法则的实质，只有在汉字产生和发展的实际过程中才能得到正确的理解和认识，如此看问题，才能正确地奠定研究“六书”及“转注”问题的理论基点。（二）提出汉字的“造字法则”与“结构类型”并不是一种简单的对应关系的观点和理论。本人认为，要正确认识“转注”，看问题的着眼点应当首先放在汉字产生与发展的历史背景上，而不应首先放在汉字的形体结构上。我们不能以静止的、共时的结构类型说来解释甚至取代旨在揭示汉字创制之规律法则的六书说。汉字的结构固然形成于造字之法，但结构类型与造字法则并不是一种简单的对应关系。结构类型上的“形声字”，并非只是“以事为名，取譬相成”的“形声”造字法所造出，而是由“转注”（而且主要是“转注”）、“形声”以及传统“六书”说实未能赅括的“加注音符”、“改换意符”、“改换音符”等方法所共同造出。把结构类型上的形声字与六书说中的“形声”造字法完全等同起来，是千百年来“转注”不明的主要症结所在。从此观点出发，笔者重新检讨了在文字学界和训诂学界都颇有广泛影响的“四体二用”说，明确指出和批评了该学说在方法论上的严重缺陷，即脱离汉字产生、孳乳的历史过程的实际，简单地、非历史主义地从共时态的汉字结构类型现象来反求造字之法，乃至最后用结构类型说来取代六书说。（三）视“六书”研究为一整体，在论述“转注”问题时力求从理论和实际分析中划清“转注”和“形声”之界限。笔者认为，“形声”造字既要求“以事为名”，又要求“取譬相成”，很显然，这种造字法则，在需要为之造字的那些语词原则上尚无文字来代表的情况下，必须同时提供“名符”和“音譬”这两大构形要素，所以它完全是一种创制新字的方法，而“转注”只要“建类一首”，转注原体字是固有的，所以实际上它只是一种改造旧字的造字方法。（四）在论述“转注”问题的同时，还力求拨正以往“六书”研究中的一些错误观点和认识。例如，关于“六书”的次第，人们一般都认为是先有“象形”，然后有“指事”、“会意、“形声”，再后有“转注”，最后才有“假借”。笔者则指出，许慎的“六书”说以“指事”居首，是符合汉字产生的实际情况的，因为这正如裘锡圭先生所说：“人们最先需要为它们配备正式文字的词，其意义大概都是难于用一般的象形方法表示的。”而关于“假借”与“转注”的关系，笔者更着重强调，根据对汉字历史的考察，“转注”造字并非如章太炎所说是产生于“假借”之前，而是产生于“假借”之后；不是“假借”为节制和补救“转注”而生，而恰恰相反是“转注”为节制和补救“假借”而生。而“形声”则是最后形成的一种造字之法。所以，“六书”之次第应当是“指事、象形、会意、假借、转注、形声”。又如，关于“形声”造字法定义“以事为名”之“名”，以往人们都是按照清代学者段玉裁的解释认为是“字”的意思，笔者则指出此“名”不当训为“字”，而是名号之“名”的常义。否则，以“名”为“字”，落实到“以事为名”这句话，便难以作出切实的解释。诸如此类的理论见解，在书中虽是附带谈及的问题，但也体现了笔者所关注的文字学之研究与训诂学之运用的思维一致性、方法论上所应具有的系统整体性。

所以，请恕我不厌其烦地重申，关于“转注”，我始终坚信这么两点：第一，汉代学者尤其是许慎，他们所认识到的“转注”其实就是我们后世学者所讲的“加注意符”，这是一种很重要的“造字之本”，而不是“用字”问题，更不是什么“识字条例”（当然，后人可以把“六书”运用于识字，但这决非“六书”理论之本旨）。我们后世学者能看到汉字创制历史过程中所客观存在的大量的“加注意符”现象，而去古未远的汉代学者尤其是“五经无双许叔重”反倒一无所知，岂会有此咄咄怪事？其实问题很简单，我们今天讲“加注意符”，前人则言“转注”，只是说法不同罢了。第二，今天我们研究汉字构形问题，在名称上可以不用“转注”，在理论上也可以回避“转注”；但是，作为汉字学学术史的研究，作为一个重要的学术问题，“转注”是不应该回避的，而且也是无法回避的。对汉代学者尤其是许慎于“转注”之认识不作出实事求是的评介，也是非常不公允的。

当然，前人自有其不足。由于条件所限，许慎没有很好地使用西周的金文材料，其《说文》所收的“古文”、“籀文”多是战国时代的文字，于甲骨文字许氏容或更无所知。所以，后世学者于许氏之缺失所作的补苴工作，还是颇有意义的。除了本书所论述过的孙诒让等学者的见解之外，值得再提出的还有，如吴大澂的《说文古籀补》、强运开的《说文古籀三补》、商承祚的《说文中之古文考》等著述，对于我们认识“转注”问题都是大有裨益的；只是因为他们的研究不是为六书之“转注”而作，所以拙著《转注论》也没有作专门介绍。这里姑且列举吴氏的一些见解，以示其一斑：

古器通用之字，有与许书诂训不合者，如“且”为“祖考”字，……“屯”为古“纯”字，“賞”为古“償”字，“井”为古“邢”字，“者”为古“诸”字，“生”为古“姓”字。（吴大澂《说文古籀补·凡例》）

“示”，古文以为“祁”字。（《说文古籀补》第一）

“畐”，徐同柏曰：古“福”字。（《说文古籀补》第一）

“冒”，古“瑁”字不从“玉”。（《说文古籀补》第一）

“屯”，古文以为“纯”字。（《说文古籀补》第一）

“每”，古文以为“敏”。（《说文古籀补》第一）

“熏”，“纁”字重文。（《说文古籀补》第一）

“枼”，古文“葉”不从“艸”。（《说文古籀补》第一）

“君”，古文以为“群”字。（《说文古籀补》第二）

“命”，古文“命”、“令”为一字。（《说文古籀补》第二）

“令”，古文以为“命”字。（《说文古籀补》第九）

“各”，至也。今经典通作“格”。(《说文古籀补》第二)

“厤”，古“歷”字。(《说文古籀补》第二)

“叚”，古“遐”字。(《说文古籀补》第二)

“屖”，古文以为“遲”字。(《说文古籀补》第二)

“古”，古文以为“故”字。“古”，古“故”字。(《说文古籀补》第三)

“者”，古文以为“诸”字。(《说文古籀补》第三、第四)

“戠”，古“識”字。《诗》“織文鸟章”，“織”，徽织也。旗之有识者曰旗幟。从“糸”、从“巾”、从“言”，皆后人所加。(《说文古籀补》第三)

“乎”，古文以为“呼”字。(《说文古籀补》第三)

“異”，古“戴”字。(《说文古籀补》第三)

“取”，古文以为“娵”字。(《说文古籀补》第三)

“寺”，古“持”字。(《说文古籀补》第三)

“啇”，古“敵”字省“攴”。(《说文古籀补》第三)

“爰”，古“鍰”字不从“金”。(《说文古籀补》第四)

“會”，古“膾”字。(《说文古籀补》第四)

“朿”，古“策”字不从“竹”。(《说文古籀补》第四)

“丂”，古文以为“考”字。(《说文古籀补》第五)

“豈”，古文以为“愷”字。(《说文古籀补》第五)

“井”，古文以为“邢”字；古文以为“刑”字。(《说文古籀补》第五)

“井”，古“邢”字不从“邑”。(《说文古籀补》第六)

“鄉”，古“饗”字。(《说文古籀补》第五)

“𩫏”，古“郭”字。(《说文古籀补》第五)

“才”，古文以为“在”字。(《说文古籀补》第六)

“生”，古文以为“姓”字。(《说文古籀补》第六)

古“國”字作“或”。(《说文古籀补》第六)

“或”，古“國”字，从“戈”守“口”，象城有外垣。(《说文古籀补》第十二)

“化”，古文以为“货”字。(《说文古籀补》第六、第八)

“豐”，古“酆”字不从“邑”。(《说文古籀补》第六)

“奠”，古“鄭”字不从“邑”。(《说文古籀补》第六)

“甘”，古“邯鄲”字作“甘丹”。(《说文古籀补》第六)

"登"，古"鄧"字。(《说文古籀补》第六)

"取"，古"郰"字不从"邑"。(《说文古籀补》第六)

"曾"，古"鄫"字不从"邑"。(《说文古籀补》第六)

古"游"字作"斿"。(《说文古籀补》第七)

"吕"，古文以为"铝"字。(《说文古籀补》第七)

"白"，古文以为"伯"字。(《说文古籀补》第七)

"白"，古"伯"字。(《说文古籀补》第八)

"中"，伯仲之"仲"古作"中"。(《说文古籀补》第八)

"立"，古"位"字。颂鼎"王各大室，即立"，"立"当读"位"。(《说文古籀补》第八)

"立"，古文以为"位"字。(《说文古籀补》第十)

"乍"，古"作"字。(《说文古籀补》第八)

"乍"，古文以为"作"字。(《说文古籀补》第十二)

"多"，古"侈"字不从"人"。(《说文古籀补》第八)

"雚"，古"觀"字。(《说文古籀补》第八。雍长案，强运开谓假为"祼"字，以吴氏释"觀"为误。见强运开《说文古籀三补》第一"祼"字条)

"堇"，古"覲"字。(《说文古籀补》第八)

"悳"，陈侯因资敦"悳"字，不从"彳"，亦晚周文字矣。(《说文古籀补》第十)

"冬"，古文以为"终"字。(《说文古籀补》第十一)

"冬"，古"终"字。(《说文古籀补》第十三)

""，古"雷"字，累累如连鼓。(《说文古籀补》第十一)

"異"，古文以为"翼"字。(《说文古籀补》第十一)

"不"，古文以为"丕"字。(《说文古籀补》第十一)

"睪"，古"择"字不从"手"。(《说文古籀补》第十一)

"生"，古文以为"姓"字。(《说文古籀补》第十一)

""，古"妣"字。与父相比，右为父，左为。古文不从"女"。(《说文古籀补》第十一。雍长案，后加"女"作""，又改"匕"为"比"而作"妣"。)

"也"，古文以为"匜"字。(《说文古籀补》第十一)

"己"，古"纪"字。(《说文古籀补》第十三)

"内"，古"纳"字。(《说文古籀补》第十三)

"才"，古"在"字。(《说文古籀补》第十三)

"尚"，古"當"字。(《说文古籀补》第十三)

"彊"，古"疆"字。从"弓"，从"畕"；"一"者，田界也。……古者以弓纪步。(《说文古籀补》第十三)

"易"，古"锡"(赐)字。(《说文古籀补》第十四)

"且"，古文以为"祖"字。(《说文古籀补》第十四。强运开《说文古籀三补》第一："''，祖癸角。运开按，此'祖'字之最古者，盖象木主形；从'示'乃后起字。")

"酉"，古文"酒"与"酉"同。"酉"，古"酒"字。(《说文古籀补》第十四)

中国文字学萌芽于周秦，创立于两汉，而以许慎《说文解字》的问世为文字学建立之标志。本书论证"转注"为六书造字之本中的大法，将"加注意符"这一十分重要的构形模式恢复到"六书"说中的固有地位，可以为人们正确介绍、全面评价汉代文字学的历史成就提供更充分的事实依据。

论证"转注"为造字之大法，"六书"皆"造字之本"，目的只在给汉代文字学以应有的历史评价，并充分展现中国传统文字学所业已取得的成就。这并不意味着笔者认为传统"六书"说是完善的文字学理论。由于历史时代的局限，汉人的"六书"理论未能将殷、周时代汉字的创制法则、规律全面地揭示出来，所以现当代中国文字学家的研究成果自有其高出于传统文字学之上者。

《转注论》出版以来，一直都还能不时受到学界同仁的关注，这是很使区区之心有所欣慰的。尤其要特别感谢的是，早些年前有安徽大学黄德宽教授撰专文(《汉字理论研究的重要进展——评孙雍长〈转注论〉》，载《语文建设》1994 年第 7 期)评介本书，认为"《转注论》对'转注'的研究是一个令人欣喜的成果，'转注'这一文字学史上长期悬而未决的问题，经孙氏的探索取得了重要进展，甚至可以认为已接近于真相大白"，"对这样一部学术著作，语言学界没有理由不予重视"。近年又有西南大学方有国教授撰文(《六书"转注"补说》，载《汉字文化》2008 年第 4 期)说："经过古今众多学者的不断研究，有关六书'转注'的真正含义，在今天有了突破性的认识，其中孙雍长先生《转注论》一书的观点最值得注意，这部专论六书'转注'的著作，深入考察了'转注'及其一系列相关问题，揭示了'转注'造字法的真实原理，'转注'是造字法的观点，庶几可以重新确立起来。"

当然，学界同仁在肯定本书的同时，也提出了一些批评性的意见，这更是应当感谢的。

本书最初出版（岳麓书社）仅印了一千册，不能满足读者和学术界的需要。近二十年来，大专院校文科学生及学界同仁，都不断有人索求本书，要求笔者修订并再版本书。此次得以增订再版，实在非常感谢现今聘用我为特聘教授的韩山师范学院，感谢语文出版社。还必须说出的是，岳麓书社和河北教育出版社也都曾愿意再版本书，而最后却未能将书稿交给他们，在此也表示感谢，更要表示歉意。

对传统文字学理论——“六书”，尤其是其中的“转注”问题，我从一九七九年即开始有所思考，到岳麓书社于一九九一年最初出版《转注论》，再到语文出版社而今再版本书，岁月忽忽三十年，世事沧桑，直使人感慨万千。在此特别值得一提的是，王显先生已经作古，这是一位我所认识的最值得敬重的长者！王显先生的人品之高、气度之大，是我所认识的长者中的独一无二的。有两件事我至今记忆犹新，至今一想起便感慨不已。原先我并不认识王先生，第一次见到他是在一九八二年我研究生毕业后刚到湖南师范学院（现在的湖南师范大学）工作不久的时候。当时周秉钧先生邀请王显先生到湖南师范学院古汉语研究室作一个小型学术讲座。王先生讲到《诗经·周南·汉广》篇，于《汉广》原文头两句以“南有乔木，不可休思；汉有游女，不可求思”为说。其实，“不可休思”本为“不可休息”，而其中“休息”二字，今各家注释本、选读本，以及各种辞书引《诗》，几乎都作“休思”，以“思”为语助词。王先生当时也是按“休思”来讲的。恰好当时我正在研读《诗经》，对《汉广》篇这头一句到底是“不可休思”还是“不可休息”作过一点思考，认为应当是“不可休息”。所以，当王先生讲到这里的时候，我就向王先生提出了不同意见，以至当场争执得王先生与我都面红耳赤了。王先生那时已是教授（研究员），我是位讲师；王先生那时已是近六十岁的长者，我是四十刚出头的“中青年”。然而我们都是吃辣椒的湖南人，彼此都没有想到自己的身份和年龄，尤其是我一争论起来就更是肆无忌惮，甚至站了起来说得非常慷慨激昂、“底气十足”，让王先生都不知该说什么了。后来还是周先生制止了我，非常严厉地批评我说：“孙老师，可以了，你不要再说了。王先生是我们请来讲学的，你要客气点！”我一听，可不是！便没再说什么，但心里却一下子兴起了无名的愧疚之情和担心之虑，心想：“完了，我算是把王先生彻底得罪了！”然而后来事情却并不像我所担心的那样，王先生回到北京后，即给我写来一封信，肯定了我的看法，还鼓励我写成文章。后来拙文《〈汉广〉“休息”辩》（载《文学遗产》增刊十七辑，中华书局，1991）就是这样产生的。第二件事就是对“转注”问题的看法，那是1987年在中国语言学会第四届年会（广州）上，我宣读的论文是《“转注”——汉字孳乳之大法，兼及“形声”拨乱》，恰好我与王显先生分在一个小组（当时在一个小组的还有郭良夫先生）。王先生是笃信“四体二用”说的，所以又与我争执得面红耳赤了。不过这一次因为我与王先生已有了那第一次的“不打不相识”，与王先生已经认识了，对王先生已经有所了解了（自那第一次长沙的争执之后，王先生的人格与气度深深感动了我，所以后来我只要去北京，都会去拜访王先生），自然再没有什么“担心之情”。这第二次争执之后，王先生回到北京后也是给我写了一封长信，又是肯定了我的看法，还说自己“看来是要放弃‘四体二用’之见了”。王先生这样的长者，这样的气度，这样的提携后学，也许是我交游太狭窄，反正我是再没有遇到更胜过他的了！相反，这比起那不管你平时如何尊重他、如何热情敬待他，只是不知在什么时候什么事情上不小心“得罪”了他，便直欲以如来佛的五指山压住你让你永世不得翻身（其实如来佛的五指山还并没有如此）的那种小肚鸡肠、虺蝎之心的“长者”来，我真不知该说什么了。所以，我是格外尊重、格外怀念王显先生啊！嗟乎！逝者如斯，哲人不再。

孙雍长

于韩山师范学院西区辉通苑　2009.11.18

初版自序

对“转注”已经争论了千余年，但作为一个学术问题，众说纷纭、莫衷一是者恐怕莫过于此了。因此，在当今文字学界，不少人对“转注”问题便采取一种简单的回避态度，甚或一提到“转注”便似乎有些烦腻，认为没有必要再讨论。我以为，传统“六书”说中的“转注”如果的确是一个误区，果真无关于汉字创制的法则规律的话，今天不再理会它，倒也未尝不可；然而，在我国文字学史上，倘若前人实在业已认识到“后增偏旁另造专字”的现象即是“转注”，而我们却不予肯定，这便有失公允。可以说，要研究汉字的创制，要正确评价汉人的“六书”理论，要如实反映中国文字学史，“转注”实在是一个至关重要、不应回避也无法回避的问题。

通过对汉字历史的具体考察和对传统“六书”理论及其相关学说的认真研究，我清楚地认识到，在通常所说占汉字百分之九十以上的形声字中，其中大多数并非由“以事为名，取譬相成”的“形声”造字法所产生，而是由“建类一首，同意相受”的“转注”造字法所造出。一般所说的形声字，只是就其共时的、静止的结构类型而言，其实它们有着不同的来源。不谈“六书”问题时，不少人都能看到，大多数结构类型上的形声字是通过“加注意符”的方法创制出来的；但奇怪的是，一旦讨论到“六书”理论，人们对“加注意符”这一极其重要的构形模式便视而不见、避而不谈了。对“转注”我没有什么玄僻的解释，我只是论证了“转注”即是“加注意符”，并由此得出了一个应该说是符合汉字发展规律的重要结论：汉字孳乳繁衍之大法，即最能产的造字法，并不是“形声”，而是“转注”。

要正确认识“转注”，着眼点应当首先放在汉字创制的历史背景上，而不是首先放在汉字的形体结构上。我们不能以静止的、共时的结构类型说来解释乃至取代旨在揭示汉字创制之规律法则的“六书”说。汉字的结构固然形成于造字之法，但结构类型与造字法则并不是一种简单的对应关系。以往，不少人把结构类型上的形声字与“形声”造字法完全等同起来，认为形声字就必定是“形声”造字法所造出，这实在是一种误会。也有些学者虽然看到了“加注意符”即是“转注”，但却最终未能使自己的理论得以确立，一个重要原因便是苦于“转注”与“形声”的纠缠。我以为，“转注”与“形声”作为两种并存的造字之法，无论在造字原理还是造字过程上，都应有其不容淆混的畛域界限。如果不能从造字法则的性质特征上来求得二者的区分，“转注”作为“六书”之一的真实地位便永远不能得到确立。

研究“转注”还有一个容易使人感到苦恼的问题，即如何与许慎“六书”说的原意保持一致，而不是借前人的理论来为自己另立新说。这一点自然是十分重要的，我相信自己的研究是遵守了这一条原则的。当然，事实上是否果真如此，不是自己说了算，只能静候学术界和学术历史之发展的公正裁判。不过我觉得，对于前人的学说，以历史唯物主义的态度，是则是之，非则非之，这与尊重其原意似乎不是背道而驰。

我质性钝鲁，无敏才壮思，对“转注”的考虑虽酝酿了十多年，却始终感到未尽如人意。在七十年代末期，我回到阔别十余年的母校北京师范大学，跟随萧璋先生攻读训诂学硕士学位，许嘉璐先生协助萧先生辅导我们。毕业前一年考虑学位论文的选题时，我即想写“转注”，但仲珪师、若石师都劝阻我，说这个问题争论太大，不如留待以后再研究。我接受了老师的意见，但私下里还是把自己对“转注”的主要看法记了下来，写成了一篇近万字的提纲，可以说那就是我的这部《转注论》的初稿了。研究生毕业后，我到湖南师范学院（今湖南师范大学）工作，“转注”问题一直萦绕在我心中。到了1987年，因为要参加中国语言学会第四届年会（广州），便对“六书”重新作了一番系统思考，提交了一篇两万多字的论文，题为《“转注”——汉字孳乳之大法，兼及“形声”拨乱》，那便是这部《转注论》的第二稿。当时，商务印书馆的郭良夫先生鼓励我写成专著，中国社科院语研所的王显先生则要我把论文整理一下交给他，准备收进《古汉语研究》论文集由中华书局出版。于是，从广州回来后，我又作了一次修改，寄给王显先生的便是五万多字的第三稿了。由于出版事业走入低谷，王显先生所编辑的论文集终未问世。虽然如此，我还是非常感谢王先生的关心和支持。就在第三稿寄交王显先生以后，我仍然没有停止对“转注”的思考，所以又曾把复印本呈奉我的老师萧璋先生和俞敏先生审阅，仲珪师和叔迟师都给我提出了宝贵意见，其间也曾聆听过嘉璐师的指教。在此基础上，我又全面进行了修改，补充了许多新内容，变成了近十万字的第四稿。今年年初，就在岳麓书社通过这一书稿的选题计划时，我又给北京大学裘锡圭先生写了一封请求指正的信。幸蒙裘先生不弃，愿意拨冗审读。我异常高兴，马上把书稿的主要部分复印了一份寄呈给裘先生。裘先生在百忙中抓紧时间看完了我寄去的复印件，及时给我回了一封长信，从研究的原则、方法到字句、引文的校勘，提出了二十多条重要意见。为此，我对第四稿又作了一次反思，从观点内容到篇章结构都进行了必要的修改和调整。所以，读者见到本书时，其实已经是第五稿了。十来年间，断断续续的研究，越是深入下去，越是感到自己学识的不足。学术研究旨在追求真知，我恳切地期待着学术同仁的严肃批评。让我在此谨向郭良夫先生、王显先生、仲珪师、叔迟师、嘉璐师，尤其是在百忙中为我审阅第四稿的裘锡圭先生，向所有关心我的研究的亲密学友，表示我的感激之情。

当今学术著作出版之艰难，人所共知，而岳麓书社肯出版我这本专到只谈一个问题的小小专著，其扶植学术的热忱和勇气，不仅使我本人永怀感激，相信也会使广大学术界为之钦佩不已。在此，我谨向岳麓书社的领导和同志们，致以崇高敬礼！

孙雍长

一九九一年三月二十二日

于湖南师范大学文史研究所

第一章 “六书”皆造字之法

一、“六书”法则客观存在

关于“六书”的性质，在我国文字学界一度流行着这样一种观点：不是由什么人预先定好“六书”，人们才依照来造字，“六书”之名只是后人归纳而立。在赞同“四体二用”说或其他理论的人之中，持此看法尤为普遍和突出。例如，清人吴颖芳说：“古人造字，未尝胸中排列六书，曰吾将取‘指事’、‘象形’，吾将取‘形声’、‘会意’、‘转注’、‘假借’，及其字成，无不合于六书者，是以‘转注’、‘假借’即在四者之中。”① 今人马叙伦说：“六书者，乃后人研求文字，归纳而得其构造，可分六类，固非先立此六法以造文字也。”② 梁东汉说：“‘六书’是后人归纳出来的六种造字的条例，并不是先有‘六书’，然后才有文字。”③ 这类论点和说法，表面看来无可非议，因为，说“六书”并非由人预先所定显然是对的，“六书”之名是由后人归纳而立的事实也必须承认。然而，在这类论点和说法的背后，却往往暗含着一个并非正确的结论，这就是：“六书”不是什么造字的法则，古人造字只是任意而为，千千万万的汉字被创制出来之所以合于“六书”，不过是后人分析、归纳的结果。马叙伦还说过这样一番话：“我们中国文字的来源，既然就是图画，图画因为艺术的关系，有所谓‘画法’，它的本身，不过是点线集合成面成体，要紧的只是被画出来的东西象不象它。例如古人说的‘画蛇添足’，那就不象一般的蛇了。所以唯一的只是许慎所说的，‘画成其物，随体诘诎’罢了。那末，为什么《周官》‘保氏掌养国子，教之以六书’，《汉书·艺文志》说‘谓象形、象事、象意、象声、转注、假借，造字之本也’？我们当然晓得，‘象形’、‘象事’、‘象意’、‘象声’、‘转注’、‘假借’六个名词，固然是后来的人

① 吴颖芳：《六书理董》。

② 马叙伦：《说文解字六书疏证》卷二十九。

③ 梁东汉：《汉字的结构及其流变》第152～153页，上海教育出版社，1959。

追加的，就是这六种造字的方法，也不是造字的以前预先定下的。创造文字的人，并没有设计造这样的六书。象形文字本是图画，我们中国秦、汉以前的图画，就在金文里看见，有些幼稚的图画，直和现在小学生的图画一般。这也不独我们中国如此，我们看了葛劳德《字母的故事》里面引载的各种古代民族的图画，也是同样的。那么，可以推想到所谓'仓颉见鸟兽蹄迒之迹，知分理之可相别异也，初造书契'，也不过如此如此。那么，断不会预先定下这六种造法。况且转注和假借更看不见他们有什么造法。所以晓得这是后来研究的人们，用分析的方法假定出我们中国的文字，有这样的六种。可以说发明了它们相当的规则，给我们研究的人们一种便利。"① 在这里，马氏也是强调"六书"之名"是后来的人追加的"，"不是造字的以前预先定下来的"，当然都正确。但是，一方面说"六书"是"后来研究的人们，用分析的方法假定出我们中国的文字有这样的六种"，一方面又说"这六种造字的方法"如何如何，这就给人造成了认识上的混乱。因为无需作过细的分析，我们也能察觉出这两种提法在概念上的冲突和矛盾："六书"既然是"后来研究的人们""假定"出来的"六个名词"，自然与造字问题不存在直接的关系；既然承认是"六种造字的方法"，那就不管是否有人把它们"假定"出来，都应当是一种客观存在。马氏拿文字与图画相比傅，说"图画因为艺术的关系，有所谓'画法'"，我们不知道，这所谓"画法"，究竟是指"后来研究的人们用分析的方法假定"出来的呢，还是指图画艺术本身所存在的一些基本法则？不过，马氏既然也强调"它的本身，不过是点线集合成面成体，要紧的只是被画出来的东西象不象它"，"所以唯一的只是许慎所说的，'画成其物，随体诘诎'罢了"，那么，看来这"画法"便应当是客观存在的了。

所以，关于"六书"的性质问题，有两个概念必须分清，一个是"六书"法则，一个是"六书"理论。所谓"六书"法则，应当是指在汉字产生和发展的历史过程中所客观存在的有关造字标词的法则和规律，也就是先民们在创造汉字的实践过程中所自然形成的有关汉字创制的种种思维模式。所谓"六书"理论，则应当是指后世文字学家对汉字创制的客观法则的一定认识和解释。认为"古人造字，未尝胸中排列六书"，"不是先有'六书'，然后才有文字"，这样看问题，显然是把

---

① 马叙伦：《中国文字之源流与研究方法之新倾向》，载《马序伦学术论文集》，科学出版社，1958。

文字学上“六书”理论的出现与汉字创制过程中造字标词的法则及规律的客观存在混同起来了。

“六书”之名目和理论，固然产生于后人的研究和归纳，但这研究和归纳并非凭空而来，而是有着它切实的一定的客观基础。这一客观基础，也并非仅仅是体现在千千万万业已被造成的汉字的形体结构上，更重要的是，它即存在于历史上先民们创制汉字的实践过程之中。“六书”本身决不仅仅只是后人所归纳的名目和条例的问题，它的实质，它的真实存在，乃是伴随着汉字的产生和发展而客观形成起来的有关造字标词的规律法则，有关造字标词的思维模式。换言之，在文字学上“六书”名目和理论产生之前，在《周礼》载入“六书”之名以前，在周官保氏为国子开设的“六书”教学之前，“六书”作为“造字之本”，在汉字的创制历史中早已客观存在。“六书”的真谛，只有在汉字产生发展的实际过程中才能得到正确的认识。

“六书”法则客观存在，这一点，清代有些学者倒有过难得的认识。例如，江声说：“六书之名见于《周礼》，其说详于叔重，然其所从来也远，当不始于周而始于造字之初。”① 说“六书”之名见于《周礼》，其说“详于叔重”，显然是指“六书”理论；说“六书”“不始于周而始于造字之初”，则是指“六书”法则了。所以王鸣盛也说：“六书……仓颉已备，但其名则至周始定。”② 近人章太炎则说得更确切：“六书者，古有其实，周定其名。”③“仓颉”与“周定其名”的问题固当别论，认为“六书”“古有其实”，认为“六书”之名被提出和确定之前，“六书”作为造字之法则“已备”于汉字产生和发展的实际过程中，这样认识问题无疑是正确的。这类见解，与汉人认为“六书”为“造字之本”的观点也是一致的。

不管文字学上的“六书”名目及其理论是否出现，也不管有关汉字创制的正确理论究竟应当是“六书”说、“四体二用”说，抑或是“三书”说，汉字之初创及其孳乳繁衍的法则规律，汉民族创制文字的基本思维模式，都是客观存在的。虽然不是由谁先定好“六书”名目，人们才依了来造字，但人们创制文字并非随心所欲，任意而为，他们不可避免地要受着一定法则的制约，受着一定思维模式的支配。这也是必

---

① 江声：《六书说》。
② 王鸣盛：《蛾术编》。
③ 章太炎：《文始·叙例》。

然的、无可怀疑的历史事实。文字的本质在于约定俗成，这“约定俗成”，首先便体现在造字的过程之中。离开本民族、本群体的一定的思维模式而去随心所欲地创制文字，便无法得到“约定俗成”的确认，便不能成其为文字。造字之法则并非一定要由人预先规定出来，向大家宣教一番，人们才接受、才懂得。倘若如此，那就谈不上是客观存在。不必传授“画法”，两三岁的儿童也会把太阳画个圆圈（或者加上向四周散射的线条代表光芒），把弦月画成半弧，画人头少不了要画上嘴和眼睛，画公鸡总要突出它的长尾和高冠。凡此之类，画物力求肖其形，这便是“画成其物，随体诘诎”的一种客观法则，一种普遍存在的基本思维模式。如果指着所画的圆圈说是“日”，指着半弧说是“月”，指着人头之形说是“首”，指着公鸡之形说是“鸡”，它们在群体之中传播开来，并得到了群体的认同和一致的应用，这岂不便是创制文字？“造文之初，即是作画，务似其形，故‘日’象四时之无亏，‘月’状弦魄之有缺也”①，这种具有共同规律性的造字构形的方式和原则，岂不便是造字之法？汉字的数量成千上万，且非一时一地一人所创制，倘若没有一定客观法则的制约，没有一定构形模式的同一趋势，又如何能够被“后来研究的人们用分析的方法”归纳出种种“条例”来？②

二、“六书”说是对造字法则的研究

对于汉字创制的理论研究，在我国很早就已经开始了。其中历史悠久，影响深远，堪称研究汉字构造之奠基理论的，便是“六书”说。

“六书”一词，最早见于《周礼》。《周礼·地官·保氏》在谈到周代保氏官用来教育贵族子弟的“六艺”科目时，其中有“六书”一项内容：“保氏掌谏王恶，而养国子以道，乃教之六艺；一曰‘五礼’，二曰‘六乐’，三曰‘五射’，四曰‘五驭’，五曰‘六书’，六曰‘九数’。”不过，“六书”的具体内容究竟是什么，《周礼》没有进一步的说明。东汉郑玄注《周礼》引郑众的话所作的解释是：“六书，‘象形’、‘会意’、‘转注’、‘处事’、‘假借’、‘谐声’也。”班固《汉书·艺文志》说：“古者八岁入小学，故周官保氏掌养国子，教之‘六

① 马叙伦：《说文解字六书疏证》卷二十九。

② “六书”法则的客观存在与“六书”理论的提出，犹如地球“万有引力”的客观存在与牛顿“万有引力”定律的提出。

书'，谓'象形'、'象事'、'象意'、'象声'、'转注'、'假借'，造字之本也。"许慎《说文解字·叙》则对"六书"的细目分别下了定义，并举了例字。

汉代的经学家分古文经学和今文经学两大派，《周礼》是古文经学的经典。郑众是郑兴的儿子，郑兴是西汉末年古文经学大师刘歆的弟子；班固的《艺文志》，则完全本于刘歆的著作《七略》；许慎受业于贾逵，而贾逵的父亲贾徽也是刘歆的弟子。很显然，上引三家的"六书"说实同出一源，均传自于刘歆。汉人重师承，他们的"六书"说尽管在名目和次第上有所不同，但总的来说不会有实质性的差异。

刘歆及班固明确指出了"六书"是"造字之本"。所谓"造字之本"，自然是就造字构形的客观规律和基本法则而言。许慎虽然没有直接提到"造字之本"，但从《说文解字·叙》完全可以看出，他实际上也是把"六书"作为造字之本来看待的。后世不少学者认为，许慎没有提"六书"是造字之本，这说明他不认为"六书"是什么造字之法。我们认为，这样看问题未免流于表面。我们且看看《说文叙》的有关论述：

古者庖牺氏之王天下也，仰则观象于天，俯则观法于地，视鸟兽之文与地之宜，近取诸身，远取诸物，于是始作《易》八卦，以垂宪象。及神农氏，结绳为治而统其事，庶业其繁，饰伪萌生。黄帝之史仓颉，见鸟兽蹄迒之迹，知分理之可相别异也，初造书契……仓颉之初作书，盖依类象形，故谓之"文"；其后形声相益，即谓之"字"。文者，物象之本；字者，言孳乳而寖多也。(依段注本)

在这一段文字中，许慎首先分析了汉字产生的文化渊源。他认为在未有汉字之前，我们的祖先曾有过八卦垂象和结绳为治的原始记事时代。后来，结绳统事的方法愈来愈不能适应"庶业其（极）繁，饰伪萌生"的社会需要，才继之有文字的产生。所以，作者接着指出了汉字产生的契机，指出了文字发明的心智源泉。仓颉作书之说固当别论，但认为初造书契是由"见鸟兽蹄迒之迹，知分理之可相别异"而受到启迪的结果，这样谈论问题，不是在探求"造字之本"又是什么？然后，许慎又向人们揭示了一条极其重要的、有关汉字构制的总规律，这就是：汉字初创是"依类象形"，其后孳乳繁衍是"形声相益"。这样谈论问题，不是在探求"造字之本"又是什么？正是在这番论述的基础上，许慎才展开对"六书"的详细介绍，他说：

《周礼》：八岁入小学，保氏教国子先以"六书"：一曰"指事"，指事者，视而可识，察而见意，"上"、"下"是也；二曰"象形"，象形者，画成其物，随体诘诎，"日"、"月"是也；三曰"形声"，形声者，以事为名，取譬相成，"江"、"河"是也；四曰"会意"，会意者，比类合谊，以见指㧑，"武"、"信"是也；五曰"转注"，转注者，建类一首，同意相受，"考"、"老"是也；六曰"假借"，假借者，本无其字，依声托事，"令"、"长"是也。

许慎对"六书"的这一段著名论述，其着眼点何在？我们不妨以"象形"和"假借"二书为例略作分析。许慎说："象形者，画成其物，随体诘诎。"这个"其"字是针对什么而言？它所指代的对象是什么？很显然，它不可能是指文字，倘若"其"字是指文字，"画成其物"这句话便有"不辞"之弊。我们认为，这个"其"字乃是指代语词，说得更确切一点，乃是指代语言中需要为之造字的那个语词。"其物"的"物"，便是指需要为之造字的那个语词所指称的某一客观之物；"随体"的"体"，则是指语词所指之物的形体。所谓"象形"，"象"者仿也，指仿像其形，也就是仿像语词所指之物的形体状貌来构造文字的意思；"画成其物，随体诘诎"正是对"象形"的具体说明，意思是按照语词所指之物的形体特征，运用弯转屈曲的线条笔划，把那语词所指物体之形貌描绘下来，以成为代表此语词之文字。"假借者，本无其字，依声托事"的"其"字也是这同样的用法，它同样是指语言中需要为之造字的那个语词。"依声"的"声"首先是指需要为之造字的语词的声音，然后才是指所借之字的读音，离开了需要造字的那个语词之"声"，假借之字的读音便失去了凭依的对象；所谓"本无其字，依声托事"，意思便是，这个语词原本无文字，只好按照其语音，假借一个音同或音近的字来寄托它的意义。通过这一简单的分析，我们足以看出，许慎论述"六书"的基本着眼点，主要在于语言中需要造字的语词，这是不容忽视的一个问题。所以，许慎究竟是否认为"六书"是"造字之本"，不应看他是否有直接的宣言，而应由他对"六书"问题的具体论述、他的整个文字观来体现。正如任学良所指出："许慎解释六书，都是从造字的方法立论的，所以每种字的论述都确切地描写了造字的过程和特点。"① 当然，许慎的"六书"定义并不都是明确地体现了这一点，如"视而可识，察而见意"便倾向于就字形立论，并未直接把"指事"造字之法从原则和手段上阐述出来，这是其不足之处。

---

① 任学良：《说文解字引论》第30页，福建人民出版社，1985。

还有一个重要问题值得注意。以往谈论“六书”，大家只是看到许慎对“六书”排列的次第不同于郑众和班固，至于为什么会有这种不同，却未予以必要的深究。而且，人们往往以许慎的“六书”次第为不然，认为当从郑众和班固以“象形”为“六书”之首。许慎的“六书”说把“指事”排在最先，而《说文解字》五百四十部立“一”为端，解释的第一个汉字是“一”字，“一”即是指事字。这种周密的一致性，说明作者是深有考虑的。而且，我们认为，《说文》五百四十部首立“一”为端，首先即介绍指事字“一”，决不能简单地认为这是许慎所受阴阳五行说影响的结果。我们还认为，不是因为《说文》首列“一”字，所以许慎的“六书”说才以“指事”居首。这二者固然是有因果关系，但《说文》体例不是因，而是果。换言之，正因为许慎认为“指事”当居“六书”之首，所以他才刻意编排了“立‘一’为耑”这一体例。问题在于，许慎为什么在“六书”次第上要一反师说的继承性，而让“指事”居“象形”之首。我们认为，这正是许慎文字观的一种体现，是他把“六书”看作六种客观存在的造字法则的充分反映。前面我们曾经谈到，《说文叙》首先所论述的便是汉字的起源问题，许慎告诉我们，在汉字产生之前，先有八卦垂象，继之又有结绳统事，结绳之后，才是“仓颉”初造书契。而“仓颉之初作书，盖依类象形，故谓之‘文’”。这意思很显然，“画成其物，随体诘诎”的造字之法形成于结绳统事之后。“一”字的构形为“指事”，而“指事”的本源恰在于结绳、契刻之类的原始记事。所以，许慎论汉字的起源先谈八卦结绳，然后才说“依类象形”的造字，论“六书”便是先言“指事”，次及“象形”。这种论述的严密一致性，正是作者文字观、“六书”观的体现。如果许慎不以“六书”为“造字之本”，便不可能形成他的这一独特的“六书”次第；其“六书”次第之所以以“指事”居首，“象形”退居第二，这显然意味着，他认为“指事”之法实源于八卦结绳，而“象形”之法不过是源于“见鸟兽蹄迒之迹”，所以“指事”之法实先于“象形”之法而产生。

大而言之，结绳、契刻与原始绘画均可视作原始记事。或以为，原始绘画当早于结绳契刻，故“象形”当先于“指事”。其实不然，作为文字的创造，“象形”未必能比“指事”更早，因为，“人们最先需要为它们配备正式的文字的词，其意义大概都是难于用一般的象形方法表示的，如数词、虚词、表示事物属性的词，以及其他一些表示抽象意义的词”①。所以，许慎“六书”次第以“指事”居首，倒是符合文字产生的一般规律的，这正如潘重规所言：“本来从心理分析，很难确定‘形’与‘事’的先后。许慎把‘指事’摆在‘象形’之前，一方面是按照浑括而分析的心理，一方面是根据文字发展的事实。象形字是由古代图画衍变而成的，指事字是由符号而成的。古代表达语言意思的工具，如同八卦结绳，都是简单的符号，正是指事字的前身，所以把‘指事’列在最先，是很合于文字演进的历史的。”② 至于王筠所论：“六书次第，似班书首‘象形’为是。《通志》曰：‘六书也者，象形为本。形不可象，则属诸事；事不可指，则属诸意；意不可会，则属诸声；声则无不谐矣。五不足而后假借生焉”，“六书次第，自唐以来，易其先后者，凡数十家，要以班书为是。‘象形’、‘指事’，皆独体也，而有物然后有事，故宜以‘象形’居首。”③ 这看似有辩，其实不过是皮傅之说。象形字固然是汉字体系形成的基础，但作为造字之法则，“象形”却未必形成于“指事”之前，这一点，已渐为有识见的文字学家所深思。许慎论“六书”以“指事”居首，虽受汉字起源传说之影响，但在客观上却是符合文字产生的一般规律的。

研究汉字，必须把造字法则与字形结构这两个虽有密切关系但并不相等的概念加以廓清和区分。汉代学者认为“六书”是“造字之本”，正是着眼于造字标词这一事实看问题而得出的一种认识，并非是指汉字的形体结构有六大类型。许慎著《说文解字》，他把近万个汉字的形体结构归纳为指事字、象形字、会意字和形声字四种基本类型，也正是对“造字之本”有足够的认识和他自己理解的结果。

应当承认，我国传统文字学中的“六书”说，业已归纳了汉字构造的基本法则，反映了汉字产生和孳衍的主要规律。如果我们能够正确理解“假借”和“转注”问题，尤其是“转注”问题，那么，汉人的“六书”说在文字学上的应有地位及其理论价值便可以得到实事求是的确认。当然，我们也应当看到，由于历史条件的局限，“六书”理论还不足以范围所有的汉字，还未能把以甲骨文、金文为主的古汉字的构形法则全面、细致地揭示出来。正是着眼于前一层认识，所以我们在此专门论述“转注”问题，希望求得恢复“六书”说在我国文字学史上的

---

① 裘锡圭：《文字学概要》第2页。

② 潘重规：《中国文字学》第40页，东大图书有限公司（台北），1983年再版。

③ 王筠：《说文释例》卷一。

应有地位；正是着眼于后一层认识，所以我们根据先哲时贤的研究成果，着眼于汉字创制的实际历史过程，又归纳了“绘形象物”、“烘托显物”、“标识指物”、“借形寓意”、“符号示意”、“比形象事”、“合字会意”、“加注意符”、“加注音符”、“音意合成”等十种有关汉字构形思维的基本模式，希望求得对“六书”说有所继承和发展。如果将汉人的造字理论与我们所归纳的有关汉字构形的十种基本模式加以比较，那么，“六书”说中的“象形”造字法即相当于我们所说的“绘形象物”，“指事”造字法即相当于“符号示意”，加上“标识指物”，“会意”造字法即相当于“合字会意”，“形声”造字法即相当于“音意合成”，“转注”造字法即相当于“加注意符”。至于“六书”说中的“假借”问题，如果着眼于先民们为语词谋求书写符号这一造字标词的初始事实，应当承认它也是一种造字法则（详后）；不过，“假借”毕竟是“依声托事”，它的造字手段不能产生出一种独立的文字结构来，所以就“构形模式”而言我们没有单独列出“假借”一类。至于我们所归纳的“烘托显物”、“借形寓意”、“比形象事”、“加注音符”这四种构形模式，实事求是地说，传统“六书”说是未能赅括的。如果认为“六书”说能够反映汉字创制的全貌，则如同否认汉人对“转注”造字所已取得的正确认识一样，都是不公允的。

三、“四体二用”说是对造字研究的倒退

“四体二用”说是在“六书”理论的基础上提出来的，提出这一学说的主观意图是想对“六书”说有所修正。首先把“六书”作出“体”“用”之分的人是乾嘉大学者戴震。但在戴震之前，明代学者杨慎曾提出“四经二纬”的看法，他说：“六书当分六体，班固云‘象形、象事、象意、象声、假借、转注’是也。六书以十分记之，‘象形’居其一，‘象事’居其二，‘象意’居其三，‘象声’居其四。‘假借’，借此四者也；‘转注’，注此四者也。四‘象’以为经，‘假借’、‘转注’以为纬。四‘象’之书有限，‘假借’、‘转注’无穷也。”① 杨慎说“六书当分六体”，是指“六书”有六大类别之分，这个“体”不等于清人“体”“用”之分的“体”。所谓“象形居其一，象事居其二”云云，也不是指“六书”次第，而是指把所有汉字的数量“以十分记

① 见杨慎《转注古音略》附《古音后语》（《丛书集成》本）。

之”，象形字、指事字、会意字和形声字这四种文字，大约各占十分之一、十分之二、十分之三和十分之四。杨慎是以转声（即同字异读现象）为“转注”的，其“转注”说当然与戴震的也不同。但是，他所说的“‘假借’，借此四者也；‘转注’，注此四者也。四‘象’以为经，‘假借’、‘转注’以为纬”的理论，则对乾嘉学者产生了很大影响。例如，“四体二用”说的信奉者王筠即说：“‘文’统‘象形’、‘指事’二体；‘字’者孳乳而寖多也，合数字以成一字者皆是，即‘会意’、‘形声’二体也。四者为经，造字之本也；‘转注’、‘假借’为纬，用字之法也。”①，“经纬”之说与“体用”之说的启承关系是很清楚的。只是，杨慎以转声为“转注”，其理论更趋于片面和狭隘，更失“转注”之本旨，所以对后世无法产生直接的影响。

戴震认为：“大致造字之始，无所冯依，宇宙间事与形两大端而已。指其事之实曰‘指事’，‘一’、‘二’、‘上’、‘下’是也；象其形之大体曰‘象形’，‘日’、‘月’、‘水’、‘火’是也。文字既立，则声寄于字，而字有可调之声；意寄于字，而字有可通之意。是又文字之两大端也。因而博衍之，取乎声谐曰‘谐声’，声不谐而会合其意曰‘会意’。四者，书之体止此矣。由是之于用，数字其一用者，如‘初’、‘哉’、‘首’、‘基’之皆为‘始’，‘卬’、‘吾’、‘台’、‘予’之皆为‘我’，其义转相为注，曰‘转注’；一字具数用者，依于义以引申，依于声而旁寄，假此以施于彼，曰‘假借’。所以用文字者，斯其两大端也。”②，从这一段论述可以看出，戴震也很想把汉字的造字之法与汉字的结构类型尽可能地结合和统一起来，这一点应该说是无可非议的。可是，他没有从汉字产生孳衍的历史过程中的实际情况来考察问题，而是简单地从共时态的汉字结构类型来反求造字之法，因为字体的结构类型似乎只有“象形”、“指事”、“会意”和“形声”四种，所以便把“六书”分为“四体二用”，认为“转注”、“假借”无关于字之体，只是用字问题，这在方法论上便走向了歧途。在戴氏看来，一种“字之体”便只能是一种造字之法所造出，如果谁提出在同一种字之体中可能有不同造字之法所造出的字，他就认为是破坏“六书”，使他感到“甚惑”。如此看问题，自然无法使得对于造字法则的认识和研究有所深入和拓展。

戴氏之说一出，其弟子段玉裁即大为弘扬，他说：“六书者，文字、

① 《说文释例》卷一。

② 戴震《答江慎修先生论小学》。

声音、义理之总汇也。有‘指事’、‘象形’、‘形声’、‘会意’，而字形尽于此矣；字各有音，而声音尽于此矣；有‘转注’、‘假借’，而字义尽于此矣。异字同义曰‘转注’，异义同字曰‘假借’。有‘转注’而百字可一义也，有‘假借’而一字数义也。……赵宋以后，言六书者胸襟狭隘，不知‘转注’、‘假借’，所以包括诂训之全，谓六书为仓颉造字六法，说‘转注’多不可通。戴先生曰：‘指事、象形、形声、会意四者，字之体也；转注、假借，字之用也。’圣人复起，不易斯言矣。”① 断言圣人复起，也不能推翻“四体二用”之说，可见其自信和崇奉的程度是何等之深何等之高。经过戴、段的唱和，“四体二用”说即广为人们所接受，在文字学界至今仍有相当影响。

以往谈到“四体二用”说时，人们只看到戴震和段玉裁的唱和，却没有注意到他们之间的一个颇大的差异。我们看到，戴震虽然提出了“字之体”的问题，但他同时也阐述了汉字产生和发展的基本规律。他认为，汉字的产生是“大致造字之始，无所冯依，宇宙间事与形两大端而已”，故或“指其事之实”，或“象其形之大体”；至汉字繁衍阶段，“文字既立，则声寄于字”而“取乎声谐”，“意寄于字”而“会合其意”。凡此，所谈到的还是造字规律方面的问题，尽管看法有很大片面性（如没有看到“转注”规律和法则的客观存在），但去“六书”造字的本旨尚不甚远。段玉裁则不然，他只谈到汉字的“体”“用”问题，否认“六书”与造字有关，还把认为“六书”是造字六法讥笑为“胸襟狭隘”，为后来以“六书”为“识字条例”之说有所张本，就学术研究而言，这不能不说是一种倒退。因为，离开造字之法则和规律来谈汉字的结构类型，势必难以得到正确的、全面的、能符合汉字产生与孳衍之实际情况的认识；而且，对造字法则的研究本身即是文字学的一项重要任务，若从段氏之论，对造字之法的研究势必要被结构类型的研究所取代。所以，可以说，“四体二用”说在我国文字学界带来的消极影响，段氏所起的作用更甚于其师。

将“转注”看成是诂训之事，将汉字孳乳过程中一种极其重要的构形思维模式看成是后世训诂学上的一种诠释条例，其过误暂且不论。必须再次指出的是，“四体二用”说的流播不仅仅使得对“转注”问题的研究更加复杂混乱，使得客观存在的“转注”造字之法益发未能被人们正确认识，更主要的是要看到，它对汉字研究所带来的消极影响在

---

① 《说文解字注》十五卷上。

于：它一度混淆了造字法则与字形结构这两个概念的界限，使人们简单地把“字之体”与造字之法等同起来，似乎一种“字之体”便只能是一种造字之法的产物，从而把对汉字的研究引到一种形而上学的方法论。它不是引导人们去考察汉字产生、发展的实际历史过程，以便从中找到其规律，认识其客观存在的种种造字标词的法则或思维模式，而是错误地引导人们把研究汉字的视野局限在字体的结构类型上，以对共时态的结构类型之研究取代历时态的造字法则之研究，乃至引导出在汉字历史上只有“识字条例”而无造字法则这一类错误的认识和理论来，所以我们说它是对汉字造字法则研究的一个大倒退。戴震在传统小学上的贡献是巨大的，段玉裁研究《说文》的成绩也是不可抹煞的，但是，由他们所倡导的“四体二用”说则实在应当予以扬弃。

四、“假借”造字法的真谛

不承认“六书”为造字之法的人有一条理由，即“假借”并没有体现为造字中的构形。其实，这里仍然有一个看问题的基本着眼点的问题。如果研究汉字的着眼点只是局限在汉字的形体结构上，把所有汉字平铺在自己的面前，静止地看待形、音、义的结合关系，简单地按照结构类型的框架来归类，并据此来认识和解释“六书”，那么，“假借”自然不会有它的真实地位。但是，如果改变一下看问题的角度，把我们的着眼点从业已造出的汉字转移到造字伊始之时语言中需要造字的语词，从静止的“结构类型”转移到先民们为语词谋求书写符号的思维心理和历史背景上，那么，“六书”中的“假借”作为造字之一法的真谛便不难理解和确认。

这就是说，所谓“造字法”，主要是针对语言中需要造字的语词来说的。汉字的产生同任何别的文字的独立产生一样，它是一种造字标词的实践认知过程。创造文字，无非是为了求得一种能代表语言中语词的书写表达符号。在文字产生之前，语言早已存在。如果有这么一个语词，它还从未形之于甲骨金石竹木帛纸，人们又一时无法给它造出一个特定的文字形体，于是，依据这个语词的声音，从已经造出的文字中找来一个读音相同或相近的字，让它来代表这个需要造字的语词，代表这个语词的意义，这种作法，并得到了语言社会的认可，那么，对于这个一度需要造字的语词而言，便终于有了一个能代表它的文字，人们也就可以说，终于给这个语词造出了一个文字。这就是“本无其字，依声托事”的“假借”造字法产生的初始事实。主张和赞成“四体二用”说的人认为，“假借”只是“字之用”，并不是造字，因为文字形体的本身并未有所增加；我们说，这对于那第一个假借某字来代表某词或某词的某一意义的人来说，并不是“用字”，而是一种创造。当然，这种造字方法，从文字本身来说，它并没有体现为一个新增加的文字形体；但是，从语言中需要造字的那个语词来说，从先民们造字心理的初始事实来说，它却是确确实实地使一个尚无文字表达的语词终于固定性地取得了一个能代表它的书写符号。所以，人们把“假借”称作“不造字的造字法”，倒是既承认了它的实质，又看到了它不同于其他造字之法的独有特点。

“假借”造字的性质，就好像人们给自己的孩子命名：某小孩先已取名为“张振华”，另一姓张的人家觉得“振华”的意思好，便给自己有待命名的孩子也取了这个名字。从名字本身来说，还是一个“张振华”，并未增加什么新的名号，但从那后一个需要命名的孩子来说，当他一旦获得了“张振华”这一固定称呼以后，我们谁又能够说他的父母并没有给他取名呢？难道我们能说这个孩子并未取名，他只不过是“用”了别人的一个现成名字？造字中的假借之法同这种情况是一样的，道理也是一样的。如果再扩大范围，世界上有些国家的民族“假借”别的国家、别的民族的文字，利用其形和音，或只利用其形，来代表和书写自己语言中的语词或语词的音素，人们不能不承认这同样是一种造字，而不能简单地说是“字之用”。像日本民族早期所使用的“万叶假名”，它是利用假借汉字的“音读”法来标记日本民族自己的语言，即舍去汉字本身的意义，只依靠它的读音来标写日本语，这与我们传统“六书”说所揭示的“假借”造字法的情况和性质是一样的，道理也是一样的。无论如何，我们也不能说，当时的日本民族只是在“用”汉字，而不是为自己的语言“造字”。既然“六书”法则不是由谁人预先所规定，那就没有理由认为，给这个语词取得一个书写符号的方法是造字，而给那个语词取得一个书写符号的方法便不是造字。当然，“六书”中的“假借”不同于古书中的“通假”现象，因为“假借”的前提是“本无其字”，是需要为语言中某一个尚无书写符号的语词创制一个文字，所以“假借”是造字方面的问题；而“通假”的前提是“本有其字”，是语言中某一个语词本已有它的书写符号而不用，却临时借用了一个音同或音近的字来代替，所以“通假”才是“字之用”方面的问题。段玉裁深受“四体二用”说的影响和局限，没有了解“六书”之“假借”为“造字之本”的真谛，因而在他的《说文解字注》一书中将“假借”和“通假”混为一谈，笼统地都说成是用字之法，显然是错误的。近世有些人写文章认为，“六书”之“假借”和用字之“通假”没有区分的必要，这也是不懂得“假借”和“通假”的本质区别的缘故。

“造字法”是针对语言中需要造字的语词而言，这一点许慎是认识得比较清楚的。许慎给“假借”所下的定义，说明他正是着眼于需要造字之语词，而不是文字的形体结构。定义中所谓“本无其字”，便是就语词需要造字的前提而言，其“其”字，显然是指那个需要创制文字的语词；所谓“依声托事”，则是就语词获得一个书写符号的原则和方式而言，其“事”字，则是指那个需要造字的语词的意义内容，而这个“声”字，当然首先也是指那个需要造字的语词的声音，然后才兼及那所借之字的读音。主张和赞成“四体二用”说、否认“假借”是造字之法的人认为，“本无其字，依声托事”这八个字所概括的是一种用字的方法或现象。讲训诂强调落实字词意义，注重分析文情语气，试问，如果“假借”定义所概括的只是一种使用汉字的方法或现象，那么，行文的基点便应当是文字而不是语词，这样的话，“本无其字”又是对何而言？这个“本”字、“其”字的所指又是什么？这个“事”字岂不只能理解为所借之字原有的意义内容？显然，如果不是把基本着眼点放在语言中需要造字的语词身上，如果撇开造字标词这一初始事实，对于“假借”造字法的真谛我们是无法领会和接受的。

由否认“假借”造字法而走向另一个极端，有人企图从造字构形的具体表现上来为“假借”造字法的客观存在进行申辩。例如，清人孔广居就说：“假借有二类，有古人造字之借，有后人用字之借。‘令’、‘长’等类，用字之借也，人皆知之，兹不具论。何谓造字之借？如‘一’‘大’为‘天’、推‘十’合‘一’为‘士’，此‘一’字之正义也。而‘示’、‘帝’等之首画，则以为‘上’；‘丙’之首画，则以为‘阳’；‘亟’之首画，则以为‘天’；‘屮’、‘立’等之下画，则以为‘地’；‘耑’之中画，亦以为‘地’，皆假借也。又如‘一’‘大’为‘天’，‘大’‘火’为‘赤’，此‘大’字之正义也。而‘夭’、‘矢’等之从‘大’，则以为象人形；‘壶’‘奁’等之从‘大’，则以为象盖形，皆假借也。若但以‘令’、‘长’为例，便非古人造字之义，而与‘形’、‘事’、‘意’、‘声’、‘注’五者不类矣。”① 后来饶炯也认为：“假借亦用字后之造字，许《序》例举‘令’‘长’为示，盖皆汉世口语之假借字最名著者也。然造字之中，‘令’、‘长’曾不一见，故世皆以‘假借’配‘转注’，谓二者为用字之法，不知许书中说‘从某’之下而又云‘某，某也’，多是古圣制字，义用假借，而特为之申明耳。如古文‘帝’从‘一’，而说解云：‘古文诸上字皆从一，篆文皆从上。’盖古借‘一’为‘天’，天在上，又借‘一’为‘上’也；‘玉’从‘丨’，而说解云：‘丨，其贯也。’是即借‘丨’为玉系；‘鋻’从‘至’从‘孫’，而曰‘至复孙，孙，遁也。’足见‘孙’即‘逊’之借字；‘會’从‘亼’从‘曾’省，而曰‘曾，益也’，足见‘曾’即‘增’之借字。但序例以‘本无其字，依声托事’立说，而于造字假借，似难兼该。”② 直至近年，也还有人提出什么“加划假借”、“叠形假借”、“变形假借”、“分化假借”、“省形假借”等名目条例③，企图以此来证明“假借”同“象形”、“指事”、“会意”、“形声”、“转注”等一样，也是体现为汉字构形的一种造字之法。这些见解，显然既不是“假借”造字之真谛，也不是传统“六书”说中“假借”理论的本意。

裘锡圭论述“假借”法产生的原理时曾指出：“不少人觉得假借的道理很深奥，这是一种错觉。我国民间歇后语和谜语中所用的谐音原理，就是假借所依据的原则。例如‘外甥打灯笼——照旧（舅）’这句歇后语，就是由于‘舅’、‘旧’同音而借‘舅’为‘旧’的。从民族学资料来看，有不少还没有文字的民族，在利用实物表意的方法中也已经用上了谐音原则。例如：西非的约鲁巴人曾经习惯于用海贝来传递信息。在他们的语言里，当‘六’讲和当‘被吸引’讲的那两个词是同音的。当‘八’讲和当‘同意’讲的那两个词也是同音的。所以，如果一个年轻男子把串起来的六个贝送给一个姑娘，这就表示‘我为你所吸引，我爱你’。姑娘的答复可能是串起来的八个贝，这就是说：‘同意，我跟你一样想。’我国云南的景颇族过去通行‘树叶信’。他们把一些不同种类的树叶和其他东西分别用来表示某种固定的意义。在景颇族载瓦支系用来谈情说爱的树叶信中，‘蒲软’树叶所表示的意思是

① 孔广居：《说文疑疑·论假借》。

② 饶炯：《文字存真·六书假借例弟六》。

③ 见叶沐耕《“假借”造字法研究》，《昭乌达蒙族师专学报》（哲社版）1985 年第 1 期。

‘我要到你们那里去’，‘豆门’树叶所表示的意思是‘你快打扮起来吧’。因为在他们的语言里，当‘到达’讲的那个词跟树名‘蒲软’同音，当‘打扮’讲的那个词跟树名‘豆门’同音。看来，谐音原则早在文字出现之前就已经普遍为人们所熟悉了。”① 这一基本观点无疑是正确的。其实，不仅假借法所依据的谐音原则早在文字产生之前就已经普遍为人们所熟悉，就是“六书”中其他一些造字法所依据的原则，如绘形肖物原则、象征原则、记号原则等，也同样早在文字产生之前即已为人们所熟悉，所掌握。认识这一点，我们也可进一步体会到包括“假借”在内的“六书”作为“造字之本”的自然规律性。

“假借”包括两种情况：一种是作为假借字所代表的意义即通常所说的“借义”，与该字字形上所直接体现出来的意义即通常所说的“本义”，二者没有逻辑事理上的联系，也就是没有通常所说的“引申”关系；另一种是“借义”与“本义”有某种逻辑事理上的关系，即具有“引申”关系。对于这后一种情况，许多人认为它不属于假借问题，而是词义引申问题。我们认为，这是一个问题的两个方面，并不相排斥。从语言中的词义现象来看，它的确是引申问题；但从先民们造字表词的思维心理来说，它又的确是假借问题。也就是说，站在今天科学立场上来看待汉字形音义之间的关系和古汉语词义演变的规律，把假借与引申明确区分开来是可以的，也是必要的；但是，当我们探讨先民们为语词谋求书写符号的创制，把“假借”作为一种“造字之本”来看待的时候，就不应该把“借义”与“本义”具有“引申”关系的假借排除在外。道理很简单，我们不能用今天的语言学方面的理论来取代古人的思维意识。先民们造字之时，他们的头脑里不可能具备今天的语言学观念，不可能用今天的词义理论来对待和考虑造字问题。就是说，先民们不可能去考虑、去分辨：这个意义与业已造出的某一个字的意义有联系，有引申关系，不必再为它造字；那个意义则与业已造出的任何一个字的意义都没有联系，没有引申关系，应该为它造一个字，或者给它造一个“假借”字。甚至可以说，对于初创文字的先民们来说，也未必就有了明确的语词之类的观念。否则的话，字与词的对应关系就应当远比我们现在所看到的要清晰得多，一致得多。

既是探讨造字问题，如果不承认所谓“引申”应包括在“假借”之内，那么，作为“造字之本”的假借法，便不能符合先民们创制文

---

① 裘锡圭：《文字学概要》第4页。

字之时的心理事实，便不能正确反映“假借”造字的全面情况。许慎著《说文解字》，言“假借”举“令”、“长”二字为例，在五百四十部居中，如“来”、“乌”、“西”、“朋”、“子”、“韦”等字之下申明假借，都属于“借义”与“本义”具有“引申”关系的情况（其说引申是否合理是另一回事），而提及没有“引申”关系的假借，在《说文解字》中倒并不显著。许慎之后，许多学者也都以引申为“假借”，如江声说：“假借一书，为谊极蕃，凡一字而兼两谊、三谊者，除本谊之外，皆假借也。”① 戴震认为：“假借依声托事，不更制字，或同声，或转声，或声义相依而具近、或声近而义绝远”，“依于义以引申，依于声而旁寄，假此以施于彼，曰假借。”② 这些认识，从研究汉民族造字标词的思维心理来说，都是接近事实的。后世有些学者责难许慎说“假借”不当，并要改易“假借”定义中的“令”、“长”两个例字③，就是未能分清文字学研究性质与词汇学研究性质的界限，对“假借”作为“造字之本”而客观存在的真谛缺乏历史唯物主义认识的缘故。萧仲珪师明确指出：“假借字所具有的借义和它的本义，可以有关系，可以没有关系，关键在于‘依声’。虽然如此，但从《说文》在其假借界说下所举‘长’、‘令’二字的例证和在‘西’、‘韦’、‘朋’等字下不惮烦地说明假借之故来看，意义有关系的更为重要。段玉裁每言‘引申’，或言‘引申假借’，都应该属于这一类。假借主要是走此一途，因而生生不已，这一点，《说文》早已启示了我们。说假借，举汉之‘令’、‘长’为例，更说明假借之途，古今一概，以后还会长期照此途径走下去。”④

五、“转注”造字必系于构形

戴、段等人提出“四体二用”理论，把训诂学上解释词义的“互训”方式乃至整个一部《尔雅》都看作是文字学上“六书”说所论述的“转注”，认为“转注”和“假借”都是无关于文字构形的“字之

---

① 江声《六书说》。

② 戴震《答江慎修先生论小学书》。

③ 如明代陆渊提出以“能”“朋”二字替换“令”“长”，清代朱骏声则以“朋”、“来”二字易之，近人丁福保又以“令”“良”改易之。今人已故学者唐兰、高亨等也都认为许慎为“假借”所举的例字是错了。

④ 萧璋：《谈〈说文〉说假借》，《古汉语研究》，1989年第1期。

用”问题，而不是造字法则方面的问题。对此，近人章太炎进行驳难，他说：“休宁戴君以为，‘考，老也’，‘老，考也’，更互相注，得‘转注’名。段氏承之，以一切故训皆称‘转注’。许瀚以为同部互训然后称‘转注’。由段氏所说推之，‘转注’不系于造字，不应在‘六书’。由许瀚所说推之，‘转注’乃预为《说文》设，保氏教国子时，岂县知千载之后有五百四十部书耶?”[①]认为“转注”如果无关于造字，便不应在“六书”之内，这一基本观点我们是非常赞同的。由此可见，章氏必定认为“转注”是造字之法的了。所以他说：“余以‘转注’、‘假借’，悉为造字之则。凡称同训者，后人亦得名‘转注’，非六书之‘转注’也；同声通用者，后人虽通号‘假借’，非六书之‘假借’也。”[②]

不以“四体二用”说为然，明确肯定“六书”都是造字的法则，此类见解，在章氏后继学者的著述中也经常可以看到。例如，陆宗达先生说：“历来治《说文》者对‘转注’、‘假借’的解释，歧说纷纭，均未得其要旨。戴震、段玉裁以互训为转注，虽有功于词义发展的考察，但已远离许氏的本意，更与汉字发展无涉。”[③]潘重规说：“我们考求六书的真相，第一须认清六书是六种造字的法则，《汉书·艺文志》说：‘故周官保氏，掌养国子，教之六书，谓象形、象事、象意、象声、转注、假借，造字之本也。’既然六书是造字的法则，所以戴、段诸家‘四体二用’的说法，把转注说成是用字互训的方法，自然不能成立。”[④]

既然承认“转注”也是一种造字的法则，那么，‘转注’造字究竟是怎么一回事呢？章太炎说：“盖字者，孳乳而寖多。字之未造，语言先之矣。以文字代语言，各循其声，方语有殊，名义一也，其音或双声相转，叠韵相迆，则为更制一字，此所谓‘转注’也。”[⑤]“‘假借’之与‘转注’，正如算术中正负数。有‘转注’，文字乃多；有‘假借’，文字乃少。一义可造多字，字即多，‘转注’之谓也。”[⑥]黄侃说：“同声同义而异字，即‘转注’也。其或声音小变，或义界稍异，亦得谓

①②⑤　《国故论衡上·转注假借说》。

③　陆宗达：《说文解字通论》，北京出版社，1981。

④　潘重规：《中国文字学》第80页。

⑥　《章太炎先生国学讲演录》第13页，南京大学中文系古典文学教研室、《南京大学学报》编辑部编印（内部发行）。

之‘转注’。”[①]陆宗达先生说：“为从某一语源派生的新词制造新字，这是汉字发展的一条重要法则，也就是‘转注’。”[②]赞成章氏“转注”观点的吕思勉也说：“夫文字有形、音、义三者，而三者之迁变，不必同时。故有义变而音及形皆未变者，吾欲名之曰‘引申’；亦有义不变而音少讹，或音小变而义亦微别者，若别为制字，即成‘转注’；不别制字，而即用同音之字，则为‘假借’。”[③]陆宗达先生又进一步将“转注”造字的情况归纳为三种：“因方言殊异或古今音变而制字”、“因词义发生变化而制字”、“为由同一语根派生的相互对立的词制字”。[④]对于许慎为“转注”所下的定义，章太炎则解释说：“何谓‘建类一首?‘类’谓声类，……古者‘类’‘律’同声，以声韵为类，犹言律矣。‘首’者，今所谓语基。”[⑤]鲁实先按照章氏的理论对“转注”定义作过进一步的解释，他说：“其云‘建类一首’者，谓造声韵同类之字，出于一文；其云‘同意相受’者，谓造声韵同类之字皆承一文之义而孳乳。”[⑥]

很显然，章氏等学者所说的“转注”现象主要是指语言中的声义同源问题，他们所说的“转注造字之则”所造出的字，主要也就是同源字。例如，“‘芓，麻母也’，‘萁，芓也’，古音同在之类”，“‘蓨，苗也’，‘苗，蓨也’，古音同在幽类”，“‘走，趋也’，‘趋，走也’，古音同在侯类”，“‘逆，迎也’，‘迎，逢也’，古音阳鱼对转”，“‘擂，引也’，‘擢，引也’，古音幽宵相转”，[⑦]凡此之类，在章氏等人看来都是“转注”造字的结果。章氏还特别强调：“‘转注’不局于同部，但论其声。其部居不同，若文不相次者，如‘士’与‘事’，‘了’与‘尥’，‘丰’与‘菶’，‘火’与‘焜’、‘燬’，……此类尤众，在古一文而已，其后声音小变，或有长言短言，判为异字，而类义未殊，悉‘转注’之例也。”[⑧]这就是说，“转注”作为一种“造字之则”，它只体现在文字的音义关系上，而无关于文字的形体结构。文字的形体结构不管有何异同，不管有无一定的共同特征，只要它们反映了语音变异、声

① 《文字声韵训诂笔记》第61页，上海古籍出版社，1983。

② 《说文解字通论》第59页。

③ 《文字学四种》第194页，上海教育出版社，1985。

④ 陆宗达：《说文解字通论》，北京出版社，1981。

⑤⑦⑧ 《国故论衡上·转注假借说》。

⑥ 鲁实先：《转注释义》。转引自李静中《中国文字构形法例之研究》第84页，文史哲出版社（台北），1983。

义同源，便是“转注字”。既然如此，以章氏理论相推论，“转注”造字自不限于汉字产生之后的“形声相益”阶段，造字伊始，这一法则即已存在。所以黄侃说：“‘屮’之与‘耑’，‘水’之与‘川’，声音对转，而语无殊；‘丨’之与‘囟’，‘日’之与‘入’，义有微殊，而声未变。此如造自一时，何由重复？是则‘转注’之例，已行于诸文之间久矣。”① “仓颉所造初文五百二十字，其归于‘转注’之例者，触处皆是，不只‘燕’之与‘乙’，‘丙’之与‘马’，‘丫’之与‘乖’已也。同声同义而异字，即‘转注’也。其或声音小变，或界义稍异，亦得谓之‘转注’。训诂既有根原，文字何得无其根原？形与形既多同，声义又属有限，故‘转注’之法，于仓颉时已有。”②

章氏明确肯定“转注”是“造字之则”，驳难戴、段以训诂当“转注”无系于造字，不应在“六书”，这似乎看到了问题的实质；然而，当我们了解到章氏自己的“转注”说以后，却感到失望。因为，章氏提出“声类”、“语基”理论，把文字中所客观反映出来的语词分化、词义孳衍、语音变易等看作是“六书”法则中的“转注”，显然混淆了语言问题与造字问题的应有界限。造字固然离不开语言，但作为造字之法则，它只能体现在这一点上，即如何把需要造字的语词或语词的意义体现为一种形体符号，在造字标词的方式、原理和过程上，它如何有别于其他“造字之则”而自成一法。不谈文字形体的产生过程，脱离构形结体的方式和原理，这样的“造字之则”是无法使人们理喻的。事实上，章氏所说的“转注”之例，都只是语言本身中的问题。不管是汉字还是别的某种形式的文字，同样都会反映出声义同源、语音变易这一规律性的问题。甚至可以说，即使没有汉字的产生，这类问题也照样存在；而汉字之所以能把这些语言现象反映出来，也并不是由于有了某种特殊的“造字之则”的缘故，而是由文字代表语言这一本质所决定。这一点，我们由一个很简单的实例即可得到说明。例如，陆宗达先生本章氏之说把“转注”归纳为三种情况，第一是“因方言殊异或古今音变而制字”，“因古今音变而制新字的，如《说文·夭部》：‘夭，屈也。’‘夭’音于兆切，而在唐人诗中已有读乌乖切的，如白居易《和春深》第二十首：‘钱塘苏小小，人道最夭斜。’因此，又按乌乖切的音，另造出一个‘歪’字，于是于兆切之‘夭’与乌乖切之‘歪’就

---

① 《黄侃论学杂著》第4页，上海古籍出版社，1980。

② 《文字声韵训诂笔记》第61页。

成了二词两字。"① 既然"歪"是"因古今音变"而特意造出来的一个"转注字"，那么，在文字的形体结构上，造字者便理当自觉地、有意识地把"乌乖切"之音体现出来。然而事实却并不如此。"歪"之为字，与"乌乖切"之音实在没有什么"造字之则"上的必然联系。唐人既然把"夭"字读成"乌乖切"的了，那就说明"古今音变"与文字读音的联系实无待于"转注"造字之则；"歪"字的构形既然无关于语音，那就说明"转注"这一造字法则的旨趣并不在于体现"方言殊异或古今音变"。更何况，说"天"与"地"同源、"古"与"今"同源、"男"与"女"同源、"日"与"入"同源、"燕"与"乙"同源，诸如此类的问题，若把它们看成是"转注"造字的结果，其间既无造字过程或手段上的自觉联系（造"地"字的未必一定要想到"天"字，造"今"字的人未必一定要想到"古"字，即使有所联想，也无关于文字的构形结体），又不存在同一思维模式的共性特征，这怎么谈得上是"造字之则"的问题呢？

章太炎等人批评戴、段的"转注"说"不系于造字"，"不应在六书"，所见固然极是，但他们所提出的"转注"说却犯了同样的错误。他们虽然在理论上明确肯定"转注"与"假借"悉为造字之则，实质上却使"造字之则"落了空，最终势必与"四体二用"说一样，只能使人得到"转注"造字之则并不存在的认识和结论。不仅如此，犹有更甚者。倘若按照章氏的理论和方法研究下去，不仅不能确立"转注"作为"造字之则"的地位，而且还会混淆所有"造字之则"的畛域界限，最后连"象形"、"指事"、"会意"、"形声"这四书作为"造字之则"的性质都要被彻底否定。如以"六书"为"识字条例"之说的形成，似乎便是由章氏理论发挥而来。

因为，章氏等人所认为的"转注"之例，主要是同源字（即同源词）的问题。若以文字的形体结构而言，它们或是象形字、指事字，或是会意字、形声字。这样一来，"转注"造字与其他"造字之则"在文字形体上便陷入了纠缠不清的困境。例如，说"水"与"川"是一对"转注字"，"水"字且不说，作为"川"字，它到底是"转注"之法所造出呢？还是"象形"之法所造出？说"日"与"入"是一对"转注字"，"日"字且不说，作为"入"字，它到底是"转注"之法所造出呢？还是"指事"之法所造出？说"马"与"武"是一对"转注

① 《说文解字通论》第59页。

字”，“马”字且不说，作为“武”字，它到底是“转注”之法所造出呢？还是“会意”之法所造出？说“逆”与“迎”是一对“转注字”，“逆”字且不说，作为“迎”字，它到底是“转注”之法所造出呢？还是“形声”之法所造出？

如果说“假借”是一种“不造字的造字法”还能够让人接受的话，章氏等人那完全无关于形体构造的“转注为造字之则”的说法便难以令人理解了。因为，“假借”虽然无系于构形，却是使得一个“本无其字”的语词获得一个书写符号的有效法则。它是两个语词（或意义）共存于一个文字形体的问题。这一个被共用的文字形体，如果我们着眼于最初获得它的代表权的那个语词（或意义）而言，那么，它或是产生于“象形”之法，或是产生于“指事”之法，等等；如果我们着眼于后来获得它的代表权的那个语词（或意义）而言，那么，它便是产生于“假借”之法。如此而已，问题的性质是十分清楚的，不同造字之法体现在同一个文字形体上的界域也是明晰可辨的，其间并没有什么纠缠不清的地方。可是，以章氏等人的“转注”说而言，它无系于文字构形的情况却与“假借”的原理和性质截然不同。它不是意味着同一个文字形体代表两个不同语词（或意义）的问题，不是意味着把我们看问题的着眼点从一个语词（或意义）身上转移到另一个语词（或意义）身上的问题。文字的形体还只是代表一个语词（或意义），可是，按照章氏的理论，我们便必须一方面要说这个字是“象形”或“指事”之类的“造字之则”所造出，另一方面又得承认它是“转注”这一“造字之则”所产生。这中间的关系究竟是什么？“转注”与“指事”、“象形”、“会意”、“形声”等“造字之则”的畛域界限又何在？章氏自己并没有作出任何解释，后继赞成他的理论的人也无法为之说清楚。

由章氏“转注”说所带来的不同造字法则在同一文字形体上的这种纠缠，若要求得必要的解决，最终必然导致出两种结果：或是全盘否定“六书”作为造字法则的性质，认为“六书”只是古人教授学童识字的几种条例；或是回到“四体二用”说的理论上，认为“转注”与“假借”还是用字问题，不是造字问题。对于前一种意见，我们且留待后面再讨论，这里只介绍后一种情况。我们认为，由章氏的理论回归到“四体二用”说上去，乃是必然的、不可避免的结局。因为，章氏的“转注”说实质上并未脱离“互训”的藩篱，只不过把“互训”的范围限止在“声类”相同的文字之间罢了。例如，章太炎说：“‘转注’云者，当兼声讲，不仅以形义言。所谓‘同意相受’者，义相近也；所谓‘建类一首’者，同一语原之谓也。同一语原，出生二字，‘考’与‘老’，二字同训，声复叠韵。古来语言不齐，因地转变，此方称‘老’，彼处曰‘考’；此方造‘老’，彼处造‘考’，故有‘考’、‘老’二文。造字之初，本各地同时并举，太史采集异文，各地兼收，欲通四方之语，故立‘转注’一项。是可知‘转注’之义，实与方言有关。”①这一段论述，如果将其中的“同一语源”、“声复叠韵”之类的条件撇开，则与戴、段的理论毫无二致。尤其值得注意的是，把“转注”说成是古代的“太史”为了沟通“各地兼收”、“采集异文”所反映出来的“四方之语”的需要而设立的一项工作，这哪里还是“造字之则”的问题？这不是戴、段所讲的训诂之事又是什么？章氏又说：“古来列国分立，字由各地自造，音亦彼此互异，……然音虽不同，而有通转之理。《周礼·大行人》：‘属瞽史谕书名，听声音。’瞽不能书，审音则准。‘史’者史官，职主记载。‘谕书名’者，‘汙’、‘潢’彼此不同，谕以通彼此之意也。‘听声音’者，听其异而知其同也。‘汪’‘汙’‘潢’‘湖’，声虽不同，而有转变之理。说明其理，在先解声音耳。如此，则四方之语可晓；否则，逾一地，越一国，非徒音不相同，义亦不能识矣。六书之有‘转注’，义即在此。不然，‘袒’‘裼’‘裸’‘裎’、‘汪’‘汙’‘潢’‘湖’，彼此焉能通晓？……是故，‘转注’在文字中乃重要之关键。使全国语言彼此相喻，不统一而自统一，‘转注’之功也……古有‘谕书名，听声音’之事，其书不传，后人采取其意而为音韵之书。为统一文字计，‘转注’决不可少，音韵亦不得不讲也。”②诸如此类的论述，用不着作任何分析，读者便能清楚地看出章氏的“转注”观究竟是指“造字之则”还是指训诂之事的了。

章氏在他的《国故论衡》中肯定“转注”为“造字之则”，向其弟子讲学则实言“转注”为训诂之事，彼此之异说不管是谁修正谁，其本质都将决定其理论不能不向“四体二用”说回归。这一事实，我们从章氏学说的继承人或信奉者的论述中也同样可以得到足够的证明。例如，黄侃说：“古人之论六书，辄以‘四体二用’为言。‘四体’者，象形、指事、会意、形声；‘二用’者，转注、假借。‘体’为造字之本，而‘用’亦为之本者：假借者以声为主，与形声如一物；转注者

①② 《章太炎先生国学讲演录》第10～11页，第12～13页。

以意为主，与会意如一物。故即谓之‘体’可也，况古人往往合‘体’‘用’为一乎？”① 很显然，这是调和“体”“用”之说，但已公开承认“转注”是字之“用”的问题了。又如，陆宗达先生说：“在对‘转注’的解释中，‘建类一首’似指全书分为五百四十部，每部建立一个部首而言。《说文解字·后叙》说：‘其建首也，立一为耑，方以类聚，物以群分，同牵条属，共理相贯。’这几句话，正是对‘建类一首’的具体说明，‘同意相授’则指这些字的训义互相关联。从许慎所举例字来看，‘考’在‘老’部，这就是‘建类一首’；‘老’的说解是‘考’也，‘考’下说‘老’也，这就是‘同意相授’。从古音看，‘考’‘老’是迭韵，在语义上也可互通。”② 很显然，这是不再坚持章氏所提出的‘类’谓‘声类’、‘首’谓‘语基’的观点，除了一语同源的条件外，实质上也就是清人的“同部互训”为“转注”之说了（当然，陆先生并没有把“转注”现象局限在“同部”范围内）。又如林尹说：“文字不是一人一时一地所造，可是各种文字用以记录语言的功能则一。因此，同一意义的语言，甲地造的字可能与乙地造的字不同，起初用的字可能与后来用的字不同。这些在不同的空间与时间造出的语根相同、意义相同而形体不同的文字，在某时某地都已普遍使用，既不能取消某一形体的文字，于是就用‘转注’的方法沟通它”，“现在，我们试问：互训是否就是转注呢？就广义的转注来说，可以说是对的。不过就六书的转注来说互训是‘异字同义’；转注于‘异字同义’之外，还要在声音方面‘同一语根’。‘异字同义而同一语根’，这正是章太炎先生转注的定义了”，“所以‘转注’就是‘语基相同意义相同而形体不同的文字间之转相注释’。”③ 很显然，这是公开承认“转注”就是“转相注释”，是“沟通”异时异地所造出的“语基相同意义相同而形体不同的文字”的一种方式，不再坚持是“造字之则”的观点了。又如蒋善国说：“用字以假借、转注为主”，“有些语词因时地不同，音有转变，发生转语。表达这类转语的字，叫做转注字。”④ 很显然，这是接过章太炎的“转注”之例，但却申明不是造字而是“用字”方面的问题了。凡此之类，不胜枚举，都反映了章氏的“转注”说难以贯彻到底，到

① 《文字声韵训诂笔记》第35页。

② 《说文解字通论》第55页。雍长案，“同牵条属”，当作“同条牵属”；明贺复徵所编《文章辨体彙选》卷三百十四《说文解字序》引作“同牵条属”，亦误。

③ 林尹：《文字学概说》第151页、156页，正中书局（台北），1971。

④ 蒋善国：《说文解字讲稿》第24页、第25页，语文出版社，1998。

末了只能回归到"四体二用"说的框架之中。李静中说："章太炎氏以假借、转注为造字之法，推翻了戴东原的说法，又论用字转注，是由于'其音或双声相转，或迭韵相迆，则为更制一字，此所谓转注也。'"① 事实上，章氏以"转注"为造字之法的理论既未得以真正确立，戴东原的说法也并未因章氏的理论而被推翻，最后倒是章氏的理论屈服于戴氏的说法，成了"用字转注"论。而后来的学者仍坚持以"语出一源"或"语音变易"为"转注"的条件，则更加难以维护其说。因为，这正如梁东汉所指出的："有人认为'转注'必须具备声音相同或相近的条件，这种看法甚不稳妥，许慎给'转注'下的定义没有一个字牵涉到语音方面的。"② 客观地说，如果不是从研究"六书"造字的角度来立言，章氏的理论倒的确可以称得上是"阐明了汉语词汇发展变化的一些规律"，"开辟了汉字研究的新途径，其功绩是不可磨灭的"③。

把语言中声义同源、一语相转等规律在文字中（而不是在文字形体上）的体现看作是"六书"的"转注"，这种认识其实并非始于章太炎。信奉"四体二用"说的王筠即曾说过："'转注'者，一义而数字；'假借'者，一字而数义。何为其数字也？语有轻重，地分南北，必不能比而同之。"④ 由"语有轻重"而产生的"一义数字"现象，自然就属于章氏的"转注"范围了。不过，王筠的概念是比较笼统的，他主要还是以诂训为"转注"，不管字词之间的声韵关系。清代另一位信奉"四体二用"说的学者刘端临则说得比较明确："窃谓郭璞所谓转相训者，即'转注'之义，而所谓语转者，乃'转注'之原也……'转注'、'假借'，特用以通音义无穷之变耳。以一义生数字谓之'转注'，以一字摄数义谓之'假借'。随音立字谓之'转注'，依音托字谓之'假借'。'假借'者，离乎'事'、'意'、'形'、'声'以见义者也，异则易见；'转注'者，依乎'事'、'意'、'形'、'声'以立文者也，同则难知。如'老'为'会意'，'考'为'形声'，而许君合之以为'转注'，则其不出前四书亦可明矣。由是推之，古今异言，方俗殊语，当书契始兴，即不能无故为立此一义，而三代以来文字必当有随世增加者矣。"⑤ 由于"古今异言，方俗殊语"而有"随音立字"，从而使得

① 李静中：《中国文字构形法例之研究》第 84 页。
② 梁东汉：《论转注》，载《语言文字学术论文集》，知识出版社，1989。
③ 陆宗达：《说文解字通论》第 56 页。
④《说文释例》卷四。
⑤《刘端临先生遗书》卷八《转注假借说》。

“三代以来文字必当有随世增加者”，这便是刘氏的“转注”观，也正是章太炎“转注”说的滥觞①。不过，刘氏并没有认为“转注”是一种造字法则。因为在刘氏看来，“随音立字”还得按照“指事”、“会意”、“象形”、“形声”这四种造字之法，所以他说“‘转注’者，依乎‘事’、‘意’、‘形’、‘声’以立文者也，同则难知”。章氏则不然，他虽然承继了“随音立字”即为“转注”这一基本理论，却屏弃了“‘转注’依乎‘事’、‘意’、‘形’、‘声’以立文”的观点，明确肯定“转注”为造字之则。但是，由于“随音立字”说只看文字的音义关系，不管文字的构形法则，章氏无法把“转注”与其他四书从构形法则上来分清其界限，所以必然陷入到“转注”造字之则与其他造字之则在同一文字形体上的“同则难知”这一纠缠不清的困境。就此而言，章氏以“转注”为造字，反而不如刘氏以“转注”为用字来得高明超脱。

章太炎的“转注”说之所以如同戴、段“转注”说一样未能得以确立，是因为他们的理论都没有真正揭示客观的“转注”造字之法则。我们认为，作为汉民族造字构形的一种思维模式而客观存在着的“转注”，其性质、特征不同于“假借”，而与“指事”、“象形”、“会意”、“形声”相类，乃是一种实实在在与汉字的造字构形有着密切而直接关系的造字之法则。并且，在造字构形的过程、要素及原理等重要问题上，“转注”造字法与其他各种造字之法有着不容混淆的明晰界限。无论是过去还是现在，一些学者提出的“转注”理论虽然也联系到了汉字的构形，“左回右转”之说固不值一提，即使是那些与客观存在的“转注”造字的事实十分接近的理论，最终往往因无法同“形声”造字法区分开来，以至于也不能得到公认和确立。所以我们说，对于“转注”问题的任何一种解释，只要是脱离了汉字产生、发展的实际历史过

---

① 章太炎的“转注”说受刘氏之说的启发，这一点章氏本人曾有所言及，他说：“刘台拱不以小学名，而文集中《论六书》一文，识见甚卓。谓所谓‘转注’，不但义同，音亦相近，此语较戴氏为有范围。”（《章太炎先生国学讲演录》第10页）刘、章之说的源流关系，于此可征。而刘端临“转注”之说亦有其所本，据刘氏自称，他的“转注”观是“转得之怀祖”，只是“无由闻其说之详；怀祖疑其与他义相混，亦未质言之”（刘端临《转注假借说》）。“怀祖”谓王念孙，刘端临与王念孙磋商学术过从甚密，其“转注”观转得于王氏，必不至自诬。笔者早年治高邮王学，尝见王念孙之孙辈的一篇文章中说，他曾梦见祖父告诉他语之转即为“转注”（关于此材料，可惜当年未曾笔录，此仅凭记忆，仓促中难检出处，敬请读者见谅）。这虽是不经之言，却也可见王念孙“转注”观之端倪。所以，我们似乎可以认为，章氏的“转注”说直接源于刘端临，间接源于王念孙。

程，而又不能落实在具体的有关造字构形的原理和法则上，并且不能把它与“形声”之类的造字法加以确切无疑的区分，那么，其理论都注定是要失败的。

第二章　“转注”为汉字孳乳之大法

一、“转注”造字的必然性

任何事物的产生，都有其客观的需要和主观的可能这两方面的因素。需要加上可能，才会产生必然。否则，只有需要而无可能，或虽有可能而无需要，都不会产生必然的事物，而只能产生偶然。我们说“转注”造字法在汉字历史上有其产生的必然性，指的就是既有客观需要的形势，又有主观可能的条件。所谓客观需要的形势，即是对“假借”造字法制约和补救的需要；所谓主观可能的条件，即是聪明睿智的汉民族其思维认知能力在当时已进入一次飞跃，已能够满足和完成上述客观形势需要所提出的任务和要求。下面，我们对此试作一些必要的论述。

汉字是为汉语中的词而造，词是造字构形思维过程中的基本着眼点。词具有音和义两个要素，语音是形式，意义是内容。语词的意义内容构成言语交际的意义内容，是言语交际所要求得的目的的内容，而语词的声音形式只不过是构成言语形式的一种方式或手段。既然如此，要为语词创造一种书写符号，对于语词的意义和声音，自然便留有造字构形的抉择余地。

远古人类认知思维的特质是重形感，重经验，所以，在汉字初创之时，构形思维的着眼点是只放在词的意义内容上，还没有把词的语音形式作为造字构形的要素来考虑。这一抉择的得失，我们后人不必评判，也不应该评判。因为，汉字是汉民族独立创造出来的文字，作为本民族自发的一种文化现象，其产生自有它的历史必然性，自有它的必经历程。更何况，从世界上其他几种古老文字，如苏末尔楔形文字、古埃及文字、玛雅文字的初创情形来看，一开始就把创制文字的构形着眼点放在语词的意义内容上，这似乎是远古人类各自独立创造文字的一种思维共性。传统“六书”说中的“指事”、“象形”、“会意”这三种造字法，我们所归纳的“绘形象物”、“烘托显物”、“标识指物”、“借形寓意”、“符号示意”、“比形象事”这六种构形模式，便反映了早期汉字构形着眼点只在意义内容这一共性特征。

字形直接而又单纯地显现词义，其文字形体可识性强，但其构形手段和作为构形的法则来说，却有很大的局限性。所以，在汉字经过初创阶段以后，随即开始面临着一个严重问题，这就是文字的产生已远远不能满足语词的需要，初创阶段所形成的几种造字之法或构形模式已基本上力尽技穷，难以再为语言中尚未而又亟待造字的大量语词继续造出那些可以将意义内容直接形之于画图形象或符号标识的文字。这时，人们不得不改变自己一度追求便于“目治”的书写符号的心理趋向，不得不把造字构形的关注力从语词的意义内容转向语词的声音上来。但人们并没有一开始即想到着眼于语词的声音来造字构形，他们只是依据日常生活中所存在的“谐音原则”而自然地产生出“假借”造字法，即按照字音与语音相符合的原则，从已有的文字中找出一个个的字，用来代表那些未曾造字而又亟需获得书写符号的语词的读音，以间接寄托其意义内容。这就是“假借”造字法产生的历史背景和基本过程。

清代学者孙诒让说：“天下之事无穷。造字之初，苟无假借一例，则逐事而为之字，而字有不可胜造之数，此必穷之术也，故依声而托以事焉。视之不必是其字，而言之则其声也，闻之可以相喻，用之可以不尽，是假借可济造字之穷而通其变。”① 这段话说得比较客观，认为“假借可济造字之穷而通其变”，从客观情势来说是对的。但章太炎认为，“假借”产生于“孳乳日繁”而需要“为之节制”的客观形势②，也就是说，“假借”是为节制“转注”而生。我们认为，这种论断并不符合汉字产生、发展历史过程的基本事实。因为，“本无其字，依声托事”的假借字大量涌现之际，恰恰是在殷商之时。姚孝遂曾对殷虚卜辞进行抽样统计，即使不包括引申义的“假借字”，在甲骨刻辞中也占有百分之七十以上的比例③。相反，章氏在他的《国故论衡》及《文始》等著述中提到的由他所说的“转注”法而产生的大量“孳乳字”，在殷代甲骨卜辞乃至后来的彝器铭文中，却并不多见。汉字产生、发展历史过程中的基本事实如此，我们又怎么能够说是在“孳乳日繁即又为之节制”的形势之下产生“假借”的呢？我们认为，“六书”中的“假借”之法产生于形、音、义要求密合的汉字一时难以大量再造的历史时期，

① 孙诒让《与王子壮论假借书》。

② 章太炎：《转注假借说》。

③ 见姚孝遂《古汉字的形体结构及其发展阶段》，《文字学研究》第四辑，中华书局，1980。

它不是人们为了有意识地节制文字而产生，恰恰相反，它是在人们极力想创制文字而又不知怎样去构形的情势下才产生出来的。只要能创制出新的字形来，人们决不会放弃，古人的造字心理决不是“志而如晦，节文字之孳乳”，只要有可能，他们会不厌其“繁”地创制新的文字的。

问题在于，到了大量假借字被“制造”出来和被使用开以后，人们又渐渐地感觉到一种新的困惑。因为，这种实质上是只考虑词的语音形式，未曾考虑词的意义内容的假借字的过多产生，必然给文字的使用和认知带来困境，这就是汉字原有的形体表义特征对人们理解它们作为假借字使用时的意义所产生的干扰。所以，为了摆脱这一困境，先民们造字构形的思维着眼点发生逆转，这时，追求便于“目治”的书写符号的心理趋势又开始回升，从词的语音形式又有意识地回到了词的意义内容。不过，这种情势下的思维逆转不可能退回到原来的地步，而是一种螺旋上升式的回归。因为，早先产生的那些造字方法或构形模式早已是“黔驴技穷”，人们希望寻求新的出路，一条在文字的形体上继续要求能反映出不同语词、不同意义之区别的出路。新的出路终于被找到，这便是对大量假借字进行“建类一首，同意相受”式的形体改造，其突出体现便是在汉字的历史上爆发出大量加注意符的“区别字”或“分化字”来。这便是“转注”造字法的产生。“转注”造字法便是为适应这种客观形势的需要而产生。所以，我们得出的结论正好与章太炎的相反：“转注”造字法不是产生于“假借”造字法之前①，而是产生于“假借”造字法之后；不是“假借”为节制和补救“转注”而生，而恰恰相反，正是“转注”为节制和补救“假借”而生。

当然，在汉字自身的历史过程中，“六书”造字法产生的先后不可能有截然的界限，这里所说的，只是就其总的趋势而言。殷商时代假借字大量涌现，当时的情势，汉民族本可以抓住契机，使自己的文字彻底摆脱形体表意特征的羁绊而转向音符化的道路。然而，却没有出现这一关键性的转变，其重要原因便是，汉字在经过“依声托事”的“假借”阶段之后，又被“转注”造字法紧紧地拉回到“建类一首”这个形体表意体系的轨道上来了②。从词的意义内容转向词的语音形式，从词的

---

① 郑众、班固、许慎排列六书的顺序各不相同，但都把“转注”排在“假借”之前，可见章氏对于“转注”与“假借”之关系的认识是受了传统六书次第的影响。

② 雍长案，此论欠妥。严格而言，汉字表意体系的形成，不是什么“契机”之抓住与否的问题，而是汉语这一孤立语的本身特质（尤其是其音节数量的有限性）需要表意体系的文字所决定，这也正是“转注”造字产生的一个极其重要的必然性因素。再版补注。

语音形式又转回到词的意义内容，这种螺旋上升式的回归带来一种新的启迪，所以到最后，汉民族造字构形的思维着眼点是既放在词的意义内容上，也放在词的语音形式上，终于能自觉地把这二者都作为造字构形所要体现的要素而相提并论来加以考虑，“六书”说中的“形声”，以及后世通常所说的“半主义，半主声”式的造字法，也就是我们所指出的“音意合成”构形模式，才最后得以真正形成。

汉字的产生和发展，是一种体现着汉民族认知思维的才智不断发展、不断提高的过程。在汉字初创阶段，人们的认知活动重在语词所代表的事物的直接体现，构形表义注重形象性的直感。所以，不论是“象形”还是“指事”、“会意”，它们所造出的字，其意义内容一般都是直接地体现在字的形体结构上。换言之，这些字的形体结构所直接显现出来的意义，与它们所代表的语词的意义一般来说都是密切相合或直接相关的。唯其如此，所以在经过汉字的初创阶段以后，这几种造字法的能产性所受到的约束和局限便很快暴露了出来，所以才有“假借”造字法的应运而生。到了“本无其字，依声托事”的假借字盛行，一字多用的现象十分普遍的时候，一方面是社会进化，物事趋繁，另一方面是人们自身的思维认知能力趋于更加细密而有条理。细密而有条理的思维，开拓了人们的思维境界，使得人们的认知兴趣不再只是停留在不同事物的专别属性上，人们开始善于认识许许多多相关事物的类族共性。这一思维境界，便是《周易》中所提到的“类族辨物”，也就是我们今天讲的“归纳”与“演绎”。这时候，将一字多用的假借现象尽可能地改变为文字形体义各有属的迫切愿望，人们的造字才智已可以使之实现。汉民族集体智慧充分发挥其作用，在“类族辨物”思维方式的支配下，在对“方以类聚，物以群分，同条牵属，共理相贯”的客观事理有了相当认识的前提下，“建类一首，同意相受”式的造字之法便水到渠成地产生出来了。

二、“转注”名义正解

那么，到底什么是“转注”？“转注”究竟是一种怎样的造字之法？许慎作出的解释是“建类一首，同意相受”，我们认为是相当精辟，十分正确的。然而后人对这两句话的理解，竟是言人人殊。其实，这八个字所概括的内容很丰富，却并没有玄僻的意思。它的本义，对它所应有的正确理解，在《说文解字》的后《叙》以及《说文解字》本书中有着明明白白的照应和交代，只是许多人不注意、不正视罢了。或者，如清人胡琨所指出的："惟逞臆谈，不本古训，于是'假借'、'转注'之旨遂以盲晦。"① 我们认为，以本书证本书，以许说证许说，这应该是我们正确理解"转注"定义的重要途径和方法。

《说文解字》的后《叙》开头有这样一段话：

叙曰：此十四篇，五百四十部，九千三百五十三文，重一千一百六十三，解说凡十三万三千四百四十一字。其建首也，立一为"耑"；——方以类聚，物以群分，同条牵属，共理相贯，杂而不越，据形系联，引而申之，以究万原。——毕终于"亥"，知化穷冥。

我们认为，作者在这里不仅仅是要介绍《说文》一书的编排体例，而更重要的是，它对前《叙》中许多重要内容，尤其是"六书"论述中的"转注"问题，有意识地作出了必要的交代和照应，以弥补其对"转注"造字法则未能充分论述之不足。具体地说，"其建首也，立'一'为耑"和"毕终于'亥'，知化穷冥"这两句话既是讲编排的体例及其理由，又是照应前《叙》中关于"转注"定义"建类一首"的"一首"问题。我们知道，许慎著《说文解字》，他将自己所收集的9353个汉字（不含重文）按其形体结构分为540部，每部有一个部首字，其所立的第一个部类的部首字就是"一"字，最后一个部类的部首字就是"亥"字。所以，"立'一'为耑，毕终于'亥'"正是"建类一首"应用于《说文解字》编排的体制说明。"立'一'为耑"之"一"是全书五百四十个部首排列在最前面的一个"首"，"毕终于'亥'"之"亥"则是全书五百四十个部首排列在最末尾的一个"首"。前《叙》说"建类一首"，后《叙》则说"其建首也，立'一'为耑，……毕终于'亥'"，这一前呼后应的关系难道还不明白？难道还不应当引起我们的密切关注吗？难道两个"首"字，竟然会是两种绝不相同的用法、两种毫不相干的意思吗？清代学者陈澧说得好："'建类一首'之文，与下'其建首也，立"一"为耑，毕终于"亥"'之文相应，必非偶然相涉。"② 后人讨论"转注"问题，对"首"字进行种种臆解，就是不愿触及后《叙》"其建首也"这一段话，真所谓舍诸近而求诸远，失于交臂之间。后《叙》"方以类聚，物以群分，同条牵属，共理相贯"和"杂而不越，据形系联，引而申之，以究万原"这

① 胡琨：《六书假借转注说》。

② 陈澧：《书江艮庭征君六书说后》。

八句话也很重要，后四句着重是讲编排的原则及其理由，前四句则是着重照应前《叙》中关于“转注”定义“建类一首”的“建类”问题，并且还是对“转注”造字的原理的一种补充论述。有一个重要的行文现象，我们更不应忽略。这就是，以文意来说，“其建首也，立‘一’为耑”与“毕终于‘亥’，知化穷冥”，本应衔贯相属，可是作者却有意识地把它们分开了，而把“方以类聚……以究万原”这八句话插在中间。这是为什么？我们体会，作者如此行文的良苦用心大概是为了暗示“分别部居”的编排体例与“建类一首”的“转注”原理之间的内在联系，以及“建类一首”的“转注”原理与“方以类聚，物以群分”的客观事理之间的内在联系。

如果我们把前《叙》与后《叙》的有关论述统一起来理解，许慎的意思应当是：前人造字之所以能够产生“建类一首，同意相受”这一重要的“转注”造字之法，是因为人们对“方以类聚，物以群分，同条牵属，共理相贯”的客观事理有了足够的认识。由于具备了“建类一首”的认知概念，对事物可以进行“类族辨物”式的归纳和演绎，所以，“穷究万原”的语词不论其意义如何“引而申之”，而体现在文字形体的结构上，却可以做到“杂而不越”。因此，编排《说文解字》这部书，便吸取“建类一首，同意相受”的原理和方法，并扩而充之，把要说解的九千三百五十三个汉字分建为五百四十部居。在每一部的最前面，把体现“建类一首”的那个字标立出来充当部首，凡与这个部首“同意”的字，便都从属到它的下面。“惟初太始，道立于‘一’”，所以，必须把源于指事之法的“一”这个部首排在五百四十个部首的最前端；“‘亥’而生子，复从‘一’起”，所以，应该把“亥”这个部首排在五百四十个部首的末尾。这样，足以体现文字与万物一样，它是有始有生，息息孳乳而永无穷尽的。许慎的这一番认识虽然没有十分明确地表达出来，但可以相信，我们的理解决非凭空强加于作者。客观事物是“方以类聚，物以群分，同条牵属，共理相贯”，古人造字是“建类一首，同意相受”，《说文解字》这部书也力求把反映在文字形体上的这一客观事理充分体现出来，所以采取了据形系联、分别部居的办法，来体现文字“引而申之，以究万原”但又“杂而不越”的孳乳浸多的规律性和系统性。

所以，许慎给“转注”造字法所下的定义，无烦曲解而不难明了。所谓“建类”，就是建立事类观念，确定事物的类属范畴；所谓“一首”，就是明确事类的主体，确立一个标志意义范畴的类首字或类首符号。“建类”之“类”即是事物之类，也就是语词所指称的意义内容方面的事类范畴；“一首”之“首”即是事类的统首，体现为文字，就是标志意义范畴的类首字或类首符号，我们把它简称为“类首”。“类首”不完全等于《说文解字》五百四十部之部首①，“同意”之“意”不是“义”，不是指词义或字义②。“意”者，旨趣、大意之谓也。所谓“同意”，是指与“类首”所代表的事类范畴旨趣一致，大意相合。“相受”之“受”，则兼具“授”、“受”二义。既言“同”、言“相”，自然意味着有两个对象。这两个对象，便是“转注”造字的两大构形要素，其一即是“建类一首”所确立的“类首”，那另一个主要就是体现为需要为之造字的语词或语词的某一意义，我们称之为“转注原体”。

与“指事”、“象形”、“会意”等造字法的造字背景大不相同的一点是：“指事”、“象形”等造字法所要为之造字的那些语词，一般都是从未形之于文字的语词，也就是说，在此之前，这些语词一直尚无书写符号曾代表过它们；而“转注”造字法所要为之造字的那些语词或语词的某一意义，却一般都是已经形之于文字形体了。这就是说，所有“转注原体”都存在于业已造出的文字之中，都是以文字形体而存在的，也就是那些因“六书”之“假借”而产生的一字多用的字。这些“转注原体”所曾依托的字，我们称之为“转注原体字”。之所以要作这样的区分，是因为“转注原体字”可以包容一个“转注原体”，也可以包含两个乃至更多的“转注原体”。所以，我们提到的“转注原体”，主要是着眼于造字对象而言，是指需要为之另造专字的那个语词或语词的某一部分意义。所谓“同意”，就是指“转注原体”与“类首”所代表的事类范畴相符合。把一个“转注原体字”与一个“类首”两相结合起来，这就是“相受”。对于“转注原体字”来说，它是被授附于“类首”；对于“类首”来说，它是收受“转注原体字”。所以，我们说

① 《说文》540 部之分，与其正文于部首字“凡某之属皆从某”之说解，均与“转注”造字之交代有其一定的照应性。但徐锴、江声等学者即以部首等同于“类首”，以“凡某之属皆从某”等同于“同意相受”，则失之过滥。

② “意”不等于“义”本是训诂常识，然而有些谈“转注”的学者，却把“同意相受”理解为“同义相受”，把“转注”造字法看成是一种专造同义字的方法，以至误解了“转注”的真谛。

"相受"之"受"实兼"授"与"受"两重意义。①

"转注"定义弄明确了,"转注"二字本身的真正含义也就出来了。"转"者,移也。《诗·小雅·祈父》"胡转予于恤",郑玄笺:"转,移也。"《楚辞·九叹·愍命》"却骐骥以转运兮",王逸注:"转,移也。""注"者,属也,附也。《战国策·秦策四》"一举众而注地于楚",姚宏注:"注,属。"《仪礼·士昏礼》"酌玄酒三属于尊",郑玄注:"属,注也。"《战国策·秦策一》"蜀既属",鲍彪注:"属犹附。"因此,简言之,"转注"者移附也,移此属彼之谓也。

许慎"六书"说中每一书的名称与其定义之间都具有互为补足或说明的关系,"转注"之名称与"建类一首,同意相受"这一定义,其相足成的关系尤为突出。定义言"相受",名称则言"转注","注"与"授"义亦相近,这样,"转注"造字过程中"注"(授)、"受"双方两大构形要素便都提示出来了。"转注"这一名称显然是从"转注原体字"的角度而提出,而"建类一首,同意相受"这一定义则是着重从"类首"的角度而立言。而定义中的前一句,即"建类一首"四字,又包含了它的对应面——"转注原体",因为"类首"乃是为"转注原体"而建立;定义中的后一句,即"同意相受"四字,又是兼及了"类首"与"转注原体字"两方,并且又是对"转注"之原则及方式手段的强调。其行文构体,言简意赅,缜密谨严,真可谓匠心独运。所以,我们把"转注"之定义与其名称结合起来理解,"转注"造字法的真谛便是:建立事类观念,确立事类范畴,并为事类确立一个标志其意义范畴的"类首"。一个"类首",凡与它所代表的事类范畴相符合的"转注原体",它都可以一一容受;一个"转注原体字",只要它所包含的"转注原体"符合某一事类范畴,便可以移附于代表该事类范畴的"类首"。这就是汉字孳乳繁衍的一大必然规律,"六书"造字中的"转注"之法则,实际上也就是"加注意符"这一极其重要的构形模式。

几乎所有谈"转注"的人,不管见解有怎样的分歧,但在有一点上却大都是相同的,这就是,他们都把许慎为"转注"所举的"考"

---

① "受"字甲骨文作,上下手形分别代表授、受两方,中为器皿之形,代表授受之物,可见"受"字构形本身即兼授受二义,因为授与受本是同一行为的两个方面。或以为"受"字从"舟",舟之为物甚大,非可以手相授受者,故难据信;或以为从"舟"为音符(《说文》舟部:"受,相付也。从'𠬪','舟'省声。"),"受"、"舟"声虽相近,然与甲骨文"受"字"比形象事"十分显白之构形特征颇相游离。

与“老”两个例字看作是“同意相受”的两方。朱骏声以为：“‘考’、‘老’者，‘考’字从‘老’省，与‘上下’、‘日月’、‘武信’、‘令长’平列字不同。”① 朱氏认为“考”与“老”二字不平列，不同于“指事”、“象形”、“会意”、“假借”之例字，这一点虽然说对了，但他也还是把“考”与“老”看成是“同意相受”的两方，况且，他以词义引申为“转注”，拉扯得更远，更离谱。

今案：许慎给其他每一书所列举的两个例字，都是他认为该造字法所产生的代表字，唯独于“转注”所列举的两个例字不然。不是说“考”与“老”都是“转注”法所造出的代表字，“转注”法所造出的代表字其实只是一个“考”字，“老”字是会意造字法所产生②；也不是说“考”与“老”各是“同意相受”某一方的代表字，“同意相受”其中一方的代表字只是一个“老”，“考”字则是“同意相受”的结果。“老”是“同意相受”的重要一方，即“建类一首”之“首”的举例字，是一个“类首”的代表字。与“老”相对应的那“同意相受”的另一方，即那个“转注原体字”，许慎没有列举出来。为什么不列举？因受了他自己的行文体例的限制，实在不好列举出来。但是，他告诉我们：“考，老也。从‘老’省，‘丂’声。”既然“老”是“类首”，“考”是与“老”“同意相受”后产生出来的一个字，那么，“考”的“转注原体字”虽未说出也可知道了，它就是被移附授注（转注）到“类首”“老”字身上的那个“‘丂’声”之“丂”字。“考”的前身就是“丂”，“丂”字是“考”的“转注原体字”。就是说，在“考”字被造出之前，人们即假借“丂”字代表考妣之“考”一类的意思③。为了求得字形与字义的密合，后来便将这个“丂”字移附授注到“老”这个“类首”字身上，才造出转注字“考”字来④。戴震说：“徐铉、徐锴、郑樵之书，就‘考’字傅会，谓祖考之考，古铭识通用‘丂’，於‘丂’之本训转其义，而加‘老省’注明之。又如犬走貌为‘猋’，《尔雅》‘扶摇谓之猋’，於‘猋’之本训转其义，‘飚’则偏旁加

① 朱骏声：《说文通训定声·说文六书交列》。

② 《说文》老部：“老，考也，七十曰老。从‘人’、‘毛’、‘匕’。言须发变白也。”案，“老”字甲文作、等形，严格而言，当是“比形象事”式的字。

③ 金文中即有将考妣之“考”写作“丂”的，如《司土司敦》中的“厥丂”即是“厥考”，《齐镈》中的“皇丂”即是“皇考”，等等。

④ 金文“考”字多作，后来才简化为“考”，所以《说文解字》说“考”从“老”省是对的。

‘风’注明之。”① 徐氏等人对“考”、“飔”等字产生过程及原理之认识，应当说是符合实际情况的，戴震等人因惑于汉字的结构类型，不明“转注”之真谛，反倒嘲笑徐氏等人的认识是“傅会”，实非公允。

许慎于“转注”一书举“考”、“老”为例而异于其他各书例字平列，这一独特情况似乎有其良苦用心。仔细体会一下，他为什么不像其他各书一样，举出两个都是“转注”法所造出的例字，比如说“‘耊’、‘考’是也”（假定“耊”字也是“转注字）？因为，“转注”造字之法的重要原理和步骤在于“建类一首”，“类首”是“转注”造字的重要构形要素，若但举“耊”“考”为例，而不标举“老”字以说明之，则“建类一首”之意不明，“同意相受”的两方全无着落，这样，“转注”的定义和法则便难以使人理解和把握。再者，既已于“形声”之下举例说“‘江’、‘河’是也”，若再于“转注”之下举例说“‘耊’、‘考’是也”，那么，就形体结构而言，“江”、“河”、“耊”、“考”皆可谓之形声字，“转注”与“形声”作为造字之法则的界限、区别又在哪里？何不言“‘丂’、‘考’是也”？因为，“丂”是“转注原体字”，它是业已存在的，无须强调，“类首”是需要重新确立的，从造字构形的手段和过程而言，“类首”自然比“转注原体字”更重要，不能举例只强调、只突出本已存在的“转注原体字”，而于需要新确立的“类首”反倒不举例来说明。更何况，只要交代了“类首”，又指明了造成后的转注字，那么，“转注原体字”自可不言而喻。何不言“‘丂’、‘老’是也”？“丂”是“转注原体字”，“老”是“类首”，它们是“同意相受”的两方，都是“转注”造字的构形要素，而不是“转注”造字的结果。不能只举例说明构形要素，反而不举例说明造出的是什么字，否则，与其他各书举例的性质就相差太远了，那就真正是“自乱其例”了。限于例字只能举两个，又有如上种种顾虑，所以许慎为“转注”举例只得说“‘考’、‘老’是也”。

“六书”中的“转注”造字法，简单地说，就是将一个“转注原体字”移附授注到一个“类首”形体上的一种造字之法。换言之，也就是对一个“转注原体字”加注一个“类首”符号（即意符）的造字之法。对于“转注原体字”来说，实质上就是一种加工改造的过程，一种在“转注原体字”的形体上冠加一种“类首”符号而构成一个新字

---

① 戴震：《答江慎修先生论小学》。

的过程。详细而言就是：在汉字经过初创阶段之后的一段时间里，由于原有的一些造字之法已难于再造新字，“假借”之法应运而生，字少事繁，一字多用的现象便十分普遍。一字多用的负担过重，表义歧向性的弊端也就越突出。为了克服这种毛病，弥补其不足，“转注”造字法应运而生。人们经过对“方以类聚，物以群分，同条牵属，共理相贯”的客观事理的多方面的认识，认知思维得到飞跃，必然产生“类族辨物”的“建类”观念。于是，对于那些主要是“假借”（包括“引申假借”）产生的一字多用的字，来一个形体上的改造。先是将它们不同用法的意义进行分辨，看哪一个意义应当属于哪一种事类范畴，哪一种事类范畴最适合选用哪一个代表字或符号来作统首标志。然后，再一一为那些需要加以分别的意义，就着那些原有字的形体，进行加注“类首”（即意符）的构形。例如，如果某一“转注原体”与自然界的树木有着密切关系，属于树木方面的事类范畴，便将其“转注原体字”移附授注到“类首”——“木”字的形体上；如果某一“转注原体”与社会中的人事关系密切，属于人事方面的事类范畴，那么，便将这个“转注原体字”移附授注到“类首”——“人”字的形体上，等等。这种造字过程所包含的原理和法则，便是“转注”造字法。

所以，我们说，所谓“建类一首，同意相受”，其意义并不玄僻。“类”即谓事类。“首”即谓“类首”，也就是现在通常所讲的标志事类范畴的“意符”。“同意”即谓“转注原体”与“类首”的旨趣相同，也就是“转注原体字”所包含的某一语词或意义与“类首”所代表的事类范畴相符合。“相受”是“授受”之谓，即“转注原体字”与“类首”的两相结合：若着眼于“转注原体字”，它则是“授”，是指将某一“转注原体字”授附于某一“类首”；若着眼于“类首”，它则是“受”，是指某一“类首”收受某一“转注原体字”。所以，所谓“转注”，正是着眼于“转注原体字”而立名，是“转移附注”的意思；所谓“转注”造字法，就是将“转注原体字”转移附注到“类首”上的一种造字之法，也就是笔者在“汉字构形的思维模式”中所归纳的、现在研究汉字的人谁都承认的、在汉字繁衍发展阶段所产生的“加注意符”这一极其重要的构形模式。可见，前人将“转注”归纳为“六书”之一，将“转注”视作“造字之本”，完全符合汉字产生、发展的历史事实和客观规律。不可想象，前人能够清醒地认识到“指事”、“象形”、“会意”、“假借”等造字法则，而对晚于这些造字法则并极其普遍而显著地反映在造字实践过程中的“加注意符”即“转注”这一更重要的造字构形之模式反倒视而未见。好学深思者于此当有所思辨，自会得出应有的正确结论。

许慎为“转注”造字之法所下的定义，非常精辟地概括了“转注”造字的基本原理和方法。如果将许慎所举的例字和定义结合起来，用图解法来表示，就是如下之意：

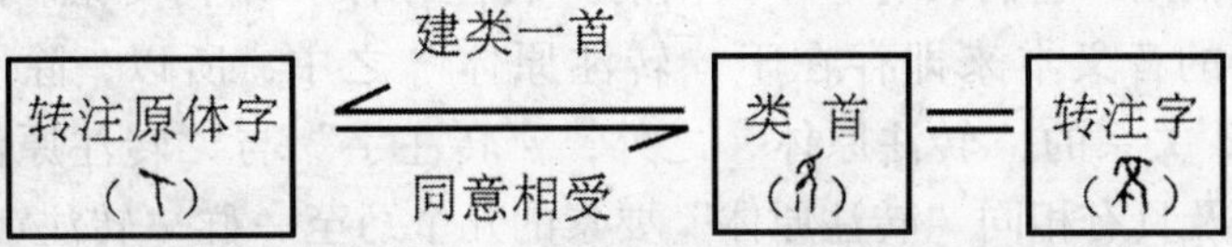

三、“转注”造字的两大构形要素

“转注原体字”和“类首”是“转注”造字的两大构形要素。

在“转注字”没有被造出来之前，“转注原体”都是作为独立的字而存在的，那就是“转注原体字”。“转注原体字”是“转注字”的前身，“转注字”是“转注原体字”的孳乳分化字。一切“转注字”都与它的那个“转注原体字”之间存在着一种密切的形体继承关系。换言之，一切“转注字”，都必定有它的母体，即“转注原体字”。没有“转注原体字”，便无从有“建类一首，同意相受”而生的“转注字”。“转注字”形体结构上的“转注原体”这一要素，便是“转注原体字”的形体本身的直接遗存。

因为“转注字”是“转注原体字”分化的结果，所以一般来说，“转注字”的意义仅仅只是没有分化之前的“转注原体字”意义的一部分。因此，“转注字”一般不能完全取代“转注原体字”。只有极少数的几个“转注字”，如“石”、“骨”等，可以说是完全取代了它们的“转注原体字”（详见后面的“释例”）。从绝大多数情况而言，未分化出“转注字”之前，在“转注原体字”的意义内涵中，既存在有“转注原体”的意义，也存在有非“转注原体”的意义。在已分化出“转注字”之后，从造字的角度来说，“转注原体字”所曾代表的“转注原体”意义便不复存在于自身，其自身便只存在有非“转注原体”的意义了。但是，由于“转注原体字”所固有的历史地位，以及人们的种种习惯影响，在实际用字过程中，往往出现有虽已分化了“转字”而“转注原体字”仍然代表着“转注原体”意义而被使用的情况。

一个“转注原体字”，在它未分化之前，可以只包含着一个“转注原体”的意义，也可以包含着两个、三个乃至更多一些“转注原体”的意义。包含有两个以上“转注原体”意义的“转注原体字”，从它身上便可以分化出两个以上的“转注字”来。由同一个“转注原体字”所分化出来的不同的“转注字”，在形体结构上必然具有一个共同的特点，这就是，它们具有一个共同的“转注原体”结构要素。因为“转注字”的音义本来即存在于“转注原体”之中，所以，除了那些无“引申”关系的“转注原体”之外，“转注字”与“转注原体字”之间，以及具有相同“转注原体”要素的几个乃至一群“转注字”之间，必然存在着“声义同源”的关系，从而形成“同源字”。不过，“转注字”并不等于“同源字”，这一点我们在后面也将另作论述。

由于“转注字”的前身或母体即是“转注原体字”，“转注字”只不过是对“转注原体字”的形体结构施加了一个“类首”符号以标示或提示“转注原体”的意义范畴，并无意于改变“转注原体”固有的音义关系，所以，“转注字”的读音必然与“转注原体字”的读音有着历史继承性，因而“转注字”形体中的“转注原体”这一结构要素能够客观地起着一种标志该“转注字”读音的作用，所以被人们看成是一种“音符”。要强调和注意的是，“转注字”形体中的“转注原体”这一结构要素的标音作用，完全是客观地、不自觉地而存在的。我们之所以要如此特别指出“转注原体”结构要素标音作用的“客观”来源性，这是因为，“转注原体”结构要素的标音作用并不是“转注”造字法的原理和原则所主观要求的结果。换言之，任何一个“转注字”形体中的“转注原体”这一结构要素，都不是由造字的人主观自觉地把它作为一种标音的构形要素而取过来的。这一点，只要我们正视“转注字”产生和涌现的实际情况，便不能不予以承认。并且，如“石”、“胃”、“骨”等这一类的“转注字”，其形体中的“转注原体”这一结构要素由于在后世不再作为独立的文字而存在和使用，所以就不再有任何标音的作用，这也足以证明一般“转注原体”结构要素在“转注字”中具有的标音功能完全是客观地、自然地形成的一种现象。明确强调这一点，将是我们区分“转注字”与“形声”造字法所造出的“形声字”的重要标准。

在“转注字”没有被造出之前，“类首”绝大多数也是作为独立的文字而存在的。只有少数“类首”，如“宀”、“广”、“厂”、“虍”、“彡”等，一般不作为独立的文字而使用。从造字经历来说，“转注字”

与“类首”不存在构形上的必然关系，它们之间没有“转注字”与“转注原体字”之间那种历史性地形成的形体继承性。这是因为，“转注字”只是“转注原体字”分化的产物，而不是“类首”分化的结果。当然，同一个汉字，它也许既充当某一个“转注字”的“转注原体”结构要素，又充当另一个“转注字”的“类首”符号。如果这样，那么，前者便是一种必然的产物，后者只是一种筛选的结果罢了。

“类首”的选择和确立，是“转注字”构形过程中的唯一重要的一个环节，是“转注”造字的枢要。因为，在“转注字”形体构造的两大要素中，“转注原体字”是既有的，是不假寻求而本已存在的；而“类首”则不然，就“转注字”的结构本身而言，其“类首”的获得必须经过造字者的一番寻求、思考，必须依据“转注原体”的意义内容来判断已有的众多汉字中哪一个最适合用来充当它的“类首”。当然，所谓“最适合”，这只是造字者当时的一种判断，不能用后世的科学标准来衡量。可以说，在“转注”造字的实际过程中，虽然存在着“建类一首”和“同意相受”这样的两个步骤，但实际上最关键、最要紧的一道工序是前者。只要“建类一首”的认知过程完成了，“类首”确立了，那下一道工序便极简单、极容易完成。因为，“转注原体”与“类首”的“同意”性，实际上在确立“类首”过程中便已经得到了认定，所以剩下的“相受”工作仅仅是两大构件的“装配”罢了。由此足可看出，给一个“转注原体”寻求一个合适的“类首”，正是“转注”造字的主要过程、关键环节，“类首”的获得是唯一体现“转注字”之产生的形态标志。

选择和确立“类首”的依据在于“转注原体”。因为“转注”造字的目的本就是为了给一字多用的字即“转注原体字”施以区别不同的用法、不同意义的形态标志，使“转注原体”从“转注原体字”中独立分化出来。“类首”的作用是使“转注原体”的意义内容获得一种这样的标志：它可以向人们提示，这个字的意义与某种事类有关系，其意义范畴大致在某一方面。所以，“类首”所标志的事类范畴必须与“转注原体”的内容具有某种程度的一致性，“转注原体”的内容必须可以容纳在“类首”所代表的事类范畴之中。要具有这样的一致性，自然需要造字者依据“转注原体”的内容进行一番分析、判断工作，才能给它找到一个合适的“类首”。因此，如果说“转注字”形体结构中的“转注原体”这一要素具有的标音作用只是造字过程本身客观地、不自觉地所形成的话，那么，恰恰相反，“转注字”形体结构中的“类首”

这一要素所具有的表意作用，则是造字者主观地、有意识地所赋予的。当然，“类首”符号的作用仅仅只是标志事类、提示意义内容的范畴，并不是显示或代表该“转注字”的意义本身。“转注字”意义的核心内容，并不是体现在它的那个“类首”符号上，而是深深地蕴含在它所固有的那个体现着声义同源的“转注原体”身上。宋代王子韶演绎右文说，认为：“凡字，其类在左，其义在右。如木类，其左皆从‘木’。所谓右文者，如‘戋’，小也；水之小者曰‘浅’，金之小者曰‘钱’，歹之小者曰‘残’，贝之小者曰‘贱’，如此之类，皆以‘戋’为义也。”① 对汉字音义关系这种认识的客观基础，便正在于“转注”造字两大构形要素的不同来源和不同性质。

四、“类首”与“部首”

“转注”造字中的“类首”不等于《说文解字》一书中的“部首”。一般来说，“类首”都充当了“部首”，但“部首”不一定就是“类首”。“类首”是“转注”造字的构形要素，是汉字孳乳发展过程中的产物；“部首”是《说文解字》编排上的一个重要内容，是许慎对汉字孳乳发展过程中的“建类一首，同意相受”这一造字规律和法则有所深刻认识，然后吸取其原理方法，创造性地运用于《说文解字》一书之编排的产物。“部首”固然是许慎的一大发明，但这发明并非许慎闭门造车，凭空臆想而产生。汉民族群体智慧在创造汉字的实践过程中所形成的“建类一首”观念，先民们对“方以类聚，物以群分，同条牵属，共理相贯”的客观事理之认识，才是“部首”发明的真正源泉。

正因为“类首”是“转注”造字的构形要素，也是“转注”造字的结果，所以“类首”主要存在于“转注字”。其他诸如“指事字”、“象形字”、“会意字”，因为它们并未经过“建类一首”这一构形过程，所以自然不存在有标志事类范畴的“类首”之结构要素。“以事为名，取譬相成”之“形声”造字法，其“以事为名”之“名”并不等同于“类首”（详后）。只有“形声”与“转注”两种造字法相融合之后所产生的形声字，才也有“类首”问题，因为那正是“建类一首”造字原理的体现。

“象形字”一般都充当了“转注字”的“类首”，又都充当了《说

---

① 见沈括《梦溪笔谈》十四。

文解字》一书中的“部首”，似乎二者是一致的，其实也不尽然。因为“部首”统属下的字并不都是“转注字”，除了“转注字”以外，往往还有一些“指事字”、“会意字”。例如，“牛”字既是许多“转注字”的“类首”，也是《说文解字》的一个“部首”，对于“牝”、“牡”这一类的“转注字”来说，其“类首”是“牛”，“部首”也是“牛”，二者是一致的；但是，对于“牟”、“牢”这一类非“转注字”来说，“牛”只是它们的“部首”，而不是“类首”了。也不是所有的“部首”都是“转注字”的“类首”。有些“部首”，例如《说文解字》卷一上的“丨”，卷十二上的“乚”、“不”和“至”，卷十二下的“丿”、“厂”和“乀”等，便基本上没有充当过“转注”造字的“类首”。为什么许慎要把不是“类首”的一些字或符号也安排为“部首”？道理很简单，《说文解字》所汇集的字并不只是“转注字”一种，许慎必须将他所收集的9353个字编排成一个系统，“部首”是他接受了“类首”启发的一大发明，他必须用他发明创造的“部首”将那些即便不是“转注字”的字也一一统属下来，所以他不得不突破“类首”的限制，把“类首”稍微改造一下，从而创造出可以使所有的汉字都能“分别部居，不相杂厕”的“部首”来。我们说“部首”是许慎的发明创造，其真实性也只是在这里。

徐锴、江声、许宗彦等人认为，《说文解字》一书中凡五百四十部的“部首”即是“转注”造字中“建类一首”之“首”，每一“部首”之下许慎所解说的“凡某之属皆从某”即是“转注”造字中的“同意相受”，结果把一本《说文解字》全部“部首”之下所有的字统统看成了“转注字”。其错误的一个重要原因，便是他们把“部首”与“类首”完全等同起来，把古人造字中的问题与许慎著书的体例问题完全混同起来，没有看到许慎对“类首”的改造。而章太炎等人认为“转注”造字过程中“建类一首”的“类”是“声类”，“首”是“语基”，说什么“保氏教国子时，其（岂）县（悬）知千载后有五百四十部书耶”，从而彻底否定《说文解字》一书中的“部首”与“转注”造字的“类首”有任何关系。其错误的一个重要原因，便是没有看到许慎所创立的“部首”与“转注”造字法中的“类首”之间的客观继承关系，没有看到许慎的发明是从古人造字实践中所受到的启迪。总之，“类首”的产生是“转注”造字中的客观存在，“部首”的发明是许慎对“建类一首”这一造字原理创造性地总结并发展的结果。我们既不能把这两个问题完全混同起来，也不能彻底否定它们之间的密切关系。

在许慎以前，古人无论是造字者还是教蒙童识字者，当然绝不可能预知后世的文字学家对汉字有“五百四十部”之分。但是，这并不足以反推古人便没有“类首”的认识，更不能证明“转注”造字无关于“类首”的构形。章氏提出“声类”、“语基”之说，倒是确实不能符合历史事实和“转注”的原意。须知古人造字，何曾想到要建立什么“声类”，求什么“语基”？隔山隔水、隔朝隔代的人都有造字的，有谁为他们传授过“声类”、“语基”的知识？要建立“声类”，确定“语基”，然后再来造字，而且是造方块汉字，不是造什么拼音文字，这样的“转注”之“造字之则”，即使在今天，恐怕也难得有多少人真能懂得和运用。在上古之时的历史条件下，人们能够懂得和掌握的，只可能是事类的大致区别和“类族辨物”式的“类首”标志的寻求。

当然，古人造字，不可能先具备一个完整的“类首”系统。汉字是一个一个地、充其量是一小群一小群地造出来的，所以，“转注”造字过程中的“类首”，也只能是“随遇而立”，只能是随着造字的发展而陆续产生，陆续增多而不断充实。唯其如此，我们今天可以看到，应当是同一种事类范畴，“类首”的确立却不尽同，同一个“转注原体”可以授附于两个以上不同的“类首”，等等，大量“转注字”中的“类首”有着相当复杂的情况。从整个汉字体系而言，“建类一首”的想法和原理并没有充分和完善地得到实现，这自然是文字乃由大众而创造的一种必然结果。许慎著《说文解字》，确立了五百四十个“部首”，但古人造字，“建类一首”不可能也正好是五百四十个，也许少一些，也许更多一些。

《说文解字》一书中“部首”的设立及其统属并非尽善尽美，完美无缺。有一个比较典型的例子，就是卷十二上的“不”部，这一部居中除了部首字“不”以外，所统属的只有一个“否”字。“否”是一个“转注字”，它是由转注原体字“不”移附授注于类首“口”而产生。其实，“否”字应当归于“口”部，“不”部应当取消，“不”字可以统属到“一”部去。当然，许慎之所以要设一个“不”部，也有他的意图。许慎主要是考虑到“部首”之间的“据形系联”，他是想通过设置这个“不”部，好把前面的“乙”部与后面的“至”部“系联”起来。因为他把“乙”字的形和义解释为“玄鸟”，把“至”字的形和义解释为“鸟飞从高下至地也”，而把“不”字的形和义则解释为“鸟飞上翔不下来也”，这样的话，立“不”字为部首，把它置于“乙”部之后“至”部之前，“乙”、“不”、“至”三部便有条有理地“据形系联”

起来了。可惜许慎囿于时代局限，未能看到甲骨文字，以至把“乙”、“不”、“至”的字形解释错了，所以在“部首”的设置上也就随之而产生出弊病来。

《说文解字》中还有一些部，如卷一上的“三”部，卷二上的“凵”部，卷五上的“丨”，卷五下的“夂”部，卷六上的“才”，卷六下的“乇”部、“㼌”部，卷七上的“克”部、“录”部，卷七下的“耑”部，卷九上的“丏”部，卷九下的“冄”部、“㣇”部、“易”部，卷十上的“萈”部、“能”部，卷十一下的“く”部、“燕”部，卷十三上的“率”部，卷十三下的“它”部，卷十四上的“幵”部，卷十四下的“四”部、“五”部、“六”、“七”部、“甲”部、“丙”部、“丁”部、“庚”部、“壬”部、“癸”部、“寅”部、“卯”部、“未”部、“戌”部、“亥”部等，都是只有部首字本身，而无任何统属的字。按“部首”设置的原理来说，既无统属之字，便不存在部居问题，“部首”也就不能成立。像这一类的部首，与“转注”造字法中的“类首”自然更不相干。这些情况，一方面充分说明了“部首”不等于“类首”，另一方面也显示出许慎本人是知道自己的“部首”并不全是“转注字”的“类首”的。因为，不可能只有“类首”而无统属于这个“类首”的“转注字”。一个字或一个符号既然从来没有作为“转注”造字的“类首”出现过，那就说明它不存在与“转注原体字”有“同意相受”的造字关系和经历，所以也就不成其为“类首”。这一简单的逻辑道理，被时人推崇为“五经无双”的许慎不会不知道。既然知道却还要把这样的字或符号立为“部首”，便正可显示许慎的五百四十部“部首”的设立，已经超越了“转注”造字中的“类首”概念，成了他著书立说方面的一项发明创造。

古人造字时的“建类”观念产生于对客观事物的认知，“类首”的选择和确立，也是对客观事物认知的结果。所以，作为“转注”中的“类首”，它与后世文字学或训诂学所讲的“初文”与“准初文”虽有密切关系，但却不存在必然联系。“类首”大多数来自于“初文”或“准初文”，但并不全部来自于“初文”或“准初文”。此外，语言文字学所常提到的“古今字”（区别字）、“异体字”等问题，尤其是“古今字”（区别字）问题，与“转注”造字有着十分密切的关系（详见后文）。只有正确认识到“建类一首，同意相受”这一“转注”造字之大法，对这些问题（包括同源字），我们才能作出更透彻的分析，才能得到一些更深刻的认识。

五、“转注”造字的主要途径

“转注”造字之法是在因“六书”中的“假借”之法而涌现大量一字多用的字（即“假借字”）的客观情势下所产生，所以针对“假借字”而施以“建类一首，同意相受”式的形体改造便成为“转注”造字的主要途径。“假借字”具有两类情况，一类是“借义”与“本义”不存在“引申”关系，我们可以称之为“谐音假借”；另一类是“借义”与“本义”具有一定的“引申”关系，我们可以称之为“引申假借”。为了论述的方便，我们姑且将“借义”这一术语专用来指“谐音假借”中的“借义”，而“引申假借”中的“借义”我们便称之为“引申义”。

针对“谐音假借”而施以“转注”造字的情况又有两种。一种是将“借义”作为“转注原体”，根据其意义内容的事类关系，将该假借字移附授注于某一“类首”，从而将“借义”分化出来，造成一个代表该“借义”的专字。例如，“隹”的本义为鸟名，《说文》：“隹，鸟之短尾总名也，象形。”甲骨文“隹”字作，即象鸟形。古多借“隹”表发语之词，后来为区别这一“借义”，便有将“隹”移附授注于类首“口”而产生的“唯”这一专字（《说文》：“唯，诺也，从‘口’，‘隹’声”）。其他如“不”之转注为“否”，“昜”之转注为“場”，“羊”之转注为“祥”，“兒”之转注为“鶃”，“唐”之转注为“塘”，等等，都是利用“转注”之法为“借义”另造专字。另一种是将“本义”作为“转注原体”，根据其意义内容的事类关系，将该“转注原体字”移附授注于相关的“类首”，将“本义”分化出来，构成一个重新代表该本义的专字，而让“转注原体字”成为代表“借义”的专字。例如，“其”的本义是簸箕（甲骨文“其”字作或，即象竹箕之形），它又假借为代词或语气词，为了使这些用法在字形上有所区别，后来将“其”字移附授注于类首“竹”而造出了一个“箕”字，让它作为代表本义簸箕的专字，而让原来的“其”字成为只代表“借义”代词或语气词的专字了。其他如“来”之转注为“麳”或“棶”、“衰”之转注为“蓑”、“然”之转注为“燃”、“莫”之转注为“暮”，等等，便都是利用“转注”之法为“本义”另造专字。

一个假借字的“借义”可能不止一个，这样，“转注”造字法为“借义”而造出的专字也就可能不止一个。例如，“隹”又借为表思虑之义，所以又有将它移附授注于类首“心”而产生的“惟”之专字；“易”借为表一种虫（蟲）名，所以又有将它移附授注于类首“虫(huǐ)”而产生的“蜴”之专字，等等。有时，“转注”造字法既为“借义”造了专字，又可为“本义”另造专字；或者既为“本义”造了专字，又可为“借义”另造专字。例如，“易”字既已为其“借义”造了“埸”、“皷”、“蜴”等专字，因它的本义是赐与，另外又还假借有变化、交易、不难等义，于是又将它移附授注于类首“贝”而造出专表本义赐与的新的本字“赐”，而让原来的“易”字则专表变化、交换、不难之类的意义；“来”字既已为其本义另造“麳”或“秾”这种专字，因行来之“来”这一借义又引申有苦倦、劳问等义，所以又曾将它移附授注于类首“彳”而造出了一个表行来之义的专字“徕”（《汉书·武帝纪》：“氐羌徕服。”颜师古注：“徕，古往来之字也”），等等。

由于社会进化、语言发展，古汉语逐渐由单音节词演变出不少双声或叠韵的双音节词，也就是人们常说的“联绵词”。这些“联绵词”，其早期阶段，人们往往没有为它们一一造出专字，而大都是采用“依声托事”的假借字。但是，到了后来，人们为了便于“目治”，为了突出汉字形体表义的特点，那些记录联绵词的假借字，也纷纷被“转注”造字法改造成形与义尽量吻合的专字了。例如，“并闾”（《文选·枚乘〈七发〉》：“梧桐并闾，极望成林”）之被转注为“栟榈”（张衡《南都赋》：“楈枒栟榈，柍柘檍檀”），“爰居”（《国语·鲁语》：“海鸟曰爰居，止于鲁东门之外”）之被转注为“鶢鶋”（《文选·左思〈吴都赋〉》：“鸟则鹍鸡、鸀鳿，鹴鹄、鹭鸿，鶢鶋避风，候雁造江”），“卑居”（《诗·小雅·小弁》“弁彼鸒斯”，毛传：“鸒，卑居。卑居，雅乌也”）之被转注为“鹎鶋”（《尔雅·释鸟》：“鸒斯，鹎鶋”，郭璞注：“鸦乌也，小而多群，腹下白，江东亦呼为鹎乌。”张衡《东京赋》：“鹎鶋秋栖，鹘鸼春鸣”），“夫容”（《淮南子·本经训》“乔枝菱阿，夫容芰荷”，高诱注：“夫容，藕华也”）之被转注为“芙蓉”（《楚辞·九歌·湘君》：“采薜荔兮水中，搴芙蓉兮木末”），“负版”（《尔雅·释虫》“傅，负版”）之被转注为“蝜蝂”（柳宗元《蝜蝂传》：“蝜蝂者，善負小蟲也”），“次且”（《易·夬》“其行次且”）之被转注为“趑趄”（《晋书·张载传》：“一人荷戟，万夫趑趄”），“参差”（《诗·周南·关雎》：“参差荇菜，左右流之”）之被转注为“嵾嵯”（《楚辞·九叹·远逝》：“阜隘狭而幽险兮，石嵾嵯以翳日”），“充充”（《礼记·檀弓上》“始死，充充如有穷”，郑玄注：“皆忧悼在心之貌也。”孔颖达疏：“言亲始死，孝子匍匐而哭之，心形充屈，如急行道极，无所复去，穷急之容也”）之被转注为“恍恍”（唐元结《招太灵》诗：“久懰兮恍恍”），“匈匈”（《史记·项羽本纪》“天下匈匈数岁”）之被转注为“讻讻”（《五代史·四夷传》“聚而谋者讻讻”），等等。这种改造，有时是通过转换“类首”的方式来进行的。例如，“䓢䖘”之被转换类首而为“鷎鶉”，“消摇”之被转换类首而为“逍遥”，等等。或者，两个字中有一个是被加注“类首”，而另一个则是转换“类首”，使记录联绵词的这两个字在形体表义的特征上尽量保持一致性，实质上成为一种“类化”现象。例如，“忌欺”之被改造为“鵋䳢”，“鵋”字是加注“类首”“鸟”而来，“䳢”字则显然是因类化规律将原来“欺”字的偏旁“欠”转换成“鸟”而来；其他如“差佗”之被改造为“蹉跎”，“餘皇”之被改造为“艅艎”等，都属于这种现象。这种“类化”现象，甚至影响到一些复合词的字形，如“青蔥”之被类化为“菁蔥”，“峻危”之被类化为“峻峗”，“凱風”之被类化为“颽風”，“绋冕”之被类化为“绋絻”，等等。

由“建类一首，同意相受”的造字规律所反映出来的汉民族追求文字的形体特征与它所代表的意义内容尽量相吻合的这一心理趋势是如此地强烈，如此地突出和普遍，以至于有些文字本来与某种事类并没有什么关系，却也被人们“类化”心理的驱使而移附授注于某一“类首”。有两个很典型的例子，很足以说明这个问题。《诗·卫风·伐檀》“河水清且涟猗”、“河水清且直猗”、“河水清且沦猗”，其“猗”字本为语气词，用法如同今天诗歌中的“啊”。但由于“涟”与“沦”都是指水波而言，后人追求语词音节的双音化和文字形体的类化，便将根本无关于水之事类的“猗”字也移附于类首“水”，以致产生了“涟漪”、“沦漪”这两个纯粹是人为地制造出来的双音节词（《文选·左思〈吴都赋〉》：“剖巨蚌于回渊，濯明月于涟漪”，《文心雕龙·情采》：“夫水性虚而沦漪结，木体实而花萼振”），由此进一步单独一个“漪”字也可指水的微波了（《文心雕龙·定势》：“激水不漪，槁木无阴，自然之势也。”《玉篇》：“漪，水波动荡貌”）。另一例是，《诗·召南·羔羊》：“退食自公，委蛇委蛇。”毛传：“（委蛇）行可从迹也。”郑笺：“委曲自得之貌。”由古训可见，“委蛇”本是描写屈曲婉转之貌的双声联绵词，并不是指一种蛇类动物（“委蛇”之“蛇”读如“移”）。联绵词的书写形式每每多变，故“委蛇”或作“委佗”、“委迤”、“倭迟”、“逶夷”、“威夷”、“委移”、“逶移”、“逶蛇”、“遢迤”、“威迟”等等。然而，在“建类一首，同意相受”和“类化”心理的影响下，“委蛇”之“委”字在后世竟有被移附授注于类首“虫（huǐ）”而为“蝼”者，以至“委蛇”一词或写作“蝼蛇”。如张衡《西京赋》：“女娥坐而长歌，声清扬而蝼蛇。”“蝼蛇”状歌声，只是形容歌声悠扬婉转，未必与虫蛇之事有关。所以，我们完全可以肯定，“委蛇”之被写作“蝼蛇”，完全是一种因“建类一首，同意相受”的造字规律而形成的一种类化习性所致，其意义内容则与事类并无真正的联系。

宋欧阳修说到这样一件有趣的事：“京师食店卖‘酸馦’者，皆大书牌膀于通衢，而俚俗昧于字法，转‘酸’从‘食’，‘馦’从‘臽’。有滑稽子谓人曰：‘彼家所卖“馂馅（原注：音俊陷）”，不知为何物也！’”① 因“酸馦”是食物，而“馦”字又从“食”，于是把“酸”字也写成“馂”，欧阳修讥为“俚俗昧于字法”，其实这正是一种因“转注”造字而形成的“类化”习性的反映，倒是“俚俗”之字法的一种体现。明代焦竑也说到：“俗于联字，有因上误下者，有因下误上者：‘騆儈’，误以‘儈’从‘馬’作‘驓’；‘髫龀’，误以‘髫’从‘齿’作‘齠’，‘蹴鞠’，误以‘鞠’从‘足’作‘踘’。此类甚多，皆一时趁笔之误，后多沿其失而不考耳。”② 清代俞樾也说：“字有本无偏旁，因与上下字相涉而误加者。”③ 说这是“误加”，如果是指所加偏旁（即我们所说的“类首”）与文字所代表的意义并无事类上的“同意”性，或者是画蛇添足式的赘增，那当然是对的；但是，认为是“一时趁笔之误”，认为仅仅是“因与上下字相涉”而被下意识地“误加”的，那就未必然了。

针对“引申假借”而施以“转注”造字的情况，主要是以“引申义”为“转注原体”，根据所分化的意义内容的事类性质，将“转注原体字”移附于相关的“类首”。像这样造出来的字，便必然是同源字（同源词）。例如，“井”被移附授注于类首“阜”而有同源字“阱”，“敫”被移附授注于类首“辵”而有同源字“邀”，“吏”被移附授注

① 《归田录》卷下。
② 《焦氏笔乘续集》卷五。
③ 《古书疑义举例》卷七。

于类首“人”而有同源字“使”，“秉”被移附授注于类首“木”而有同源字“棅”，“象”被移附授注于类首“人”而有同源字“像”，等等。有少数则不是以“引申义”为“转注原体”，而是以“本义”作为“转注原体”，根据“本义”的事类特点，对“转注原体字”加注相关的类首，使“本义”分化出来，让“转注原体字”只作“引申义”的专字。这样造出来的字，也同样是同源字（同源词）。例如，“午”的本义是指舂臼的木杵（甲骨文作，正像舂具木杵之形），引申有违逆一类的意义，后来以其本义为“转注原体”，将“午”移附授注于类首“木”而产生同源字“杵”，“午”则成为表示牾逆之义的专字（后来又将午逆之“午”移附于类首“心”或“辵”而有“忤”或“迕”）；“北”的本义为相背，引申为南北之北义，于是后来以其本义为“转注原体”，将“北”移附授注于类首“肉”而产生同源字“背”，等等。

值得注意的是，因为语词的孳生、意义的繁衍具有多元性，所以针对“引申假借”而造出的转注字往往呈现为同源字群。例如。“互”之转注为“枑”、“罡”，“奴”之转注为“拏”、“驽”，“臤”之转注为“贤”、“坚”、“紧”，“辟”之转注为“避”、“闢”、“僻”、“璧”，“巠”之转注为“经”、“径”、“颈”、“泾”等等。这种现象，和以同一个转注原体字的不同“借义”为“转注原体”而分别造出一系列的专字的情况在形式和结果上是一样的，所不同的只是，一种是同源字群，一种不是同源字群。此外，语词的孳乳、意义的繁衍还具有再生性，所以转注字还可以再生出转注字来。例如，“泉”的本义是水源，引申指泉水，故以本义为“转注原体”而分化有“原”字；“原”又引申有原来、初始、平原等义，所以后来再次以本义为“转注原体”而分化有“源”字，等等。

“转注”造字的主要途径是针对“谐音假借”和“引申假借”而再造专字，其目的与功能在于从形体上将文字的不同用法、不同意义尽量予以区而别之的标识。因为这一造字的目的在于求得文字形体与它所代表的意义之直接吻合，所以，有些文字，即使不是为了区别不同用法、不同意义，但为了突出其事类关系，也被“转注”造字法施以“建类一首，同意相受”式的加工改造。例如，“”之被移附授注于类首“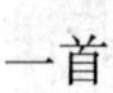”（代表穴居）而造出的“石”字，“”之被移附授注于类首“肉”而造出的“骨”字（详见释例）等，便属于这种情况。前面所提到的复音词书写形式的演变，有些也与这种情况相似。有些“转注字”

的产生，形式上似乎是为了区别不同用法，但实际上仅仅只是文字本身的不同用法，是文字使用对象、使用范围的一种不同用法，并不是语词分化、意义繁衍这一语言原因所致。例如，“字”之转注为“牸”，“沽”之转注为“酤”（转换类首），“劦”之转注为“恊”、“協”和“勰”，等等，这些转注字，虽在用字习惯上各有不同，但它们分别都还是同词同义，不属于“声义同源”方面的衍生问题。之所以出现这类情况，道理也很简单，“转注”造字不可避免地要带有相当程度的自发性，有时甚至可以说是一种盲目性，造字的人不可能从语言学和文字学的角度理性地考虑好问题，然后再“严谨”地来造字。其实不仅“转注”如此，其他一些造字法所造出的字，也免不了有这类似的问题。汉字历史上所产生的大量异体字，在相当程度上来说，都是自发乃至盲目造字的结果。只有少数因时代进化、事物变异，人们为使文字形态表义特征“跟上形势”而重新造字的情况不能斥之为“自发”或“盲目”。但即使如此，也是不必要的。因为事物总是要随着时代的发展变化而发展变化的，如果企图使文字形体表义特征能及时“跟上形势”，文字的形体将改不胜改，“转注”造字将不胜其繁。相反，文字代表语词的功能主要在于社会的约定俗成，字形特质并不能从根本上决定它的表义功能是否合理，“形义密合”的心理追求并不是必然的需要。有一个很典型的例子，当今工业生产所使用的机器设备几乎不再有木制的了，但我们的汉字“机”、“械”二字仍然从“木”，这两个字照样使用得很好，并不影响它们的表义功能。所以，“转注”造字法在汉字发展阶段上虽有它的不可磨灭的巨大功绩，但到后来，却也带来了不必要的繁化汉字的弊端。这一点，我们在后面也将谈到。

六、“转注”造字法的强大功能

“转注”造字法是汉字孳乳之大法，是“六书”中最能产的造字法。“转注”法的巨大能产性，是由它所特有的造字构形的历史背景、性质特点、手段方法及其原则所决定的。

“转注”法所要为之造字的那些语词，虽然数量极其繁多，内容也极其复杂，但是，它们并非从未形之于文字，而是都已有过文字作为它们的寄寓依附体，这就是因“六书”之“假借”法而产生的大量的一字多用之字，亦即“转注原体字”。这些大量的“转注原体字”的客观存在，构成了“转注”造字直接而切实的构形之基础，它们是“转注”

造字的半成品或胚素。这些半成品或胚素与语词或语词的某一意义的对应关系，很多往往不是1∶1，而是1∶2，1∶3……这就是说，一个“转注原体字”往往可以代表好几个语词或语词的某一意义。人们一旦提高了思维认知能力，对事物的内容能进行更抽象、更有条理性的概括归纳，懂得了“建类一首，同意相受”这一造字法则以后，便采用一个文字或一个符号作“类首”，来改造那些半成品或胚素式的“转注原体字”。这样一种加工式的构形手段，所造出来的新成品即“转注字”，便不是1＋1式的增加了。因为，“类首”所代表的事类范畴是非常宽泛的，而且与“转注原体字”所包含的“转注原体”往往是呈现一种多元交织的联系：一个“类首”可以与众多不同的“转注原体字”所包含的“转注原体”具有“同意”性；而同一个“转注原体字”所包含的多个“转注原体”又可以与多个“类首”具有“同意”性。在这种情况下，“类首”与“转注原体字”展转相受、展转相附，所孳生繁衍出来的“转注字”自然是一群群、一簇簇地涌现。所以，“转注”造字之法一旦被人们自觉掌握之后，汉字的数量迅速猛增，道理就在这里。过去，人们不考察汉字产生和发展的历史规律和基本事实，只是静止地从业已造出的汉字的形体结构看问题，以致一直把造字最能产的功劳归于“形声”，而“转注”一书连造字之法的资格都没有得到确认，真有点“千古沉冤”的味儿。

“转注原体字”与“类首”相互授受，这种造字手段必须遵守一条原则，即“转注原体”必须与“类首”具有“同意”性，也就是“转注原体字”所要分化造字的那一意义必须能够纳于某一“类首”的事类范畴。但是，这是一条相当宽泛的原则。这一条原则不仅不会给“转注”造字带来束缚，反而可以使“转注”造字具有更大的主观能动性。因为，“同意”只是同其大意，同其旨趣。说得更明确一点，“转注原体”只要与“类首”的意义内容具有这样或那样的联系，只要可以纳入到“类首”所标志的事类范畴，就算是“同意”了。试以“玉”字作“类首”为例，举凡语言中各种玉名、玉的形状特征、用玉之等级次第、玉质的美恶优劣、玉的加工制作、玉的装饰玩好，乃至一些似玉而非玉之石，所有这些意义内容，都可视为与“玉”这一事类具有“同意”性，所以也就都有资格作为“转注原体”而一一被移附授注到类首“玉”字的形体上。可见，“转注原体”与“类首”必须“同意”这一条原则是如此宽泛，从而使得一个“类首”可以收受许许多多的“转注原体”，而一个“转注原体”要获得一个“类首”也很容易，所以，“转注”造字法可以迅速地造出大量的新字来。

“转注”造字法之所以具有强大的造字功能，还在于人们对事类的认识、判断，对“类首”的选择、确立，都拥有相当灵活的变通性。因为，语词所代表的意义内容，与客观事物一般都具有多向联系性，而“类首”与“类首”之间，也常常具有不可截然分割的事理联系。所以，某一“转注原体”，既可看作是属于这一个“类首”的事类范畴，也可看作是属于那一个“类首”的事类范畴。例如，同样都是与人之步趋有关的一些“转注原体”，有些被移附授注于类首“足”，有些被移附授注于类首“辵”，有些被移附授注于类首“彳”，有些被移附授注于类首“行”，等等。甚至同一个“转注原体”，可以被不同地区、不同时期的造字者分别移附授注于不同的“类首”，从而造成大批的异体字。例如，“哥”被转注于类首“言”而为“謌”，或转注于类首“欠”而为“歌”；“来”被转注于类首“麦”而为“麳”，或被转注于类首“禾”而为“秾”；“辱”被转注于类首“木”而为“梼”，或被转注于类首“耒”而为“耨”，后又被转注于类首“金”而为“鎒”，等等。这种情况的“类首”之变通，在“转注”造字的早期阶段尤其突出。商、周时代的甲骨卜辞和铜器铭文中存在的大量异体字，便充分反映了这种情况。“转注”造字法体现在这方面的造字能产性，自然是不足取的。随着人们事类观念的渐趋统一，和对文字约定俗成要求的日益明确，这类现象到后世就逐渐减少了。

“转注”造字法重在施以“类首”来改造旧字，以揭示“转注原体”意义内容的事类范畴。它无需考虑和照顾“转注原体字”固有的“六书”结构。不管“转注原体字”是“指事字”、“象形字”、“会意字”，还是“转注”造字法本身所造出的“转注字”，也不管“转注原体字”意义有无分化，它们都可以被“转注”造字之法当作改造的对象，或是被施以原字所没有的结构要素“类首”，或是被施以新的“类首”，或是被转换原有的“类首”，甚至把一个同样的“类首”原封不动地、有时略加变易地累增到一个“转注原体字”的形体上。这样的结果，必然产生出一些像“暮”、“燃”之类的“类首”叠床架屋式的字。以往讲“六书”而又不承认“转注”为造字之法的人，只是简单地把这些字叫作“累增字”，并没有从造字规律和造字法则上揭示它们产生的所以然。又如，“骨”字在早期甲骨文中只写作“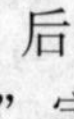”，本像骨骼支撑之形，是个“绘形象物”式的字，为了突出其事类范畴，后来被移附授注于类首“肉”，才构成了我们今天所习见的这个“骨”字。

“胃”字的由来也是如此。按照以往所说的“形声字”的标准来衡量，“骨”字、“胃”字中的上半部之“”与“”（即其转注原体字），显然已不能再看作是什么音符。于是，只好把这类字说成是“合体象形”，既不能说清字形的来源和经过，也解释不了“合体”取义的所以然。

使用“转注”法来改造旧字的现象是十分普遍的，在后世一直到现在都可以察觉到它的深远影响。这从两个颇为典型的例子可以看出。一个是古代的例子。中唐诗人、文学家元结（字次山）任道州（今湖南省道县）刺史时，途经祁阳（笔者家乡，今湖南省祁阳县）城西南五里一条小溪汇于湘江之处，爱其山奇水异，遂携家定居溪旁。为了寄托自己的抑郁情怀，诗人将这条溪流命名为“吾溪”，将溪口附近一处高平的石岩命名为“吾台”，又在溪口对面另一处高平的石岩上修建了一个有壁的亭子，命名为“吾廎”，意思是这溪流、这石台、这壁亭，皆吾所有。为此诗人还写了三篇铭文，即后人所盛称的“三吾铭”。后来，为了突出事类性质，据说是元结本人又将“吾溪”之“吾”改为一个“浯”字[①]，将“吾台”之“吾”则改为一个“峿”字，而将“吾廎”之“吾”改为一个“㾁”字。这是一个很典型的“转注”造字的事例。另一个例子是笔者于现在所亲见。大家都知道现在湖南省大庸县的张家界是一度“养在深闺人未识”的风景胜地，其实，不只是张家界，与张家界紧相毗邻的桑植县天子山、慈利县索溪峪，都是引人入胜的山水明珠（今已将这三处胜地联合开辟为武陵源自然风景区）。索溪峪是以一条溪水所流经的山峪而命名，溪水即叫“索溪”。但是，自从成为游览风景区之后，我们现在去那里一看，随处可以见到把“索溪峪”写成“溹溪峪”的[②]。当然，这个“溹”字是不合文字规范的，但索溪峪的人就偏要这么写，他们就是要在这个“索”字的形体上添加“三点水”来向外地游客突出、强调自己家乡的这一条好水，我们又能奈何？这种情况，这种心理趋势，与东北三省的人喜欢把人参的“参”字写成“蔘”完全相同。当然，我们举出这种例子，并不是提倡可以乱造新字。我们只是想说明，“六书之法，后人造字亦皆能用之，以其为事势之自然，亦为人心所同然，故不期而合也。”[③] 生造出

① 《说文》有“浯”字，与元结所造“浯”为同形字。

② 与《山海经·北山经》“溹水”之“溹”也成了同形字。

③ 吕思勉：《文字学四种》第192页，上海教育出版社，1985年。

“浯”、“峿”、“庼”这三个“转注字”的元结，他是否精通“六书”理论姑且不论；至于当代索溪峪的普通群众，他们不约而同地把“索溪峪”写成“溹溪峪”，则可以肯定，不是预先有什么人教给了他们“转注”名称和定义，他们才依了来改造这个“索”字的。这些简单而又饶有民俗情趣的事例，难道还不足以说明“转注”造字是客观存在吗？难道还不足以说明在一个原有的字形上再施加一个“类首”符号以构成一个新字，这便是“建类一首，同意相受”的“转注”造字之法吗？难道元结（姑且假定是元结）造出“浯”、“峿”、“庼”，索溪峪的人造出“溹”，东北人造出“蔘”，他们是把“吾”、“索”和“参”字当作“取譬相成”的“音符”来造字的吗？所以我们坚持认为，不把汉字放在它们产生的固有历史背景上来考察，只是静止地、形而上学地着眼于业已产生之后的文字来分析它们的形体结构，自然无法理解“六书”为“造字之本”的真谛，自然更无法看到“转注”造字法的客观存在，无法理解和认识“转注”造字的性质和功能。

“转注”造字法具有强大的造字功能，这是一回事；“转注”造字法所造出的字是否都合理，是否都有必要，这又是一回事。凡字必求其“形”与“义”密合，必求其具有能体现意义范畴的“类首”标志，在它的实际使用过程中，这是不可能完全做到的。为抑制“假借”造字的泛滥，为克服因文字不足而产生的诸多不便之弊，“转注”造字法应运而生是完全必要的。绝大多数“转注字”的出现也符合实际需要，并且，无论是过去还是现在，都是有其不容抹煞的使用价值和作用的。只是到了后来，“转注字”产生得过滥，芜累之弊便随之而生。所以唐代学者陆德明曾深为不满地指出说：“岂必飞禽即须安‘鸟’？水族便应著‘鱼’？虫族要作‘虫’旁？草类皆从两‘屮’？”① 而好些被后人造出的不必要的“转注字”，诸如“侀”、“⿰亻兵”、“⿰亻男”、“⿰亻待”、“儛”、“憘”、“憙”、“憋”、“歖”、“⿺辶會”、“齖”、“⿱⺮俯”、“⿰豕戈”、“⿱陉土”等，以及近世所造出的“妳”、“牠”之类，都并没有普遍为人们所接受，只成了字典里的字，在现实语言社会里都自然消失了。“转注”造字之法是客观存在的，且一度具有强大的造字功能，对汉字体系的最终形成起了决定性的作用。但是，发展到了后来，“转注”造字多有累增字形之弊，便渐渐不再有效地行使它那强大的造字功能，大概这也是客观规律发展的一种必然结果吧？

---

① 陆德明《经典释文·序录》。

七、“转注”与区别字、同源字

什么是“区别字”？“区别字”与“异体字”、“古今字”及“通假字”之间是什么关系？对这些问题语言文字学界曾经有过一些讨论，但是至今未取得一致的意见。因为这些问题关系到字典词书的编纂，关系到古代汉语、文字学乃至古代文学的教学，所以我们认为对一些分歧性的看法仍有重新加以检讨的必要。

“区别字”或称“分别文”①，它主要关系到“古今字”概念问题，所以必须先弄清什么是“古今字”。“古今字”清楚了，“区别字”问题也就好说了。

“古今字”概念原本是传统训诂学提出来的一个问题。早在西汉，经学中便已有了今、古文之分，如《史记·儒林列传》载：“孔氏有古文《尚书》，而安国以今文读之。”西汉人所说“古文”、“今文”，与后来所说的“古今字”虽不完全是一回事，却是其概念的滥觞。因为所谓以“今文”读“古文《尚书》”，并不只是指字体的古今不同，而主要还是指用后世的“区别字”、“通假字”或“异体字”等形式的“今文”去读以“初文”、“古字”为主、一字多用的“古文”典籍。到了东汉，大经学家、训诂学家郑玄遍注群书，则已明确具有了“古今字”概念和自觉使用了这一术语名称。例如，《礼记·曲礼下》：“君天下曰‘天子’，朝诸侯、分职授政任功曰‘予一人’。”郑注：“《觐礼》曰：‘伯父实来，余一人嘉之。’‘余’、‘予’，古今字。”《诗·小雅·鹿鸣》：“视民不恌，君子是则是效。”郑笺：“‘视’，古‘示’字也。”《礼记·曲礼上》：“幼子常视毋诳。”郑注：“‘视’，今之‘示’字。”有时，郑玄又以“正”、“俗”的观点看待“古今字”问题。例如，《仪礼·士昏礼》“视诸衿鞶”。郑注：“‘视’乃正字，今文作‘示’，俗误行之。”或云“视”是古“示”字，或云“视”是今之“示”字，或云“‘视’乃正字，今文作‘示’，俗误行之”，所说的都是同一个问题。所以孔颖达为之疏解说：“古者观视于物及以物视人则皆作‘示’旁著‘见’，后世已来，观视于物作‘示’旁著‘见’，以物示人单作‘示’字。故郑注经中‘视’字者，是今之以物示人之‘示’也，是举

① 本书讲“区别字”，广义而言还包括“累增字”。

今以辨古。"① 又如，《周礼·春官·肆师》："凡国之大事，治其礼仪，以佐宗伯。"郑注："故书'仪'为'义'。郑司农云：'义读为仪'。古者书'仪'但为'义'，今时所谓'义'为'谊'。"从这些例子已基本可以看出，郑玄所说的"古今字"，主要是指在汉语历史上不同时代的人表示同一词义时先后使用了同音而不同形的汉字这样一种用字现象。其中除了故书"仪"但作"义"这类情况以外，一般与汉字发展史上"转注"造字即"加注意符"都没有直接联系。后来魏张揖著《古今字诂》，也基本上承继和沿用了郑玄的"古今字"概念。

唐颜师古不同意郑玄的"余"、"予"为古今字的看法，因为"予"之与"余"，"各有音义，本非古今字别"，其同训为"我"，只是一种同义现象罢了②。这就是说，颜师古纠正了郑玄"古今字"观的个别失误，强调了"古今字"应当是音义相同，而古用彼今用此的一对字。那么，在颜师古的概念中，究竟哪些用字现象才是"古今字"呢？我们不妨看看如下的一些例子。《汉书·武帝纪》："朕之不敏，不能远德，此子大夫之所睹闻也。"颜注："'睹'，古'覩'字。"又《礼乐志》："诗言志，歌咏言。"颜注："'咏'，古'詠'字。"又《西域传》："县度者，石山也。峪谷不通，以绳索相引而度云。"颜注："县绳而度也。'县'，古'悬'字耳。"又《公孙弘传》："娄举贤良。"颜注："'娄'，古'屡'字。"又《楚元王传》："高祖兄弟四人，长兄伯，次仲。伯蚤卒。"颜注："'蚤'，古'早'字。"又《礼乐志》："盛揖攘之容。"颜注："'攘'，古'讓'字。"等等。以今天的眼光来看，颜师古的"古今字"概念似乎包括了三类文字现象：一是汉字字体演进过程中不同历史时期所产生和使用的一些异体字，如"睹"与"覩"，"咏"与"詠"之类；一是汉字孳乳发展过程中用"转注"造字法即"加注意符"的构形模式所造出的字，即"转注字"，也就是文字学家所讲的"区别字"或"累增字"③，如"娄"与"屡"之类；一是既非"异体字"，亦非"区别字"，而从广义的、共时的角度来看或称之为"通假字"的，如"蚤"与"早"，"攘"与"讓"之类。

到了清代，随着《说文》学的重新兴起，学者们对"古今字"的

---

① 《礼记·曲礼上》"幼子常视毋诳"下孔疏。《诗·小雅·鹿鸣》"视民不恌"下孔疏略同。

② 《匡谬正俗》卷三。

③ 当然，"区别字"或"累增字"一般还应包括加注音符所产生的后起字。

研究也更为注意。段玉裁远绍汉学，他对“古今字”概念的阐发原则上是维护汉代学者的意见。不过，段氏在理论上特别强调“古今无定时”，因而对“古今字”的具体认定也要因时而异①，这无疑是符合历史辩证法的。可惜的是，由于段氏一以《说文》所收之字为“正字”，而将后世许多由“转注”造字法所造出的“区别字”或“累增字”视为“俗字”，把它们排斥在“古今字”概念之外，以至与自己立下的应当依据“古今人用字不同”的原则来确定“古今字”的标准相抵牾，不能不说是一种狭隘的偏见。

比段玉裁晚约半个世纪的王筠，则着重于汉字孳乳繁衍的造字规律而提出了“分别文”和“累增字”概念。他说：“字有不须偏旁而义已足者，则其偏旁为后人递加也。其加偏旁而义遂异者，则为分别文。其种用二：一则正义为借义所夺，因加偏旁以别之者也；一则本字义多，既加偏旁，则只分其一义也。其加偏旁而义仍不异者，是谓累增字。其种有三：一则古义深曲，加偏旁以表之者也；一则既加偏旁，即置古文不用者也；一则既加偏旁，而世仍不用，所行用者反是古文也。”②不过，王筠在创立“分别文”与“累增字”这两个概念的同时，他并没有抛弃“古今字”这一说法。例如他说：“（《说文》）‘革’下云：‘雨衣，一曰蓑衣。’以‘蓑’易‘衰’，乃以今字易古字。”③由此可以看出，王筠的“古今字”概念主要还是指“区别字”。但是，不同历史时期所产生的异体字，也被包括在王氏的“古今字”范围之内，例如他说：“‘迹’、‘跡’，古今字也。”④

稍后的徐灏，对王筠的看法不以为然，认为“古今字”概念不应限于造字问题，不应将“载籍古今本”中的用字问题排除在外，所以提出：“古今字有二例：一为造字相承，增偏旁；一为载籍古今本也。”⑤徐氏所说的“造字相承，增偏旁”式的“古今字”，即王筠所提出的“分别文”和“累增字”，也就是我们所说的“转注字”；所说“载籍古今本”式的古今字，则主要是指郑玄所说的古今字，也就是段玉裁解释为“凡言古今字者，主谓同音而古用彼而今用此异字”者。因此，徐氏的“古今字”概念，其实就是郑玄、段玉裁与王筠两派的综合。若按其理论推导下去，则很容易与颜师古的见解合辙。

---

① 见《说文解字注》三篇上“谊”字注、五篇下“今”字注、十二篇上“联”字注等。

②③④ 《说文释例》卷八、卷十、卷六。

⑤ 《说文解字注笺》第一上“祐”字下。

所以归纳起来，前人对“古今字”的研究大致经历了四个阶段。第一阶段以郑玄为代表，他所说的“古今字”，主要是指在表达同一词义上古今典籍使用了音同而形不同的汉字。从理论上来说，是应当包括“造字相承，增偏旁”之“转注字”一类的，但由于郑玄本人在理论上既未明确地提到这一点，而在实际分析中也没有自觉地、大量地列举这一类的例子，所以，他的“古今字”概念中的“今字”，便似乎没有包括加注意符及加注音符所产生的后起区别字。而段玉裁虽然在理论上明确地提出了“凡言古今字者，主谓同音而古用彼而今用此异字”的判定标准，但实际上却又把许多后起孳乳字看成“俗字”，而将它们排除在“古今人用字不同”的范围之外，所以我们认为段玉裁的“古今字”概念未出汉人的樊篱。不过必须强调，段氏的理论标准是值得重视的。第二阶段以唐代的颜师古为代表，他所说的“古今字”，既包括了汉字在不同历史阶段所产生的异体字，也包括了汉字在孳乳繁衍过程中所大量产生的加注意符式的后起“转注字”。从训诂学角度来看问题，这些都可以视为古今人不同的用字现象，所以颜氏称之为“古今字”也是有道理的。第三阶段以王筠为代表，他所认为的“古今字”以“分别文”为主，包括了不同历史阶段所产生的异体字，而汉人所分析的“古今载籍本”中的古今字似乎未包括在内，概念范围比颜师古的又缩小了一些。第四阶段以徐灏为代表，他所说的“古今字”明确包括两类，一是“造字相承”的后起字（即“转注字”），一是“古今载籍本”的不同用字，但似乎未包括不同历史阶段所产生的异体字问题。比较而言，颜师古的“古今字”概念范围最宽，徐灏次之，郑玄、段玉裁又次之，王筠的最窄。

当代学者对“古今字”的看法出现了两种倾向性的意见。一种是以王力为代表。洪成玉曾为之阐发说：“王力先生主编的有广泛影响的《古代汉语》，收有古今字的内容。该书虽然没有给古今字下一个明确的定义，但从它所举的古今字的例字和所作的说明来看，是把古今字限定在上述的分别字范围以内。该书认为，古今字的产生，是由于古字‘“兼职”多’，后起的今字只是分担其中的一个职务。并举‘责债’、‘舍捨’为例说：‘“责”、“舍”等是较古的字，“债”、“捨”等是比较后起的字。我们可以把“责债”、“舍捨”等称为古今字。’‘“责”、“舍”所移交给“债”、“捨”的只是它们所担任的几个职务中的一个。’王力先生的论文《同源字论》，改称《古代汉语》中所说的古今字为区别字。”[①]这就是说，王力所说“古今字”中的“今字”或“后起字”，就是王筠所提出的“分别文”，王力后来则改称为“区别字”。赵克勤对王力的“古今字”概念也曾作过阐发，他说：“古今字是汉字在其历史发展中产生的。……古字和今字，只是在某一个意义上先后产生的两种字形。今字产生以后，古字并没有被淘汰，而只是减少了它所表示的几个意义中的一个，还保留着其他的意义。”“古今字是汉字发展演变的一个重要方面……今字的产生基本上就是依照形声字的构成方式，以原有的古字为声符，再加上意符组成的。”[②]这一论述十分清楚地阐明了“古今字”中的“今字”实质上就是王筠所说的“分别文”，也就是笔者所论述过的“转注字”。对于一般所讲的用字通假，赵氏明确把它们排除在“古今字”范围之外：“本有其字的通假，与古今字一般是没有什么关系的。”而对于异体字，赵氏的处理意见比较客观，一方面指出了“古今字与异体字是两个完全不同的概念”，另一方面也承认：“但有些异体字产生的时间有先后，文字学家一般也把先产生的称为古字，后产生的称为今字。……它们虽然在古书中通用，意义完全相等，但由于产生的时间有先有后，都可看成古今字，或准古今字。”[③]这就与王筠的“古今字”观完全一致了。

另一种倾向性意见以陆锡兴为代表，他的基本观点是：“古今字就是汉语同词先后异字的现象。”[④]这个定义下得很简明，与段玉裁所说的“凡言古今字者，主谓同音而古用彼而今用此异字”实质上是十分一致的。按照这一基本观点，陆氏的“古今字”概念自然包括“区别字”，所以他说：“汉字的发展一方面通过孳乳大量产生形声字，另一方面一些象形字、会意字变为后起形声字，古今字也反映了后者的情况。”[⑤]自然也包括不同时期所产生的一些异体字，所以又说：“字形的笔势变化不看作古今字，只有字形演变引起结构变化时才被看作古今字”，“从篆体讹变为隶书的，结构变化很大，形成古今字”，“某些声符不同的异体字，也视为古今字”[⑥]。自然也包括汉人所关注的“载籍古今本”中的古今字，所以他又说：“两个形体不同的汉字，只要同音，不管意义相近或者意义无关的都可以组成古今字。”[⑦]由此可以看出，陆氏的“古今字”观在理论上是段玉裁意见的进一步阐发，而其概念范围则与

① 洪成玉《古今字概说》，《中国语文》1981年第2期。

②③ 赵克勤《古今字浅说》，《中国语文》1979年第3期。

④⑤⑥⑦ 陆锡兴《谈古今字》，《中国语文》1981年第5期。

颜师古的完全一致。

对“古今字”的研究，在概念范围的划定上为什么会产生以上诸种分歧意见呢？究竟哪一家意见应当是正确的呢？早先，笔者是赞同王力意见的①，现在经过寻根溯源，反复推研，觉得还是郑玄、颜师古、段玉裁、陆锡兴诸家之见为是，而且当以陆锡兴的理论阐发为正确代表。

郑、颜、段、陆诸家的“古今字”观，主要是从训诂学的角度提出问题和研究问题的，目的在于提醒读者要历史主义地看待文献典籍中的用字现象，避免读书认字犯以今律古的毛病。而王筠和王力等人的“古今字”观，其目的固然也离不开帮助读者正确阅读古书，但实际上则更注重于汉字孳乳繁衍的发展规律，追求的是在同一平面层次上如何将“古今字”与“异体字”、“通假字”三者作出一种不相混淆的区分，所以其概念之确定可以说主要是属于文字学方面的问题了，这一点从赵克勤的论述已可清楚地看出。笔者早先之所以赞同王力的意见，原因也在这里。因为有从训诂学角度和从文字学角度考虑问题的不同，所以便出现了两种差距甚大的“古今字”观。

“古今字”概念的最早提出是来自汉代的经学家、训诂学家，而不是来自文字学家，是从训诂学的角度而不是从文字学的角度提出来的一个问题。我们今天援用这个名称，就应该让其概念有着直接的、明确的历史承继性。这正如陆锡兴所指出的：“古今字是以语言的最小独立单位——词为中心，观察在某一阶段它的书面形式——汉字字形的前后变化”，“总之，字义的引申、假借，文字的孳乳、演变，以及社会对文字的选择，其结果必然使词义在由此及彼的异字中转移。整理古今字的目的并不是为了研究汉字的发展，所有古今字只是说明词义在文字中转移的情况。”② 而清代的王筠及当代学者王力等希望把“古今字”限定在“区别字”（分别文）的范围内，是从文字学的角度对传统训诂学所提出的“古今字”概念作出了更改。我们认为，与其援用原有的名称而赋予一种不同的概念，不如让自己的新概念有一个新名称。王筠不大讲“古今字”，而是提出“分别文”和“累增字”，这是较明智的。只可惜他没有进一步将自己的“分别文”与汉人的“古今字”在概念范围上作出一些必要的区分来。王力后来把“古今字”概念中的“今字”或“后起字”这一称呼改为“区别字”，这也是比较合适的。只可惜他

① 见本书初版第77页（岳麓书社，1991）。
② 陆锡兴《谈古今字》。

的这一想法也没有得到贯彻，他所主编的《古代汉语》中的“古今字”名称和概念至今仍盛行于语言学界。

我们认为，应当让“古今字”的名称和概念确定在训诂学范围内，让“区别字”和“异体字”的名称和概念确定在文字学范围内。至于“通假字”，自然更应属于训诂学范畴。可以考虑给“古今字”下一个这样的定义：不同历史时期的文献语言在表达同一词义时，分工明确地、不相淆混地使用了音同而形异的两个汉字，它们便构成历史上的一对“古今字”。出现在较早阶段文献语言中的那个字便是“古字”，出现在较晚阶段文献语言中的那个字便是“今字”。

兹就定义的遣词用语作一些说明：第一，所谓“不同历史时期的文献语言”，是为了将同一历史时代中的文献语言所存在的某些个别用字习惯的不同排除在“古今字”范围以外，同时也是希望以后的研究能就整个历史文献典籍根据其用字情况的一定差异性作出一些时代阶段的分类。当然这需要做大量的调查工作，将会是一个浩大的工程。但作为定义，似乎首先只能如此考虑。第二，所谓“表达同一词义”，旨在强调“古今字”是用字问题，不仅仅是造字上的问题。所以，只要“载籍古今本”出现有义同、音同而形不同的用字现象，不管它们是异体字、区别字，还是其他之类的古今异字，一律视为“古今字”。第三，所谓“分工明确地、不相淆混地使用”，是希望将同一时代产生和使用的异体字排除在外，也是希望将同一时期流行的用字通假现象排除在外。当然，某些不同历史时期所产生和使用的异体字是“古今字”，如果后来它们的使用不再有明确分工了，便不再是“古今字”问题了。所以这又具体牵涉到某些“古今字”究竟“古”从何时开始，“今”到何时为止的问题，也是需要认真调查研究的。此外，所谓“分工明确”，当然是从不同历史阶段来说的。第四，所谓“音同而形异的两个汉字”，是要排除同义词的用字问题。表达同样的意义而使用了语音不同的两个汉字，那是同义词问题，不是“古今字”问题。此外，所谓“两个汉字”，说明“古今字”是一对一的。同一个“古”字，可能有两个或两个以上的“今字”，但在“表达同一词”这一点上，则只能是一对一的，所以说“两个汉字”。第五，所谓“历史上的一对古今字”，是想强调“古今无定时，周为古则汉为今，汉为古则晋宋为今，随时异用者谓之古今字”。这就是说，历史上的“古今字”，其“古”、“今”的划分不是以今天为线的。不过存在着一个问题，我们今天编纂字典辞书，能不能找到一个共同的“古”、“今”分段的时限呢？这又是值得研究的一个问题。

目前字典辞书的编纂及古代汉语教学中所使用的“古今字”名称，一般是援用了王力主编的《古代汉语》教材中的概念。我们建议，采纳陆锡兴的意见，恢复郑玄、段玉裁等人的“古今字”观。对汉字发展过程中所产生的“转注字”及加注音符式的字，不妨只称之为“区别字”。这样，让“异体字”与“区别字”确定为文字学中的问题，而“古今字”与“通假字”则确定为训诂学中的问题。

那么，“区别字”（即“转注字”）和“古今字”之间是什么关系呢？第一，“古今字”与“区别字”是一种包容兼交叉重叠的关系。所谓“包容”，是说“古今字”可以是“区别字”，也可以是“异体字”。因为“区别字”的产生一般都有古今时代的问题，所以一般都可以归入“古今字”之中。所以，所谓“兼交叉重叠”，便意味着“古今字”不能包括所有的“异体字”。只有不同历史时期产生和使用的异体字才能纳入“古今字”范围，同一历史时期所流行的异体字便不能算作“古今字”。第二，“区别字”中的“古字”必定是“转注原体字”，“今字”必定是“转注字”。例如，“责”与“债”是一对古今区别字，今字“债”即是“转注字”，古字“责”则是“债”的“转注原体字”。第三，“区别字”主要是由“转注”造字法所形成，但“转注”造字的结果并非都形成“区别字”。因为有些“转注字”只是增加一个“类首”标志，并不存在意义上的分化，结果不是“转注原体字”被淘汰，便是“转注字”被淘汰，所以自然不能看作是“区别字”问题。例如，由“𠂆”转注为“石”，由“冎”转注为“骨”，和由“舞”转注为“儛”，由“喜”转注为“憘”等，前者“转注原体字”即被淘汰，后者“转注字”本身未能保存下来，所以它们都不是“区别字”范围内的现象。第四，有些“今字”是由“古字”移附授注于“类首”而产生的，例如“责”之分化为“债”、“舍”之分化为“捨”等；有些“今字”则是由“古字”转换“类首”而产生，例如“说”之分化为“悦”、“赴”之分化为“讣”等。此类“区别字”显然就是“古今字”。第五，“转注”造字并非一次性，它可以是再生性的，所以“古今字”中的“区别字”又可以分化出新的古今“区别字”。例如，“气”与“氣”是一对古今区别字，“氣”与“餼”又是一对古今区别字，对于“气”来说，“氣”是今字，对于“餼”来说，“氣”又是一个古字。因为“氣”是“气”的“转注字”，而“餼”又是“氣”的

“转注字”。

“古今字”与“通假字”又是什么关系呢？这两个概念都应是训诂学范畴中的问题，一般有其明确的界限。“古今字”是“古”、“今”不同时代使用音同而形不同的汉字来表达同一个词义，而“通假字”则是同一时代使用音同形不同的汉字来表达同一个词义。但二者也有一定的交叉，这就是，如果“古今字”中的“今字”是“区别字”，它们产生以后，世人使用它们并不严格地与其“古字”即初文区分开来，而是时有通用现象，这就既是“古今字”也是“通假字”问题了。但总的来说，“古今字”是异时用字问题，“通假字”是同时用字问题，这一条原则是始终存在的。

“同源字”是指文字上所反映出来的同源词。我们在前面已经提到，在“转注”造字过程中，除了那些因“谐音假借”而产生的“转注原体”之外，“转注字”与“转注原体字”之间，以及具有相同“转注原体”要素的几个乃至一群“转注字”之间，往往存在着“声义同源”的音义关系，因而形成同源字（同源词）。“转注字”中所存在的声义同源字，来自于一字多用的“转注字”中所存在的声义同源性，来自于一字多用的“转注原体字”的表义实质，是语言本身中声义同源规律在汉字孳乳发展过程中的一种体现。在大量“转注字”产生之前，文字上所体现的声义同源现象是不明显、不多见的，因为许多同源的意义共存于一个“转注原体字”，它们在形式上并未有所分化。只有在由“引申假借”所产生的“转注原体”从文字形体上分化出来，“转注原体字”纷纷被移附授注到各种相关的“类首”之后，语言中的声义同源规律才在文字形体上相当突出地显现出来，才引起人们的关注，受到人们的理性认识。训诂学上所出现的“右文”说，其产生的客观基础便在于此。

不过，从“转注”造字的性质和客观过程来说，“转注字”形体中的“转注原体”这一要素所体现出来的声义同源特征，绝不是造字者的一种有意识的、自觉的创造。唯其不是一种有意识的自觉的创造，所以“转注字”形体中“转注原体”这一要素的声义同源性与“转注原体字”造字本义并无必然联系。我们在前面已经谈到，“转注”造字法是基于“六书”之“假借”的客观情势而产生，而“六书”之“假借”由其本义与借义的关系来看又有“谐音假借”与“引申假借”两种情况。“转注原体字”如果是谐音假借字，那么，由此而产生的“转注字”，便不一定是同源字；即使是同源字，其声义同源性也不可能反映“转注原体字”的造字本义。近代学者刘师培曾指出，“形声字”中“若所从之声与所取之义不符，则所从得声之字必与所从得义之字声近义同”，意思是，形成“右文”现象的诸形声字，其所衍之义与声符之义若不相符时，当从音近之字去寻求本字，这样的话，则“谐声之字所从之音不复兼义者鲜矣”①。后来，杨树达“因此悟知造字时声音亦多通借，古人以音寄义，重声音不重形体；后世求形声字声符所寄之义，当破其假借之声旁，因声以求寄义之字，则形声字声符无不有义”②，从而提出了一个观点：“造字时有通借。”③ 当代学者裘锡圭更明确地指出：“同从一声的形声字具有显然没有同源关系的不同系统字义的例子”，“例如宋人所举的那几个从‘戋’之字，它们的意义其实就应该分为两个系统，一系与残损一类意义有关，一类与浅小一类意义有关。前人或以‘戋’为‘残’的初文，是可信的。所以‘残’的本义应该是残害，‘歹而小者曰残’的说法毫无根据。‘钱’本是上古一种重要的生产工具的名称，后世的铲就是由钱变来的。这种工具显然是由于主要用于划（铲）土而得名的。‘钱’、‘划’、‘残’没有问题是同源词，它们都跟残损的意思有关。在正式货币出现之前，钱这种工具大概在交易中起过等价物的作用，所以早期的金属铸币往往模仿它的形状。这是金属铸币称‘钱’的原因。‘金之小者曰‘钱’的说法也完全不可信。只有‘浅’和‘贱’的字义，才可以象宋人那样解释。土层被铲削之后就比原来浅了，东西残损之后就比原来小了，浅小之义跟残损之义可能是有联系的。也就是说，上面所说的从‘戋’之字所代表的那两个系统的词，仍有可能是同源的。不过即使情况的确如此，‘金之小者曰钱，歹而小者曰残’的说法，也还是错误的”，另一方面，“汉字里有大量为某个字的引申义而造的形声字，但是它们并不一定都以那个字为声旁，也就是说，它们的声旁并不一定都有义。如果某个引申义曾经使用过假借字，后来就在假借字上加注意符分化出一个形声字来专门表示它，那个形声字的声旁就是无义的。例如：涂抹的｛涂｝在中古时代产生了｛搽｝这个引申义，起先就用‘塗’（涂）字表示它，中间曾假借‘茶’字表示它，最后在‘茶’字上加注‘手’旁，分化出了

---

① 见《左盦集》。

② 李建国：《遇夫先生文字语源学简说》，载《杨树达诞辰百周年纪念集》，湖南教育出版社，1985。

③ 见《积微居小学述林》。

‘搽’字，作为它的专用字。‘搽’所从的‘茶’就只有表音作用”①。

当然，前人和今人所认识到的“造字时有通借”这一现象，所涉及到的声义同源问题，其范围自然更加广泛，情况自然更加复杂，绝不仅仅体现在相关的“转注字”身上。例如，“省”与“相”声义同源，是一对同源字②，但它们都不是转注字。又如，“盈”与“溢”声义同源，是一对同源字，“溢”是“转注字”，但“盈”却不是“转注字”，而且也不是“溢”的“转注原体字”，“溢”是由“益”转注而生。又如，“殚”与“终”声义同源，是一对同源字，也都是“转注字”，但是，它们并不是由同一个“转注原体字”所分化出来的“转注字”，它们不具有相同的“转注原体”构形要素。这几种情况，像这一类体现在文字上的声义同源规律，与“转注”造字法就没有必然的联系。

所以，由“转注”造字法所必然导致的文字中的声义同源现象，只存在于具有共同的“转注原体”构形要素的“转注字”之间，如“構”与“篝”，“闢”与“僻”、“避”、“嬖”等；或者存在于部分“转注字”与“转注原体字”之间，如“渔”与“鱼”，“枘”与“内”等。而且，正如裘锡圭所指出的，即使是具有同一“转注原体”构形要素的“转注字”，其声义同源性也不可能都是单元的。此外，如果“转注原体”是“谐音假借”，那么，“转注字”与其“转注原体字”之间便不存在构形要素上的声义同源问题，如“谓”与“胃”，“埸”、“蜴”与“易”等，便属于这种情况。清代王念孙等人在训诂学上能超越“右文”说而取得巨大成就，其中一个重要原因，便在于他们能深知语词中的声义同源规律体现在文字上乃是“引申触类，不限形体”。不过话还得说回来，词语中的声义同源规律体现在文字上虽是不限形体，但人们对此的最初认识，“右文”说的产生，却正是从具有共同“转注原体”构形要素的“转注字”字形上所得到的启发。

当然，通常所说结构类型上的形声字，并不等同于我们所说的“转注字”。一般来说，“转注字”在结构类型上都属于形声字，但结构类型上的形声字并不都是“转注”造字法所造出。结构类型上的形声字，虽然大量是来自“转注”造字的结果，但也有“形声”造字法所造出的字。这一重要问题，后面我们还将加以阐述。

---

① 裘锡圭：《文字学概要》第177—178页，第176页。

② 参拙文《释“相”》，湖南教育学院学报，1989年第1期。

八、“转注”造字释例

弌、弍、弎

《说文》“一”（卷一上一部）、“二”（卷十三下二部）、“三”（卷一上三部）三篆之下分别缀有“古文”“弌”、“弍”、“弎”。王国维曾指出，金文中用“弌”为“一”者，始见于战国时器，若“二”作“弍”，“三”作“弎”，则见于召伯毁。商承祚谓甲骨、金文、魏三体石经之古文皆作“一”、“二”、“三”，唯晚周金文“二”有作“弍”者，从“戈”不从“弋”，与“弍”形近，以此推断“弌”、“弎”乃当时之别体。前人治《说文》者或以为“弌”从“弋”得声，“弍”、“弎”则因“弌”而递加；或谓“弌”、“弍”、“弎”皆从“弋”，无所见义。

今案，“弌”、“弍”、“弎”分别为“一”、“二”、“三”之转注字。从“弋”，均意有所指，并非无所见义者；“弋”实为类首，亦非音符也。《说文》卷六上木部：“橛：弋也。从‘木’，‘厥’声。”又：“樴：弋也。从‘木’，‘戠’声。”卷十二下厂部：“弋：橛也。象折木衺锐著形；从‘厂’，象物挂之也。”是“弋”即“杙”之初文，“杙”即“弋”之转注字。“弋”（杙）是指一头削尖钉于地上的木椿①。

“一”、“二”、“三”均为刻数记号字，上古刻划数目多有刻识于木橛者，故后乃加注意符“弋”以明数目之所在。金文之“”（繁安君鉼）、“”（中山王壶），不过是“弎”之形误字罢了。然“一”、“二”、“三”之为数，人所易识，加注意符“弋”反而令人难知其所以然，故“弌”、“弍”、“弎”三字后世不见通用（仅“弍”字得以流行）。庄有可释“弌”字云：“此非真古文也。盖古者取木橛，刻一以识之，以为某一事，犹结绳遗意。俗乃加‘弋’字，许不能明白，概云古若籀耳。”庶几近是。

石

《说文》：“石，山石也。在厂之下；口，象形。”（卷九下石部），“厂（呼旱切），山石之厓岩，人可居，象形。”（卷九下厂部）。

依许慎之解，“石”字所从之“口”非口耳之“口”，乃石块之象

---

① 《说文》卷六上木部：“杙：刘刘杙。从‘木’，‘弋’声。”又：“椿（桩）：橛杙也。从‘木’，‘舂’声。”“樴”之训弋，即谓带有标识性符号的木桩。

形，所从之“厂”则为“类首”。“石”为“转注字”，所以王筠解释其由来说：“‘石’与‘果’一类，本以□象石形，而此类多矣，乃以‘厂’定之。”①甲文“石”字作或，从“”从“”或“”；甲文又有作或者，李孝定从金祥恒之释，隶定为“厂”，但又说：“从‘石’之字，契文多从“”，此当即‘石’之古文。”②姚孝遂主编的《殷墟甲骨刻辞类纂》，则将“”、“”隶定为“石”字。徐中舒主编的《甲骨文字典》，将“”、“”隶定为“石”、又隶定为“厂”，说“甲骨文‘厂’、‘石’一字”③，与李孝定的处理意见是一致的。据此，“”或“”为“石”字初文，变为“”或“”，“”当是后来所加附。王筠所说，便不符合甲文的实际情况了。因为在甲文中，“石”字并没有写作“”或“”形的。那么，甲文“石”字的构形旨趣又何在呢？李孝定认为：“此字从无义，书者任意为之耳。”④古人在坚硬的兽骨龟甲上刻字实非易事，故点画多无虚设，必有其属意所在，信手刀笔虽不能说绝对没有，但像这样的符号，说是“任意为之”而成，实在是难以使人相信。徐中舒认为：“‘石’字从从（口），或省口，同。疑为石刀形之讹变。石刀本作形，改横书为竖书遂作形，而刀笔又将圆弧刻为折角作形。或又增从，甲骨文形偏旁每可表示器皿，增形则为石器，以石器本质为石，进而表示一般之石。”⑤照这样解释，增“”形之所以然虽有了交代，而且就“石”字的构成来说也正可纳入我们所论证的“转注字”范例，但我们还是觉得有可商榷的地方。第一，从字形来说，甲骨文中并无“石”字作“”或“”形者，所谓“”为石刀形之讹变，便纯粹是一种推测。而且，甲骨文本有“刀”字，不当为石质之刀另造专字。第二，如果甲骨文“”字为石刀而造，那么它所代表的语词便应当是｛刀｝，然而“石”、“刀”二字声韵殊隔，无任何迹象和材料可以证明｛石｝之为词与｛刀｝同源。第三，从字义来说，“石”字与“刀”字毫不相涉。徐氏所主编的《甲骨文字典》，也明明指出了“甲骨文‘厂’、‘石’一字”，汉字中从“厂”之字，无不与“石”有关，却找不到一个从“厂”的字是代表刀或刀器之类的意义

① 《说文释例》卷二。

②④ 《甲骨文字集释》第九。

③⑤ 《甲骨文字典》第1031页、第1033页，四川辞书出版社，1998。

的。所谓“”象石刀之形，其“本义”不当消失得如此无影无踪。如果认为石质之刀便可引申指“一般之石”，那么，如《甲骨文字典》所解释的，“（父）”字象手持石斧之形（金文作），也应当引申指“一般之石”；“（刀）”字象古铜刀之形，也应当引申指“一般之铜”；“（其）”字象竹箕之形，也应当引申指“一般之竹”，等等。词义引申的实际情况显然并非如此，我们是不能如此逆推臆测的。

今案，甲骨文“石”与“厂”本为一字，此说确不可易。《说文》中从“厂”之字，皆与“石”相关：“厎”字训“柔石”，从“厂”；或作“砥”，从“石”。“厉”即“砺”之初文，从“厂”；“砺”即“厉”之后起区别字，加“石”。这些都足以证明“石”、“厂”本是一字。古韵“石”隶铎部，“厂”音呼旱切，古韵隶寒桓部。“厂”之音转为“石”，犹“倝”（寒桓部）声之“韓”读若“脚”，入铎部；“蒦”（铎部）声之“篗”或作“䈑”，入寒桓部。“”或“”即“厂”字，象山厓之形，许慎训“厂”为“山石之厓岩，人可居”者，应可信。徐中舒认为，“《说文》以‘厂’象山石之厓岩，谓象嵌空可居之形，不确。盖上古之穴居，甲骨文以‘丘’、‘京’、‘良’、‘亳’等字象之”[1]，持论未免失于偏颇。古人居岩穴，有大量文献可证，所以钱穆曾详为论说[2]。“厂”为“山石之厓岩”，“人可居”之处所，所以甲文复以“”、“”移附授注于类首符号“”而有“”、“”，是即今之“石”字之由来。“”即象穴居之形，在甲文中每与“”形相通。例如，甲文“各”（“洛”之初文）字作，或作，徐氏即说：“或作，并象古之穴居，以足向居穴会来洛之意”[3]，是也。又如，“出”字作，或作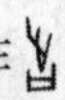，徐氏亦说：“或作，象古代穴居之洞穴。故甲骨文‘出’字象人自穴居外出之形”[4]，亦是也。“”或“”象山厓之形，乃古人穴居之处所，故加注“”形而有“”或“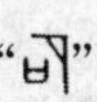”字。“”本指山岩，故引申有岩石、石块之义。后世则以山岩之义专属于“厂”，而以岩石、石块之义专属于“石”，形、音、义皆有所分化，变成了二字。“石”为彰显“山厓之可居者”这一初义而造，按理当以“石”为“厂”之专字。但人们并未按照造字者的意图来用字，而仍以“厂”为“山厓之可居者”的专字。这种情况，有点

---

①③④ 《甲骨文字典》第1033页、第97~98页、第681~682页。

② 参钱穆：《中国学术思想史论丛·中国古代山居考》，东大图书有限公司（台北），1976。

像"麦"与"来"的关系。"来"本为来麦之象形字，又假为来去之"来"。为区别其本义与借义，故于"来"字形体加注倒"止"以示来到之意，即为"麦"字。"麦"本为彰显"来"之借义而造的专字，但后人用字，亦未按照造字者的意图，而仍以"来"表来去之"来"，而反以"麦"表来麦之义，形、音、义也都有所分化，成了两个字。

骨

《说文》："骨，肉之覈（核）也。从冎有肉。"（卷四下骨部）饶炯说："'冎'即'骨'之象形本字，因形不显义，乃加'肉'以著之也。"① 今案，饶说极是。甲文有""字，象众骨相撑持之形；又有""字，则象单块胛骨之形②。皆《说文》之"冎"字，亦即"骨"字之初文。青铜铭器过伯段之"過"不从"咼"而从""，鱼匕之"蒚"亦不从"咼"；而从""，皆可证明""即后世之"骨"字。骨与肉体相关联，为彰显其事类，所以后来将""字移附授注于类首"肉"而有"骨"字。江陵楚简"骨"字即作""，罗振玉所藏鱼鼎匙有两""，所从之"骨"作""，足见""即"骨"之转注原体字，"骨"为""之转注字。段玉裁不明"转注"造字之法，不懂得用辩证的观点来看待汉字的产生，一味局限在结构类型的静态分析，只好以"去肉为冎，在肉中为骨"的说法来解释"骨"字的构形旨趣，失之于皮傅。

谓

甲文有""字，旧不识；或隶定为"卤"，谓："象盛盐于容器之形。为容器，其中之为盐粒。盐为细小颗粒，嫌与他物相混，故并状其盛之之器。"③ 然释""为"卤"，与字形既嫌牵傅，与字之音、字之义亦均难相通。

今案，""乃象胃形（中画""乃胃中糜状之食物），实为肠胃之"胃"字的初文。《说文》："胃，谷府也，从肉，象形。"（卷四下肉部）小篆"胃"字所从之""，与甲文""字正好相承。五脏六腑，皆属肉体之事类，所以，为了彰显""的本义，遂将它移

---

① 饶炯：《说文解字部首订》。

② 参唐兰《古文字学导论》下编第28页、于省吾《甲骨文字释林·释》、徐中舒主编《甲骨文字典》第464页。

③ 见徐中舒主编《甲骨文字典》第1278～1279页。

附授注于类首“肉”而有“胃”字，正如裘锡圭所说：“‘’象胃形，由于形状不够明确，加注了一个‘肉’旁。”① 春秋铭器吉日壬午剑有“胃”字作“”，是其证。“胃”字被“转注”造字法造出以后，“”字仍然在实际使用中借为谓曰之义，所以后来又将它作为转注原体移附授注于类首“口”而有“”字，再后来又改“口”为“言”而有今之“谓”字。

蛇

《说文》：“它，虫（音 hui）也。从虫而长，象冤屈垂尾形。上古草居患它，故相问‘无它乎?’蛇，‘它’或从‘虫’。”（卷十三下它部）段玉裁说：“‘它’篆本以‘虫’篆引长之而已，乃又加‘虫’左旁，是俗字也。”② 按，甲文“它”与“虫”同字，本义即指蛇，又引申有事故、灾害之义。为了区别本义与引申义，所以将“它”作为“转注原体字”而移附授注于类首“虫”而成“蛇”字，以专表本义；又将“它”作为“转注原体字”而移附授注于类首“止”而成、（㞢）字，以专表事故、灾害之引申义。之所以用“止”为类首，是因为脚下踩踏了蛇，自然会被伤害，则“㞢”之构形，又兼有会意的意味了。“蛇”字的构形，并不是简单地将“它”与“虫”都依其本义而相合并。“虫”在这里并不是取其本义“蛇”，而是以其宽泛的虫蛇事类之义，作为一个“类首”而施之于“它”的（“虫”作类首，与“䖵”、“蟲”多相通，其例甚多）。罗振玉认为：“‘它’与‘虫’殆为一字，后人误析为二，又并二字而为‘蛇’，尤重复无理。”③ 这是不明“转注”造字的性质而发出的一种责难。段玉裁每每将一些“转注字”斥为“俗字”，根源也在于此。

社

《说文》：“，地主也。从‘示’‘土’。”（卷一上示部）段玉裁注云：“社者，土地之主。土地广博，不可遍敬，封五土以为社。”王国维说：“卜辞所纪祭事，大都内祭也。其可确知为外祭者，有祭社二事：其一曰‘贞于三小牢卯一牛沈十牛’，其二曰‘贞求年于’。案，即，即今隶‘土’字，卜辞假为‘社’字。《诗·大雅》‘乃

① 裘锡圭：《文字学概要》第 120 页。

② 《说文解字注》十三篇下。

③ 罗振玉：《增订殷墟书契考释》。

立冢土’，《传》云：‘冢土，大社也。’《商颂》‘宅殷土茫茫’。《史记·三代世家》引作‘殷社茫茫’。《公羊·僖三十一年传》‘诸侯祭土’，何注：‘土谓社也。’是古固以‘土’为‘社’矣。”①

今案，甲、金文“土”字作、，象征受祭祀的封土之形，并非是简单的“象土块在地面之形”，正是“社”字的初文，卜辞即用“土”为“社”。“土”是“社”的“转注原体字”，为突出神祀这一事类，所以将它移附授注于类首“示”而有“社”字。“社”字在卜辞中亦屡见，殷人重鬼神祭祀，所以“社”是一个比较早的“转注字”。“社”字产生以后，人们依然常常把“土”字当作“社”字用，这就形成了“转注原体字”与“转注字”相通假的现象。

祖

卜辞中屡见“且”字，罗振玉释为“祖”②，郭沫若以为“牡器之象形”，从而释为“牡”字的初文③。今人则多从《说文》，认为“且”象俎形，是指古代置肉以荐祭的一种礼器④。今案，罗说固是，然未得“且”之为“祖”的所以然；郭说独具识见，只是定“且”为“牡”字之初文则误；至于徐书所说“且”为“所以荐”者，则是后起之事，无当于“且”字构形之朔义。甲文“且”作或，正取象于男性生殖器之形，乃原始生殖崇拜之反映，当如郭说。甲文有、字，从“刀”从“且”，乃古代去阴之刑之象。甲文又有字，窃以为与、同字。是皆可证“”即男根之形。以上从“刀”从“且”之字，实即“斀”之初文：“，去阴之刑也。从‘攴’，‘蜀’声。《周书》曰：‘刖劓斀黥。’”（《说文》卷三下）又，“豥”与“斀”亦为同源字：“，击也。从‘攴’，‘豕’声。”（《说文》卷三下）但是，“且”字虽取形于男性生殖器，却并非即是代表“牡器”这一意义，并非即是专为语言中的｛牡｝这一语词所造出的一个字。作为代表语词的文字，“且”字是为语言中祖始或先祖之｛祖｝的概念而造。｛祖｝之为词，其所指内容不是具体之物，而是人们头脑中的一种抽象概念。要为这样的语词来造字，不能不采取“借形寓意”的构形模式，所以古人描绘男性生殖器之形来作为“人之始”的象征。“且”是“祖”的初

---

① 王国维：《殷礼征文·外祭》。
② 罗振玉：《增订殷墟书契考释》。
③ 郭沫若：《甲骨文字研究·释祖妣》。
④ 如徐中舒主编《甲骨文字典》第1490页所释。

文，是原始生殖崇拜的反映，是“人之始”的象征。以构形旨趣而言，当如郭说；以文字孳乳关系而言，则当如罗说。于罗、郭二氏之说取舍参半，则可得“且”字之正解。“且”为受祭先祖之象征，上古之人早有崇奉石祖、陶祖（即石制或陶制的男性生殖器偶像）的礼俗，考古学及民俗学所得材料均可证明其事。后来，为了突出或强调神祀这一事类的性质，才有将“且”字移附授注于类首“示”而产生的“祖”字。故“祖”为“且”的“转注字”，“且”为“祖”的“转注原体字”。因为古人崇奉“且”（祖）的偶像，祭拜时每每将祭肉置于其上，所以又造有一个（俎）字。后来礼教渐进，人们不再将祭肉直接置于祖偶之上，而另制荐器以盛祭物，这就是许慎所解释“且，所以荐也，从几，足有二横，一其下地也”和“俎，礼俎也，从半肉在且上”的由来。

百、伯

《说文》卷七下白部：“，西方色也。阴用事，物色白。从‘入’合‘二’。‘二’，阴数。……，古文‘白’。”段注“从‘入’合‘二’”云：“出者阳也，入者阴也，故从‘入’。”《说文》卷四上白部：“，十十也。从‘一’‘白’。数，十十为一百。百，白也。十百为一贯。贯，章也。，古文‘百’从‘自’。”①《说文》卷八上人部：“，长也。从‘人’，‘白’声。”

今案，许慎说“白”、“百”二字皆不可信。甲文“白”作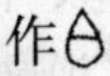、，象拇指（今俗谓“大拇指”）之形，中横画象征指纹，郭沫若所解基本可信②，唯其谓“白”为“拇”之初文则非是。“白”即“伯”之初文，“伯”为“白”之转注字。“伯”者，“老大”、“第一”、“了不起”之意，故训为“长”。国人习俗，每有向对方屈握食指以下四指而伸翘其拇指以示夸赞者，盖此由来尚矣，故古人取拇指之形而为语词｛伯｝造字，即为“白”字。卜辞、铭文王伯、伯仲之｛伯｝皆作“白”，正用其本字本义者。“白”之表黑白之｛白｝，及《说文》所训“西方色也”，乃假借耳。卜辞“白”字又每假借用作语词｛百｝，故其后于“白”字之形加注意符“一”（“一”者数之始）而分化有“百”字，加注意符“人”而分化有“伯”字，“白”则成了黑白之｛白｝

① 自“数”至“章也”依段注本，大徐本作“数，十百为一贯。相章也。”

② 见《古文字诂林》第七册第二一八页所引。

的专字了。

人的指纹千差万别，各自不同。指纹中心俗称之为“罗”，则大致可分为两类：一类是呈比较匀称的螺旋形环状纹，笔者家乡民俗称之为“箩纹”；一类是不规整、不匀称的横纹或横斜纹形，笔者家乡民俗称之为“筲箕纹”。有俗谚谓：“十‘箩’全，中状元；九罗筲，卖酒糟。”意思是“箩纹”多的人为富贵之命相，“筲箕纹”多的人则为贫穷命相。甲文加“一”之“百”字作、、等形，所从之、都是拇指之形的“白”字，唯其中画象指纹之形者似多为“箩纹”而非“筲箕纹”；或作形，所从之其中画表指纹之形者则与甲文字所画之形略同，便是“筲箕纹”了。

又，《说文》白部收“皆”、“鲁”、“者”、“嚋”、“㿻（智）”、“百”六篆，以为从“白”（即“自”字），皆误。小篆“皆”、“鲁”、“者”、“嚋”、“㿻（智）”五字所从之“白”，均为“”或“”之讹（详见第七章之一“《说文》订补”之“白、皆、鲁、者、嚋、㿻”条）；“百”字亦不从“白”，于结构言当为“从‘一’‘白’声。”

墟

《说文》：“虚，大丘也。”（卷八上丘部）徐灏说：“虚为大丘，即所谓四方高中央下者，故引申为虚空之称。其后引申义行，又加‘土’作‘墟。”①则“墟”为“虚”之“转注字”。

憙、禧

《说文》：“喜，乐也。”（卷五上喜部）又：“憙，说也。”（同前）段玉裁注：“乐者，无所箸之词；说者，有所箸之词。”徐灏说：“‘喜’、‘憙’古今字，段强生区别。”②徐说“喜”与“憙”是古今字是对的，但以“强生区别”的责难加于段氏则欠公允，因为段氏只不过是申明许训而已。今案，“憙”是“喜”的“转注字”，之所以要将“喜”移附授注于类首“心”而造出这个“憙”字来，大概是想强调“喜”作为一种内心情感的事类特征。但人们在实际用字中，没有必要，也不可能做到“喜”与“憙”的区别使用，所以“憙”字在后世并未能通行下来。《说文》：“禧，礼吉也。”徐灏说：“‘喜’、‘禧’古今字”。③今案，“禧”也是“喜”的“转注字”，为了专表吉庆之喜，所以将“喜”移附授注于类首“示”。这只不过是一种用字范围的区别，无关于语词的分化或意义的孳衍。

---

①②③ 《说文解字注笺》。

鵙

《孟子·滕文公下》：“恶用是鵙鵙者为哉？”赵岐注：“鵙鵙，鹅鸣声。”焦循说：“《音义》出‘鵙鵙’，云‘丁：五历切，鹅也’。阮氏元《校勘记》云：‘五历切与鹅鸣声不相似，盖孟子书本作“兒”，如今人之读小兒，与鹅声略相近也。俗人加“鸟”作“鵙”，则为《说文》“六鵙”字。’”① 今案，所谓“俗人加‘鸟’作‘鵙’”，即是“转注”之造字。这是为借义而造专字，以求区别小兒之“兒”与鹅鸣声之“兒”，故将“兒”移附授注于类首“鸟”而成“鵙”字，以至于与《春秋经》“六鵙退飞”之“鵙”成了同形字（这种情况，如同我们前面所提到的，传说元结将“吾水”之“吾”加注“水”旁而为“浯”字，遂与《说文》“浯水，出琅邪灵门壶山，东北入潍”之“浯”成为同形字）。《孟子》本作“兒”，但今本《孟子》作“鵙”，这是因为古书历千百年之流传，几经传钞刻印，所以多有以后造之“转注字”而改易原字者。

锡、赐、埸、敡、傷、蜴

《说文》：“易，蜥易，蝘蜓，守宫也。象形。”（卷九下易部）

甲文“易”字作，省作、、等，金文省作、、等。、实即“锡”字之初文，许慎未见甲、金文，故有“易，蜥易”之误释。徐中舒说：“原字为，象两酒器相倾注承受之形，故会赐与之义，引申之而有更易之义……经传作‘锡’、‘赐’，皆后起字。”② “易”之本义为赐与，赐与之事多与钱财有关，所以后来将“易”移注授附付于类首“金”而有“锡”字。“锡”即“赐”字，《尔雅·释诂》：“锡，赐也。”《离骚》：“皇览揆余于初度兮，肇锡余以嘉名。”王逸注：“锡，赐也。”“锡”为“易”之“转注字”，后又专作铜锡之“锡”，故又为赐与之义另造专字，改换类首“金”为“贝”而有“赐”字。“易”又假借表疆埸之义。《易·大壮》：“六五，丧羊于易，无悔。”《释文》：“易，陆作‘埸’，谓疆埸也。”王念孙说：“古疆埸字多作‘易’，故《说文》无‘埸’字。”③ 故后来又将“易”字移附授注于类首“土”而有“埸”字。“易”又假借表轻侮、简慢之义。《易·系辞下》：“易者使倾。”旧注：“易，慢易也。”《汉书·王嘉

① 焦循：《孟子正义》。

② 《甲骨文字典》第1063页。

③ 见王引之《经义述闻》卷一“丧羊于易”条。

传》："吏民慢易之。"颜注："易，亦轻也。"故后来又将"易"移附授注于类首"支"或"人"而有"敡"和"傷"字。《说文》："敡，侮也。"（卷三下攴部）段注："此与人部'傷'义略同。"《说文》："傷，轻也。从人，易声。一曰交傷。"（卷八上人部）段注："《周易·系辞》曰：'交易而退。'经传亦止作'易'。《公羊·庄十三年》：'冬，公会齐侯，盟于柯。'《传》曰：'何以不日？易也。'何云：'易，犹佼易也，相轻信无后患之辞。'按，何用汉时俗语，'佼'同'交'。"《广韵》："敡，轻简为敡。""傷，相轻慢也。"王力说："在轻慢的意义上，'易'、'敡'、'傷'实同一词。'敡'、'傷'是分别字，以别于难易的'易'。"[①]"易"又假借表蜥易之义，所以后来又将它移附授注于类首"虫"而有"蜴"字。段玉裁认为"蜴"即"蜥"字，不可从。

悬

悬念、悬隔之"悬"，古只之作"县"。后世为区别于州县之义，乃将"县"移附授注于类首"心"而有"悬"字。《汉书·高帝纪下》："秦，形胜之国也，带河阻山，县隔千里。"颜注："此本古之'悬'字耳，后人转用为州县字，乃更加'心'以别之。非当借音，他皆类此。"

懈

"懈"是由"解"的意义引申分化而造出的一个"转注字"。王力说："'懈'是'解'的区别字，本写作'解'"，"'解'是解开，解开就松了，所以引申为松懈。松懈的'解'后来写作'懈'。'懈'字本读古隘切，近代音转为匣母字。"[②]按，"懈"谓懈怠，故以"心"为其类首，《诗·大雅·烝民》："夙夜匪解"是也。

芽

《说文》："芽，萌芽也。从'艸'，'牙'声。"（卷一下艸部）段玉裁注："古多以'牙'为'芽'。"王筠说："此篆恐系后增。……即'萌'下亦当云'艸木牙也'，惟'牙'是借字，故以'艸木'明之。米部'糵，牙米也'、竹部'管，物开地牙'，概不作'芽'也。虽《月令》云'安萌芽'，亦恐后人加'艸'，他经不见此字。《汉书·金日磾传》'霍氏有事萌牙'，尚不作'芽'，足以征之。盖上古只言'句芒'，故木正为句芒，在少皞氏朝。'句'者，屈生者也；'芒'者，直

---

①② 《同源字典》第273页、106页，商务印书馆，1982。

生者也。艸木之初生，二形尽之。中古言‘句萌’，‘萌’者‘芒’之转音。《白虎通》‘芒之为言萌也’、《月令》‘季春，句者毕出，萌者尽达’，是也。《秋官·薙氏》有‘萌’字，知是周制。秦始言‘牙’，至汉尚无专字而借‘牙’字。殆‘萌’说既改作‘芽’，人遂增‘芽’以冠其上耳。”① 今案，王氏寻绎“芽”字产生的历史，大致可信。“芽”为“牙”的“转注字”，乃由“引申假借”而分化，所以王力说：“婴孩初生无牙，生数月始出牙，故牙齿的‘牙’引申为萌牙的‘牙’。后人加‘艸’为‘芽’。”②

洲

《尔雅·释水》：“水中可居曰洲。”《方言》十二：“水中可居为洲。”《诗·周南·关雎》“关关雎鸠，在河之洲。”《毛传》：“水中可居曰洲。”

今案，“洲”实为“州”的“转注字”。《说文》：“州，水中可居曰州。周绕其旁，从重川。昔尧遭洪水，民居水中高土，或曰‘九州’。《诗》曰：‘在河之州。’……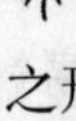，古文州。”（卷十一下川部）甲骨文“州”字作，正象水绕高地之形，与《说文》古文“州”字略同。段玉载说：“‘州’本州渚字，引申之乃为九州，俗乃别制‘洲’字，而小大分系矣。”③ 所谓“小大分系”，是指“州”之转注为“洲”字以后，“洲”字专表范围比较小的“水中陆地”之义，而“州”字则专表范围大的“九州”之“州”义。段玉载虽不承认“转注”为造字之法，但对“转注”造字的客观事实也不得不承认。只是许多“转注字”，都被他斥为“俗字”而已。

構、遘、篝

《说文》：“冓，交积材也，象对交之形。”（卷四下冓部）“構，盖也。从木冓声。”（卷六上木部）段玉载注“構”字云：“与‘冓’音同义近。冓，交积材也，凡覆盖必交积材。”徐灏说：“‘冓’、‘構’古今字，相承加偏旁，非但义近而已。”④

今案，徐说颇是。不过，《说文》训“冓”为“交积材”则不确。甲文“冓”字作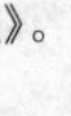、等形，象二鱼口对口之形，以会交遘之义。民俗

---

① 《说文句读》卷二。

② 《同源字典》第137页。

③ 《说文解字注》十一篇下。

④ 《说文解字注笺》。

以为鱼类雌雄交配为口对口；古人以鱼事喻两性关系，《诗经》中亦不乏其例。“冓”字“引申假借”而有交积之义，所以将它移附授注于类首“木”而有“構”字。后世“構”行而“冓”废，“转注字”取代了“转注原体字”。“冓”字又“引申假借”有交遇、遇会之义，所以又有将“冓”移附授注于类首“辵”而产生的“遘”字。熏笼谓之“篝”，则由“構”字改换“类首”而生，因熏笼由竹篾交积编织而成，故易其“类首”为“竹”。

娶

《说文》：“娶，取妇也。从‘女’，从‘取’，‘取’亦声。”（卷十二下女部）段注：“取彼之女，为我之妇也。经典多假‘取’为‘娶’”，“说形声包会意也。”今案，婚嫁之“娶”，字本作“取”，《诗·齐风·南山》“取妻如之何”，《论语·述而》“君取于吴，为同姓”，均是也。“娶”为“取”之“转注字”，非关“会意”，只因事类属于婚嫁才将“取”移附授注于类首“女”。段氏每言“形声兼会意”，实为“转注”造字之结果。王筠说：（《说文》）“以‘取’释‘娶’，明‘娶’为‘取’之分别文也。《易》卦爻皆作‘取女’，是古文借字，《孟子》作‘娶’，则后作也。”① 王力说：“‘取’、‘娶’本同一词，后人特为取妇一义造‘娶’字，并改读去声。”②

避、闢、僻、嬖、譬

诸字皆由“辟”字“转注”而来。“上古汉字‘兼职’现象多，后代不断分化。例如一个‘辟’字就兼有后代的避、闢、僻、嬖、譬等字的意义：‘从台上弹人，而观其辟丸也。’（左传·宣公二年）后来写作‘避’。‘欲辟土地，朝秦楚，莅中国，而抚四夷也。’（孟子·梁惠王上）后来写作‘闢’。‘苟无恒心，放辟邪侈，无不为已。’（同上）后来写作‘僻’。‘友便辟，友柔善，友便佞，损矣。’（论语·季氏）后来写作‘嬖’。‘君子之道，辟如行远，必自迩；辟如登高，必自卑。’（中庸）后来写作‘譬’。”③

祡

“祡”是由“柴”字转换“类首”而造出的一个“转注字”。《说文》：“祡，烧柴燎以祭天神。”字本作“柴”。《书·舜典》：“柴望秩

---

① 《说文句读》卷二十四。

② 《同源字典》第196页。

③ 王力主编《古代汉语》第一册“古汉语通论（六）——古今字、异体字、繁简字”。

于山川。”《释文》引马融说：“祭时积柴，加牲其上而燔之。”后世为彰显其神祀之事类，故将“柴”字去其原有类首“木”而换上新的类首“示”，遂为“祡”字。所以王力说：“‘柴’是木柴，‘祡’是祭天的典礼。祭天要烧柴，所以祭天的典礼就叫做‘柴’。后来祭天的典礼写作‘祡’，以别于木柴的‘柴’。”①

赼趄

《说文》：“赼：赼趄，行不进也。从‘走’，‘次’声。”“趄：赼趄也。从‘走’，‘且’声。”（卷二上走部）段玉裁注：“《易》：‘其行次且。’《释文》：‘次，本亦作赼，或作欧。马云：却行不前也。且，本亦作趄，或作跙。马云：语助也。王肃云：行止之碍也。’按，马云‘却行不前’者，于‘次’本字得其义也；云‘语助’者，《王风》毛传云：‘且，辞也。’马、郑同用《费氏易》，而马‘次’郑‘赼’不同。‘赼’者，后出俗字。‘趄’又因‘赼’而加‘走’旁者也。许断不录。铉之前已有‘赼’字，注曰‘赼趄’，铉因又补‘趄’篆为十九文之一。今姑皆存之，俟好学者深思焉。”王筠说：“《新序》：‘《易》曰：臀无肤，其行趑趄。’然是汉字也，又从‘咨’。”②案，段玉裁以‘赼趄’二字为“俗字”，认为《说文》断不会收录，自当别论。但以“次且”之“次”移附授注于类首“走”而有“赼”字，“且”字又因“赼”字而类化，故亦移附授注于类首“走”为“趄”。“赼趄”这一联绵词书写形式的由来，则是确定无疑的了。王筠断定“赼趄”二字为汉时字，也足以证明它们是后起的“转注字”。

逶池

《说文》：“逶：逶迤，衺去之皃。从辵，委声”“迤：衺行也。从辵，也声。”（《说文》卷二下辵部）王筠说：“‘池’字见《尚书》，独字便成义。《毛诗》有‘委蛇’、‘倭迟’，则因‘池’从‘辵’而作‘逶’。后人匹配之形声字，两字乃成义。”③今案，联绵词书写形式固无定字，但求表音相切近而已。但后人在使用汉字记录语词的实际过程中，每有追求使文字的形体与其所代表的意义尽量相一致的趋势，所以“转注”造字法也往往被运用于对记录联绵词的两个字进行“加工改造”。“逶池”即是由“委池”类化而生。因“池”从“辵”，所以“委”字也被移附授注于类首“辵”而为“逶”，这就好像“蝼蛇”由

---

① 《同源字典》第115页。

②③ 《说文句读》卷三、卷四。

“委蛇”类化而生一样。又因为“委蛇”一词多用于状“邪行”之貌，所以《说文》将“逶迆”二字著录于“辵”部，作为“委蛇”一词的本字。其实，这种“本字”倒往往是后起的“转注字”。所以，对“转注字”的确定，我们不能一概依《说文》。

或、國、域、惑

《说文》：“，邦也。从‘口’，从‘戈’以守‘一’。‘一’，地也。，‘或’又从‘土’。”（卷十二下戈部）“，邦也。从‘囗’从‘或’。”（卷六下囗部）“，乱也。从心或声。”（卷十下心部）

“或”即“國”之初文，“域”为“或”之异体，以构形之溯义言，三者实为一字。以造字之时序言，自当先有“或”字，次有“域”字，再次乃有“國”字。“或”又用作表疑惑之｛惑｝①，故后于“或”加“心”而有“惑”字。然则“域”、“國”、“惑”皆“或”之转注字也。

又，“或”字小篆“从‘口’，从‘戈’以守‘一’”；甲文只作或、从“戈”守“口”（或作“口”形，乃借用为“口”者），不从“一”。然则小篆之“或”又为甲文“”之转注字矣。

① 《说文》“或”字大徐音“于逼切”，注云：“今俗作‘胡国切’，以为疑或不定之意。”于重文“域”下则注云：“今无复‘或’音。”

第三章 “转注”不明的症结

一、奇妙的现象

“转注”是汉字孳乳发展阶段中所形成的造字之法，是在汉字经过初创阶段之后，为补救因字少事繁涌现出来的大量假借字所带来的弊病或不足而产生的一种造字之法。正因为“转注”造字是一种客观存在，所以不少人从不同的角度都看到了这一事实。陆德明不满于“飞禽即须安‘鸟’，水族便应著‘鱼’”，颜之推以“金华则‘金’旁作‘华’，窗扇则‘木’旁作‘扇’”为“乡俗讹谬”。① 或论“俗字”：“有‘暴’字之类者，上有‘日’矣，旁又加‘日’焉，类如‘莫’之‘暮’、‘基’之‘堪’、‘然’之‘燃’、‘冈’之‘岗’，凡此皆偏旁之赘者也。又有‘尊’、‘樽’字，只一字耳，而旁又加‘木’焉。如‘昏’之‘婚’、‘女’之‘汝’、‘匊’之‘掬’、‘与’之‘欤’、‘回’之‘迴’、‘園’、‘薗’、‘果’之‘菓’、‘席’之‘蓆’，凡此皆偏旁又赘者。”② 或言“右文”：“‘盧’者，字母也，加‘金’则为‘鑪’，加‘火’则为‘爐’，加‘瓦’则为‘甗’，加‘目’则为‘矑’，加‘黑’则为‘黸’。凡省文者，省其所加之偏旁，但用字母，则众义该矣。亦如‘田’者，字母也，或为畋猎之‘畋’，或为佃田之‘佃’，若用省文，唯以‘田’字该之。他皆类此。”③ 诸如此类的言谈，都不是正式研讨“六书”问题，我们姑且不论。至于有些人虽然不承认“转注”作为一种造字之法的应有地位，或者不了解“转注”造字之法的真实内涵，但对“转注”造字的客观事实也不能不有所承认，这一点，是颇值得深思的。例如，戴震即看到：“古字多假借，后

① 《颜氏家训·书证》。

② 孙奕《示儿编》引《字谱总论》。

③ 王观国《学林》卷五。

人始增偏旁。"① 黄以周也说过："古人字少，往往借音近为之，未有专字。其后孳乳，各制本字。"② 戴氏是不承认"转注"为造字法的人，黄氏是误解"转注"造字法的人，然而，他们都看到了"后人始增偏旁"、"各制本字"的造字现象。

奇妙的是，虽然看到了"后人始增偏旁"、"各制本字"的现象，却不承认这是"六书造字"之一。例如，胡朴安是赞成"四体二用"说的，他就认为："形声诸字，有为后人增益者。如'告'从'牛'，而'牿'又加一'牛'；'益'从'水'，而'溢'又加一'水'。此等字皆系后人增加，而不合六书之条例也。"③ 因为不懂得"转注"造字的旨趣正是要加注意符以别义，所以胡氏认为"牿"、"溢"诸字的产生"不合六书之条例"。其实他不知道倘若没有"转注"造字之法，我们的汉字根本不可能形成后来这样庞大的一个体系。

尤其奇妙的是，对戴震"四体二用"说尽了最大发挥的段玉裁，由于不懂得加注意符即是"转注"造字，以致在大量转注字的事实面前，既感到不能回避，又苦于不能以"六书"来解释，于是只好粗暴地以"俗字"相斥而不了了之。例如他说："凡倾吐曰'写'，故作字、作画皆曰'写'。俗作'泻'者，'写'之俗字。""'队'、'坠'正俗字。古书多作'队'，今则'坠'行而'队'废矣。""古有'欲'字，无'慾'字，后人分别之，制'慾'字，殊乖古义。""（然）俗作'燃'，非是。"④ 等等。但是我们看到，对于"受"分化为"授"、"寽"分化为"捋"、"丞"分化为"拯"、"公"分化为"伀"、"因"分化为"捆"等，段式却没有斥之为"俗字"，这又是为什么？原来，他的标准只是一切依《说文》为准。同样是"转注"造字的结果，只要收进了许书，段氏便接受了；如果《说文》中没有，他便斥之为俗字。这种态度显然是太偏狭了。之所以产生这种偏狭之见，重要原因便是不懂得这类"俗字"正是"转注"造字的结果，它们完全是在"六书"范围之中。

清代孔广居是赞成江声"转注"说的一个人，他认为："以文生字，字又生字，生生不穷，谓之'转注'，是'转注'即寓乎四象之中

---

① 戴震：《答江慎修先生论小学书》。
② 黄以周：《六书通故》。
③ 胡朴安：《六书浅说》。
④ 《说文解字注》七篇下、十四篇下，八篇下、十篇上。

者也。”① 这种观点，表面上虽然承认“转注”是造字，但却以“转注”兼赅“象形”以外所有的造字构形法，“转注”造字法仍然等于不存在。所以，他同样无法认识真正的“转注”规律，只好把大量转注字也斥为“俗书”。不过，孔氏的态度比段玉裁要来得彻底，他对许慎似乎并不迷信，《说文》中所收录的“转注字”，只要意符是累增之类的，他照样以“俗书”相斥。例如他说：“古字省简，假借居多，增益偏旁，俗书之失也。如丁宁之‘丁’，俗加‘口’作‘叮’；阿那之‘那’，俗加‘女’作‘娜’。‘口’与‘女’虽无悖于‘丁宁’、‘阿那’之义，然古人既假借，后人亦不必强加也。又如州渚之‘州’，从二‘川’围绕，俗又加‘水’作‘洲’；采取之‘采’，从‘爪’在‘木’上，俗又加‘手’作‘採’。‘州’与‘采’其义已足，加‘水’加‘手’岂非赘文？又如然火之‘然’，下既从‘火’矣，俗再加‘火’作‘燃’，早莫之‘莫’，中既从‘日’矣，俗再加‘日’作‘暮’。一字而重文叠义，其谬更不待言。然愚观《说文》中，亦不免此数者之失。如意旨之‘旨’，经传都借甘‘旨’，而《说文》作‘恉’；然诺之‘然’，经传都借火‘然’，而《说文》作‘嘫’，非即‘叮’‘娜’之类邪？……夫由秦汉而视魏晋以下，则魏晋以下所增之字固是俗书；若由三代而视秦汉，则秦汉时所增之字亦俗书也。”②“转注”所造之字，站在前代的角度来看便是“俗书”，这种提法倒是比较辩证的，令人费解的是，这样普遍存在于汉字发展过程之中的一条极其重要的有关汉字孳乳繁衍的造字规律，人们为什么能够看到却又不能与“六书”法则直接联系起来呢？像孔氏这样，一方面侈谈“以文生字，字又生字，生生不穷，谓之‘转注’”，似乎对“形声相益”的总规律已有足够的认识；另一方面却又偏偏要把真正是由“转注”造字法则所造出的大量转注字排斥在“六书”之外，不懂得从造字规律上来认识这类文字产生的所以然。这种奇妙的思维方式，确实颇有代表性。

稍后于段玉裁的王筠，曾提出“分别文”和“累增字”的问题，就此进行了颇有见地的论述，并对许多“分别文”、“累增字”进行过具体而正确的分析。他说：“字有不须偏旁而义已足者，则其偏旁为后人递加也。其加偏旁而义遂异者，是为分别文，其种有二：一则正义为借义所夺，因加偏旁以别之者也（‘冉’字之类）；一则本字义多，既

---

① 孔广居：《说文疑疑》卷上《论六书次第》。

② 孔广居：《说文疑疑》卷上《论俗书》。

加偏旁，则只分其一义也（‘伀’字不足兼公侯义）。其加偏旁而义仍不异者，是为累增字，其种有三：一则古义深曲，加偏旁以表之者也（‘哥’字之类）；一则既加偏旁，即置古文不用者也（今用‘復’而不用‘复’）；一则既加偏旁而世仍不用，所行用者反是古文也（今用‘因’而不用‘捆’）。”① 王氏的意思是，像“髯”（由“冄”移附授注于类首“髟”，专表须髯义，以别于荏苒之“冄”的借义）、“伀”（由“公”移附授注于类首“人”，专表公私之“公”字，以别于公侯之“公”字。《说文》：“伀，志及众也。”段注：“与‘公’同义，其音当同”）这样的后起“加偏旁”字便是“区别文”，“謌”（或“歌”，由“哥”转注而生）、“復”（由“复”转注而生）、“捆”（由“因”转注而生。《说文》：“捆，就也。”段注：“‘捆’与‘因’音义同，今则‘因’行而‘捆’废矣”）这样的后起“加偏旁”字则是“累增字”。“区别文”加偏旁是为了别义，“累增字”加偏旁是为了彰显古义，但字的意义“仍不异”。王筠很可能是受了段玉裁“正俗字”之说的启发，不过他并不认为这是“殊乖古义”的事，而是正视了这一文字发展的正常现象，并为之总结出重要条例来。如果王氏能认识到自己所提出的“分别文”、“累增字”即是“六书”中“建类一首，同意相受”这一造字之法的产物，那么，它所总结的那些条例，便几乎赅括了“转注”造字的主要情况。可惜的是，王筠也是深受戴、段“四体二用”说影响的人，所以他不可能把自己所看到的现象与“转注”造字之法联系起来。这确实是一种颇为奇妙的事情。就是到了现在，不少文字学家或训诂学家在谈到“增加偏旁另造新字”这一客观事实时，也总是就事论事，只说是“古今字”或“区别字”问题，而不能或不愿意把它同汉字孳衍过程中的客观规律、传统“六书”理论所业已总结出来的客观存在的造字之法则这样的实质性问题直接地、正面地挂上钩。箇中缘由究竟是什么？奥妙到底何在？

那么，这是否意味着，传统“六书”理论中的“转注”真的与“后增偏旁另造专字”两不相干？汉人的“转注”理论完全是另有所指呢？胡朴安曾说：“盖上古文字，义寄于声，未遑多制，只用右文之声，不必有左文之形。例如《兔罝》之‘公侯干城’，‘干’即‘扞’字；《芄兰》之‘能不我甲’，‘甲’即‘狎’字。似此之类，群籍极多。盖古时字少，以声为用，求之《说文解字》中，如‘臤’下云‘古文

① 《说文释例》卷八。

以为"贤"字'。'丂'下云'古文以为"巧"字','哥'下云'古文以为'歌'字,'㬎'下云'古文以为"顯"字'。在未造'贤'、'巧'、'歌'、'顯'等字之先,即以'臤'、'丂'、'哥'、'㬎'等字为'贤'、'巧'、'歌'、'顯'之用,故曰'古文以为'也。"① 既然如此,那就说明许慎本人对"后增偏旁另造专字"是有着足够认识的。我们对"转注"名称和定义的解释既符合训诂原则和许书的本意,又完全符合"后增偏旁另造专字"这一客观规律,而许慎本人对"后增偏旁另造专字"的客观事实又有着清醒的认识,而且在《说文解字》的说解中又有过一定的交代,那么,还有什么理由不承认汉人的"转注"说即是对存在于汉字繁衍发展过程中的加注意符这一极其重要的构形模式的理性认识和理论总结呢?

"后增偏旁另造专字"即是"转注"之法,"区别文"、"累增字"之类的问题主要便是"转注"造字的结果。研究"六书"的人,大多能看到这类客观现象,却不能认识到这正是"转注"造字之法的体现,其原因恐怕主要在于方法论的失误。

二、"考"、"老"的纠缠

"转注"造字是客观存在的规律法则,前人所归纳的"转注"理论基于民众的造字实践。因此,我们对"转注"法则的认识和对"转注"理论的解释,也只有紧密结合汉字创制的实际情况才能得其真谛。然而,以往许多研究"六书"的人却并不是这样。他们不是把"六书"问题放在汉民族创制文字的历史背景上来考察,而是把研究的眼光只关注在一部《说文》上,甚至只关注在许慎为"六书"所列举的个别例字上。在这些人看来,许慎著《说文》的目的好像仅仅就是为了说明他为"六书"所列举的例字,前人的"六书"理论好像就是从《说文》中产生。唐兰说:"因为许氏给与六书的界说过于简单而不能确定,所举的例,每一条又只有两个字,所以后来人的解释,人各一词。"② 当然,许书"六书"理论阐述得不够充分和明晰,这一缺欠无须讳言。但是,后人的研究竟逞臆说,不应把全部责任都推在许慎身上,人们自身的研究方法也是一

① 胡朴安:《中国文字学史》第232页,北京市中国书店1983年影印本。
② 唐兰:《中国文字学》第70页。

个值得检讨的重要问题。例如，吕思勉主张："许书说转注之语，既不可解，则求诸'考'、'老'二字。"① 任学良也说："要想彻底解决什么是转注的问题，最有效的办法是研究'考''老'在构造上有什么特点，并进一步研究'老'部以及和'老'部类似的二十个部首里的字所具有的结构特征，这就能够从科学上阐明转注的事实。"② 企图单纯由"考"、"老"二字的考察，以求得"转注"的真谛，仁者见仁，知者见者，势必只能"人各一词"。

晋卫恒说："转注，'考'、'老'是也，以'老'为寿老也。"③ 卫恒虽然去汉未远，但他的话过于简略含糊，说了等于没说。唐贾公彦说："转注者，'考'、'老'之类是也。建类一首，文意相受，左右相注，故名'转注'。"④ 贾氏的解释虽然稍为详细了一点，但仍不能让人把握要领。尤其不应该的是，把"同意相受"改为"文意相受"，把"转注"说成是"左右相注"，这就不仅把人们的注意力限定在"考""老"两个例字上，而且为种种"形转"说开了先河。比如，在篆、隶字体中，因为"考"、"老"二字的最后一笔收尾一向左转，一向右转，于是便有了裴务齐的"'考'字左回，'老'字右转，以文有正背，乃转形互用，展转附注"之说⑤。

宋戴侗著《六书故》，把"阜"、"月"、"旡"、"七"、"㐬"、"县"、"叵"、"乏"、"卯"、"㡭"等字看成是"山"、"身"、"欠"、"人"、"子"、"首"、"可"、"正"、"门"、"𢇍"等字之"转注"⑥。元周伯琦著《说文字原》，亦步其后尘，谓"七"字"从倒'人'，转注"，"反'从'为'比'，转注"，"县"字"从倒'首'，转注"，"旡"字"从反'欠'，转注"，"力"字"从反'手'，转注"，"反'彳'为'亍'，转注"⑦，等等。此类"俗说"、"野言"，直至清时犹有人重复其辞，谓"转注互用，有倒有仄有反有北，凡四类也，'考'、'老'者非。'帀''县''孓''七'，倒转注也；'尸''匚''𠂤''阜'，侧转注也。"'司''匕''叵''乏'，反转注也；'卯''𠂢'

① 吕思勉：《文字学四种》第193页。

② 任学良：《说文解字引论》第51页，福建人民出版社，1985。

③ 卫恒《四体书势》。

④ 见《周礼·地官·保氏》疏。

⑤ 裴务齐：《切韵序》。

⑥ 见《六书故》卷五、六、八、九、十、十一、十六、二十五、三十等。

⑦ 见《说文字原》第二、三、四、五、六、八、十一、十二等。

之类，北转注也。”①若依此说，则古“上”“下”二字也应当是典型的“转注”之例，那“指事”之法便不应存在。胡朴安曾指出：“戴侗之说，由裴务齐‘考字左回，老字右转’之说而来，不过用篆文为说耳。”②蒋善国曾指出，这类见解“或涉于今隶，或混于象形、指事各书。故裴氏左右回转之语，徐锴以为俗说，郭忠恕以为野言，则在宋初，已有知其非者。且中国文字，无非左右上下展转孳乳，以左右回转总说六书则可，以之释转注，则‘六书’二字盍改为五书，而以‘转注’为五书之总名？”③

“考”字在《说文》中属“老”部，因所从之“老”形体有所省略，这一特征被有些人抓住，于是便又引出了“省母转注”之说。如清人邹汉勋认为：“以全体正义注者谓之‘形声’，‘形声’之正品也；其以半体正义注者，谓之‘转注’。”④他的意思是，在通常所讲的“形声字”中，以完整的字形充当意符的（“以全体正义注者”）才是“形声”，它们是“形声字”中的“正品”；以不完整的，即有所省略的字形充当意符的（“以半体正义注者”），便是“转注”。邹氏列举了“麓”“蓁”（“以‘犛’上之‘𠩺’字注之”）、“筋”（“以‘筋’上、右之‘竹’‘力’注之”）、“筋”（“以‘筋’上、左之‘竹’‘月（肉）’注之”）、“匏”（“以‘瓠’左之‘夸’注之”）、“考”（“以‘老’上之‘人’‘毛’注之”）等67字为例，认为它们都是“转注字”⑤。曾国藩也曾提出了类似的见解，他说：“窃自不揆，谬立一说，笃守许氏‘考’‘老’之指。以谓‘老’者，会意字也；‘考’者，转注字也。部首之可数者，如犛部、爨部、画部、眉部，冓部、筋部、稽部、橐部、㾓部、重部、老部、履部、㱃部、盐部、弦部、酉部，皆转注之部也。凡‘形声’之字，大抵以左体为母，以右体得声者为子，而母字从无省画者；凡转注之字，大抵以会意之字为母，亦以得声者为子，而母字从无不省画者。省画则母字之形不全，何以知子之所自来？惟好学深思，精心研究，则形虽不全而意可相受。如‘老’字虽省去‘匕’字，而可知‘考’、‘耋’等字之意从‘老’而来；‘履’字虽省去‘舟’文，而可知‘屦’、‘屐’等字之意从‘履’而来……其曰

---

① 见清姜忠奎《六书述义》卷十一引舒夫民语。

② 胡朴安：《中国文字学史》第228页注32，北京市中国书店，1983年影印本。

③ 蒋善国：《中国文字之原始及其构造》第二编第61页，武汉古籍书店，1987年影印本。

④⑤ 《邹叔子遗书》：《敩艺斋文存·与龙皞臣大令论转注假借》。

‘建类一首’者，母字之形模尚具也；其曰‘同意相受’者，母字之省画而意存也。”[①] 邹、曾之后，又有吴锦章、蔡金台、叶濬、汪荣宝，以及今人罗君惕、任学良等，都提出或附和此论。[②] 对于这一类见解，清人胡元玉曾批评说：“至于‘考’从‘老’省，乃传写者所为，厌其笔画繁重耳，初无义例。近时邹叔绩乃据以说‘转注’，不知此即许《叙》所谓‘或颇省改’，造字时本无斯制，故篆、籀、古或互有省或不省之处。即以‘老’部言之，全部皆从‘老’省，独‘薹’字不省‘老’而省‘蒿’，省无定例，不关造字，于斯益信矣。”[③] 吕思勉也批评说：“夫‘省’及‘从残’，或‘省其一体’，《说文》明有此例。若转注即主于此，许君安得不言?”[④] “转注”定义，无片言只字涉及形体省略问题，邹、曾等人的见解，不是汉人“转注”说的本意。如果认为所从之“部首”有所省略便是“转注”，《说文》中所提到的“省声”之字也不少，为什么却无关于“六书”? 其实，无论“省母”还是“省子”，许慎所说多不可信。即或可信，也是据小篆为说，主要是字形变异过程中有所增省的结果。

由“左回右转”到“省母转注”，有一个承上启下的重要人物，他就是宋代的郑樵。郑氏著《六书略》，认为“‘谐声’、‘转注’一也”，“‘谐声’别出为‘转注’”[⑤]。所谓“‘谐声’、‘转注’一也”，即是指二者均为形声字；所谓“‘谐声’别出为‘转注’”，即是指“省形为母”现象。不过，他的“转注”说又不限于“‘形声’别出”，“指事”、“会意”中均有之。所以，他分有“建类主义转注”、“建类主声转注”、“互体别声转注”和“互体别义转注”四类。所谓“建类主义”，主要是指以会意字省其形体作为形声字的意符，如“考”从“老”省，“屐”从“履”省，等等。所谓“建类主声”，郑氏的意思是把一个形声字省去其意符，而以其音符作为他字的“建类”，如凤凰之“凰”，所从之“几”，郑氏认为是由从“鸟”“凡”声之“鳳”字省其意符“鸟”而“建类”的结果。所谓“互体别声”，是指字形构件

---

① 《与朱仲我书》，《曾文正公全集·书札卷二十五》。

② 吴锦章：《六书类纂》卷二中。蔡金台：《六书三耦说》。叶濬：《六书转注说》。汪荣宝：《转注说》，《华国月刊》一卷九期，1924 年。罗君惕：《六书说》，《语文论丛》第一辑，上海语文学会编。任学良：《说文解字引论》第 49 页。

③ 胡元玉：《郑许字义异同评》卷上。

④ 吕思勉：《文字学四种》第 192 页。

⑤ 见《通志》卷三十一《六书略·六书序》。

相同，但配备位置不同，并且“声异而义异”者。如“杲”、“東”、“杳”，郑氏说是“转注”；“本”、“末”、“朱”，郑氏说是“转注”，等等。所谓“互体别义”者，则是指字形构件相同，但配备位置不同，而“声同义异”者。例如“槩”与“槪”，“旻”与“旼”、“朞”与“期”等，郑氏都说是“转注”。①很显然，郑樵的“互体别声转注”和“互体别义转注”，实际上还是由裴务齐“左回右转”说发展而来，与戴侗、周伯琦之说同属一类；而他的“建类主义转注”和“建类主声转注”、则又为邹汉勋、曾国藩、汪荣宝等人的“省母转注”说开了先河。

因为“考”字从“老”，“老”为会意字，而“转注”定义中“同义相受”又有一个“意”字；另一方面，因为许慎为“形声”造字法所列举的“江”、“河”两个例字都从“水”，“水”为象形字，而“形声”之名称中又恰巧有一个“形”字。这些“特征”被有些人抓住，于是便又引出了意符为象形字的是“形声”，意符为会意字的便是“转注”之说。如清人王鸣盛申言：“凡《说文》中‘从某、某声’，而所从之字为象形者，‘形声’也；所从之字为会意者，皆‘转注’也。”②“‘江’、‘河’、‘松’、‘柏’。皆半形半声，全与‘转注’无涉，‘转注’则半意半声而无形。……‘形声’从‘象形’来，‘转注’从‘会意’来。”③饶登逵认为：“六书次第相承，却有深意。‘转注’承‘会意’之后，而其解又曰‘建类一首，同意相受’，知部首之字，必由‘会意’而成者，然后可以‘转注’；又必部中之字，与部首字意义相同，而后可目为‘转注’。即如‘老’从‘人’‘毛’‘匕’，言须发变白，是‘老’字原属‘会意’。‘考’字既从‘老’首，又含‘老’意，凡部中‘耆’‘耊’诸字皆然，故可以‘转注’目之。……他如‘夭’‘止’为‘走’，‘彳’‘止’为‘辵’，‘干’‘口’为‘舌’，‘干’‘上’为‘辛’。於文皆为‘会意’，而‘趋’‘赴’即‘走’之‘转注’，‘迈’‘迋’即‘辵’之‘转注’，‘舔’‘舓’即‘舌’之‘转注’，‘童’‘妾’即‘辛’之‘转注’。以此推之，而五百四十部中，‘转注’之字可概见矣。或曰：若如是说，则‘江’‘河’‘松’‘柏’，不皆‘水’‘木’之‘转注’乎？曰：此许氏所谓形声字也。六书次之，‘形声’居‘象形’后，义亦相承。‘水’‘木’二字本系

① 均见于《通志》卷三十二《六书略·转注第四》。

②③ 见《蛾术篇》。

‘象形’，不关‘会意’。‘江’‘河’‘松’‘柏’乃左形右声，故曰‘形声’。盖部首之字既非‘会意’，则部中诸字自不得为‘同意相受’，而何‘转注’之可言?”① 胡朋、刘大白，及今人陈秉新等，均主是说②。按照这些人的解释，“形声”是专以会意字为意符，以古人造字的思维心理而言，是不可能按照这种区分的标准而形成两种造字之法的。因为古人造字，所能想到的只是如何把词语的要素形之于文字。至于造字构件原属“象形”还是“会意”，完全没有必要成为他们所要关注和区分的一种造字原理。再说，“同意相受”之“意”与“会意”之“意”都不是造字之法的代称，“形声”之“形”与“象形”之“形”更是含义各不相同，简单地以“意”、“形”之类的字相比附，离汉人“六书”说的本旨已相去甚远。“形声”或叫“象声”，或叫“谐声”，即足以说明它与“象形”之法并无王、饶诸人所说的联系。

因为“考”的转注原体字是“丂”，“丂”在转注字“考”中成了音符，而“考”与“丂”在后世仍然同音；许慎为“形声”所举的“江”、“河”两个例字，“江”从“工”声，“河”从“可”声，而“江”之与“工”、“河”之与“可”在后世读音已不相同。这一“特征”被明代的赵宧光抓住，因此而有“转注同声，形声异声”之论，他说：“‘转注’之体，大类‘形声’。‘转注’同声，‘形声’异声，此二书之分。而其创法之初，绝然不混也”，“同声者为‘转注’，如‘考’同‘丂’之类；转声者为‘谐声’，如‘耇’谐‘句’，‘耆’谐‘占’之类。”③ 赵氏不明语言自有其发展变化，其误固不足置评。

因为由篆体观之，“考”字可以分为“人”、“毛”、“丂”三个构件，“老”字也可以分为“人”、“毛”、“匕”三个构件，这一“特征”被元代的杨恒、刘泰等人抓住，于是便又有“三体以上展转附注”之论。杨恒认为：“‘转注’者，‘象形’、‘会意’之文，不足以备其文章言语变通之用，故必须二文三文四文转相注释以成一字，使人绎之而自晓其所为所用之义，故谓之‘转注’”，“‘转注’之制，或二文成一字，或三文成一字，或四文成一字，四文又不足，又取已集成字者杂其文而用之，意足而后止也。”④ 刘泰也说：“‘转注’者，‘指事’之外，

---

① 饶登逵：《六书转注说》。

② 胡朋：《六书转注说》。刘大白：《转注正解》，《东方杂志》第二十五卷第二十三号，1928年。陈秉新：《论转注》，《安徽师范大学学报》（哲社版），1984年第1期。

③ 赵宧光：《说文长笺》。

④ 杨恒：《六书统》卷四。

意有不能尽者，则取文字转相附注，以足其意，如‘聖’、‘賢’之类。‘聖’从‘耳’从‘口’从‘壬’，以其闻无不通，言无不中，‘壬’则‘人’在‘士’上，‘聖’又士之大者。‘賢’从‘臣’从‘寸’从‘寶’省，以其臣有守，则国之宝也。”① 这类说解，既以“转注”混于“会意”，又昧于汉字之源流，浅陋尤不足言。

因为在《说文》一书中，“老”是部首，“考”是“老”部中所统属的一个字，而“老”又是会意字，“考”字在结构类型上又为形声字，“考”与“老”恰又代表了“形声相益谓之字”，“字者，孳乳而浸多也”这一总规律，这些现象被清人江声、孔广居、陈澧、钱坫、许宗彦、郑献甫、廖登廷、张行孚、力钧、夏炘等抓住，于是便把“转注”看成是许书“网罗诸字，使之分部别居”的一个体例问题，或者认为“转注”是对象形字以外所有汉字之创造的总称。如江声说：“立‘老’字以为部首，所谓‘建类一首’。‘考’与‘老’同意，故受‘老’字而从‘老’省。‘考’字之外，如‘耆’、‘耋’、‘寿’、‘耇’之类，凡与‘老’同意者，皆从‘老’省而属‘老’。是取一字之意以概数字，所谓‘同意相受’。……由此推之，则《说文解字》一书，凡分五百四十部，其始‘一’终‘亥’，五百四十部之首，即所谓‘一’首也；下云‘凡某之属皆从某’，即‘同意相受’也。此皆‘转注’之说也。”② 孔广居说：“‘转’者，辗转不穷也；‘注’者，挹彼注兹也。合而言之，即以母生子，‘孳乳浸多’之谓也。唯‘象形’独体之文，不从‘转注’而生。他如‘上’、‘下’之从‘一’，事之转注也；‘武’之从‘止’从‘戈’，‘信’之从‘人’从‘言’，‘老’之从‘人’从‘毛’从‘匕’，意之转注也；‘江’、‘河’之从‘水’，‘考’之从‘老’省，声之转注也。一部《说文》中，凡曰‘从某’者，莫非‘转注’也。吴门江氏声曰：‘《说文》之五百四十部，皆建类一首也；凡某之属皆从某，是同意相受也。’此真‘转注’之的解也。”③ 廖登廷说：“书中以五百四十字为‘建类’，从‘一’至‘亥’为建首，凡从某之字皆从某为‘同意相授’，如‘木’部以‘木’为建类之首，而凡木属皆依序林列，故谓之‘同意相授’……‘六书’之例，前四类为作字之序，此则网罗诸字，使之分部别居，而下‘假借’

---

① 转引自胡朴安《中国文字学史》第208页。

② 江声：《六书说》。

③ 孔广居：《说文疑疑》卷上《论转注》。

一条，则又用字之变也。”① 郑献甫说：“盖建五百四十部为首，推而衍为九千三百五十三文，此之谓‘注’。又以九千三百五十三文而分而属之五百四十部首，此之谓‘转注’。”② 许宗彦说：“‘转注’者，由一字为数字，由数字为数十百字，从偏旁转相注，亦言体也。”③ 张行孚说：“盖造字之初，苦难孳乳，每类立一首字，而其余同类之字，依首字意展转增之（如因其声增之则为形声字，因其意增之则为会意字），则生生而不穷矣，此‘转注’所以为‘六书’一大纲也。”④ 如果认为“以文生字，字又生字，生生不穷，谓之‘转注’，是‘转注’即寓乎四象只中者也”⑤，那么，“六书”应当改为“二书”，有“象形”与“转注”即可足以范围一切汉字了（充其量加上“指事”而为“三书”）。如果认为“分部别居”即是“转注”，那么，在《说文》未问世之前，便不应有“转注”之事和“转注”之名，否则，“则‘转注’之法不啻豫为许书而设”⑥。近人闻宥唱“六书皆整理之方”说，则以《说文》所收1163个重文看成是“转注字”⑦，把造字问题与整理文字问题混为一谭。凡此，皆以不明造字法则之性质的缘故。

因为“转注”定义中有“同意”二字，而《说文解字》中，间或又有“某与某同意”之类的话，这一现象被清人戚学标、罗汝怀、陈汉章、黄以周等抓住，于是便又有“某与某同意为转注”之说。如陈汉章即认为：“今考许书通例，于形、事、意则云‘象形’、‘指事’、‘会意’，于谐声则云‘从某某声’、‘某亦声’，于假借则云‘古文以为某字’，‘故以为某字’、‘读若’、‘读同’、‘一曰’、‘或曰’，惟‘转注’之例不显。非不显也，人自不察耳。‘官’下云‘从𠂤，与师同意’，‘奔’下云‘与走同意，俱从夭’，明示学者以‘同意转注’之例。是故‘芈’与‘牟’同意，言‘乚’转为‘丨’，而丨乚‘同意相受’也……‘皿’与‘豆’同意，言‘豆’转为‘皿’；‘央’、‘旁’同意，言‘旁’之‘方’转为‘央’之‘大’。凡此，皆异形而同意者也。其有形同意同者，‘工’、‘壬’与‘巫’同意，言三字皆从

① 廖登廷：《六书说》。
② 郑献甫：《六书转注说》。
③ 许宗彦：《鉴止水斋集·转注说》。
④ 张行孚：《说文发疑·转注》。
⑤ 孔广居：《说文疑疑》卷上《论六书次第》。
⑥ 张舜徽：《说文解字约注》卷二十九。
⑦ 见闻宥：《转注理惑论》，《东方杂志》第二十四卷第十号，1927年。

‘𠂹’转；‘高’与‘倉’‘舍’同意，言三字皆从‘口’转……盖造字之初，‘象形’、‘指事’、‘会意’、‘谐声’四体之文，有所从之意互相承受，犹物之转以相受，挹彼注兹，不得但以为‘形’、‘事’、‘意’、‘声’也，于是又有‘转注’一例。‘老’从‘人’‘毛’‘匕’，不得但为会意字，故‘寻’‘叚’‘爾’‘爽’诸文不独‘会意’；‘考’从‘老’省‘丂’声，不得但为谐声字，故‘瀌’‘法’诸文不独‘谐声’，而‘芈’、‘牟’诸文不独‘指事’，‘裘’‘衰’诸文不独‘象形’。”① 黄以周则既以《说文》五百四十部为“建首”，又以“某与某同意”为“同意相受”②。日本学者高田忠周著《转注假借说》，附和其论，而蒋善国也推崇并发挥黄氏之说③。按照这些人的解释，“转注”与“象形”等造字法仍然相混，而“豆”转为“皿”之类，尤属臆说而无关于造字之法者。力钧曾批评说：“以‘某与某同意’诸字为转注，第解‘同意’二字，而於‘建类一首’及‘相受’六字无涉。‘建类一首，同意相受’八字一贯……而读许书者，乃好为异说，何也？”④ 章太炎则加以讥嘲：“或谓‘建类一首’者，头必相同，如‘禽’头与‘兕’头同是也。余谓以此说‘一首’犹可，顾‘同意相受’之义犹未明。且《说文》所载，‘虎’足与‘人’足同，‘燕’尾与‘鱼’尾同，如言‘禽’头与‘兕’头同为‘建类一首’，则此复应言‘建类一尾’或‘建类一足’矣。况‘禽’头与‘兕’头同在《说文》‘象形’中，字本无多，仅为‘象形’之一种。故知此说琐屑，亦无当也。”⑤ 其实，《说文》中的“某与某同意”之类的说解，主要是说明某字与某字之造字构形的旨趣相同，其意义和作用正如沈兼士所指出：“一为字义难明，互证以明之也；一恐训语繁叙，以归简质也。”⑥

因为《说文》中“老”训“考也”，“考”训“老也”，“考”“老”意义相互为训，这一“特征”被戴震、段玉裁等“四体二用”派抓住，于是或以同部互训为“转注”，或以凡互训皆为“转注”，或以

---

① 陈汉章：《缀学堂初稿》卷三《转注释例》。

② 黄以周：《儆季所著书·论〈说文〉》。

③ 高田忠周及蒋善国之说，并见于蒋善国所著《中国文字之原始及其构造》第二编第67～72页，武汉古籍书店，1987年影印本。

④ 力钧：《五百四十部为建类一首，凡某之属皆从某为同意相受说》。

⑤《章太炎先生国学讲演录》第9～10页。

⑥《沈兼士学术论文集》第527页，中华书局，1985。

一切诂训之事皆为转注。对于“互训为转注”之说的错误，凡持不同意见的人都对它进行过批评。如黄以周说：“江、戴、段、王诸家，以为训诂之互注，是‘转注’在造字已成之后，与《汉志》‘转注’‘假借’皆‘造字之本’语违。”① 郑献甫说：“仓颉、史籀、李斯，造字之人也；《尔雅》、《训纂》、《博雅》，释字之书也。两者若相符，两者实不相假。《汉书·艺文志》曰：‘象形、象事、象意、象声、转注、假借，六者造字之本也。’班氏此语在许氏之前，其说久定矣。后人不解‘转注’二字，乃替以‘互训’二字，於造字中拦入释字。夫古人欲造此一字，而先衍异文同义者以附之，则此一字皆赘设也。既造此一字，而必撰异文同义者以释之，则此一字亦赘设也。当不愚且繁若此。”② 许宗彦说：“今之言‘转注’者，不求之于偏旁字体，而求之于训诂字义，释‘转注’为‘互训’，谓如《尔雅》之《释诂》。不知训诂出于后来，若造字时欲造一字，而先有一字以释之，则此字可不造。造字至简，虽必不可阙之字，而其体无从生，则不得已而假借为之，岂有以数十字而当一字之用乎？三代以后，字体递变，古今语异，讹字渐多，施之于文，不可遽晓，于是而有诂训，非制字时所预有也。东汉以前，释古人之书者，曰‘解’，曰‘说’，曰‘传’，曰‘故’，曰‘章句’，曰‘解故’，曰‘说义’，无曰‘注’者。自郑氏始有‘笺’‘注’之名，以后乃多作‘注’，而欲以此当六书之‘转注’，恐非笃论。”③ 曹仁虎说：“六书各有本位，必先有六书，而后训诂随之。是六书者，母也；训诂者，子也。凡六书皆当有训诂，岂独‘转注’一种为然？今乃以后起之训诂，配五书之本位，于义既属未安；况‘考’之训‘老’、‘老’之训‘考’，为许氏之文，故谓之《说文解字》，而六书在周初已有定名，亦未可以汉儒之笺释为造字之本旨也。”④ 章太炎说：“《尔雅》十二字，虽均有‘始’义，然造字之时，‘初’为裁衣之始，‘哉’（即‘才’字）为草木之初，‘始’义虽同，所指各异；‘首’为生人之初，‘基’为筑室之初，虽后世混用，造字时亦各有各义，决不可混用也。若《尔雅》所释，同一训者，皆可谓‘同意相受’，无乃太广泛矣乎？”⑤ 吕思勉说：“戴氏、段氏博求其例

① 黄以周：《六书通故》。

② 郑献甫：《六书转注说》。

③ 许宗彦：《转注说》。

④ 曹仁虎：《转注古义考》。

⑤ 《章太炎先生国学讲演录》第10页。

於凡古书，而王氏精求之於许书，‘转注互训’之说，至此可谓无遗憾矣。然此说有未安者三：班《志》六书‘为造字之本’云云，故为后人所窜，然推原造六书之说者之意，则必以此为造字之六法，乃并列之。谓此数语非班《志》原文则可，谓作此数语者，并失造六书之说者之意则不可也，安得忽杂以用字之法乎？一也。互训之说，以言乎‘同意相受’则得矣，何解於‘建类一首’？许说六书，皆为韵语，诚不能十分确切；谓其四字皆成空话，恐亦不然。若强解为同义即同类，岂六书之说，必以《尔雅》为之注脚邪？二也。《说文》一书，系博采当时字说而成，并非出于一手，六书之说，亦旧说而许氏录之……然则六书之例，安得求之说解？岂当时撰此韵语者，遍见《说文》中之说解而后为之辞邪？三也。故戴、段二氏之说，揆之于理，虽亦可通，然谓古人所谓‘转注’义即如此，则必不然也。”① 以上诸家的批评，虽未必句句中肯，但都有一定道理。就许慎本人而言，他如果以互训为“转注”，则不应有异部而互训者；若不计部居问题，以凡互训皆为“转注”，则“建类一首”无所指，如吕思勉所说，这四个字便成了空话。清人伍崇曜曾说：“‘转注’、‘假借’并为‘指事’、‘象形’、‘形声’、‘会意’之用，而‘转注’所以展转灌注‘指事’、‘象形’、‘形声’、‘会意’四种文字，自《尔雅》而下，一切训诂交输互受，无非‘转注’，而且‘转注’可包‘假借’。”② 既然一切训诂无非“转注”，自然“转注”可包括“假借”；既然“转注”可包括“假借”，便不当又以“假借”与“转注”并立而同为“六书”之一。以训诂为“转注”者还认为：“未转注时，人但知‘老’为衰老之义；既转注，则无不知为寿考之称，而衰老之本义反隐。”③ 若依此说，则是先有训诂之事，然后才有词的多义性，其谬误尤为谫陋。

因为“考”与“老”既属“同部”，又为“叠韵”，又相互为训，这些“特征”被清人曹仁虎及今人马叙伦、蒋维崧、梁东汉等所注意，于是又有部首相同、声音相近、意义相同或相近三条件俱备方为“转注”之说。如曹仁虎提出：“既曰‘建类一首’，则必其字部之相同，而字部异者非转注也；既曰‘同意相受’，则必其字义之相合，而字义殊者非转注也；《说文》於‘转注’特举‘考’ ‘老’以起例，而

① 吕思勉：《文字学四种》第188～189页。

② 伍崇曜为洪亮吉《六书转注录》所作之《跋》。

③ 徐绍桢：《六书辨》。

‘考’字从‘丂’得声，则必其字音相近，而字音别者非转注也。”①马叙伦则说：“‘转注’之意，是谓从此运输达彼，故就名而观，即含有以此字之形、声、义运输至彼字之意矣。例如以‘老’字之形运至‘考’字之中，故‘考’仍从‘老’为形；‘老’字之义亦运至‘考’字之中，故‘考’无别义而与‘老’同意；声则似非即‘老’矣，然‘考’、‘老’之收声皆在幽类，则‘考’字亦由‘老’字运至其音也。然则‘建类一首，同意相受’八字之中，具三条件：‘建类’一也，‘一首’二也，‘同意’三也。‘建类’者，形之部分也；‘一首’者，声之部分也；‘同意’者，义之部分也。”② 蒋维崧则说：“‘考’的形旁是‘老’字的省略，‘考’‘老’是同义词，这两个字又有‘叠韵’的关系。从两个字的关系看来，所谓转注字大概是这样一种情况：先有某一个字，这个字所标志的词在后代或别的方言上有些不同，于是就在原有那个字的基础上产生出另一个字。因为这个新字是以原来那个字的字形为基础的，所以形体上互相有关；因为原来两个字共同标志着一个词，只是读音有差别，所以一般在读音上有双声、叠韵的关系；因为原来是同一个词，所以词义相同。”③ 梁东汉也说：“所谓‘建类一首’，是指的同一个部首，声音又相近，‘同意相受’是指的意义相同可以互相注释。”④ 由以上各家的解释可以看出，“三条件俱备”说等于是在“同部互训”说的基础上加上一个“声音相近”的条件，或者是在章太炎之“转注”说的基础上加一个“部首相同”的条件。清人张度曾指出：“如‘转注’必欲执‘一首’之形、‘建类’之谊、谐声之声，三者全而意相受，而后谓之‘转注’，《说文》一书无几字矣。”⑤ 任学良批评马叙伦的解释：“其缺点是混淆了‘形声’、‘转注’的区别，而且失之过宽，照这种见解来看，‘江’、‘河’也应该是‘转注字’，因为二者部首相同（都是‘水’部），‘工’，‘可’声音又相近（声母为g、k），字义也基本相同。可是，这样一来，‘形声’和‘转注’就没有什么区别了。”⑥ 马叙伦自己也承认：“转注字的本身，实在无一个不是形声字，所以要想在象形、指事、会意、形声以外，再去找一个转注字的

---

① 曹仁虎：《转注古义考》。

② 马叙伦《说文解字六书书证》卷二十九。

③ 蒋维崧：《汉字浅说》第59页，山东人民出版社，1959。

④ 梁东汉《汉字的结构及其流变》第151页，上海教育出版社，1959。

⑤ 张度：《说文解字索隐》。

⑥ 任学良《说文解字引论》第40页，福建人民出版社，1985。

构造方法，是无从找起的。”① 而“转注”造字法，在构形原理上并没有对“声音”条件提出任何要求，所以梁东汉后来即修正了自己的意见，而回到了“同部互训”之说。

总之，如果不能正确理解造字法则客观存在的性质，不考察汉字产生、发展的事实和历史过程，一味局限和纠缠于“考”、“老”两个例字，那么，“转注”造字之法的真谛便永远不能被认识。

三、结构类型的困扰

千百年来，对于“转注”问题之所以争论不休而莫衷一是，许多人之所以囿于“考”、“老”两个例字而孜孜以求，竞逞臆说，有些人之所以能看到“后增偏旁另造专字”的客观事实，却不能认识到这正是“转注”规律和法则的造字体现，其中缘由，似乎在于人们深深地受着一种困扰，一种来自于汉字形体的结构类型的困扰。这种困扰对于“六书”研究者来说是如此之深刻，如此之难以解脱，以至在对“转注”问题的臆说纷呈的种种解释中，我们几乎都可以察觉到它游荡不定的阴影。

戴震认为：“大致造字之始，无所凭依，宇宙间事与形两大端而已：指其事之实曰‘指事’，象其形之大体曰‘象形’。文字既立，而字有可通之意，是又文字之两大端也：因而博衍之，取乎声谐曰‘谐声’，声不谐而会合其意曰‘会意’。”这种议论，充分说明戴氏对“指事”、“象形”、“会意”、“形声”是四种客观存在的造字规律和法则是颇有认识的。然而，他认为“六书”中与汉字形体结构的创制直接有关的也就是这四书，把“转注”看成同“假借”一样，认为都是无关于字体的构形，只是“字之用”的问题。在戴氏看来，一种造字之法，便体现为一种“字之体”；一种“字之体”，便只能是一种造字之法的体现。所以他坚信，“‘考’、‘老’二字属‘谐声’、‘会意’者，字之体；引之言‘转注’者，字之用”，“《说文》‘老’，从‘人’‘毛’‘匕’，言须发变白也’，‘考，从老省，丂声’，其解字体，一‘会意’，一‘谐声’，甚明”；倘有人能指出，“祖考之‘考’，古铭识通用‘丂’，於‘丂’之本训转其义，而加‘老’省注明之。又如犬走貌为‘猋’，《尔雅》‘扶摇谓之猋’，於‘猋’之本训转其义，‘飚’则偏旁加

---

① 《马叙伦学术论文集》第86页，科学出版社，1958。

‘风’注明之”，凡此即为“六书”之“转注”，对于这种本来合乎“转注”造字实情的认识，戴氏却不以为然。因为，在他看来，这样看问题便是“区分‘谐声’一类为‘转注’”，是“一类分为二类”，是“强求”区分，无法“尽证之使自为类”，否则“必多穿凿”，“失六书本法，歧惑学者”。[①] 由此我们可以看到，简单地把“字之体”等同于造字之法，这种方法论上的严重失误，在戴震这样的大学者身上是何等根深蒂固。

段玉裁则干脆不再谈造字问题，只谈字的结构问题，乃明确宣称：“有‘指事’、‘象形’、‘形声’、‘会意’，而字形尽于此矣。”在段氏看来，“六书者，文字、声音、义理之总汇也”，把“六书”理解为传统小学之总归，根本抹煞了它作为“造字之本”的精神实质。认为“指事”、“象形”、“会意”、“形声”只是四种“字形”问题，而“转注”与“假借”似乎都不能体现为“字形”，自然与造字问题更无关系。像戴、段这样考虑问题，凭直觉思维的方式是很容易理解和接受的，所以，无怪乎人们要认为：“转注虽属六书之一，但非造字之本，而是用字的方法，如举‘老’‘考’为例，‘老’为象形，‘考’为形声，粲然易晓，而转注又应如何理解，故历史上有多种意见”[②]，“把转注说成是造字法，这也有含混的地方。因为，说转注能造出新字的理论，在分析字形时，还得用前四书（指事、象形、形声、会意）来解释；离开这四书对字形就无法说明”[③]。诸如此类的议论，显然都是深受结构类型观念之困扰的反映。

清人万光泰说：“六书四为体，二为用，体不可离乎用，用不可离乎体。昔之论‘转注’者，俱欲於‘事’、‘形’、‘声’、‘意’外别立一体，故其说多谬。”[④] 我们认为，企图在汉字的结构类型上为“转注”别立一体，以求得树立“转注”在“造字之本”中的应有地位，这当然是谬误的。因为，这种研究方法，同样是把“字之体”与造字之法等同看待，同样是深受着结构类型的困扰。然而，以“四体”替代四种造字之法，把一种“字之体”即看成是一种造字之法的产物，甚或进而否定所有造字之法的客观存在，这种形而上学式的方法论上的错

---

① 戴震：《答江慎修先生论小学书》。

② 高明：《中国文字学导论》第63页，文物出版社，1987。

③ 陈世辉、汤余惠：《古文字学概要》第53页，吉林大学出版社，1998。

④ 见姜忠奎《六书述义》卷十一引。

误，产生在别人身上，像万光泰这样持“四体二用”说者能够敏锐地看到，并予以中肯的批评，然而他们本人却缺乏自知之明。其实，无论是主张“四体二用”说，还是企图在“指事”、“象形”、“会意”、“形声”这四种“字之体”以外别立一体，其错误的根源都在于脱离汉字创制的实际历史过程，不懂得从创制汉字的语言社会之背景上，从创制汉字的原理和手段上，来考察和研究不同造字法则的性质和特征。我们可以肯定地说，只要囿于结构类型，不管是坚持“四体”还是企图在四体外别立一体，其对“转注”的解释必然都是谬误的。宋张有认为：“转注者，展转其声，注释他字之用也，如‘其’、‘无’、‘少’、‘长’之类”，“假借者，因其声借其义；转注者，转其声注其义。”① 清人曹仁虎论其说云：“盖以一字而异声别义者为‘转注’，同声别义者为‘假借’，始与汉唐诸儒异。其所举‘其’、‘无’、‘少’、‘长’等字，盖因《说文》有‘箕’字而无‘其’字，以‘其’簸扬未定，故借为其然之词；又《说文》‘无’字本上声，即《尚书》‘庶艸繇庑’之‘庑’，若有无之‘无’，属平声者，下从‘亡’字，自李斯书碑讳‘亡’，故借丰义之‘无’为有无之‘无’；至‘少’字为‘多’之对，本上声，借为去声老少之‘少’；‘长’字为短之对，本平声，借为上声长幼之‘长’。其实即六书中‘假借’之义，非‘转注’之本旨也。”② 明赵古则发挥张有之说，曰：“‘转注’者，展转其声而注释为它字之用者也。有因其意义而转者，有但转其声而无意义者，有再转为三声用者，有三转为四声用者，至于八九转者亦有之。其转之之法，则与造‘谐声’相类：有转同声者，有转旁声者，有转正音者，有转旁音者，有唯取其音而转者。‘转注’之别有五：曰因义转注者。如‘恶’本善恶之‘恶’，以有恶也，则可恶（去声），故转为憎恶之‘恶’……曰无义转注者。如‘荷’乃莲荷之‘荷’，而转为负荷（上声）之‘荷’……曰因转而转者。如‘长’本长短字，长则物莫先焉，故转为长幼之‘长’（上声）；长则有余，故又转为长物之‘长’（去声）。……此三者谓之托生。又有二用：曰双音并义，不为转注者，如朋（‘凤’同）皇之‘朋’，即鹍朋之‘朋’（平），文皆象其飞形。……又有兼用曰假借而转注者，如‘来’乃来牟之‘来’，既借为往来

① 转引自曹仁虎《转注古义考》。张有著《复古编》上下卷，今所见《复古编》无“六书”论述。或云，赵凡夫《六书汉义》载谦中（张有字）论“六书”甚详。

② 曹仁虎：《转注古义考》。

之‘来’，而又转为劳来（去）之‘来’也。又有旁音、叶音者，不在转注例也。”①曹仁虎评论说：“赵古则从张有转声之说，复多为之条目，未尝不极其强辩；然所言终属假借之义，非转注之本旨。”②但赵氏不自知其失，反而认为许慎“以同意相受‘考’‘老’字为‘转注’”是“遂失‘转注’之本旨”，治学而难以得真理者如此。张、赵之外，复有宋人毛晃，明人杨慎、陆深、王应电、朱谋㙔、张位、吴元满、焦竑、甘雨、方以智、清人顾炎武、潘耒、邵长蘅等，都持相类似之见。曹仁虎说：“盖转声之说，起於宋时，其意谓‘假借’不足，而后转声以演义，故以居六书之末。既紊六书之部位，而又与‘转注’之本义不合，未可从也。”③戴震说：“谓转声为‘转注’者，起於最后，於古无稽，特肖楚诸人之臆见也。”④其实，“转声”派大概正是觉得要在“四体”外为“转注”别立一体之不可能，所以才在文字的读音问题上来大作文章。

清人江永、朱骏声、周耜等，则以一字数义而有引申关系者为“转注”，无引申关系者为“假借”。如江永认为：“本义外，展转引申为他义，或变音，或不变音，皆为‘转注’；其无义而但借其音，或相似之音，则为‘假借’。”⑤朱骏声认为：“‘转注’者，体不改造，引意相受，‘令’‘长’是也；‘假借’者，本无其意，依声托字，‘朋’‘来’是也。凡一意之贯注，因其可通而通之为‘转注’；一声之近似，非其所有而有之为‘假借’。就本字本训而因以展转引申为他训者曰‘转注’，无展转引申而别有本字本训可指名者曰‘假借’。依形作字，睹其体而申其意者，‘转注’也；连缀其文，读其音而知其意者，‘假借’也。‘假借’不易声而役异形之字，可以悟古人之音语；‘转注’不易字而有无形之字，可以省后世之俗书。‘假借’数字供一字之用，而必有本字；‘转注’一字具数字之用，而不烦造字。”⑥江、朱之“转注”，其实正是“六书”中的“假借”，而他们所说的“假借”，则是古书中的用字通假问题。所以黄式三批评他们：“不知‘假借’之法，始于古人字少之时，本无其字而借之，许氏所言‘依声托事’，实得初借之原。其或‘假借’在先，制字在后，则经典之‘假借’，后多有本字，

---

① 赵古则：《六书本义·转注论》。

②③ 曹仁虎：《转注古义考》。

④ 戴震：《六书论序》。

⑤ 见戴震《答江慎修先生论小学书》。

⑥ 朱骏声：《说文通训定声·转注》。

而以‘假借’本‘六书’之一法，是以经典不必改从后人别制之字。今朱氏分‘假借’一类而两之，既以‘假借’必别有本字，凡本字之难知者，必牵强附会求一本字以实之；其本字之不能附会者，牵强引申而为‘转注’。不特紊‘转注’之例，亦紊‘假借’之例也。”① 朱氏也提出：“天地间有形而后有声，有形、声而后有意与事，四者，文字之体也；意之所通而‘转注’起焉，声之所比而‘假借’生焉，二者，文字之用也。”② 他认为汉人的“转注”定义和例字都错了：“但如许说，则形者‘转注’，声者‘谐声’，形声之字，皆即‘转注’之字，假如一部‘丕’字，为‘转注’乎？为‘形声’乎？抑两属无定称乎？余谓造书时，先有‘象形’，后有‘指事’，谓之‘文’。复取‘象形’、‘指事’、合而成书，谓之‘字’。而犹不足於用也，乃又取‘象形’、‘指事’、‘会意’三书之声以配形，错综参伍，互相为用，亦成一书，造字之法备矣，蔑以加矣。而所以用此四书者，更有‘转注’以通意之穷，‘假借’以究声之变，而文字之用乃绰然而有余，故合之为六。‘转’者，转移迁徙之谓；‘注’者，挹彼注兹之谓。许君当曰：“转注者，体不改造，引意相受，令长是也。’”③ 可见，朱氏的“转注”说只不过是“四体二用”派中的一支“异军”，它同样未能摆脱结构类型之困扰，同样未能避免以“字之体”取代“造字之法”的谬论。凡此之类，皆因不明造字之法的性质，不知研究“六书”当由何者入手的缘故。更甚者，乃以汉字所反映的“骈语连文”或复合词等现象为“六书”中的“转注”，完全混淆了文字学研究对象与语言学研究对象之间的基本界限，④ 尤足见出结构类型观念给“六书”研究者所带来的困扰是何等严重，何等深远。

必须强调，我们并不反对对汉字的结构进行共时态的分类归纳式的研究。但是我们认为，不应当把对汉字的形体结构进行静止的、平面式的分类研究，同对汉字造字之法的研究完全混同起来，尤其不应当以结构类型说取代作为造字之本研究的“六书”说。虽然这二者有着十分密切的关系，但研究对象的性质和研究的目的、方法都毕竟有所不同。

---

① 黄式三：《对朱氏转注问》。

② 朱骏声：《说文通训定声·自叙》。

③ 朱骏声：《说文通训定声·六书爻列》。

④ 见廖平《六书旧义》，许笃《转注浅说》（《东方杂志》第22卷第22号，1925年），蒋善国《中国文字之原始及其构造》第二编第72～80页，及《汉字学》第112页（上海教育出版社，1987），杨文杰《“转注”试探》（《喀什师范学院学报》，1983年第1期）。

我们也并不反对把汉字的形态结构划分为指事字、象形字、会意字和形声字四种基本类型，但是我们不能赞成这样一种形而上学的观点：因为汉字的形体结构是这四种，便认为有关汉字构形结体的法则也就是这相应的四种。我们尤其不能认为，结构类型上的“形声字”，便只是“六书”中“以事为名，取譬相成”这一“形声”造字法所造出。事实上，“形声字”的产生有着多种来源，并不是只有“形声”造字法所造出的才是“形声字”；而且，创制出“形声字”的主要法则也不是“形声”，而正是“转注”。我们今天研究《说文》，研究“六书”理论，虽然都知道对前人的学说不应全盘肯定或否定，但在许多具体问题上，却似乎仍然未能避免这两种极端偏向。认为“形声字”便一定都是“形声”法所造出，这难道不正是认为传统“六书”说已足以范围一切汉字了吗？

把众多的汉字平铺在自己的面前，静止地按照字体的结构类型的框架来进行挑拣归类，这是一种很踏实的工作，宋代的郑樵便比较早地这样做了。他的分类很庞杂，似乎觉得“指事”、“象形”、“会意”和“形声”这四大结构类型的框架还不足以框下许多字，便转而大力求助于一种“兼类”说。于是，在四大结构类型的基础上，便出现了“形兼声”、“形兼意”、“事兼声”、“事兼形”、“事兼意”、“声兼意”等名目。① 唐兰说：“用这个方法，除去转注、假借外，每一类还可以兼其余三类，如象形：兼事，兼意，兼声；指事：兼形，兼意，兼声；会意：兼形，兼事，兼声；谐声：兼形，兼事，兼意。不过形兼事和事兼形之类，似乎是一样的，所以郑氏没有这样分。”② 不过，郑樵在“指事”中分出了“事兼形”，虽然没有在“象形”中再分出“形兼事”，但到了清代，张度等人却正是这样分了。张度分出的结构类型便有了十七类，即“指事”、“指事兼象形”、“象形兼指事”、“指事兼形声”、“形声兼指事”、“指事兼会意”、“会意兼指事”，“象形”，“象形兼声”、“象形兼会意”、“象形兼声兼意”；“形声”，“形声兼意”、“形声兼声”；“会意”，“会意兼形”、“会意兼意”等。③ 如此之类，两兼不够，还有了“象形兼声兼意”三兼式的分法；此一书与彼一书相兼不够，还有了“形声兼声”、“会意兼意”之类的自兼自的分法。朱骏声

---

① 郑樵：《六书略》（《通志》卷三十一、卷三十二）。

② 唐兰：《中国文字学》第74页。

③ 见张度《说文解字索隐》。

则分了十一类："指事"，"象形兼指事"、"会意兼指事"、"形声兼指事"；"象形"，"形声兼象形"、"会意兼象形"、"会意形声兼象形"；"会意"，"形声兼会意"；"形声"等。[①] 其"会意形声兼象形"与张度的"象形兼声兼意"的分法显然是类似的。不止于此，在王筠所分的类别中，"指事"分出了八类"变例"，"象形"分出了十类"变例"，"会意"分出了十二类"变例"，在"形声"中还有"形声会意二者之变例"（即"亦声"）和"形声之变例兼有会意之变例"（即"省声"）。[②] 其中不仅有"象形兼意兼声"的分法，甚至还出现了"指事而兼形意与声"者，也就是说，同一个字，既是"指事"，又是"象形"，又是"会意"，又是"形声"，这样，连"字之体"的基本界限也不复存在了。而章太炎、黄侃等人，则从另一种角度，在"象形"等四种结构类型的基础上，分出了"合体象形"、"合体指事"、"省体"、"变体"、"同体重复"、"声具形残"、"杂体"、"半体"，[③] 等等。后来，胡朴安则将郑樵、张度等人的分法与章、黄等人的分法结合起来，又分出了更多的名目：把"象形"分为"象形正例"和"象形变例"，"象形变例"又分为"一字象两形者"、"减文象形者"、"合体象形者"、"形兼意者"、"形兼意之异者"、"形兼意别加一形者"、"形兼意与声者"、"似无形仍象形者"等；"指事"分为"指事正例"和"指事变例"，"指事变例"又分为"以会意定指事者"、"以会意为指事者"、"指事兼声者"、"增体指事者"、"借形为指事者"、"借形为指事而兼意者"等；"会意"分为"会意正例"和"会意变例"，"会意变例"又分为"意兼形者"、"意兼事者"、"意外加一形者"、"从其文之形稍变以会意者"、"增文会意者"、"省文会意者"、"反文会意者"、"倒文会意者"，还有一类为"变例中之变者"等；"形声"也分为"形声正例"和"形声变例"，"形声变例"又分为"声兼义者"、"所取之声其字省者"[④]，等等。胡氏可说是结构类型研究之集大成者，工作固然是愈做愈细，分类则是越来越繁芜。正如沈兼士所批评的："自来释六书之例，大都作法自扰：或曰'独'，或曰'合'，或曰'纯'，或曰'变'，或曰'某兼某'。其分别愈多，

---

① 见《说文通训定声·六书爻列》。

② 见《说文释例》卷一、卷二、卷三、卷四。

③ 见章太炎《小学略说》（《章太炎先生国学讲演录》）、黄侃《说文略说》（《黄侃论学杂著》，上海古籍出版社，1980年）等。

④ 见胡朴安《六书浅说》。

而淆乱亦愈甚。”①可惜，沈氏自己对“文字学之革新研究”的设想，以为“凡文字，皆系应用一个或一个以上之元则组合而成。例如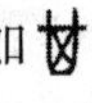，为应用象形一元则所成者；凶，为应用象形指事二元则所成者；匘，为应用象形指事会意三元则所成者；余可类推”②，仍然未能摆脱“兼类”观念的困扰。若依了如此之类的研究，“六书”作为造字法则的主旨与精神实质便完全被淹没了，在结构类型中并不能独立成为一体的“转注”之类，其“六书”地位也就更加难以确认了。

由于结构类型观念的重重困扰，不止是“转注”作为造字之法的实际地位不能得到确认，就连“指事”、“象形”、“会意”、“形声”这四书作为造字之法的固有地位也被否认了。戴震、段玉裁等人主张“四体二用”之分，虽然片面地依据汉字的结构类型来认识“六书”，但还没有直接否认“指事”、“象形”等四书作为“造字之本”的真实性质。可是到了后来，人们竟认为“六书”仅仅是先民们在识字教学过程中所归纳和应用的“六条条例”，与造字问题并无关系。甚至还有人“对《艺文志》中‘造字之本’一句提出怀疑，而断定此句必是‘建字之本’的讹误”，“《说文》序中的六条条例是分别解释六种不同字形是怎样‘建字’的，所以这六条条例应当理解为‘六书建字条例’。每条条例都有两句话，前一句是说怎样分析字形，后一句是说怎样分析字义”③。这样，“六书”的作用便只是“认字”，哪里还是什么造字之法？

王伯熙说：“六书条例，并非初民草创汉字时自觉掌握的‘制字之法’，而是后人根据业已造出的汉字形体（兼赅音义），总结出来的小篆及小篆以前古汉字的形体结构类型（即构形法）”，“六书的前四书讲的是单个汉字的形体结构类型，这点是没有异议的；那么，后二书‘转注’、‘假借’是否也是指的字体结构类型呢？不是的。因为方块汉字的字体结构类型被归纳为象形、指事、会意、形声四书之后，又经近人章太炎、黄季刚等先生提出的合体象形、合体指事、省体、变体、同体重复、声俱形残、杂体、半字等准初文说的补充，就几乎被包括无遗了。字体结构类型中已没有转注、假借的插足之地”，“就字体结构类

①② 《沈兼士学术论文集》第2页、第2~3页，中华书局，1986。

③ 见戚桂宴《什么是六书》（《山西大学学报》1982年第4期）。该文还认为，《说文叙》所说造字只有两种方法：一是“依类象形”，所造出的是象形文字；一是“形声相益”，所造出的是注音文字。这类理解显然没有读懂《说文叙》，大失许说之本旨。

型而言，转注、假借字的形体结构都归属前四书。”① 认为“六书”中的前四书“讲的是单个汉字的形体结构类型”，所以“形声字”便等于“六书”中的“形声”，对于王氏的这一基本观点，我们是不赞同的。就字体结构类型而言，假借字的形体结构都归属前四书，这是完全对的；但“转注”造字的结果，其形体结构全部是形声字，并非“归属前四书”。当然，我们与王氏意见的分歧主要还不是在这里。我们认为“六书”皆为造字之法，而王氏认为“六书”不是“制字之法”，这才是意见分歧的根本所在。而且，我们认为“转注”尤为汉字孳乳之大法，它直接关系到汉字的构形结体，这与王氏所说“转注”是一种“构制新字的构形法”，无论在性质还是内容上也都不同。

如果认真寻绎，我们觉得王伯熙的理论同样是深受着结构类型观念的困扰。因为，王氏一方面否定“六书”是“制字之法”，另一方面却又肯定“六书”是“构形法”，似乎便有些自相矛盾。到底“构形法”与“制字之法”有何不同？二者之间有什么实质性的差异？王氏自己未曾作出明确的、进一步的解释，人们实在难以领会和区分。难道“制字之法”不主要就是体现为“构形”？难道“构形”不正是“制字”？要为语词创制文字，如何为文字“构形”，这即是“制字”。“制字”首先必定是体现为“构形”，“构形法”必定即是“制字之法”。我们认为，“六书”皆为造字之法，其中“指事”、“象形”、“会意”、“形声”和“转注”这五书既是“制字之法”，也是“构形法”；只有“假借”一书，虽可称之为“制字之法”，却不是“构形法”，因为它不能构制出一个新的文字形体来。但是，“假借”虽无关于“构形”，却能成其为一种“制字之法”，它正是建立在已有的“指事”、“象形”、“会意”等“制字之法”的可贵基础上而存在的。离开“指事”、“象形”等“制字之法”的“构形”基础，“假借”之法也无从产生。而且，王氏一方面说“六书”不是“制字之法”，只是分析汉字的“形体结构类型”的方法；另一方面却又说：“为汉语词汇衍生或分化出的新词用转换字形或注入构件造新字的方法叫‘转注’”，“这种构制新字的构形法，就称转注造字法。”这样一来，那就意味着“构形法”即是“造字法”了。只是，在王氏看来，“六书”中只有“转注”这种“构形法”才是“造字法”，其他如“指事”、“象形”、“会意”和“形声”都不是“造字法”。这样认识和解释“六书”，显然有着很大的自相矛盾性

① 王伯熙：《六书第三耦研究》，《中国社会科学》1981 年第 4 期。

和混乱性。

还必须强调的是，王伯熙虽然也说“转注”是一种“用转换字形或注入构件造新字”的“造字法”，单就这名称的解释来看，似乎与我们所论述的“转注”造字是一回事，其实大不然。首先，王氏是在否定“指事”、“象形”等“六书”是造字之法的前提下来论述“转注”的，我们则认为“六书”均为造字之法，而“转注”尤为创制汉字之大法；其次，王氏所论述的“转注”，与“指事”、“象形”、“会意”、“形声”四书是混淆的，纠葛不清的。例如，照王氏的举例，“之”与“止”字是“共一语言形式，而字则造为二字，为字义相反的转注字”；“五”与“午”是“二者共一语言形式，而字则各造形体，为不同词类的转注字”；“圭”与“闺”字是“字义间取象相同的转注字”。那么，“止”、“午”这样的字究竟是“转注”造字法所造出，还是“象形”造字法所造出？“之”、“五”这样的字究竟是“转注”造字法所造出，还是“指事”造字法所造出？“圭”这样的字究竟是“转注”造字法所造出，还是“会意”造字法所造出？“闺”这样的字既是“转注”造字法所造出，“形声”与“转注”的界域又何在？当然，在王氏看来，“指事”、“象形”、“会意”、“形声”都不是“造字法”，只有“转注”才是“造字法”，“止”、“午”、“之”、“五”、“圭”、“闺”等都是“转注”这唯一的一种“造字法”所造出。依此类推，所有的汉字可以说全都是“转注”法所造出，这样的话，“转注”于“构形”漫无涯涘，这样的“造字法”，无论说是“造字”也好，是“构形”也好，显然在事实上还是无“法”可言。再者，关于“转注”造字的具体内涵，比如何谓“建类”，何谓“一首”，何谓“同意相受”，我们与王氏都有着根本不同的理解。王氏的“类”、“首”观念，其实来自于章太炎的“声类”、“语基”说。这些原则性的差异，读者当能分辨得出。后来，戚桂宴提出“六书”是认字的六种“建字条例”，与王氏的“六书”观实质是相同的。

所以，我们一再强调，要正确认识“六书”，尤其是要正确认识“六书”中的“转注”，必须摆脱结构类型观念的困扰，应当把我们研究问题的基本着眼点由静止的字体结构转移到造字标词的实际历史背景中，去深入考察、分析和归纳汉字的创制过程、构形原理和方法。只有这样，我们的“六书”研究才能揭示汉字创制的实情，“转注”造字之法才能还其历史本来面目。

四、《说文》中的迷雾

应当客观地承认，千百年来对“六书”的研究之所以愈来愈陷入到“指事”、“象形”、“会意”、“形声”四种结构类型的氛围之中，这除了有研究者们自身的研究方法上的原因之外，也与许慎书中所笼罩的迷雾不无关系。因为，许慎在《说文·叙》中论述“六书”问题时，为“转注”所举的两个例字是“考”与“老”，为“会意”所举的两个例字是“武”与“信”，为“形声”所举的两个例字是“江”与“河”，如果单就这几个例字的结构而言，很显然，“老”与“武”、“信”属于同一结构类型①，而“考”又与“江”、“河”属于同一结构类型，“转注”的例字在结构类型上便失去了独自的特点。同样，许慎为“假借”所举的两个例字是“令”和“长”，它们也与“武”“信”属于同一结构类型②，“假借”的例字也没有独立而具体的结构类型之地位。而结构类型与造字法则之间的这种对应关系的非一致性，许慎又未加以任何说明。更为重要的是，在整个一部《说文解字》之中，许慎对 9353 个主要汉字的说解，都一一进行了形体结构的分析，其中或言“指事”，或言“从某、某”、“从某、从某”，或言“象形”，“象某之形”，或言“从某、某声”、“从某、从某、某亦声”等。而这些说解形体结构的术语，归纳起来恰恰也是反映了“指事”、“象形”、“会意”、“形声”四种基本类型，“除序文所举考、老二字之外，整部《说文》再无一字用‘转注’解说，所以‘转注’的身份实属可疑”③。诚如马叙伦所言：“夫六书之中，岂有‘转注’独为难解，而劳古今学者纷纷创论？必不然矣，良由许於‘象形’、‘指事’、‘会意’、‘形声’四类文字，皆於当字之下各有书法以为识别，故学者易於寻求；若‘转注’之字，仅见於本文所记‘考’、‘老’二字而已，而学者又於本文所举‘转注’条件不加密察。”④这样，或是认为“六书”造字只是“指事”、“象形”等四书的问题，或是认为整个一部《说文》皆为“转注”，这两种片面看法的产生并得到逐渐强化便是自然的、不足为

---

①② 这里就许慎所依据的小篆形体而言。其实，在甲骨文中，“老”、“长”这一类字是“比形象事”式的字，与“武”、“信”这种“合字会意”式的字在构形原理上并不相同。

③ 陈炜湛、唐钰明：《古文字学纲要》第 26 页，中山大学出版社，1998。

④ 马叙伦：《说文解字六书疏证》卷二十九。

怪的了。

在许慎之前，关于“六书”问题，虽有《周礼》的记载，虽有班固、郑众等人的言及，却都是语焉不详。只有到了许慎，才开始对“六书”进行系统论述，并以之为指导思想而写出了《说文解字》这一部巨著。许慎的功绩是巨大的、是不可磨灭的。但是，我们可以说许慎是伟人，却不能说他是圣人。我们不能如此认为，尤其不应这样指望：客观存在于汉字产生、发展历史过程中有关造字标词的规律、法则，一经有了许慎的“六书”说，便得到了全面而正确的反映或揭示。理论反映客观事实，其全面性和正确性是需要逐步补充、修正和完善的。我们认为，许慎的“六书”说并非完美无缺、百分之百的正确，他对有关造字的客观规律、法则的认识和描述，未必已是尽善尽美、绝无疑虑。其他且不说，“考”字既由“转注”而生，它与“江”、“河”二字在构形原理、方式手段及其过程上又有什么不同？就其未能加以必要的辨析这一点而言，也不可否认是其瑕疵。许慎未睹甲文，金文材料也所见极少，所以像“烘托显物”、“借形寓意”、“加注音符”等构形模式，实事求是地说来，在“六书”说中是未得到直接体现的，而“指事”造字之法的定义，也未能从造字的角度来立言。再如，作为一种客观存在的造字法则，由它制约或支配下所产生的文字便不会是一两个，而应当有一个系列。可是，人们发现，在《说文》五百四十部居中，被许慎明确指出为“指事”的还只是“上”、“下”二字，仍未超出《说文·叙》所列举例字之外。这种著书立说之不够显明周密，以至于有人怀疑许慎是否真正懂得“六书”，而王筠则不得不出来为之辩白，并替许慎做善后工作，不惜把《说文》中所有他认为是“指事字”的字都一一加以标明①。当然，我们也不能因此而认为，许慎的“六书”研究便一无是处。应当承认和肯定，许慎的“六书”说基本上反映了汉字的造字规律和法则，总体是正确的。后人研究汉字，企图彻底否定、完全抛开传统“六书”理论是不现实的，也是不可能的。

---

① 《说文释例》卷一云：“《说文叙》解释六书，乃全部之条例也。然考之说解，言‘象形’矣；云‘从某从某’，即是言‘会意’矣；云‘从某某声’，即是言‘形声’矣；而‘指事’惟于‘上’、‘下’二字言之，仍不出《叙》所言之外。……若夫‘转注’、‘假借’，则全书未尝言及。遂有谓许君明于‘象形’、‘谐声’，昧于其余者。噫，是未潜心之故，岂可以訾许君哉？……余于其他，偶举为例，惟‘指事’必尽出之。段茂堂、严铁桥皆知‘指事’而不尽言，盖将待我开山也。故逐字区其族类，以告来世。”

五、症结在于误解“形声”

“转注”造字法之所以长期未能得到正确的统一认识，症结还在于对“形声”造字法和“形声字”的片面认识。

长期以来，“形声”造字法被认为是“六书”中最能产的造字法，大量的原本是在“建类一首，同意相受”的规律、法则支配下所造出的字，都被人们看成是“形声”造字法所造出。换言之，由于方法论上的片面性，在结构类型上的“形声字”与造字法则上的“形声”法之间被简单地画上了一个等号。在人们看来，似乎凡是“形声字”，便一定都是“形声”法所造出。由于方法论上的这一严重偏执，人们对于“转注”的争论，总是停留在“转注”本身上，未尝放开眼界，对“形声字”的产生进行具体考察和分析，反省反省对“形声”造字法的认识和解释究竟是否符合汉字产生、发展的实际情况。这样，症结没有找到，所以“转注”的真相始终难明。

许慎说：“形声者，以事为名，取譬相成，‘江’、‘河’是也。”段玉裁解释说：“‘事’兼‘指事’之事、‘象形’之物，言物亦事也。‘名’即‘古曰名，今曰字’之‘名’。‘譬’者，谕也；谕者，告也。‘以事为名’，谓半义也；‘取譬相成’谓半声也。‘江’、‘河’之字，以‘水’为名，譬其声如‘工’、‘可’，因取‘工’、‘可’成其名。”① 可以说，对于“形声”定义的理解，对于“形声”造字法的认识，段氏这一番话是具有普遍代表性的。人们对“转注”的认识不管有多少不同，但像段氏这样来理解“形声”的性质和特点，则似乎从未有过什么异议。其实，只要认真寻绎，我们将发现，段玉裁的解释并不符合“以事为名，取譬相成”的本意，而许慎所举的“江”、“河”两个例字，也不完全符合“形声”造字的原理。明确而言，“江”、“河”这样的“形声字”，并不完全是“形声”造字法的产物，而是“形声”与“转注”相结合所造成。

问题正在于，未能把握“形声”之实质的根源恰恰正是在许慎本人身上。过去讨论“六书”，人们往往专就许慎所举例字为言，实在不是探本之谈。关于“六书”，从刘歆到郑众、许慎，三家说法既有师承相本的渊源关系，也有详略差异和发展变化。如果我们从许慎的“六

① 《说文解字注》卷十五上。

书”说出发来探讨“六书”问题，其“六书”之名称和定义应当比其所举例字更受到注重才是。因为，“六书”之名目渊源有自，其定义具有高度概括性，也不大可能是许慎独自一人空前所构想。古代的知识主要是师授口传，在许慎之前，“六书”知识事实上早已在人们中传播，正如江声所说：“炎汉以前，代有诵人，皆知其谊，故叔重耐（能）道其详，而先郑、后郑亦同其说。学者研求其谊，而反以三隅，则字无不可知者矣。”① 既然如此，远的且不说，从刘歆到郑兴、郑众，从刘歆到贾徽、贾逵、许慎，其间传授“六书”知识不可能只是仅有“象形”、“象事”之类的名目而无任何解释说明。所以，我们认为，许慎为“六书”每一名称所下的界说，必非出自他个人空前的构想，定当有着一定的师承性。但为每一书所标举的例字则不然，因为例字只有两个，其为个人所选择而立的可能性就要大得多了。更何况，每一书下所举例字毕竟只是两个，我们又怎么可以完全据此而立论？当然，例字的标举不可能轻率从事，它是与对定义的理解相一致的。许慎给每一书所标举的两个例字，绝大多数是具有相当程度的典型性的，我们不应忽视。只是，我们不应该把我们所研究问题的着眼点首先便局限在个别例字上。因为谁也不能肯定，许慎对渊源有自的“六书”的理解都完全的、绝对的准确。如果他对“六书”中的某一书的理解不无偏差，那么，在他个人理解的基础上所标举出来的例字，便难免与“六书”实质有所扞格。

此外，我们还应当看到，许慎对“六书”问题的直接论述是在他为《说文解字》所写的《叙》中，而《说文解字》与《叙》的关系虽然相当密切，但二者的性质毕竟有所不同。《叙》主要是许慎的文字观、“六书”观的理论阐述，而《说文解字》则主要是许慎对每一个汉字形、音、义关系的具体研究。《说文解字》虽然是以“六书”理论为指导思想而写成，但作者的本意似乎并不只是想要将它写成一部反映汉字“六书”体系的专著。许慎著书的直接目的是要为经学服务，是为了针砭“诸生竞说字解经谊”之时弊。所以，《说文解字》的内容与《叙》中的内容必然不可能丝丝相扣，完全一致。《叙》中论述了六种造字之法，但在《说文解字》的说解中则是将汉字大致区分为四大结构类型，结构类型与造字之法事实上并不是简单的一对一的对应关系，尤其是在形声字与“形声”造字法之间更为如此。许慎或许是想将造

① 江声：《六书说》。

字法问题与结构类型问题尽可能地统一起来。但因著述的直接宗旨并不是为了明确而系统地阐发“六书”系统，所以在许多重要的理论问题上未曾作出进一步的说明。许慎在《叙》中对“转注”与“假借”的论述是那样重视，如果其本意在于演绎汉字的“六书”体系，那么，在《说文解字》每一部居之下对各个汉字的说解便不可能不对“转注”造字和“假借”造字作出明晰的条理性的阐发。同样，对“指事”造字也不可能只是看到和标举出的仅仅是“上”、“下”两个字。

实事求是、一分为二地看待许慎的“六书”理论，合理地利用《说文解字》的内容，排除结构类型的困扰，拨开说解条例中的迷雾，把“六书”置于汉字产生、发展的实际历史过程中去认识和考察，便可找到“转注”不明的难解症结。许慎继承了师传的“六书”理论，归纳概括了“六书”定义，但对“形声”造字的最初真谛似乎并没有完全把握，所以“江”、“河”两个例字不能纯粹反映“形声”造字的实情。在许慎身上存在这一失误不足为怪，这正如殷焕先所指出的：“‘六书’之说，不必尽‘甲骨文字体系’之妙；许慎之说，不必得‘六书’说之真；段氏之注，也不必副许氏学之意。这一切，治文字学的同志们都是知道的。”①

① 殷焕先：《汉字三论》第28页，齐鲁书社，1981。

第四章 “形声”不是最能产的造字法

一、“形声”正名

要了解“形声”造字究竟是怎么回事，不应当首先便执著于许慎所列举的“江”、“河”两个例字，而应当从“形声”之名及其定义上求其正解。

“形声”这一名称并不是一种并列结构，而是动宾结构，即“形其声”之谓。所以，刘歆和班固称之为“象声”，郑众称之谓“谐声”，文法是相同的。“六书”中“指事”、“象形”、“会意”和“形声”，名称的文法都是动宾式，只有“转注”和“假借”不是。“转注”是移附之谓，属动补结构。“假借”是二字同义，虽是并列结构，却是动词性的。如果把“形声”也理解为并列结构，“形”与“声”都是名词，那“形声”便意味着“形与声”，这便无法理解何以又叫“象声”和“谐声”。

“形声”是一个动宾结构式的“六书”之名。“形”用作动词，指揭之于字形；“声”为名词，指需要造字的语词之声音。所谓“形声”，即是“形语词之声”。它有两个具体的构形要求，一是要求把语词的声音直接体现在字形上。二是要求把语词声音所指谓的意义内容也直接体现在字形上。“形”即指这两方面的体现。如果不涉及语词的声音，像“指事”、“象形”、“会意”这三种造字法那样，只是把语词的意义内容体现在字形上，自然不是“形其声”；如果不涉及语词的意义内容，像“假借”造字法那样，或者像后世的注音字母、拼音文字那样，只是把语词的声音体现于字形，也不能算作“形其声”。我们祖先思维模式的特质是重形感，重直观，造字构形的着眼点主要是在语词的意义内容上，单纯地体现语词的声音，决不是汉民族祖先心目中所要求得的“形”。所以，“形声”之“形”，必然是指求得语词声音连同其所指谓的意义内容都在文字构造上直观地体现出来，“形声”原本叫“象声”的原因也在这里。但另一方面，“象形”、“指事”、“会意”这三种造字法在构形要求上都没有涉及语词的声音，“假借”虽属“依声托事”，也只是就假借字本身的读音而言，并未触及构形中的表音要求，同样，“转注”造字法的旨趣也不在构形表音问题；“形声”造字却不然，它不仅要求把语词的意义内容直接在文字的构形中体现出来，而且有意识地，或者说自觉地要求把语词的声音也要在文字的构形中直接地体现出来。这是“形声”造字法在构形原则上的一个重要特点，而“形声”这一名称着一“声”字，便正是刻意强调了这种特点。“形声”又叫“谐声”，“谐”是和的意思，配的意思，“谐声”其实也就是“以声配义”之谓。要特别强调构形中的配“声”，道理也就在这里。

“形声”的定义是“以事为名，取譬相成”，“以事为名”即是就体现语词的意义内容而言，“取譬相成”则是就体现语词的声音而言，定义正是对“形声”这一名称的具体说明。

“以事为名”的“事”指什么？段玉裁认为“事”赅事与物二类，大体是不错的，只是略嫌太泛。许慎在《说文解字叙》中论述“六书”问题时，一共三次提到了“事”字：一次是“指事”之“事”，一次是“依声托事”之“事”，再一次就是“以事为名”之“事”。许慎用这三个“事”字，内涵意义是完全一样的。这三个“事”字并不是简单地泛指客观世界中的一切事物，而是特指需要为之造字的那个语词所指称的事物。就古人的思维特质而言，语词所指称的事物与语词的意义内容往往是合而为一的，所以，这些“事”字，其实也就是指语词的意义内容。所谓“指事”，就是用“视而可识，察而见意”的标识性符号来指示出所要为之造字的那个语词所指谓的“事”即该语词的意义内容。所谓“依声托事”，“依”者，据也，凭也，就是凭着假借字的字音来寄托所要为之造字的那个语词所指谓的“事”即该语词的意义内容。而“以事为名”之“事”，也同样是这种用法，同样是指需要为之造字的那个语词所指谓的“事”即该语词的意义内容。

现在关键在于“以事为名”的这个“名”字到底该怎么讲？段玉裁认为这个“名”就是“字”的意思，对此，大家从无异议。训诂学有一条重要原则，对于某一字词意义的解释，不仅要有故训的依据，而且更重要的是，这一解释落实到具体语言中，必须文义安妥恳切，无浮泛牵强之弊方可，这就是高邮王氏父子治训诂每言“揆之文义”、“寻文究理”的精神。训“名”为“字”虽有故训可依，但是，揆之文义，颇为不安。因为，说“以事为名”就是“以事为字”，翻译成今天的语言，便只能是“按照语词的意义内容来造字”的意思。这样的话，“以事为名”便是一种十分笼统的提法，完全不能成其为一种造字的法则。因为“六书”之中，除了“假借”以外，不管是哪一种造字之法，都是按照语词的意义内容、按照语词所指谓的事物来造字。把“以事为名”解释为“按照语词的意义内容来造字”，给“形声”造字法这样下定义，那就说了等于没说。当然，还没有看到有谁直接用“按照语词的意义内容来造字”这一类意思来翻译“以事为名”这句话的，因为这样解释，空泛不切之弊实在太明显了。可是，不这样解释，把“名”训为“字”，凿实到文句中去，“以事为名”又到底该怎样讲呢？段玉裁只说“‘以事为名’谓半义也”，回避了实质问题。后人从段氏之说，把“以事为名”解释为给形声字造意符（或说“形符”）问题。这都是人们的泛泛之解，是无法紧扣“以事为名”这四个字来讲清楚的，换言之，是无法用直译的原则把这句话翻译出来的，除非求助于训诂大师们所常讥评的“增字解经”的方式。

把“名”解释为“古曰名，今曰字”之“名”，并不是“形声”定义中真正的含义。今案“以事为名”之“名”，即本于“名实”之“名”，其义本是常训，无烦别作曲解。

“名”的功用在于指识事物内容，所以，《左传》说：“名以制义。”《庄子》说：“名者，实之宾也。”《尹文子》说：“形以定名，名以定事，事以验名。”《墨子》说：“以名举实。”《邓析子》说：“循名责实。”而《荀子·正名》篇对于“名”的存在价值阐述得更透彻：“王者之制名，名定而实辨。……异类，形心交喻；异物，名实互纽。贵贱不明，同异不别，如是，则志必有不喻之患，而事必有困废之祸。故知者为之分别，制名以指实，上以明贵贱，下以辨同异。贵贱明，同异别，如是，则志无不喻之患，事无困废之祸，此所以为有名也。”“名”的功用在于明其事实，别其同异，其语源之义正来自于“明”，所以《释名·释言语》云：“名，明也，名实使分明也。”“名”之言“明”，“名”、“明”古字亦通。《墨子·兼爱下》：“此胡自生？此自爱人利人生与？即必曰非然也，必曰从恶人贼人生，分名乎天下。”按，“分名乎天下”，言“分明乎天下”也。后世有“铭”字，即是由“名”分化而产生的“转注字”。《释名·释言语》云：“铭，名也，记名其功也。”《礼记·祭统》云：“夫鼎有铭。铭者，自名也，自名以称扬其先祖之美，而明著之后世者也。”古代死者灵柩之徽帜也叫做“铭”，《周礼·春官·小祝》：“设熬置铭。”郑玄注：“‘铭’，今书或作‘名’。郑司农云：‘铭，书死者名于旌，今谓之柩。’……《檀弓》曰：‘铭，明旌也，以死者为不可别，故以其旗识之。'”可见，凡“名”、“铭”之为言，皆取其指识事实，明别异同之义。“形声”定义“以事为名”之“名”，实未出此意义之范围。

所谓“以事为名”，即是依其意义内容而为名号标帜，使人能够看到这一名号标帜，马上便可以直接知晓新造出的这个字所指谓的意义。荀子所说的“名闻而实喻，名之用也”，正可用来作为“以事为名”造字旨趣的最好注脚。《庄子·天下》说：“古之所谓道术者，果恶乎在？……以法为分，以名为表，以参为验，以稽为决，其数一二三四是也。”所谓“以名为表”，即是以名表其实。“形声”造字法在造字构形上要求“以事为名”，大概也就是古人“以名为表”这一思想的反映吧？

“形声”定义中的下一句是“取譬相成”，意思比较清楚。“譬”谓譬况，指文字的读音与语词的声音相譬况。所谓“取譬”，即是指从已有的文字中，选取一个可以把需要为之造字的那个语词的声音譬况出来的字。所谓“相成”，即是指把“取譬”之字与“以事为名”之字两相结合起来，以构成一个新的文字。

例如，语言中有这么一个语词，叫做｛chuán｝（我们姑且这样表示，这绝不是为古代的语词拟音），它还没有文字来代表。现在，我们要为｛chuán｝这个语词设法造出一个文字来，怎么造？在“形声”造字法的思维模式的制约下，造字者想到，｛chuán｝这个语词所指谓的内容就是舟，于是，便把已有的那个“舟”字拿过来，让它作为需要造字的｛chuán｝这个语词的名号标识。这就是“以事为名”，具体到这一造字过程来说，也就是“以‘舟’为名”。造字者又想到，｛chuán｝这个语词的声音与已有的“台”字相同（或相近），便把这个“台”字拿过来，让它作为需要造字的｛chuán｝这个语词的譬况之声①。然后，把“台”字与“舟”字组合起来，这就是“取譬相成”，具体到这一造字过程来说，也就是“取‘台’相成”。这样，就造出了一个代表｛chuán｝这个语词的新字“船”。这种造字之法，便是“形声”；像“船”这样的字，才真正是纯粹的“形声”造字法所造出。

“形声”造字法所造出的字，与其“以事为名”之“名”必然是一对同义词，而且是真正的同义词，不是近义词。例如，在“船”字的形体中，“舟”这一构件是它的名号标识，“闻名而知实”，作为文字，

---

① 《说文》以“船”为“‘铅’省声”，不可从。

我们只要一见到“船”字上的“舟”这个标识，马上便能知晓“船”的意义内容，因为“船”与“舟”是一对同义词。唐兰等人把这一类造字情况看成是“转注”，认为“转注”是为语言中的同义词造字，实于“转注”、“形声”两者皆失。因为，第一，“转注”造字是“建类一首，同意相受”，“类”谓事类，“首”谓类首，即事类的标举字，也就是现在所常说的“意符”。既言“类”，“类”的范畴是宽泛的，有所统属的，而“船”之与“舟”，决不是类属之分；既有类属之别，所以不是同义，而只是“同意”，而“船”与“舟”却分明是同义关系。第二，“转注”造字离不开“转注原体字”，而“转注体原字”是固有的，在造字步骤中是不需要寻觅求取的，所以“转注”造字法无关于“取譬”的问题。而“船”之与“舟”，不是“转注字”与“转注原体字”的关系问题，“船”字未造出之前，并非“㕣”字即是 {chuán} 这个语词的“假借字”。“转注”造字不强调甚至根本不提“取譬相成”的问题，而“取譬相成”却分明是“形声”造字的一个重要的、不可或缺的步骤和手段。这二者之间的差异不容忽视。第三，更重要的是，若把“转注”看成是仅仅为同义词造字，那大量的“后增偏旁另造专字”的现象便无法在“六书”中找到答案。而“后增偏旁另造专字”只是加注意符问题，不存在“取譬相成”的问题，所以并不能纳之于“形声”造字范畴。这一点，后面我们还将有所辨析。

二、“形声”与“转注”的畛域

“形声”造字法是“以事为名，取譬相成”，无论是造字构形的原则性质，还是造字构形的手段过程，都有它明确地不同于“转注”造字的特点。“形声”与“转注”这两种造字之法是有着不容混淆的畛域界限的。

“转注”造字要求“建类一首”，其构形要素“类首”只是“转注字”所指谓的意义内容的一个非常宽泛（有时甚至是十分笼统）的事类范畴之标志。所以，“类首”对“转注字”的意义内容仅仅只是起着一种提示或暗示的作用。例如，“箕”是一个“转注字”，是由转注原体字“其”移附授注于类首“竹”而造成。“箕”字的类首“竹”，其作用只是在于提示“箕”字所指谓的意义内容是一种以竹篾为原材料而制成的器物。“箕”之与“竹”，只是事类的相关，并不是词义的相同，不能认为“箕”的所指便是“竹”。

"形声"造字时要求"以事为名","名"足以指"实","名闻而实喻,名之用也","正名而期,质请而喻"①,"名生于真,非其真弗以为名,名者,圣人之所以真物也"。② 这种构形原则,显然不同于"转注"的"建类一首"。"形声"法所造出的字,按照"以事为名"的原则要求所产生的那一形体要素,我们不妨称之为"名符"。"名符"是"形声字"意义内容的直接标举,是字义的"铭旌"。换言之,"名闻而实喻",一睹"名符",我们即可知晓该"形声字"的意义。例如"船"字,其形体结构上的"舟"这一要素便是"名符",它是"船"字意义内容的直接标举,"船"的意义内容就是"舟"(口语色彩的不同是另外一回事);又如,"薨"也是一个"形声字",其形体结构上的"死"这一要素便是"名符",它是"薨"字意义内容的直接标举,"薨"的意义内容就是"死"(对象范围的不同也另当别论)。

前面谈到,"以事为名"之"名"即是意义内容的"名号标识",其实,这还只是今天的一种笼统之言。严格地说,"名"与"号"在古代还是有区别的。董仲舒的《春秋繁露·深察名号》篇即详细辨析了"名"与"号"的异同,他说:"'名'众于'号','号'其大全;'名'也者,名其别离分散也。'号',凡而略;'名',详而目。目者,偏辨其事也;凡者,独举其大也。"这一段话说得相当精辟,论述"名"与"号"的异同关系,接触到了词义中的逻辑概念问题。什么是"名"?什么是"号"?用今天的逻辑术语来说,"号"就是类概念,是大名,其外延范围较宽泛,内涵较抽象,所以说它是"凡而略",是"独举其大";"名"则是属概念,是专称,外延范围较狭窄,内涵较具体,所以说它是"详而目",是"偏辨其事"。"名"是"名其别离分散",是同类事物中的不同专称;"号"是"号其大全",是同类事物的共同大名。所以,"号"可赅"名","名"众于"号"。唯其如此,"名"不是随随便便提出来的,它必须能够准确地反映客观事物的实情;如果不能"质情而喻",不能准确地反映客观实情,就不能算作"名"。所以董仲舒又说:"'名'生于真,非其真弗以为'名'。'名'者,圣人之所以真物也,'名'之为言'真'也","名物如其真,不失

---

① 《荀子·正名》。关于"质请而喻",王念孙说:"质,本也;请,读为情。情,实也。言本其实而晓喻之也。上文云'名闻而实喻',是其证也。正名而期,质情而喻,情即是实,实与名正相对也。"(《读书杂志·荀子第七》)

② 《春秋繁露·深察名号》。

秋毫之末。”在董生看来，“名”的本质性标准便是“真”，甚至要求真到“不失秋毫之末”。这种思想，与孔子“名不正则言不顺”的观点显然是一致的。由此可见，古人所大谈特谈的“名”，是要求具有准确如实的含义，是要求能真实地反映事物，“名”也者，所以真物也。这一点，与“六书”中的“形声”造字法“以事为名”之“名”的要求是完全一致的。“以事为名”，即是要求在字形上把语词的意义内容直接而真实地标举出来。所以，如果要把“形声”造字法“以事为名”之“名”比傅于董仲舒所论述的“名”的话，那么，“转注”造字法“建类一首”之“首”，就完全可以比傅于董仲舒所论述的“号”。“形声字”形体结构中的“名符”，就是“偏辨其事”的意义内容之“名”；“转注字”形体结构中的“类首”，就是“独举其大”的意义内容之“号”。“类首”是“号”，“凡而略”，所以兼赅博众；“名符”是“名”，“详而目”，所以指谓专独。这种比傅，绝不是语言文字上的一种巧合，它完全表明，“六书”规律与法则是客观存在的，前人对于“六书”规律、法则的认识和总结也是客观存在于历史观念上的一种反映。

这里有一个问题必须指出，我们说“形声字”的意义内容即直接而真实地体现在它的结构要素“名符”上，这完全是从词义本身而言，并不是简单地依据一些训诂现象来确定的。《说文解字》中有大量的以大名、类名释小名、属名的现象，用来训释的字正好是被训释字形体结构中标志事类范畴的构形要素，这就并不是我们所论述的“形声字”的名符问题。例如，“璙，玉也”、“瑮，玉也”、“菀，艸也”、“芸，艸也”、“鷗，鸟也”、“莺，鸟也”、“榛，木也”、“柞，木也”、“罕，网也”、“罟，网也”、“淈，水也”、“沋，水也”、“鲧，鱼也”、“鰈，鱼也”等，这些字或是“转注字”，或是“转注”与“形声”两种造字法合流之后所造出的字（详后），并不是纯粹严格意义上的“形声字”。这些字形体结构中的“玉”、“艸”、“鸟”、“木”、“网”、“水”、“鱼”等，都不是“名符”，而是“类首”即意符。纯粹严格意义上的“形声字”，其结构要素“名符”如果独立成字，那么，它所代表的语词，与该“形声字”所代表的语词便是一对同义词，而“类首”（意符）与“转注字”之间便不存在这种同义性。正因为如此，“形声字”形体结构中的“名符”一般都具有不可更易性，而“转注字”形体结构中的“类首”则往往具有较灵活的变通性，如“底”或作“砥”，“壻”或作“婿”，“茵”或作“鞇”，“粗”或作“相”等。此外，即使如“考，老也；老，考也”、“拳，手也；手，拳也”这一类互训现象，其“考”字、“拳”字也不是以“老”、以“手”为名符的问题，仍然是类首问题。“拳”之与“手”并不是同义词，这无须多作辩白；“考”之与“老”也只是“同意”，并不是“同义”。“祖考”、“考妣”不能说“祖老”、“老妣”，“年老”、“长老”也不能说“年考”、“长考”。至于彝器铭文中的“考寿”、《诗》中的“寿考”，前人多训“考”为“老”，也只是浑言而已。其实，“考寿”或“寿考”之“考”，都是“延”或“长”之义。所谓“不讳（违）考寿”，即是永享延年之意；所谓“文王寿考”，即是文王长寿之意。故《方言》卷十二：“考，引也。”钱绎《笺疏》云：“《释诂》：‘引，长也。’《大雅·召旻》篇‘职兄斯引’，毛传同。案，‘引’之言‘延’也。前卷一云：‘延，长也。’凡施於年者谓之‘延’，《玉篇》云：‘考，寿考，延年也。’义并相通也。”所以，“考”之“从‘老’省”，属“建类一首”问题，为“转注”，不是“形声”，不是“以事为名”问题。

“形声”造字既要求“以事为名”，还要求“取譬相成”。“取譬相成”是“形声”造字的重要构形内容，也是“形声”造字区别于“转注”造字的一个重要构形步骤或手段。“形声字”中由“取譬相成”这一手段而产生的那一结构要素，如“船”字中的“㕣”，我们姑且称之为“音譬”。“形声字”中的“音譬”，与“转注字”中的“转注原体字”要素，如“考”字中的“丂”，虽然二者都具有表音功能，但它们的构形来源及旨趣却截然不同。“音譬”是“形声”造字过程中有意识地、有目的地“取”来的，所谓“取”，自然有着寻求、选择的过程，所以它与“形声字”的形体结构并无什么固有的历史承继关系。这就是说，“音譬”并不是“形声字”的初文或本字，例如“㕣”是“船”的“音譬”，在“船”字被造出之前，并不存在假借“㕣”字来代表“船”之意义的历史现象。如果能证明先有“㕣”字之假借，后才有“船”字之产生，那说明我们举“船”为“形声”造字之例并不恰当，但也不能因此而否定“形声”造字法的客观存在。除非所有的像“船”这样的“形声字”都曾先经历过“假借”阶段，那我们所论证的“形声”造字法才真正是子虚乌有。而“转注原体”则是“转注”造字过程中由“转注原体字”自然地遗存下来的，它不需要“取”，不存在寻求、选择的过程，所以它与“转注字”的形体结构具有一种固有的历史承继关系。“音譬”的表音作用是“形声”造字的一条不可或缺的构形旨趣，所以“形声字”中的“音譬”无不具有表音的功能；而“转注原体”的表音作用并不是“转注”造字的构形旨趣，所以“转注字”中的“转注原体”，就不一定都具有表音性质（如“骨”、“胃”二字中的上半部。“骨”字甲文本作“”，像相撑持之骨骼形；“胃字”甲文本作“”，像中有食物之胃形）。唯其如此，所以“形声”造字法明确地提出有“取譬相成”的构形手段和要求，而“转注”造字法则无半言只字提及字音问题。以往，人们把大量的由“后增偏旁”而造出的“转注字”都看成是“形声”法所造出，既不深究这些字的类首到底是不是“以事为名”的性质，也不考察它们的“转注原体”到底是不是通过“取譬相成”的手段而产生的。且不说“建类一首”与“以事为名”这两种造字原则在构形旨趣上究竟有多大的不同，那些“后增偏旁”所造出的“专字”，单就其产生过程中根本不存在“取譬相成”这一构形步骤来说，不就足以否定它们是来自于“形声”之法吗?

把“后增偏旁另造专字”看成是“形声”造字的人，或许会这样进行辩解：“形声”是一种最能产的造字法，“后增偏旁”所造出的“专字”，主要就是按照“以事为名，取譬相成”的构形原理，以原有的“初文”或“本字”作为音符，再配上一个意符而构成的。换言之，加注意符是“形声”造字的一种变例，在这种造字过程中，原有的“初文”或“本字”被造字者当作“取譬相成”的音符使用了。这样看问题，显然忽略了对一个非常重要的、也是最基本的历史事实的考察：在汉字创制的实际过程中，究竟是先有“以事为名，取譬相成”的造字之法的存在，后才有“加注意符”之构形的仿效，还是先有“加注意符”构形之法的产生，后才有“以事为名，取譬相成”的“形声”之法的出现？如果“加注意符”的方式来自于“形声”造字之法，那么，汉字的历史便应当显示：在大量“后增偏旁”而形成的“专字”产生之前，便已有了所谓“半主义，半主声”的形声字。也就是说，先民们是先已懂得直接为语言中的词来创制“半主义，半主声”式的形声字，其后才在此基础上产生出“加注意符”的构形方式的。然而，汉字产生、发展的历史事实显然并非如此。李孝定曾经对他的《甲骨文字集释》所收甲骨文字进行“六书分析”，结果发现：“在所有一二九个假借字里，除了一两个可疑、或者可以另作解释的例外，所借用的字，都是象形、指事或会意字，绝没一个形声字。”① 在李氏所统计的

---

① 李孝定：《汉字史话》第39页，台北市联经出版事业公司，1977。

甲骨文材料里，“本无其字，依声托事”的“假借”竟然“绝没有一个形声字”，这一重要现象说明了什么呢？李氏对此解释说：“假借字的本字，只有象形、指事、会意，而绝无一个是形声，这证明假借字之应用，本是在形声造字之法未被发明以前，从表形、表意的文字过渡到表音文字，青黄不接的阶段里，所采取的变通办法，它本身是纯粹的表音文字。它是因为想表达的语义事涉抽象，一时难以造出本字，才从权的借一个音同或音近的已有文字来做代用品，其借用的唯一条件是音同，但汉语是孤立的单音节语，同音异义的很多，在代用的初期还未达到约定俗成的时候，一定感到很不方便；后来人们发现何不在借字的旁边，加上一个与假借义事类相近之字作意符以为区别，于是便产生了最早的形声字，在甲骨文中有许多原来是用假借字的，到后来都有了形声本字，便可证明。因之笔者认为形声造字办法，是受了假借字的启示，才被发明出来的。”①李氏在这里所说的“形声造字之法”，即是“在借字的旁边，加上一个与假借义事类相近之字作意符以为区别”，读者不难看出，这正是我们所业已论证了的“转注”造字之法。这样造出来的字，便是“最早的形声字”，可见在“加注意符”之法产生之前，并不存在有另外的什么“形声”造字之法。李氏认为“形声造字的办法，是受了假借字的启示，才被发明出来的”，与我们所得出的“转注”是为节制和补救“假借”而产生的结论也是完全一致的。只是，因为李氏把“转注字”限定在“因时地的不同，对同一字所产生的读音上的少许差别”而另造新字的范围内，所以认为“在甲骨文里没有发现任何两个字可以被解释为转注字的例子”②，以至于把真正的“转注”造字之法说成是“形声造字的办法”，这则是与我们认识和理解上的一种分歧。

甲骨文、金文中的大量事实和汉字孳乳繁衍的一般规律清楚地告诉我们，“以事为名，取譬相成”的“形声”之法绝不是产生在“建类一首，同意相受”的“转注”之法以前，人们不是从“以事为名，取譬相成”的“形声”造字之法中受到启发才形成“加注意符”即“转注”这一构形模式的，所以，我们不能把“后增偏旁另造专字”看成是“形声”造字之法，也不能把它看成是对“形声”造字的一种模仿或变通。

总括而言，“形声”造字与“转注”造字是两种旨趣完全不同的造

---

①② 李孝定：《汉字史话》第39~40页、第40页。

字，它们之间有着不容淆混的畛域界限：

第一，“形声”造字要求，在需要为之造字的那些语词原则上尚无文字来代表的情况下，必须提供两大构形要素，即“名符”和“音譬”；而“转注”造字则要求，在需要为之造字的那些语词或语词的某一意义原则上已有文字来代表的情况下，只提供一个构形要素即“类首”就可以了，它的另一构形要素即“转注原体字”是现成的，已有的，无须寻求、觅取和选择。换言之，“形声”完全是一种创造新字的方法，而“转注”实质上只是一种改造旧字的方法。

第二，“形声”造字要求“以事为名”，要求把需要为之造字的语词之意义直接而真实地揭橥字形；“转注”造字要求“建类一首”，只要求把需要为之造字的语词之意义间接而宽泛地提示于字形。所以，在形义关系上，“转注字”的意义内容并不等同于它的“类首”，而“形声字”的意义内容却是等同于它的“名符”。

第三，“形声”造字要求“取譬相成”，其“音譬”这一形体要素是造字时自觉地产生的，“音譬”的表音作用是必不可少的；“转注”造字在原则上并无这种要求，“转注原体”这一形体要素的表音功能只是“转注原体字”固有读音的自然遗存，有些“转注原体”的表音性能在文字发展过程中则消失了。

在“六书”研究中，“转注”造字长期被误解的根源主要在于脱离汉字创制的实际过程，不懂得从创制汉字的历史背景上，从创制汉字的原理和手段上来考察和研究不同造字之法的性质和特征。可以肯定地说，只要囿于结构类型，不管是提倡“四体二用”还是企图在四体之外为“转注”别立一体，其对“转注”的解释都必然是谬误的，是不能完全符合汉字产生、发展的历史实际情况的。戴震、段玉裁等人不懂得，“转注”与“形声”之分，若求之于造字过程、原理和手段方式，其间自有较然不容淆混的畛域；倘若仅求之于汉字的形体结构，自然是“一类分为二类甚难”。戴氏是乾嘉时代的训诂大师，理应知道训诂之精神原则在于凿实文句，不宜泛谈失据。“形声”造字的原理和过程既然是“以事为名，取譬相成”，则如“考”“颸”之类由“后人始增偏旁”所造出的“专字”，何尝有过“取譬相成”的构形旨趣和步骤？既然已经看到“古字多假借，后人始增偏旁”的客观事实，只要求之于造字过程、造字原理和手段，又如何不能“证之使自为类”？虽然如王安石《字说》“以意解加之谐声字”，“程子、朱子论‘中心为忠，如心为恕'犹失六书本法，歧惑学者"①，我们又岂能因此而否认"转注"造字之法的客观存在？

有不少学者对于"转注"造字的客观事实已有所认识，并且也敢于承认"转注"是一种造字之法，但就是苦于"形声"与"转注"在结构类型上的"纠缠不清"，所以终究还是彷徨歧途。于是，在通常所认为的形声字中，便有人企图从音符是否有义这个问题上来寻求"转注"与"形声"的区别。例如清人姜忠奎说："'考'字从'老'省，'丂'声，'丂'亦意，'丂'者老人气欲舒出而上碍于一也。受'丂'意者有'殇'，有'考'：'殇'者物之老也，'考'者人之老也。'丂'为'建类一首'，'殇'与'考'则'同意相受'也。'老'字从'人''毛''匕'，'匕'亦声，'匕'者变也。受'匕'意者有'化'，有'老'；'化'者教之变，'老'者毛之变也，为'建类一首'，'化'与'老'则'同意相受'也。他如'壮'者大也，艸大则注之以'艸'而为'莊'，犬大则注之以'犬'而为'奘'，駔大则注之以'大'而为'奘'。又若'劦'，同力也，心同则注之以'心'而为'恊'，思同则注之以'思'而为'勰'，众同则注之以'十'而为'協'。'壮'也，'劦'也，皆'建类一首'也；而'莊'、'奘'、'恊'、'勰'等字，则'同意相受'也。虽然，'建首'者，'转注'之母，而其字不必为'转注'。迨音义旁衍，形体别成，然后'转注'之体立。其结构有似乎'会意'，而'会意'之'意'无声，'转注'则兼声也；有似乎'形声'，而'形声'之'声'无意，'转注'则兼意也。"② 姜氏以"莊"、"奘"、"恊"、"勰"等字为"转注"所造固然不错，但分"形声"之"声"无意（义），"转注"之"声"兼意（义）则误。他把"转注原体字"当成"建类一首"，而于真正的"类首"问题反倒视而不见，就更是迷茫失据了。

戴君仁曾指出："考之金文中用字，如以'生'为'姓'，以'昜'为'揚'，以'䜌'为'孌'，以'乎'为'评'，以'成'为'盛'，以'责'为'债'，以'内'为'纳'，以'古'为'故'，'转注'之字，多与其所从之声母同意，而金文每即用其母。是因古时字少，一字多兼数用，后乃按其事类，分造专字以规定其意义而免混淆。其制法虽同乎'形声'，其意义则另有授受。则'转注'一书，为

① 戴震：《答江慎修先生论小学书》。
② 姜忠奎：《六书述义》卷十一。

文字孳生之大法，断不可屈为‘形声’之附庸也。”[①]能看到“‘转注’一书为文字孳生之大法”，并且强调“转注”之法“在六书中本为大国，自不得不为另辟一域”，“断不可屈为‘形声’之附庸”，这些识断无疑是难能可贵的。但是，“转注”与“形声”的界域究竟何在呢？可惜戴氏亦未能从造字过程和造字原则上来寻找答案，也只是求助于音符是否有义，所以他说：“‘形声’、‘转注’，均半声符字也。其声不取义者为‘形声’，如‘江’、‘河’之属……‘转注’之字，则义相引申，其取声也，义亦随之。”[②]姜亮夫也持类似的看法，认为：“转注字是合二三个形而得一个新字。其二三形中，以一形为主，既用其义（与语族共通义），尤重其音，然后以差别义类之偏旁注入而得新的分别专字，是语言结合中的语义差别之运用”，“以一形为主，既用其义，又用其音，而别加偏旁者为‘转注’。粗枝大叶的也可以说，‘转注’实即‘形声’之声中有义者。”[③]若按照这种标准，那么，由“胃”加注“言”而有“谓”，“谓”从“胃”声无义，便当是“形声”；由“石”加注“示”而有“祏”，“祏”从“石”声兼义，便当是“转注”。或由同一初文，如由“内”加注“木”而有“枘”（榫头），便是“转注”；由“内”加注“糸”而有“纳”（丝湿貌），便是“形声”。这种区分，又如何能够体现为不同的造字手段呢？先民们造字，若要作出这种区分，势必首先判别词义引申与用字假借的界限。若不能判别词义引申与用字假借，便无从区分音符是否有义。无从区分音符是否有义，便难以成其为两种不同的造字之法。更何况，先民们“转注”造字时，既以“加注意符”为“规定其意义而免混淆”之旨趣，又何须复求之于音符的有义与否？很显然，形声字音符是否有义，这只是后人研究汉字形音义关系所能提出的一个问题，并非先民们造字构形的旨趣和所须掌握的一个原则。

而且，所谓形声字音符是否有义的问题，即使由今天研究汉字的角度而言，也不能作出一个绝对的区分。林尹说：“形声字的声符除了表声之外，更有表义的功用”，“不过形声字所从的声符，也有部分是无义可说的。这又可分为二种情形：一种是‘以声命名’‘状声’的字和‘外来语’，都是真正无义可说的。一种是造字的时候，声符用假借字，在字根（即形声字所从之声符）上虽然无义可说，在语根（语言的发

---

①② 戴君仁：《中国文字构造论》。

③ 姜亮夫：《古文字学》第130、140页，浙江人民出版社，1984。

音根源）上却有义可寻。这一种并不是真正无义可说的。”① 其实，既然是从“语根”上来谈论问题，“以声命名”或“状声”之字也还是“有义可寻”的，真正无义可寻的只是“外来语”。唐兰曾经谈到：“我们有理由说，每一个形声字的声符，原来总是有意义的。有人认为专名像‘江’、‘河’之类的声符，就没有意义，其实工声如杠之直，可声如柯之曲，古人命名时不会没有意义的。……形声字的声符所代表的是语言，每一个语言不论是拟声的，述意的，抒情的，在当时总是有意义的。不过有些语言，因年代久远，意义已茫昧，所以，有些形声字的声符也不好解释了。”② 唐氏的这一段论述，基本精神我们是很赞同的。戴君仁也曾说到：“其声不取义者为‘形声’，如‘江’、‘河’之属，虽其命名之因，容或有意，然与‘工’、‘可’之义无涉，取其为声，比况口语而已。”③ 既然“命名之因，容或有意”，那么，所谓音符之有义与否，只是就音符作为一个独立之字的本义来说的了。就是说，一个具有音符的字，如果它的意义与其音符作为一个独立文字的本义有直接联系或引申关系的话，它就是“转注字”，否则便是“形声字”。至于意符问题，“转注”与“形声”自然便不存在什么差别了。按照这种理论，我们认为，“转注”与“形声”只能是一回事。因为，音符的有无意义，不可能在造字的先民们的观念中作出明确的区分；即使有所区分，意符“半主义”音符“半主声”，造字构形的手段、旨趣基本上还是相同的，便不能成其为两种构形造字之法。你造出的某个字，其音符似乎与该字有意义上的联系，便是“转注”造字；我造出的某个字，其音符与该字似乎没有什么意义上的联系，便是“形声”造字。但你我所造的字，在构形的原则上是相同的，都是以意符与音符组合，都是“半主义，半主声”。这种论述，难道能符合“六书”原理的本旨吗？难道不同的造字之法，不应当在构形的原则、手段或过程上各有自己具体而明确的特点吗？

其实，在通常所说的形声字中，人们谈论其音符的有义还是无义，忽略了对语词的命名立意之义与所指表达之义的区分。④ 古人造字，所

---

① 林尹：《文字学概说》第133页、135页，正中书局（台北），1982。

② 唐兰：《中国文字学》第106～107页。

③ 戴君仁：《中国文字构造论》。

④ 关于词义的二重性，请参拙文《王念孙“义类”说笺识》（《湖南师范大学学报》1985年第5期）及拙著《训诂原理》语文版（1997）第三章一之（二）或高教版（2009）第四章一之（二）。

考虑的只可能是语词的所指表达之义，即如何把需要造字的语词的指谓内容体现到构形上，而决不可能考虑要把语词的命名立意之义也体现到文字的形体构造上来。所谓音符的意义，就是指语词的命名立意之义。

语词的命名立意之义蕴含在语词声音的最初核心类义中。文字代表语词，也就代表了语词的声音。既然代表了语词的声音，也就不管形体结构上有无表音的要素，都照样是蕴含有语词的命名立意之义。王念孙、沈兼士、杨树达等学者在探求语词的语源之义（即“命名立意之义”）时，就不局限于文字的形体，这是符合文字与语言的关系的。所以，由文字所反映的语词的命名立意之义或语源之义，与文字的构形并没有必然的、直接的外在联系，它无关于造字之法则，无关于“六书”问题。因为语词的命名立意之义，不可能是古人造字构形所要追求的旨趣，文字反映语词的命名立意之义只是一种客观现象，并不是人们在造字构形的实践中所形成的一种有意识、有规律的手段方式。所谓形声字音符是否有义，可以是训诂学研究的一个问题，不必作为文字学的研究对象，尤其不应把它作为判断某些造字法则的一种标准。

想从汉字的形体结构中具有表音功能的要素上是否体现了语词的命名立意之义这一点来寻求“转注”与“形声”两种不同造字之法的区别，其结果必然是徒劳的、不现实的。

三、“形声”造字法的渊源

“以事为名，取譬相成”的“形声”造字法，直接导源于甲骨文时代即已产生的加注音符这一构形模式。

在汉字初创阶段所产生和形成的几种造字方法，即“指事”法、“象形”法、“会意”法，或者再细致一点而言，即我们所归纳的“绘形象物”、“烘托显物”、“标识指物”、“符号示意”、“借形寓意”、“比形象事”等造字构形的思维模式，它们都只是注重如何把语词的意义内容直观而形象地体现到文字的形体上来，而未曾考虑词的语音形式，文字的形体构造不能直接反映语词的声音。这些字应当读什么音，只能完全依靠约定俗成的认可，字形特征不能给予较明确的提示。“本无其字，依声托事”的“假借”之法的产生和广泛应用，反映了先民们自觉地追求一种通过文字形体代表语词的声音这一途径来表达语词的意义的认知方式。“建类一首，同意相受”的“转注”之法，即加注意符这一构形模式的产生和广泛应运用，使得许多“转注原体字”在新造出的

"转注字"中转化为表音的成分，语词的声音和意义从而在文字的形体上都可得到一定的表现，这种造字效果，无疑也会给先民们带来一种心智的启迪。于是，为了使文字与它所代表的语词的关系更加明确，为了更有效地分辨文字的表义性能，在某些没有表音成分的字上加注一种标志读音的字形要素的构形模式便产生了，这就是通常所说的"加注音符"。有些学者把"转注"造字即加注意符说成是汉字的"声化"，从造字结果而言，因为"转注"造字使"转注原体字"在客观上变成了"转注字"形体结构中的一种表音成分，说它是"声化"当然亦无不可。但是，应当看到，这并不是先民们造字方法上的一种"声化"意识的体现，真正体现出先民们一种自觉的"声化"观念，能成为一种追求汉字形体"声化"的造字模式的，并不是加注意符（转注），而是加注音符。

不过，加注音符这种构形模式在汉字创制的历史过程中似乎运用得并不普遍，尤其是单纯的加注音符，像"齿"、"厈"、"壄"（后讹变为"壄"）、"歓"等字的产生[1]，那就更少了。在比较多一些的情况下，加注音符往往要走上与"转注"造字相结合的途径。就是说，在对某一个初文加注音符之后，又把保留在新字形体中的初文或初文的某一部分构件要素改换成一个类首符号。例如，"凤"字在甲骨文中作，本是一个绘形象物式的字，像高冠、长尾、美羽的凤鸟之形。甲骨文中又有从"凡"的"凤"字（），"凡"是加注的音符。后来，又把原来像凤鸟之形的那部分构件要素改换成类首"鸟"，便成了"鳳"字（今简化为"凤"）。又如，"耤"字甲骨文作，是一个比形象事式的字，像一个人持耒耕地之形。在金文中便加注了音符"昔"，后来又把初文部分简化成类首"耒"，便成了"耤"字。其他如"鷄"、"裘"、"曐（星）"等字的产生，大致都是这一类情况[2]。

单纯地通过加注音符所造出的字，如"齒"、"歓"等，以及"鳳"、"鷄"、"耤"这一类字在加注音符而尚未经过"转注"改造之前，它们的形体结构有一个很突出的重要特点。因为来自初文的那部分构件原本具有直观形象的表义特征，所以它们能直接而切实地显示出这个文字所代表的语词的意义内容；因为加注了音符，所以它们又能直接标志出这个文字所代表的语词的声音。换言之，对于这样的字，人们能够见其形即可知其音和义。这种性质和特征，是很适合先民们追求文字

①② 参裘锡圭《文字学概要》第152、112、131页、第151～152页。

符号便于“目治”的心理习性的，所以，人们从加注音符中受到启发：要为语言中的语词来造字，可以既把语词的声音标举在字形结构上，同时也把语词的意义直接而切实地标举在字形结构上。这样，便逐渐形成了一种自觉的“以事为名，取譬相成”式的造字之法。所以我们说“形声”造字法是由加注音符的构形模式发展而来。广义而言，加注音符这一构形模式也可包括在“形声”造字法之中。

“以事为名，取譬相成”式的“形声”造字法导源于加注音符，这从它的名称的变易上也可见出一点端倪。刘歆称“形声”为“象声”，郑众称之为“谐声”，许慎才把它改称为“形声”。以往，人们都称道许慎的“六书”名称优于刘、郑二家，但谁也没有认真寻绎这种变易到底反映了什么问题。我们认为，“象声”与“谐声”都比“形声”之名更突出、更强调“声”的问题，它说明，在刘歆、郑众的心目中，“取譬相成”是这种造字之法的一个非常重要的手段，或许被认为是这种造字之法的唯一构形手段。因为单就名称而言，“象声”与“谐声”都是对“声”的单一方面的阐述：“象”谓仿象，犹体现之意；“谐”谓和，犹相配之意。“象声”即是指体现其音，“谐声”即是指配上一个音符。可见，“象声”与“谐声”之名，尤其是“谐声”，已十分接近“加注音符”这一构形模式的实质。如果“谐声”就是指配上一个音符这一解释不错的话，它与“加注音符”岂不就是一回事？只可惜刘歆、郑众的“六书”说太简略，没有留下更详细的书面论述，我们不好遽以推定他们的“象声”或“谐声”即是指加注音符式的构形模式。我们可以充分证明“建类一首，同意相受”式的“转注”造字之法即是加注意符这一构形模式，日后人们若能再证明“象声”或“谐声”即是加注音符这一构形模式的话，那传统“六书”说的学术价值便将更加大增。

既然“以事为名，取譬相成”主要是创制像“船”、“蓖”、“哥”、“爸”这一类“名闻而实喻”式的字，为什么许慎却举“江”、“河”为例呢？难道他对“名”字的意义内容还能不了解？许慎去古未远，又号称“五经无双”，对“名”、“实”之辩自然不会不知道。我们推测，许慎之所以举“江”、“河”为“形声”造字之例，这也是他囿于“六书”说的必然结果。因为在他看来，“六书”应当足以范围所有汉字。结构类型上的形声字，在他看来，不是来自于“转注”，便是来自于“形声”。事物的辩证发展，不同造字法则的相互影响、相互融合，许慎大概还不能明确地有所认识。倘若举“船”、“蓖”、“哥”、“爸”

之类的字为“形声”之例，虽可充分说明“以事为名”的构形性质和特征，但却要给许慎留下一个难题：即那些像“江”、“河”之类的字，它们似乎既不是“转注”造字的结果，又不是“名闻而实喻”式的字，应当归属到“六书”中的那一书呢？大概为了排除这一难题，只好就宽不就窄，举“江”、“河”为例，以兼赅“船”、“笱”之类的字。这样，在他看来，似乎便足可以用“六书”说来范围一切汉字了。

当然，结构类型上的形声字，主要来自于加注意符即“转注”造字，无论是加注音符，还是“以事为名，取譬相成”，还是我们在后面将要讲到的“转注”与“形声”合流式的造字，这一类情况下所造出的形声字，数量都是不多的。但不能忽略，这只是我们今天所能认识到的一种事实，汉人如许慎等未必能认识到。因为，许慎未曾接触甲文材料，彝器铭文也所见极少，无法对汉字作出全面的历时态的研究。许多本当是加注意符即“转注”法所造出的字，许慎不可能一一都识辨得出来。这样，在他的观念中，认为是直接通过意符和音符相配而造出的字便一定有很多，所以“形声”之法自然要被看得很重，而不能不举“江”、“河”为例。

我们在前面曾经提到，“六书”说于许慎自有师承，“六书”定义虽正式见之于许书，但在汉人的师传口授的历史过程中未必全无踪影。也许，在汉人的师传口授过程中，“六书”概念已有所阐发，到了许慎，他结合自己的理解才正式把它们立为界说罢了。许慎继承了传统的“六书”理论，也必有他的个人理解，必有他的己见或创说。说汉人“重师承”固然不错，但重师承并不意味着一切皆墨守师说。重师承主要以传授经学的基本观点、原则和方法而言，并非指对师说一切都要照本宣科。即使在经学原则、经学精神这一类重大问题上，汉人“重师承”的说法也必须具体分析。比如，与许慎同时代的大经学家郑玄，他便将水火不相容的今、古经文熔于一炉，“重师承”在他身上便是一个复杂的问题，人们更不能以“墨守师说”的观点来看待他。刘歆谓“六书”：“象形、象事、象意、象声、转注、假借、造字之本也。”郑众谓“六书”：“象形、会意、转注、处事、假借、谐声也。”许慎则以为：“一曰指事，二曰象形，三曰形声，四曰会意、五曰转注、六曰假借。”许慎继承了“六书”理论，同时也加进了他自己的理解和观点，这从“六书”次第和名称的更易上已足可看出。许慎于“六书”理论既会有正确的继承、正确的发展，也难免不会有片面理解、错误发挥。“六书之说，不必尽得甲骨字体之妙；许慎之说，不必尽得六书理论之真”，这确是至理之言。在理论上，我们都知道应当历史唯物主义地看问题；但在实际研究中，我们却很容易偏离这个轨道。今天，谁也不否认许慎的“六书”说有其局限和不足，因此，如果提出许慎理论上的某些失误，这与尊重许慎原意便不应当是背道而驰的事。研究许慎的“六书”说，当然首先要合许慎原意，但这并不意味着要完全顺着许慎的思路去解释一切问题。如果许慎的思路在某些地方有偏差，我们也得按着他的“原意”钻研下去，又如何寻求“六书”之真谛？比如，于“指事”一书，许慎只在“上”、“下”二字上明其例，而其他许多本当属于“视而可识，察而见意”式的字，许慎都说是“象某某之形”。于象形字说是“象形”、“象某之形”，于指事字，乃至一些会意字，也都说是“象某某之形”，我们又如何解释才能合乎许慎的原意呢？许慎举“江”、“河”为“形声”之例，这是他把“形声”理解为直接以意符和音符相配而造字的结果，或者是为了从权，就宽不就窄。“形声”之法的真谛，当首先从定义上来考察，许慎的理解不必尽合其真谛。我们这样考虑问题，恐怕不好简单地以不合许慎原意相看待。许慎改“象声”或“谐声”为“形声”，而以“江”、“河”为例来说明“以事为名，取譬相成”的造字特点，遂使“以事为名”之“名”的真实旨趣被淹没，这不能不说是他的“六书”理论中的一个小小偏差。该肯定的自然要肯定，不该肯定的自不应肯定。加注意符这一构形模式在汉字孳乳发展的漫长历史过程中是如此深远、如此普遍地存在着，许慎等人对此不可能一无所知；而“转注”之名称、“建类一首、同意相受”之定义、“考”与“老”之关系，三者无不与加注意符的造字事实相符合。对此，我们不予以肯定，却非要牢牢囿于结构类型说，把“指事”、“象形”、“会意”以外所有的汉字都归之于“形声”，这未必是许慎的“原意”和传统“六书”说的“原意”。

“形声”之法可以用来为之造字的语词，有的是因时世迁移或南北悬隔而产生的“变易之言”，即由历史或地域性的原因而形成的一些方言俗语中的同义词。这样的“形声字”与其“名符”之间，往往具有一定的声韵关系。例如“船”、“燬”（焜）、“羕”、“哿”、“叛”、“産”、“氓”、“到”、“爸”等，其“船”之与“舟”，“燬”（焜）之与“火”，“羕”之与“永”，“哿”之与“可”，“叛”之与“反”①，“産”之与“生”，“氓”之与“民”，“到”之与“至”，“爸”之与

① “叛”谓反叛，从“反”，“半”声。《说文》以为“半也，从半，反声”，不可从。

“父”等，或是声近韵同，或是声同韵近，存在着这样那样的语音流转关系。不过，并不是所有“以事为名”的“形声字”都是如此，因为语言中的同义词并非都是同源词，所以像“爹”、“眼”、“靓”、“黔”、“皎”、“韪”等，其“爹”之与“父”，“眼”之与“目”，“靓”之与“见”，“黔”之与“黑”，“皎”之与“白”，“韪”之与“是”等，便不存在语音流转之声韵关系。

有些学者把“船”、“燬”（焜）、“到”、“爸”这一类与其“名符”具有一定声韵关系的“形声字”说成是“注音字”，并把它们看成是“转注”法所造出。我们认为这是不合适的，是不符合汉民族造字旨趣和历史事实的。先民们造字，只可能想到自己的语言中有某一个意义需要造字，而不可能像后世的语言文字学家们那样去分析、判断这个需要为之造字的语词应当与哪一个现成文字的读音是“一声之转”或“一语之转”。古代造字的人，不可能对汉字的“通语”读音和方言读音深有了解和掌握。比如我们湘方言的人，在古代他们如果把“父”读成 bà，那么，一般便不会再知道“父”字在其他地方是读成 fù 的。须知古代并未普及语音教育，尤其没有推广“普通话”。除了极个别的“高级知识分子”也许例外，一般人谁还知道、谁还理会这个字在本地区以外的读音？且不说古代社会，即以今天来说，虽然推广普通话教育已达三十余年，但在我们湖南人之中，即使是受过中等乃至高等教育的人，仍然还有不少人把“王”读成 huáng，把鞋读成 hái，把“兰”读成 nán，把“解”读成 gài，把“喝”读成 huō，等等。倘若要他们来造字，他们难道还会想到“王”、“鞋”、“兰”、“解”、“喝”这些习读以为常的字别人读法与自己不同，必须按照自己的读音一一给它们注上方音？我们国家历史悠久，幅员辽阔，许多汉字在不同时代不同地区都有种种变易情况。作为某一时代某一地区的人们来说，这些字如何读音，对于他们都已经约定俗成，无须考虑，也不可能去考虑，应该把自己对这些字的读音标识出来，以区别于别的时代、别的地区的人们对这些字的读音。如果连“舟”、“火”、“至”、“父”等这样的极其普通、极其常用的汉字还要分别给它们注上“台”、“毁”（或“尾”）、“刀”、“巴”等音，而且又是注以方音，这是匪夷所思的事情。既然把“父”读成“巴”，“父”又并不难认，为什么还非要给它注上一个“巴”字不可呢？既然把“父”读成“巴”，倘若还知道“官话”中“父”不读“巴”，那为什么不把“父”字注上“官话”之音，以纠正方音之“陋”，却偏要给“父”注上方音，以抗拒“官话”的正音呢？更何况，

"形声"之法所造出的字，如"爹"、"眼"、"麺"、"黔"等字，并没有声韵流转问题，我们又如何解释？一个"爸"字，一个"爹"字，一个就是"注音"，一个就不是，这又为什么？

在汉字的发展过程中，真正的注音即加注音符式的字，是我们前面所提到的"齿"、"厈"、"壄"、"歙"，以及"鳳"、"鷄"、"裘"、"曐（星）"等字的情况。可以说，加注音符的目的全都是为了别义或显义，没有一个是纯粹为了体现文字的读音。例如，在"齿"字的初文上加注音符"止"，是为了区别齿与牙的不同（古代齿与牙有别，当前而整齐如一者为齿，在后而粗壮者为牙）；在"凤"、"鸡"的初文上加注音符"凡"、"奚"，是为了区别凤、鸡与一般禽鸟的不同；在"厂"字上加注音符"干"，是为了区别"厂"与"石"的分化（甲文中"厂"与"石"初为一字，见前"转注释例"中的释"石"）；"壄"字所加音符"予"、"歙"字所加音符"今"，则都是为了彰显其音义关系。我们找不到一个例子，可以证明加注音符纯粹是为了标志读音的变化，尤其是标注方音。可以说，加注音符这种构形模式主要是古汉字发展阶段所产生的问题，汉字隶变以后，加注音符的方法便基本上不再使用了。所以我们说，把"船"、"爨"、"到"、"爸"等看成是"注音字"，不仅不符合汉民族造字构形的旨趣，也不符合汉字发展的历史规律。最后，退一步而言，像"船"、"爸"这样的字即使是"注音"的结果，也不能把它们说成是"转注"造字。道理很简单，如果是给"舟"字加注一个音符"台"而有"船"字，给"父"加上一个音符"巴"而有"爸"字，那也应当归之于"形声"造字。因为不管怎样，加注音符这种构形旨趣和手段，与"形声"造字中的"取譬相成"这一法则还是一致的。没有理由把它们看成是"转注"造字，因为音符谈不上是"建类一首"的问题，把一个音符加附到原来的字形上，这也谈不上是"同意相受"的问题。

汉民族造字构形的思维着眼点始终未曾完全离开语词的意义内容，由加注音符演化为"以事为名，取譬相成"，力图把语词的意义内容直接而切实地体现在文字形体上，这种构形旨趣是符合人们追求文字便于"目治"的心理习性的。

四、"形声"法的严重局限性

 长期以来，人们把大量的"后增偏旁"所造出的字都看成是"形声”法的产物，所以认为“形声”是“六书”中最能产的造字法。这一错案的铸成，是因为“六书”中真正最能产的造字之法，即“转注”造字法的真谛与其历史地位一直没有得到如实的确认，而“形声”造字法本身又被片面误解了的缘故。一旦我们确立了“转注”的真实地位，又澄清了对“形声”的片面理解，我们便十分容易地发现，汉字中真正符合“以事为名”这一构形原则的字是很少的。所以，我们得出的结论是，“形声”造字法并不是最能产的造字之法，它的造字构形的手段和范围都有很大的局限性。

“形声”造字法的局限性，是由它的“以事为名”这一构形原则所决定的。因为，“以事为名”要求把那个需要造字的语词的意义内容直接而真实地从文字的“名符”上揭示出来，能够充当这种“名符”的便不可能是一些意义泛泛的标识符号，而必须是一个现有的文字，并且还得是与需要造字的语词同义的文字。可以充当“名符”而又符合“同义”要求这一条件的字自然不可能有很多，所以能够按“形声”原则而造出的新字自然也就很少。

“形声”造字法的局限性，也是由它可施用的范围对象所决定的。语言的因素是有很强的经济性的，在词汇中完全同义的词实际上是不会很多的。由于时空原因语音而产生一定的“变易”，这虽是比较普遍的事实，但它并不影响人们对汉字字音的认读和掌握。似乎可以说，我们汉字的音义的认读性有一种超越时空的功能，不同历史时期和不同方言区域的人们能够使用同样的汉字，这一事实便足以说明汉字的特点。因此，对于语言中的“变易之言”，企图一一为它们造出音义皆合的新的文字来是完全不必要的，也是完全不可能的。这样，真正需要造字并且又有条件按照“以事为名”构形原则而造出文字的语词，为数自然就非常有限了。所以，在汉字产生和发展的历史中，“形声”造字法事实上并没有造出多少真正可以“名闻而实喻”（见“名”而知义）的字。结构类型上的形声字与“形声”法所造出的字不能简单相等同。

五、“形声”与“转注”的合流

“转注”造字的客观基础在于“转注原体字”大量存在，它是对“转注原体字”授以“类首”而进行字义分化、形体改造的一种造字之法。一旦“转注原体字”基本上被“转注”造字法改造完毕之后，“转注”造字的使命也就告终了。

当然，从理论上而言，只要汉字继续被人们在使用，就绝对避免不了一字多用现象的存在，而只要存在着一字多用的现象，也就存在着“转注原体字”，“转注”造字法的使命自然也就不会告终。不过，要绝对做到一字一用，要对汉字所有不同用法的意义一一进行“建类一首，同意相受”式的加工改造，事实上这是不可能的，也是不必要的。所以，当汉字初创阶段之后那段时期所涌现的大量的一字多用现象已基本上被“转注”造字的潮流改变了局面之后，“转注”造字法独自的造字功能自然便受到了制约。另一方面，“形声”造字法也遇到一种类似的境况。由于“以事为名”这一构形原则的要求实在太苛刻，所以“形声”造字法独自的造字功能从一开始便受到极大的局限。当语言中既有需要又有可能创制文字的同义词都已被造出了文字之后，追求字形表义的特质要“名闻而实喻”、见“名”而知义的“形声”造字法，自然也面临着“寿终正寝”的结局。

然而，人类创造文化是一种永进不息的过程，人类创造文化的思维模式不是凭空产生，也不会简单地截然消亡。在汉民族创造自己的文字的长期实践过程中所形成起来的几种主要的造字之法，只要还有造字的需要，其合理的内核便会推陈出新。“转注”造字法虽然不必对已有的文字一一进行一字一用式的形体改造，但它的“建类一首”这一条构形原理，为人们将语词的意义内容形之于文字符号开拓了广阔视野；而“形声”造字法“以事为名”的要求虽然太苛刻，但它的“取譬相成”这一条构形原理，却为人们将语词的声音形之于文字符号确立了一条行之有效的途径。因此，当语言中尚有未曾造字的语词继续需要造字、而“转注”与“形声”两种造字之法均难独自完成其使命，“象形”等其他造字之法更难施展其技的时候，先民们自然会迸发出新的智慧，他们很自然地便要扬弃旧的造字方法中的不利因素，而将其中仍然富有生命力的有利因素承继下来。于是，人们将“转注”造字法“建类一首”的构形原理与“形声”造字法“取譬相成”的构形原理两相结合起来，一种“建类一首·取譬相成”式的新的造字之法便应运而生。许慎所列举的“江”、河”两个例字，实际上便正是“转注”与“形声”两种造字方法融合以后所产生的形声字。

“转注”与“形声”的合流，是表意体系的汉字整个构形思维过程的终结。汉民族在自己漫长的创造文字的历程中最终形成这样一种独具民族特色的思维模式，可以说是一个光辉的顶点。但遗憾的是，它的出现似乎有些姗姗来迟。因为，待到这一造字方法自觉形成时，汉民族为自己语言中尚无书写符号的语词来构制文字的机会已经不多。人们常说，“形声”是最能产的造字法，其实这是误解了“形声”造字的真谛，也是未曾认真考察汉字历史的实际情况而得出的片面认识。结构类型上的形声字，其来源颇为复杂，而最主要的来源则是我们所论述的“转注”之法。由“转注”与“形声”融合而形成的新型“形声”造字之法，实际上并未对汉字的创制立下汗马功劳，这正如裘锡圭所指出的：“形声字起初都是通过在已有的文字上加注定符或音符而产生，后来人们还直接用定符和音符组成新的形声字。不过就汉字的情况来看，在已有的文字上加注定符或音符，始终是形声字产生的主要途径。”①当然，这并非“建类一首·取譬相成”式的新型“形声”造字之法不能产，而是客观情势使然。

由“转注”与“形声”合流而形成的新式造字之法，既不同于“建类一首，同意相受”式的“转注”，也不同于“以事为名，取譬相成”式的“形声”，它是“转注”与“形声”两种造字之法合理内核的新型结合。这种新型造字之法，它不需要以“转注原体字”为其构形基础，不是对旧字的加工改造，这是它不同于“转注”造字的地方；它无须把需要造字的语词的意义内容以“名符”的形式直接而真实地揭示出来，不是狭隘的为同义词造字，这是它不同于“形声”造字的地方。但是，它可以按照“建类一首”的原理，把需要造字的语词的意义内容以“类首”（即意符）的形式在字形上提示或暗示出来，这是它对“转注”造字法有利因素的吸取和承继；它可以按照“取譬相成”的构形原理，把需要造字的语词的声音以“音譬”（即音符）的形式在字形上提示出来，这是它对“形声”造字法有利因素的吸取和承继。

让我们即以“江”、“河”二字为例来说。这两个字的左旁取自“水”字，它只是事类范畴的标志，而不是意义内容的直接指谓，所以属于“建类一首”的问题，而不是“以事为名”的问题。唯其如此，这两个字尽管经过了“取譬相成”这一道构形工序，也不能算作纯粹的“形声”造字。但从另一方面来看，这两个字的右旁或取自“工”字，或取自“可”字（甲骨文“河”字实以“丂”为声），而“工”与“可”并不是“江”与“河”的转注原体字。这就是说，在“江”、“河”二字造出之前，“工”、“可”（或“丂”）二字并没有作为“江”、“河”二字的前身在文献语言中出现过。所以，尽管“江”、

① 裘锡圭：《文字学概要》第7页。

“河”二字经过了“建类一首”这一道构形工序，也不能算作纯粹的“转注”造字。当然，这只是从理论上阐述问题，我们并不想在这里来考证“江”、“河”二字究竟是直接由“水”字与“工”字“可”字（或“丂”字）相配而造成，还是先有“工”、“可”（或“丂”）之假借后又加注类首“水”而产生。因为从一些迹象来看，后一种可能并非不存在。如石鼓文中即以“工”、“可”为“江”、“河”的借字。“河”字在甲骨文中已存在，王恒余认为：“‘河’盖‘荷’（可）之本字，借为黄河之‘河’。如、，实即负荷之形，后为借义所专，本义遂晦。殷、周之际，‘河’字广用后变为形声，从‘氵’‘可’声，实‘可’声即由荷义而来，人形讹为水形，于是有‘河’之作。”① 这类看法若能得到进一步证明的话，那“河”字便应当属于“转注”造字的产物，而不是“转注”与“形声”相结合所造出。我们在前面曾提到，许慎未曾接触甲骨文字材料，许多本当归之于“转注”法所造出的字，也许他会误认作直接以意符和音符相配而造成，所以如“江”、“河”二字，我们现在尚难绝对肯定必非“转注”所造。此外，因为“以事为名，取譬相成”之法源于加注音符，而加注音符这一构形模式在甲骨文时代即已产生，这样，由加注音符与“转注”即加注意符之相互融合来造字，也就有可能形成得比较早。所以，在甲文或金文中，结构类型上的形声字，恐怕也不能说完全没有直接由音符与意符相配而产生的。造字之法产生的先后只是就其总体趋势而言，具体落实到个别文字上，情况是不会绝对平衡的，这就好像后世仍然有象形字、会意字的产生，仍然还有“转注”造字的现象是一样的道理。

“转注”之法与“形声”之法相结合而造字，有时还体现为这样一种情况：即对一个假借字直接加注“名符”，而不是加注“类首”（意符）。例如，“介”字有“大”义，后来即在“介”字形体上加注名符“大”而有“夼”字；“盧”字假借有“黑”义，后来即在“盧”字的形体上加注名符“黑”而有“黸”字，这类造字，其构形手段同于“转注”，但构形旨趣则同于“形声”，所以我们把它看成“形声”造字之变例。

“建类一首·取譬相成”式的字，它既不是像“转注”那样改造旧字，也不是像“形声”那样纯粹为同义词创制新字，它是一种自觉地

① 王恒余：《释日月雷河》，《中国文字》第四册，台湾大学文学院古文字研究室编印。

既考虑需要造字的语词的声音形式，也考虑语词的意义内容，既选用意符（不是名符），同时也选用音符来创制新字的方法。如果说“六书”造字有什么“兼类”的话，这才是真正的“兼类”。而这种“兼类”现象，绝不是通过对汉字进行静止的结构类型的分析所能认识和理解的。段玉裁常常喜欢谈论“会意、形声两兼之字”，其实，所谓“会意、形声两兼之字”一般都是“转注”造字法所造出。因为由语词孳乳、意义繁衍而产生的“转注原体”，在经过“转注”造字之后，其音与义自然地保存在“转注字”中，所以，这一类“转注字”与其“转注原体”要素必然地具有密切的音义关联性。而段氏由于不明“转注”之法，不知道这是“转注”造字的必然结果，但又不能不面对这一事实，所以只好把它们说成是什么“会意、形声两兼之字”。所谓“会意、形声两兼之字”，理应意味着它们是由“会意”与“形声”这两种造字之法结合起来所造出。然而，这两种造字法究竟是怎样地结合起来造字，它对于字体的构形，在造字原理、方式上究竟是如何具体制约的，这些关系到造字方法的真正实质性的问题，段氏的“两兼”说是无法作出正确解答的。

如果静止地看待汉字的形体结构，无论是加注意符即“转注”所造出的字，还是加注音符所造出的字，还是由“转注·形声”两种造字法相融合而造出的字，一般说来，是难以见其差别的。要区分它们，只能主要从文字的产生历史过程中去考察，去研究，去判断。所以，我们认为“六书”是客观存在的造字之法，决不是单纯地只是古代保氏官教国子识字的“建字条例”，也决不单纯地只是后世的文字学家们研究汉字的结构类型分析法。如果不从结构类型的困扰中解脱出来，不能分清汉字的结构类型与造字法则二者之间的基本界限，“六书”的性质，“转注”与“形声”的实质，都无法得到正确的认识。只有从结构类型的静止观念中解脱出来，把“六书”问题放在汉民族创制文字的历史过程中来研究，才能正确认识“六书”，才能真正了解汉字结构类型形成的所以然。

六、“形声”造字释例

叛

《说文》卷二上半部：“叛，半也。从‘半’，‘反’声。”段注本作

"叛，半反也"，注云："'反'，覆也。'反'者叛之全，'叛'者反之半。"

今案，"叛"字从"反"，"半"声，并非"从'半'，'反'声"，许氏误释"叛"字，此其一；"叛"即"反"也，"反"即"叛"也，皆反叛之谓也。段氏所谓"'反'者叛之全，'叛'者反之半"，乃皮傅许氏误释"叛"字之论，此其二。

船

《说文》："舟，船也。""船，舟也。"（卷八下舟部）段玉裁注："古言'舟'，今言'船'。"《左传·僖公三十三年》"则在舟中矣，《史记·晋世家》作"已在船中"；《左传·文公三年》"济河焚舟"，《史记·秦本纪》作"渡河焚船"。按，"船"、"舟"一声之转，作为文字，"船"是以"舟"为"名符"，是"形声"造字的结果。许惟贤认为，"'船'之代'舟'，大致开始在战国中期，至汉初已完成"①。

氓

《说文》："氓，民也。从'民'，'亡'声。读若盲。"（卷十二下民部）案，"氓"字以"民"为"名符"，"氓"之义即是"民"。《方言》第三："氓，民也。"《广雅·释诂》："氓，民也。"又《释言》："民，氓也。"《诗·卫风·氓》："氓之蚩蚩，抱布贸丝。"毛传："氓，民也。"《孟子·公孙丑上》："廛无夫里之布，则天下之民皆悦而愿为之氓矣。"赵歧注："氓者，谓其民也。"又《万章下》："君之於氓也，固周之。"赵注："氓，民也。"齐佩瑢说："'氓'、'民'一声之转，'氓'之义同於'民'而音有轻重，故就'民'字之旁加注'亡'声以别之，所谓'建类一首，同意相受'是也，於六书为转注。"② 齐氏指出"'氓'、'民'一声之转，'氓'之义同於'民'而音有轻重"，这是很对的，但以"氓"为注音字，且归之于"转注"造字，则非是。今案，"氓"字是"形声"法所造出的字，其构形旨趣是以"民"为名，取"亡"相成。"氓"之为"民"，在古代主要是指田野之民，即农夫，所以造字者又将"氓"字字形中的"民"这一"名符"改为类首"田"，变"氓"而为"甿"，此于"六书"才是"转注"。《周礼·地官·遂人》："遂人掌邦之野……以岁时稽其人民，而授之田野，简其兵器，教之稼穑。凡治野以下剂，致甿以田里，安甿以乐昏，扰甿以

① 许惟贤：《〈左传〉〈史记〉词汇的比较研究》（提纲）。

② 齐佩瑢：《训诂学概论》第77页，中华书局，1984。

土宜，教甿稼穑以兴锄，利甿以时器，劝甿以疆予，任甿以土均平政。”这里的“甿”字，便都是特指田民，其实还是“民”的意思，所以郑玄注云：“变‘民’言‘甿’”，异外内也。‘甿’犹懵懵无知貌也。”孔颖达疏云：“‘大司徒’、‘小司徒’主六乡，皆云‘民’，不言‘甿’，此变‘民’言‘甿’者，直是异外内而已，无义例，以其‘民’者冥也，‘甿’者懵懵，皆是无知之貌也。”郑玄认为“变‘民’言‘甿’”是“异外内”，按照孔颖达的解释，意思是，“民”的命名之义是“冥”，这是就心智即“内”部特征而言；“甿”的命名之义是“懵懵”，这是就“外”部特征而言。“内外”之异只是表象不同，其实都是“无知”之貌，而且“民”与“甿”所指之义并无实质不同。《孟子》中的“天下之民皆悦而愿为之氓”，前言“民”而后言“氓”，其实也是这种变文同义的表达问题。段玉裁《说文解字注》和焦循《孟子正义》，都说“‘氓’与‘民’小别，盖自他归往之民谓之‘氓’，故字从‘民’‘亡’”，以“会意”之旨趣来解释“氓”的构形，实误。

哿

《说文》：“哿，可也。从‘可’，‘加’声。”（卷五上可部）

案，“可”为“哿”字的“名符”，“哿”之义即是“可”。《诗·小雅·正月》：“哿矣富人，哀此惸独。”《毛传》：“哿，可。”《郑笺》：“此言王政如是，富人已可，惸独将困也。”高邮王氏父子则以为：“‘哿’与‘哀’相对为文。‘哀’者，忧悲；‘哿’者，欢乐也……‘哿’之为言犹嘉耳。故昭八年《左传》引‘哿矣能言’，杜注曰：‘哿，嘉也。’毛传训‘哿’为‘可’，‘可’亦快意惬心之称。”①

產

《说文》：“產，生也。从‘生’，‘彦’省声。”（卷六下生部）案，“生”不成其为事类，不是“產”字的“类首”。“產”是“形声”法所造之字，“生”是“產”字的“名符”，“產”之义即是“生”。《孟子·梁惠王上》：“无恒產而有恒心者，惟士为能。”赵岐注：“產，生也。”焦循《孟子正义》云：“服虔注《左传》，韦昭注《国语》，皆以‘生’训‘產’。《大宗伯》‘天產’谓六牲之畜，‘地產’谓土地之性。”“天產”之“產”，后作“犍”，则是以“產”为“转注原体字”

① 《经义述闻·毛诗中》“哿矣富人”条。

而移附授注于类首“牛”（以“牛”泛指畜类）所造出的“转注字”。

到、臻

《说文》：“到，至也。从‘至’，‘刀’声。”“臻，至也。从‘至’，‘秦’声。”（卷十二上至部）案，“到”与“臻”都是“形声”法所造之字，都是以“至”为字形结构中的“名符”，其意义都是“至”。“到”之训至者，如《论语·季氏》“民到於今稱之”、《诗·大雅·韩奕》“蹶父孔武，靡国不到”（郑笺：“国国皆至”）、《史记·陈涉世家》“武臣到邯郸，自立为赵王”，等。“臻”之训至者，如《诗·邶风·泉水》“遄臻于卫”，毛传“臻，至”，《尔雅·释诂》“臻、到，至也”。“到”与“臻”同以“至”为“名符”，“音譬”则不同，犹如“爸”与“爹”同以“父”为“名符”，“音譬”则异。此皆可破“注音”之说，盖同一“至”字不可能或注以“秦”音，或注以“刀”音者。又，古借“到”为倒置之义，后遂造“倒”字，则是由“到”移附授注于类首“人”所造成的“转注字”。

薨

《说文》：“薨，公侯殚也。从‘死’，‘瞢’省声。”（卷四下死部）段玉裁注：“《曲礼》曰：‘公侯曰薨。’歺部曰：‘大夫死曰殚。’此不曰‘公侯死’而言‘公侯殚’者，欲见分别则惟大夫称‘殚’，统言则不尔也。”案，“薨”以“死”为“名符”，其义即是“死”，只是古代施用于指公侯之死罢了。

頭

《说文》：“页，頭也。”“頭，首也。从‘页’，‘豆’声。”（卷九上頁部）案，“頭”字以“页”为“名符”，“页”即首，故“頭”之义即是首。《礼记·曲礼上》“頭有创则沐”，《玉藻》“頭容直”、“頭颈必中”，皆谓首也。“頭”、“首”一声之转。“頭”字今简化为“头”。

黔、黧、黸、綊

“黔”者，《说文》：“黔，黎也。从‘黑’，‘今’声。秦谓民为‘黔首’，谓黑色；周谓之‘黎民’；《易》曰‘为黔喙’。”（卷十上黑部）今案，“黔”字以“黑”为“名符”，“黔”之义即是“黑”。《广雅·释器》、《小尔雅·广诂》并曰：“黔，黑也。”《易·说卦》：“艮为山……为黔喙之属。”虞翻《周易集解》引马融注曰：“黔，黑也。”《左传·襄公十七年》：“邑中之黔，实慰我心。”杜预注：“子罕黑色，而居邑中。”《礼记·祭义》：“明命鬼神，以为黔首则。”郑玄注：“黔首谓民也。”陆德明《释文》云：“黔，黑也，黑首谓民也。”

“黧”者，《说文》以“黎”训“黔”，“黎”亦黑也。《广雅·释器》：“黎，黑也。”《一切经音义》卷六引《通俗文》云：“斑黑谓之黎黮。”（“黎黮”同义，皆谓黑也。《说文》：“黮，桑葚之黑也。从‘黑’，‘甚’声。”《广雅·释器》：“黮，黑也。”《淮南子·主术训》：“问瞽师曰：‘黑何若？’曰：‘黮然。’”）《史记·卫将军骠骑列传》：“迟明，行二百余里，不得单于。”《集解》引徐广曰：“‘迟’，一作‘黎’。”《索隐》云：“诸本多作‘黎明’。邹氏云：‘黎，迟也。’然‘黎’，黑也，候天将明犹黑也。”“黎”即谓“黑”，故“黎黑”连文，《荀子·尧问》“颜色黎黑而不失其所”，是也。“黎”即是“黑”，故字后变作“黧”，乃是以“黑”为其“名符”，当为“形声”之变例者。《说文》：“黔，黎也”，小徐本作“黧”，故段玉裁云：“黎，履粘也。与‘骊’、‘黐’字同音，故借为黑义。‘耇’下云‘老人面冻黎若垢’，谓冻黑也。俗作‘黧’。小徐本作‘黧’，乃用俗字改许也。”①《一切经音义》卷二十引《字书》：“黧，黑也。”又卷七引《通俗文》：“斑黑谓之黧黮也。”《楚辞·九叹·逢纷》：“颜黴黧以沮败兮，精越裂而衰耄。”王逸注：“黧，黑也。”

“黸”者，“黸”字亦为“形声”之法所造，《说文》：“黸，齐谓‘黑’为‘黸’。从‘黑’，‘盧’声。”（《卷十上黑部）段注：“经传或借‘盧’为之，或借‘旅’为之，皆同音假借也。“王念孙说：“《说文》：‘齐谓黑为黸’，字通作‘盧’。黑土谓之‘壚’，黑犬谓之‘盧’，目童子谓之‘盧’，黑弓谓之‘玈弓’，黑矢谓之‘玈矢’，黑水谓之‘瀘水’，黑桔谓之‘盧桔’，义并同也。”②《汉书·鲍宣传》：“苍头庐儿皆用致富。”孟康曰：“黎民、黔首，‘黎’、‘黔’皆黑也。下民阴类，故以黑为号。汉名奴为苍头，非纯黑，以别于良人也。诸给殿中者所居为廬，苍头侍从因呼为‘廬儿’。”按，孟氏以“所居为廬”解“廬儿”之“廬”，所谓望文生训者。“廬”，黑也，字亦“黸”之借耳。于“盧”字加“黑”而有“黸”字，构形旨趣当属“形声”，只是仅有“以事为名”之步骤而无“取譬相成”之过程罢了。

“玈”者，变“旅”为“玈”，犹变“黎”为“黧”，亦“形声”之例也。“玈”以“玄”为“名符”，“玄”亦黑也。《广雅·释器》：

---

① 《说文解字注》十篇上。

② 《广雅疏证》卷八上。

"玄，黑也。"《小尔雅·广诂》："玄，黑也。"《书·禹贡》："厥篚玄纤缟。"旧传："玄，黑也。"《论语·尧曰》："敢用玄牡。"皇疏："玄，黑也。"（清人改"玄"为"元"）至于黑犬谓之"盧"，后作"獹"；目瞳子谓之"盧"，后作"矑"；黑桔谓之"盧桔"，后作"櫨"。凡此加"土"为"壚"，加"犬"为"獹"，加"目"为"矑"，加"水"为"瀘"，加"木"为"櫨"，则属"转注"中"建类一首"即加注"类首"之事了。

赨、赬（赪）、䞓、䞨、赧

"赨"者，《说文》："赨：赤色也。从'赤'，'蟲'省声。"（卷十下赤部）《管子·地员》："其种大苗细苗，赨茎黑秀箭长。"尹注："赨即赤也。"

"赬"者，《说文》："赬：赤色也。从'赤'，'巠'声。赪，赬或从'贞'。"（卷十下赤部）《尔雅·释器》："一染谓之縓，再染谓之赪，三染谓之纁。"郭璞注："赪，染赤也。"《诗·周南·汝坟》："鲂鱼赪尾。"毛传："赪，赤也。"

"䞓"者，《说文》："䞓：赤色也。从'赤'，'䡅'声，读若浣。"（卷十下赤部）

"䞨"者，《说文》："䞨：日出之赤。从'赤'，'穀'省声。"（卷十下赤部）

"赧"者，《说文》："赧，面惭而赤也。从'赤'，'𠬝'声。"（卷十下赤部）

今案，此皆以"赤"为"名符"者，而非"建类一首"之"转注字"。"䞨"与"赧"之训为"日出之赤"与"面惭而赤"，也只是文字使用范围的问题，并不是"事类"的不同，也不是"赤"的意义有什么不同。

皎、皢、皙、皤、皠、皚、皅、皦

《说文》卷七下白部："皎，月之白也。从'白'，'交'声。""皢，日之白也。从'白'，'尧'声。""皙，人色白也。从'白'，'析'声。""皤，老人白也。从'白'，'番'声。""皠，鸟之白也。从'白'，'隺'声。""皚，霜雪之白也。从'白'，'豈'声。""皅，艸华之白也。从'白'，'巴'声。""皦，玉石之白也。从'白'，'敫'声。"

今案，凡此数字，其形体结构中的"白"都不成其为事类，不是"建类一首"的问题，而是"名符"，是"以事为名"的问题。所谓

"皎，月之白"、"皑，霜雪之白"云云，如同"赧，面惭而赤"，"薨，公侯猝"等一样，主要是文字的使用范围、使用习惯方面的问题，并不是语词本身中有什么不同的"白"、不同的"赤"、不同的"死"的问题。所谓"皎，月之白"、"皢，日之白"、"皦，玉石之白"，"皎"、"皢"、"皦"实为一词，许慎析为三字，更是强生分别了。最后，还有一个问题必须指出，语词的意义并不完全等同于科学概念，词义总是有模糊性的，而且其模糊度有时还很大，我们决不能按照后世严格科学性的概念标准去衡量、理解古代语言中的词义。如果按照今天严格科学性的概念标准去衡量古代的词义，那么，"白"、"赤"、"黑"等语词的意义就应当是纯白、纯赤、纯黑，"白"就不应当混同于灰白、苍白，"赤"就不应当混同于浅红、浅黄，"黑"就不应当混同于浅黑、灰黑，等等。以"白"、"赤"、"黑"等为"名符"的"形声"之字，就也应当同样都是纯白、纯赤、纯黑的意义。然而事实恐怕并非如此。古人说"白"，说"赤"，说"黑"，不必都是纯白、纯赤、纯黑的颜色，"皎"、"皑"、"赪"、"赧"、"黸"、"黔"等，自然更不是指纯白、纯赤、纯黑等程度的颜色。所以前人解释古书，有时又把"黧"、"黸"等字解释为"黑黄"，把"赪"、"赧"等字解释为"红"（古代"赤"与"红"异），等等，这便是较认真的一种理解了。其实，所谓"黔首"，"黔"训"黑"，即使不指出"黔"是黑黄色，人们也不至于硬把"黔首"理解为黑炭头似的脑袋。而解释"黑黄"色，也照样是模糊的。

词义的模糊性，在现代语言中也是同样存在的。在今天的日常生活中，我们说："他气得脸色都白了。""小伙子窘得面红耳赤。""这个人肤色好黑。"等等，谁也不会说这是"用词不当"；所谓"这桔子好红"，"去香山看红叶"，"欧洲白人"、"非洲黑人"、"亚洲黄种人"，等等，岂可认真去计较这"红"、"白"、"黑"、"黄"是不是真正的纯红、纯白、纯黑和纯黄？明白了这个道理，懂得了词义具有一定模糊性这一特质，对于古人以"黑"、"赤"、"白"等为"名符"的"形声"造字之例，人们便可以正确对待和理解，便不至于有什么苛求了。但词义的这种模糊性，与"转注"造字的"类首"要素所标志的事类范畴的宽泛性则是两回事，不应把它们混淆。

𡙇、奅、𡘋、奃、𡗺、𡙍、奄、奕

《说文》卷十下大部："𡙇大也。从'大'，'戜'声。""奅大也。

从‘大’，‘卯’声。”“大也。从‘大’，‘云’声。”“大也。从‘大’，‘氐’声。读若‘氐’。”“大也。从‘大’，‘介’声。读若‘盖’。”“大也。从‘大’，‘弗’声。读若‘予违汝弼’。”“大也。从‘大’，‘屯’声。读若‘鹑’。”“大也。从‘大’，‘亦’声。《诗》曰：‘奕奕梁山。’”

今案，如同上条，此数字所从之“大”，亦不成其为事类，故不是“建类一首”问题，而是“名符”，是“以事为名”的问题。

、取

甲文有字，旧不识；金文有、、诸形之字，或作“”，旧均以为“且”之异文，读为“沮”。今案，此皆“助”之初构，从“ナ”，“且”声；或从“又”，“且”声。吴大澂谓“古‘助’字从‘且’从‘ナ（左）’，《说文》：‘助，左也。’小篆从‘力’”（《说文古籀补》第十三。后有刘心源从吴氏之说），是也。从“ナ”或“又”者，“左”、“右”皆训“助”，故后起从“力”之“助”又训“左”也。段氏注《说文》“助，左也”云：“‘左’，今之‘佐’字。‘左’下曰：‘手相左助也。’……‘右’下曰：‘手口相助也。’《易》传曰：‘右者，助也。’按，‘左’、‘右’皆为助。”铭文或借“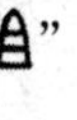”为“祖”，是又用字之变者。

第五章 对“转注”造字法的必然认识

“转注”造字是客观事实，“转注”造字法是客观存在的一种造字之法，而且是汉字孳乳繁衍之大法。传统“六书”说中的“转注”理论，正是在对“转注”造字的客观事实深有认识的基础上，对“建类一首，同意相受”这一客观存在的造字法则所作出的一种归纳和揭示。正因为“转注”之名称、“建类一首，同意相受”之定义、“老”与“考”之孳生关系，都体现了“后增偏旁，另造专字”的造字规律，理论正确反映了客观事实，所以，汉人的“转注”说，汉人所揭示的“转注”造字之法则，尽管被笼罩上了层层迷雾，也终究必然地能被人们正确理解。自唐代以来，研究“转注”而各抒己见者几近百家，其间如南唐徐锴，清代郑珍、郑知同父子、孙诒让、饶炯，及今人黎锦熙、陆锡兴等，都对“转注”造字法有过不同程度的合理认识和论述。下面我们即对这几家的基本看法作一些必要的介绍和评说。

一、徐锴的“转注”说

徐锴（公元920—974），字楚金，五代末北宋初人，徐铉（字鼎臣，世称“大徐”）之弟，世称“小徐”。著《说文解字系传》四十卷，世称“小徐本”①。

戴震曾说：“徐铉、徐锴、郑樵之书，就‘考’字傅会，谓祖考之‘考’，古铭识通用‘丂’，於‘丂’之本训转其义，而加‘老’省注明之；又如犬走貌为‘猋’、《尔雅》‘扶摇谓之猋’，於‘猋’之本训转其义，‘飆’则偏旁加‘风’注明之。此以‘谐声’中声义两近者当‘转注’，不特一类分为二类甚难，且校义之远近必多穿凿。”大徐之“转注”观，今不得而详；郑樵的“转注”说，与徐锴大相径庭，郑氏的《六书略》也并无诸如此类的论述。能符合戴氏这番话的，实只有

① 徐铉所校订之《说文解字》，世称“大徐本”。小徐本成书于大徐本之前，后者多采用其说。无论于校雠言还是于学术见解、理论言，小徐本实多有优于大徐者。

徐锴。徐锴说："属类成字，而复于偏旁加训，博喻近譬，故为'转注'。人毛匕（音化）为'老'、'寿'、'耆'、'耋'亦老，故以'老'字注之；受意于'老'，转相传注，故谓之'转注'。"① 若以上面戴震所说的那一段话来类推，那么，徐锴的意思便应当是：寿考之"壽"，古通用"𠷎"，於"𠷎"之本训转其义，而加"老"省注明之；耆宿之"耆"，古通用"旨"，於"旨"之本训转其义，而加"老"省注明之；耄耋之"耋"，古通用"至"，於"至"之本训转其义，而加"老"省注明之。② 凡此之类，戴震乃讥之为"傅会"，殊不知这正是徐锴"转注"说难得的合理内核之所在。因为，这种见解正是从造字构形的历史过程来看问题，揭示了"后增偏旁，另造专字"即加注意符的构形原理和手段方式，而不是静止地看待所谓形声字的形体结构。曹仁虎评介徐锴说："'转注'之说，自徐锴以前，犹为近古，故皆遵守《说文》'考'、'老'之义。徐氏发明'转注'最为精当。"③ 要说徐氏发明"转注"之义有"精当"之处，那就只在于此。如果徐锴能坚持这种唯物的、历时态的研究方法来考察形声字的不同来源，来认识和判别"转注"与"形声"的区分，那么，"一类中分为二类"将并不太难。戴震深深地陷在结构类型的观念之中，不懂得"转注"与"形声"的区分正在于造字的过程、手段和原理上，而不是仅仅在于结构的类型上，所以，他认为徐锴的方法是"穿凿"，其实倒正是他本人以己昏昏，使人昏昏。

徐锴的失误不在于他对"考"、"颷"等字产生过程的这种认识，而在于他未能彻底了解汉字之形体结构与造字法则的实际关系，未能真正划清"转注"与"形声"作为两种不同造字法则的基本界限。他认为："转注"法所造出的字，"义近形声而有异焉：形声'江'、'河'不同，'滩'、'湿'各异；转注'考'、'老'实同，'妙'、'好'无隔，此其分也。"④ "'形声'者，实也，形体不相远，不可以别，故以声配之为分异。若江、河同水也，松、柏同木也。江之于河，但有所在之别，其形状所异者几何？故'江'、'河'同从'水'，'松'、'柏'皆作'木'。有此形也，然后谐其声以别之，故散言之则曰'形声'。

---

① 《说文系传》卷三十九。

② 《说文》老部："耋，年八十曰耋。从'老'省，'至'声（此从小徐本、段注本）。""耆，老也。从'老'省，'旨'声。""壽，久也。从'老'省，'𠷎'声。"

③ 曹仁虎：《转注古义考》。

④ 《说文系传》卷三十九。

‘江’、‘河’可以同谓之‘水’，‘水’不可同谓之‘江’、‘河’；‘松’、‘柏’可同谓之‘木’，‘木’不可同谓之‘松’、‘柏’，故曰散言之曰‘形声’。总言之曰‘转注’，谓‘耆’、‘耋’、‘耄’、‘寿’皆老也。凡五字，试依《尔雅》之类言之，‘耆’、‘耋’、‘耄’、‘寿’，老也；又‘考’、‘寿’、‘耋’、‘耄’、‘耆’可同谓之‘老’，‘老’亦可同谓之‘耆’，往来皆通，故曰‘转注’，总而言之也。”①这意思即是，凡与部首同义而可互训的字便为“转注”，与部首“同意”而不能互训的字便为“形声”。唐兰曾提出：“‘转注’是以形符作主体的。我们可以把‘兰’字勉强解释做‘艸也’，可决不能把‘艸’字解释做‘兰也’。因为‘兰’是专名，是孳乳字，是不能转注的。但是我们可以把‘谓’字解为‘言也’，也未尝不可以把‘言’字解为‘谓也’；‘黸’字解释做‘黑也’，也未尝不可以把‘黑’字解释做‘黸也’。因为这都是同义字，这就是‘转注’。”②由此可见，徐锴的“‘考’、‘老’实同，‘妙’、‘好’无隔”之论，显然实开唐兰等人“凡与部首同义而可互训的形声字即为‘转注’”之说的先河。虽然是由加注意符的构形方式所造出的字，倘若不能与意符（即类首）同义而互训，便要被排除在“转注”之外，这样的话，“转注”与“形声”的区别便只在结构的形义关系上，造字过程、方式这样的重要问题于是又只好被否定。徐锴的“转注”说最大的失败便在于此。但徐锴又说：“‘转注’者，建类一首，同意相受，谓‘老’之别名有‘耆’，有‘耋’，有‘寿’，有‘耄’，又‘孝子养老’是也。‘一首’者，谓此‘孝’等诸字，皆取类于‘老’，则皆从‘老’。若‘松’、‘柏’等皆木之别名，皆同受意于‘木’，故皆从‘木’。后皆象此。”③按照这一说法，凡同从一个部首的，不管与部首是否同义，是否可以互训，甚至不管在结构类型上是否为形声字，不管是“考”还是“孝”，只要“一首”，便都是“转注”了。所以，徐锴最后不得不宣称：作为“转注”，其“立字之始，类于‘形声’”，“总言之曰‘转注’”，“散言之则曰‘形声’”。这无异是说，孤立地从一个个的字来看，具备意符与音符结构形式的便是“形声”；从部首总起来看，则都是“转注”。这种理论上的混乱，于是又为清人江声、陈澧、孔广居等以一部《说文》之“分别部居即为‘转注’”之说有所张本。如江声认为：“立‘老’字

①③ 《说文系传》卷一。

② 唐兰《中国文字学》第100页。

以为部首，所谓‘建类一首’。‘考’与‘老’同意，故受‘老’字而从‘老’省。‘考’字之外，如‘耆’、‘耋’、‘寿’之类，凡与‘老’同意者，皆从‘老’省而属‘老’。是取一字之意以概数字，所谓‘同意相受’。由此推之，则《说文解字》一书，凡分五百四十部，其始‘一’终‘亥’五百四十部之首，即所谓‘一首’也；下云‘凡某之属皆从某’，即‘同意相受’也。此皆‘转注’之说也。”①把造字问题与《说文》一书中的体例编排问题完全等同起来，与徐锴之说的原意也已有了距离。

诚然，我们在前面已谈到，《说文》一书之正文与其《叙》的确有其一定的相互照应之关系，正文中之部首，几乎都是“建类一首”之“类首”；正文中“凡某之属皆从某”之类的说解，也大多体现了“转注”造字之“同意相受”的情况。但是，编排体例毕竟是编排体例，《说文》“凡某之属皆从某”所包括的固然多为“建类一首，同意相受”式的“转注”字，但也有“以事为名，取譬相成”式的“形声”字，还有“形声”与“转注”合流后所产生的字，还有“加注音符”的字（如晶部之“曐”），甚至还包括了某些指事字、会意字（如一部之“元”、“天”，上部之“下”，示部之“祭”、“祝”、“示”等）。所以，我们决不能把“转注”与《说文》的体例编排问题简单地混为一谭。那么，“形声”与“转注”又是什么关系呢？江氏说：“如‘江’、‘河’皆水名，故皆从‘水’。从‘水’非声也，是所谓‘以事为名’，即‘转注’之‘同意相受’也。”②认为“形声”造字的“以事为名”，即是“转注”造字的“同意相受”，那“形声”自然包括在“转注”之中，这与徐锴对“一首”的解释倒是一致的。所以，陈澧曾为江声的“转注”说作出进一步的诠释：“‘形声’者，《说文》所谓‘从某，某声’也，如‘江’、‘河’以‘水’为形，以‘工’、‘可’为声也。然‘转注’之字，或不兼‘形声’（如‘天’不从‘大’声，‘皇’不从‘自’声）；‘形声’之字，则必兼‘转注’。”③孔广居则说得更明白：“‘转’者，辗转不穷也；‘注’者，挹彼注兹也。合而言之，即以母生子，孳乳浸多之谓也。唯象形独体之文，不从‘转注’而生。他如‘上’、‘下’之从‘一’，事之转注也；‘武’之从‘止’从‘戈’，‘信’之从‘人’从‘言’，‘老’之从‘人’从‘毛’从

①② 江声：《六书说》。

③ 陈澧：《书江艮庭征君〈六书说〉后》。

‘匕’，意之转注也；‘江’、‘河’之从‘水’，‘考’之从‘老’省，声之转注也。一部《说文》中，凡曰‘从某’者，莫非转注也。”① 这一类错误，乃至荒唐之见，实事求是地说，都是由徐锴的“总言之曰‘转注’”的糊涂认识生发开来的。

徐锴以“丂”字移附于类首“老”而有“考”，以“猋”字移附于类首“风”而有“飈”，以此为例来说明“转注”造字的情况，可谓见其端倪。然而，他因为不能进一步从造字原理和造字手段上对“转注”与“形声”作出正确的区分，而只在结构问题上、意符与音符的表义关系上做文章，所以其“转注”说必然导致同部同义而互训为“转注”、《说文》所云“凡某之属皆从某”即为“转注”等错误认识来。

二、郑珍父子的“转注”说

自徐锴之后千余年，说“转注”而能得其奥义，切近实际者，不过五六家，其中最可称道的，还是应当首推清代的郑珍、郑知同父子。

郑珍（1806—1864），字子尹，晚号柴翁，清贵州遵义人，道光十七年（1837）举人。其为学，植基于许慎、郑玄，於经最深三《礼》，为西南儒宗垂数十年。著有《说文逸字》、《说文新附考》、《汗简笺正》、《巢经说》、《郑学录》等。他对于“转注”的深刻见解，是在他死后由其子郑知同公布出来的。郑知同说：

先征君子尹公作《转注考》，此书尚未刊行，手泽具存，愿公同好，遍推诸字，无不可合。略为举之，其说云：

“转注”者，传注也，古“转”、“传”两字相通。“转注”与“假借”对文，皆以叠字名之。自《春秋》三《传》以下，注经家诸谓之“传”，汉人或谓之“传”，或谓之“注”，其名即原於造字“传注”之目。后来“传注”在字外谓之“训诂”，古人简质，“传注”即在字中。盖当文字少时，一字有数字之用，久之，患其无别，於字义主分何事，即以何字注之。试举《说文》示、玉两部为例。如示部，“斋”训“戒洁也，从示，齐省声”，“禷”训“以事类祭天神也，从示，类声”；玉部“玠”训“大珪也，从玉，介声，《周书》曰：称奉介圭”，“瑁”训“诸侯执玉朝天子，天子执玉以冒之，似犂冠。《周礼》曰：天子执

① 孔广居：《说文疑疑·论转注》。

瑁四寸。从玉、冒，冒亦声”。此等字，寻常视之，只是“形声”，推究其原，“齐”、“类”、“介”、“冒”，即其本文。考诸经典，止作“齐戒”，止作“类於上帝”，止作“介圭”，止作“同冒”；其加“玉”为之偏旁，皆注也。

核诸真形声字，如“球”、“琳”、“琅”、“玕”等，成字时为“形”、“声”两旁并作，单举“求”、“林”、“良”、“干”，非此用矣。可知“形声”字以形旁为主，一形可造若干字，但各取声旁配之；“转注”大相别，字以声旁为主，一字分为若干用，但各以形旁注之。“转注”与“形声”，事正相反，而实相成。

欲明声旁为主之说，又即其多者证之。如“齐”字，经典用为“齐戒”，用为“齐衰”，用为“齐盛”，用为“齐剪”、“调齐”，用为“齐疾”，用为“腹齐”，止是一“齐”字。厥后则例加偏旁，用是“齐戒”即注之以“示”作“齋”，用是“齐盛”注之以“皿”作“齍”，“剪齐”、“调齐”注之以“刀”作“劑”，“齐疾”注之以“火”作“齌”，“腹齐”注之以“肉”作“臍”，此其明义也。

然此诸字，在《说文》皆分列各部，注以形声，盖其字造成后，即与“形声”无异。许君作书，以形为主，五百四十部首皆立形旁，以统诸字。於“形声字”应“形声”说之不待言，即“转注字”亦不能不统归之“形声”，但於注中言“从某，某亦声”以为识别，如“瑁”字注是；或经止言“某声”，如“齐”类字注是。其实非形声，亦非会意也。假令许君欲明“转注”，即须别撰一书，合变义例，别提出转注字例，一以声旁为主。如“齐”字，须“齐”为部首，以统“斋”、“齍”诸字，为之注说，而后能通。是于《说文》中决无可言之理，格于势之穷也。所以《说文》注义，於“象形”、“指事”、“会意”、“形声”、“假借”五者，莫不详言，独无片语及“转注”，正此故也。

今即此义例准之，凡古经典子史所用字多无偏旁而《说文》中偏有偏旁者，不胜指屈其字，皆‘转注’也。其又在古人已多，后世尤多。凡天文、地理、人事种种名物，原来多不为造专字，汉、魏后乃递加偏旁，如《经典释文·叙录》所指：“飞禽即须安‘鸟’，水族便应著‘鱼’，虫属要作‘虫’旁，艸类皆从两‘屮’”。在后世诸字书，如此等字，动计千万，盖莫非“转注”也。故自先秦以上，“转注”与“形声”并行，两类字各居其半。（郑知同：《说文浅说·转注》，见于《玲珑山馆丛书·小学下编》）

认识到古代“文字少时，一字有数字之用，久之，患其无别，於字义主分何事，即以何字注之”这一客观事实，并能明确指出这就是“六书”中的“转注”的学者，最早大概就是郑珍、郑知同父子了。虽然如此，我们觉得这还不是他们理论中最可贵之处。徐锴以下，当今以上，能够不囿于汉字的结构类型，不是静止地、平面地从汉字的形体结构上，而是从造字构形的手段、过程上来寻求“转注”与“形声”的区分，唯郑氏父子有此睿见卓识，这才是他们对“转注”研究的最大贡献，这才是他们理论中的难能可贵之处。

郑氏父子告诉人们，“转注”之字，“寻常视之，只是形声”，因为“其字造成后，即与‘形声’无异”，这就是说，“建类一首，同意相受”之法与“以事为名，取譬相成”之法二者所造出的字，在形体结构上是同属一种类型，难求其差异。但作为两种不同的造字法则，“转注”与“形声”的界限是客观存在的，它们的区别在于：“转注”本於“一字有数字之用”，“厥后则例加偏旁”；而“形声”造字，则是“成字时为‘形’、‘声’两旁并作”。若由此来认识字的形体结构，也可得其畛域：凡“转注”之字，其右旁之“声”，“即其本文”，“考诸经典”，自可“推究其原”；而“形声”之字，单举其“声”，“非此用矣”。这种认识，显然是以历史发展的眼光来看问题，而不是简单地对汉字的结构进行静止的、同一平面式的归纳分类。郑氏父子的解释要言不烦，读者既已对我们的见解有所了解，自然即能十分容易地领会到，他们父子的“转注”说与我们是完全一致的，而其“形声”说，则相当于我们所解释的广义的“形声”，即“形声”与“转注”的合流。因为许慎举“江”、“河”为“形声”之例，在此基础上，郑氏父子能认识到“形声”之法“成字时为‘形’、‘声’两旁并作”，当然是非常难得的了。

郑珍父子理论的可贵，还在于对《说文》本书中的内容有一定正确认识，未被《说文》的说解体例所迷惑，所以能够较清醒地看到：“转注”之法所造出的字，“在《说文》皆分列各部，注以形声，盖其字造成后，即与‘形声’无异。许君作书，以形为主，五百四十部首皆立形旁，以统诸字，於形声字应形声说之不待言，即转注字亦不能不统归之形声”。因为字之体只有四类，许慎“格於势之穷”，未能想出在四体之外再为“转注字”作出单独解说的好办法，所以《说文》“独无片语及‘转注’”。在古今研究“转注”的济济学者中，能提出这种见解也是不可多得的。关于汉人的“六书”说，我们认为，正确的看法应当是，它是古人对造字标词的基本法则和规律的认识与总结；至于汉字的结构类型问题，只不过是对造字法则在结构上的体现的又一种认识和总结。许慎一方面对于为语词谋求书写符号的六种基本法则进行了理论研究和论述，另一方面，他依据自己的“六书”理论，把所收集的近万个汉字从结构上归纳为指事、象形、会意和形声四大类型。他力图把“造字之本”的原理同形体结构的分类统一起来的学术思想是值得肯定的。只是，在《说文》五百四十部居中，他没有找到一个妥善的、显而易见的办法来处理“六书”与“四体”的对应关系①。而在《说文·叙》中也没有对此加以必要的说理，以致使得“转注”问题被争论了上千年，这不能不说许慎本人也有其责任。

当然，郑珍父子的“转注”说也有不少可商榷之处。我们认为“转注”即移附之谓，郑氏解“转”为“传”，认为“转注”即“传注”，是古人的一种字内训诂之法，且为后世字外训诂之源。这种见解，实本于徐锴“属类成字，而复于偏旁加训，博喻近譬”之说，而孙诒让、饶炯、今人陆锡兴等以“注”为诂注、注解之“注”，皆其流脉。在郑珍之前，持“四体二用”观的钱大昕也曾谈到类似的看法，只是没有与“转注”问题挂上钩而已。钱氏说：“毛公所见《尔雅》，胜於今本，如艸木虫鱼增加偏旁，多出於汉以后经师，而毛公犹多存古。”②以“增加偏旁”为“经师”所为，自然为“训诂”之事。我们认为，“转注”造字以加注意符为唯一手段，造字者的本意在于彰显或区别字义，从功能上说，这的确具有“诂注”或“注解”的性质。但是，要说“转注”二字即是“传注”，“转注”之“注”即是注解之“注”，则不无可疑。“六书”之名目出于汉人之手，一名只有二字，为什么偏偏要把“传注”说成“转注”？“六书”之名，无论“指事”、“象形”，还是“会意”、“形声”、“假借”，都意在揭示造字标词的手段特征，“转注”即移附授注，正体现了“建类一首，同意相受”的造字过程之特征，名称与定义更是一种相足相成的关系。若谓“转注”即是“传注”，则与定义中的“建类一首”四字之意远隔，与“同意相受”中的“相受”二字也失去了照应，其“相”字尤无着落。或以为“转注”即“转相注明”，恐亦未必，因“类首”（意符）与“转注原体字”的两

---

① 郑珍父子认为《说文》中凡云“某亦声”者即为明“转注”之例，若果如此，则许慎於“考”字下当云“丂”亦声，方不至于岐惑学者。

② 钱大昕：《潜研堂文集·答问七》。

相结合，不能说成是“转相注明”。此外，加注意符即“转注”造字，远在殷商甲文时代即已有之，其时尚无经师说经之事。汉以后经师於“艸木虫鱼增加偏旁”，当是“转注”造字之流，而非其溯，这也是无须多辨的。

郑知同还说：“‘形声’者，合两字成文，以一旁定其形，以一旁拟其声也。……造字唯此法最宽最易，无字不可造，无人不可为，故‘形声’之字特多，徒取便俗用耳。大抵殷周以来，事繁文盛，只是常用此法，照偏旁添字，孳生不穷，《说文》诸部中字是也。秦汉以后，更不胜其烦，此尽人能知者。”① “转注”造字，在秦汉以后仍不胜其烦，这是事实；但是，若以为先有“形声”之法，后始有“殷周以来，照偏旁添字”的“转注”之法，并以为“自先秦以上‘转注’与‘形声’并行，两类字各居其半”，产生这些片面认识，便是对古汉字的实际情况缺乏历史研究的缘故了。

三、孙诒让的“转注”说

孙诒让（公元1848—1908），字仲容，号籀庼，清代浙江瑞安人，同治六年（1867）举人。在古汉字研究方面，著有《契文举例》、《名原》、《籀庼述林》等。关于“转注”问题，他说：“许君之说‘转注’云：‘建类一首，同意相受，考、老是也。’徐楚金《系传》以《说文》部首说解‘凡某之属皆从某’释之，其义最塙。盖仓、沮制字之初，为数尚尟，凡形名之属，未有专字者，则依其声义，於其文旁沾注以明之。其后递相沿袭，遂成正字，此孳乳浸多之所由来也。自来凡形声骈合文，无不兼‘转注’，如‘江’、‘河’为谐声字，亦即注‘水’於‘工’、‘可’之旁以成字也。后世傥作新者，凡有特别异训者，则亦可用兹例，按其义类，权注文以相揭示。盖‘转注’以形著义，与‘假借’以声通读，其例皆广无畔岸。故古文偏旁多任意变易，如宫县之乐谓之‘牆’，钟磬之县，半为‘堵’，全为‘肆’，而因钟为金乐，则作‘鐠’，作‘鍺’，作‘銉’。簋有铸金刻木，则作‘鐈’（赤妊簋。金文通例，‘簋’皆作‘须’），作‘槙’（郑井赤簋）；以盛粟稷，则又从‘米’作‘盨’（史鼻簋），是也。或增益偏旁，如昧爽之‘爽’借‘喪’为之，则注‘日’作‘䁤’（穴敔）；武事执俘省从‘爪’，则注

① 郑知同：《说文浅说》。

‘戈’作‘戒’（虢季子白盘），是也。若斯之类，不可殚举。既非仓、沮旧文，字书固无由尽载。今举其罕见者，以明达例。由是推之，凡古金石刻，文字奇诡，不见於字书者，或为此例可赅，固无足异矣。金文，人名字多奇异，疑各有特别注记，如后世花押之类，不能尽详也。”①

孙氏的见解，主要是继承并发挥了徐锴的“转注”之说。他认为，“转注”是汉字“孳乳浸多之所由来”，因为“制字之初，为数尚尠，凡形名之属，未有专字者，则依其声义，於其文旁沾（诂）注以明之。其后递相沿袭，遂成正字”。这一看法是很符合“转注”造字的客观规律和基本事实的。不过，他也囿于汉字的结构类型，把《说文》所说的“凡某之属皆从某”全都看成是“转注”造字的结果，以至于把“转注”的范围扩大化，认为“凡形声骈合文无不兼转注”，一切谐声字都是“转注”以成字，完全混淆了“转注”与“形声”作为两种不同造字之法的应有界限。

孙氏的“转注”说，其主要贡献不在于理论上，而在于他对“转注”造字“罕见之例”的标举揭示，推广了“转注”理论的应用。下面我们且看看他在《名原》下《转注揭橥》中所分析的几个精彩之例：

玟、珷　金文盂鼎云：“不显玟王，受天有大命，在珷王嗣玟作邦。”又云：“亩于玟王正德，若玟王令二三正。”此“文”、“武”二字并从“王”，古无其字，盖因“文”、“武”为先王谥，权注文以示别异，亦创例也。

迡　金文楚良臣余义钟……此钟为楚人仆儿作以祭其祖者，所纪世系甚详。盖余义生迹斯于（斯于，迹字），迹生兹𩌾，兹𩌾生仆儿。是余义为仆儿之曾祖，迹则仆儿之祖也。故“迹”字三见，前作“迹”，后二作[illegible]作[illegible]，下增且形，当即“且”字。因称祖之名，特加且以为标识，故与上文殊异（古文多假“且”为“祖”。金文、龟甲文通例如是），非古文“迹”字或从“且”也。

騆　金文大鼎云：“王召走（趣）马雁命，取[illegible][illegible]卅匹，易（锡）大。”“[illegible]”、“[illegible]”二字，皆《说文》所无。以形声求之，从“缶”，石鼓作“駂”，当为“鴇”之借字。《尔雅·释畜》：“骊，白杂毛，鴇。”“駂”从“缶”声，与“鴇”从“𠦒”声同部可通。……次字从

① 孙诒让：《名原下·转注揭橥第五》。

“马”从“岡”，当与“犅”声义略同。《说文》（牛部）：“犅，特牛也，从‘牛’，‘岡’声。”“特，牛父也。”“犅”即《公羊·文十三年传》之“骍犅”，《毛诗·鲁颂·閟宫》作“骍刚”。“駍”者，即“骊白杂毛”之牡马，以其方称马，故易“牛”而以“马”注其旁矣。

㦸、郕　金文有前后两字同而义异，注文以示别异者。如师寰敨“㦸”、“㦸”二文，右皆为“或”，而左则一从“父”，一从“邑”。字书并无其字，寻文究义，乃知二同为“或”字，而“父”、“邑”则旁注以示别异也。古文“或”、“国”二字多通用……此二字，“或”字亦当读为“国”。“师寰或父”者，“或父”为师寰之字。……下“东或”则即“东国”，因与上文师寰字“或”文同义异，故注“邑”於旁以别之，以“邑”亦训“国”也。此例意致精析，而金文罕见，考释家咸未憭，故为表出之。

孙诒让深知“转注”造字之原委，故能由《说文》而及于龟甲金石文字，揭櫫要例，发前人之所未发。由此足可见出，认识“转注”造字之法，掌握“转注”造字之规律，于古汉字之考释其功当不在小。徐中舒在谈到怎样研究古汉字时，即强调了这一点。徐氏说：“‘转注’、‘假借’为一类。……假借字多了，一字赅多义，使用时容易发生问题，于是增加偏旁，以分别其义。这就是‘转注’，即加偏旁以转相注明也；偏旁，即‘建类一首’之谓也。例如，中山王鼎铭文中‘隹’字有多种意义，后人就加偏旁，分别其意义：（1）加‘口’成发语词之‘唯’；（2）加‘心’成副词‘惟’（独也）；（3）加‘言’成疑问代名词之‘谁’；（4）加‘虽’成为语首助词之‘雖’；（5）加‘罒’成动词之‘罹’（遭也）。故以一字赅多义，或声音相同，即可通用，谓之‘假借’；后人以偏旁转相注明，使此多义各有所属，谓之‘转注’。”① 徐氏本孙诒让之说，孙诒让本徐锴之说，均以“转注”之“注”为诂注、注解之“注”，则恐非“转注”本义。这一问题，我们在后面还将略加申辩。

四、饶炯的“转注”说

饶炯（生卒年不详），字焱之，清代四川资州人，著《文字存真》，

---

① 徐中舒：《怎样研究中国古代文字》，《古汉语研究》第十五辑，中华书局，1986。

光绪二十九年（1903）刊行。其论“转注”云：“‘转注’本用字后造字，一因篆体形晦，义不甚显，而从本篆加形、加声以明之，是即王氏《释例》之所谓‘累增字’也；一因义有推广，文无分辨，而从本篆加形、加声以别之；一因方言转变，音无由判，而从本篆加声以别之，是即王氏《释例》之所谓‘分别文’也。盖古人造字，‘形’、‘事’、‘意’、‘声’已尽其妙，或有所兼，皆即后起之‘转注’。”①

饶氏的“转注”说，比较合理而可取的有两点：第一，指出了“‘转注’本用字后之造字”这一重要事实。所谓“用字后造字”，当然即是指对旧字的加工改造，这是完全符合“转注”造字的基本特征的。第二，善于吸取王筠“分别文”、“累增字”的研究成果，说明了“转注”造字的两种基本目的。“转注”是“因一字而可加为数字之用”，目的在于“相加为别”，即“一因篆体形晦、义不甚显”而“转注”，这样造出来的便是“累增字”；“一因义有推广、文无分辨”而“转注”，这样造出来的字便是“分别文”。当然，所谓“篆体”，自不当专指大小篆，而应包括甲骨文、金文等。王筠囿于汉字的结构类型，虽能看到“分别文”、“累增字”产生的客观事实，却昧于这就是“转注”造字的结果，可谓失于交臂之间。

然而，饶炯的“转注”说依然存在着严重的失误和不足。首先，他误解了“转注”的界说。他认为：“‘建类一首’者，谓推广之声义，而举本字为首，因一字而可加为数字之用；‘同意相受’者，谓取同声同义之字，而相加为别，数字仍是一字之意。”②“六书”定义，本二句一贯，不当各为其解而判为二事。尤其重要的是，凡对界说的解释，都应既能落实到每一个字词上，还更要能“揆之文义而必安”。像饶氏这样来解释“转注”之界说，人们实在无法紧扣文句来理会。其次，饶氏因为误解了“转注”的界说内容，从而不加分别地把“加形”与“加声”都看做是“转注”造字，混淆了加注意符和加注音符这两种并不相同的构形模式。在构形原理上，加注音符是利用沟通文字与语音之关系的方式来体现并区别意义，而加注意符则是利用突出或强调事类范畴的方式来体现或区别意义，二者的性质是并不相同的。更何况，“转注”的界说是“建类一首，同意相受”，我们在前面已经充分论述，加注意符的造字情况与“转注”的界说若合符节，非“转注”而莫属。至于加注音符，它既谈不上“建类一首”，也无所谓“同意”才“相

①② 饶炯：《文字存真、六书转注例第五》。

受”，可谓与“转注”的界说是风马牛不相及。所以，把“加声”与“加形”相提并论，混为一谈，决非汉人“转注”理论的本义。还必须指出的是，饶炯所说的“加形”，也并不等同于我们所说的加注意符。当然，他所说的“加形”，主要还是加注意符问题，例如他所列举的：“‘休’从‘人’‘木’会意，而重文‘庥’又从‘休’加‘广’”，“‘祔’为付祭，从‘付’引借，名其祭曰‘付’；‘禘’为祭上帝，从‘帝’引借，名其祭曰‘帝’；‘祫’为合祭先祖，从‘合’引借，名其祭曰‘合’；‘祰’为告祭，从‘告’引借，名其祭曰‘告’。而皆从‘付’，从‘帝’，从‘合’，从‘告’而加‘示’为专字”等。至于什么“‘丄’因天在上，借‘一’加记识，而‘上’、‘下’、‘[illegible]’、‘[illegible]’又从‘丄’、‘丅’、‘中’加‘-’加‘=’”，古文‘[illegible]’从二‘宜’，籀文‘[illegible]’从二‘𠂤’省”，诸如此类，既不是加注意符，恐怕不好说是“加形”。还有“蛇”，“屍”一类的字，饶氏说它们是什么“繁文转注”，其实还是为了“别义”而加注意符的问题。

再次，饶氏虽然看到了“转注本用字后之造字”，却没有把这种历时态研究“六书”的方法坚持和推广下去，因而同样未能划清“转注”与“形声”的界限。他说：“‘形声’者，声从义出，形由声定，自当以声为主，形为从，故许君《叙》云：‘以形为名，取譬相成。’如‘江’从‘工’声，谓江凡所过之地多石，水声工工，故从‘工’得名；‘河’从‘可’声，谓河凡所过之地多沙，水声可可，故从‘可’得名，是也。至于声义不合之字，有本为谐声而音读失传者，亦有方言由本字音变为从声借而加者，方言有本字音变从本篆省声而贸声者，皆与‘江’、‘河’例不相同。世远年湮，详难尽考，其篆如存本字，犹可约略举之，说见‘转注’门。然则‘形声’一类，固较‘会意’宽而比‘转注’窄矣。”① 这番议论，实在不得要领。说什么“声从义出，形由声定”，“以声为主，形为从”，作为造字之法，这些究竟意味着什么呢？在造字原理、过程、手段方式上，它们又能与“转注”造字之法构成什么区别呢？饶氏还把“形声”定义中的“以事为名”改为“以形为名”，以傅会其“声为主，形为从”之说。其实，无论从“以事为名，取譬相成”这八个字的界说上，还是从所谓形声字的形体结构上，我们都无法看出、无法体会出“以声为主，形为从”的特征

---

① 饶炯：《文字存真、六书转注例第五》。

来。至于“水声工工”、“水声可可”云云，更是不着边际的话。而且，按照饶氏的逻辑，“形声”似乎也应包括在“转注”之内，也只好如孙诒让所说，“凡形声骈合文无不兼转注”，这样，最终必然还是要陷入到结构类型的困扰。此外，大概因为对甲骨文、金文的情况缺乏研究，加上深受传统“六书”次第的影响，所以饶氏认为，“古人造字，‘形’、‘事’、‘意’、‘声’已尽其妙”，方有“后起之‘转注’”，把“转注”造字的产生看成在“形声”造字法之后，这当然也是不符合汉字孳乳发展的规律和事实的。

五、黎锦熙的“转注”说

在现代学者中，已故黎锦熙氏的“转注”说十分接近郑珍父子的观点。黎氏於1936年在他的《国语辞典序》中提出了对“六书”问题的看法，后来经过修改订补，形成了自己对中国文字“辩证式的历史进展”之见解①。

黎氏认为，传说中的“上古结绳而治”，就是后世“六书”中的“指事”的前驱。“许慎次第六书，‘一曰指事’、‘二曰象形’，良以有也。从‘结绳’演进而为‘图象文字’，包括六书中的‘指事’、‘象形’、‘会意’三书在内。”“我们可以假定一个公式：语文原始的第一阶段专凭口耳，是主‘音’的，为正面；语文演进的第二阶段始创文字，是主‘形’的，为反面。”“到了第三阶段，就把从前正反两面的成分综合起来，表面上却又像回复原始阶段的主‘音’，这就是六书中的假借了。”在这“语文演进的第三阶段”，“虽像第一阶段的主‘音’，却已吸收了第二阶段‘图象文字’之主‘形’的贡献，故‘假借’是一种综合。”“‘假借’太泛滥了，又太歧了，于是乎有‘转注’。这就到了语文演进的第四阶段。”“所以旧时所谓‘六书’，今当定一新说。一曰指事，二曰象形，此为单体的图象文字；三曰会意，此为合体的图象文字，皆离音而制形，故这三书可统于‘象形’。四曰假借，此为纯音标文字；五曰转注，六曰形声，此为半音标文字：皆准音以定形，故这三书可统于‘假借’，‘假借’者，假借字形以表语音也。析之则六，统之则二，曰‘象形’曰‘假借’而已。”

---

① 见黎锦熙《中国文字之正反合辩证式的历史进展》（《中国文字与语言》上，《黎锦熙选集》之一，五十年代出版社，1953）。以下所引黎氏论述，均出自此文。

黎氏自己称以上的基本见解为“新六书说”。把“指事”、“象形”、“会意”统于“象形”，把“假借”、“转注”、“形声”统于“假借”，“新六书说”其实是归结为“二书”说，这其中的得失，我们暂且不讨论。认为“节缩绘画而成图象文字，发端却由所谓‘结绳’纪事移转而成六书中之‘指事’（数目字为主）”，故六书次第“指事”当居第一；有“指事”而有“象形”、“会意”，有“指事”、“象形”、“会意”而后有“假借”，有“假借”而后有“转注”，有“转注”而后才有“形声”，这一见解则无疑是符合汉字产生、发展的基本规律和历史事实的，也是我们十分赞同的。不过，在“新六书说”中，最值得称道的还是黎氏对“转注”和“形声”两种造字之法的一些真知灼见。

黎氏指出，“甲骨卜辞及西周金文中不但‘假借’字甚多，并已发见第四阶段之‘转注’字”，“两汉大赋中草木鸟兽虫鱼之名，《史记》《汉书》中多无偏旁，后人《昭明文选》乃加偏旁了。此正是由‘假借’而‘转注’之适例。”“转注者，《说文叙》所下定义为‘建类一首，同意相受’，这是说‘建’立事‘类’为‘一’个部‘首’，遇有某个假借字是和这个部首‘同意’的，就把这个部首加上去，成为一种表示意义的偏旁，这就叫做‘相受’。‘相受’是假借字要容‘受’这个表义的偏旁，而这些偏旁原也就是些图象文字，可以‘授’与那些假借字的。这样，‘相受’的结果，‘形声’字就大批的产生出来了。故‘转注’就是‘形声’的起源：‘声’这一半就是已经行用的‘假借’字，‘形’这一半就是由‘转注’而来的一种表义的符号。凡把另一个字‘转’移做一个符号，来‘注’这个假借字之义，概曰‘转注’，‘考老是也’。”认为加注意符就是“转注”，“转注”是针对“假借”而产生和施用，“转注”造字是结构类型上的“形声”字的起源，由“转注”而产生的“形声”字，其“音符”就是已经行用的假借字（也就是我们所说的“转注原体字”），其“意符”便是由“转注”而来，这些基本见解，无疑是非常正确的。至于对“转注”之名称及其定义之字词的解释，黎氏与我们不尽相同，这无伤大雅，也不构成我们与黎氏的见解有什么本质上的区别。

关于“考”、“老”两个例字的关系，黎氏的解释与我们的看法也是一致的。黎氏说：“古无‘考’字，而称老辈其音为‘丂’，遂行用此象形兼指事的古‘丂’字为其假借字，金文中有此例”，“因‘丂’字的本义为‘气欲舒出，上碍于一’，借为老辈之称，渐觉得太歧了，就转注一个‘老’字加在其上，来作表义的偏旁符号，而成‘考’

字”，“谓‘考’成于‘老’之为偏旁也，其偏旁仅存‘老’头，则谓虽省去一部分可也。”

“转注”既是结构类型上的形声字的起源，那么，作为造字之法，“形声”与“转注”的区别又何在呢？黎氏说：“‘建类一首’的偏旁，用作‘转注’符号的，可以称为‘注义符号’，其发明远在注音符号之前。但最后起的注音符号是一种拼音制度，其不拼音而但把整个单字来直接标音的‘注音符号’，却跟着‘转注’发明出来，那就是六书中的‘形声’。‘形声’一作‘谐声’，又作‘象声’，还是把‘形声’作总名的好，因为‘依声托事’的‘假借’字就早已是谐声了。‘转注’一个建类表义的偏旁（形）给假借字（声），就是‘形声’的第一批。再调一个个儿，先把建类表义的偏旁做主体（形），然后借用一个字来标音（声），这才是‘形声’字的第二批，这才把‘形声’这个名称建立起来。‘形声’字中，声这一半所标的音，也和整个儿的假借字一样，必与语言中这个词本来的声音相‘谐’和，所以也可以叫‘谐声’。他与前阶段‘假借’字的‘谐声法’完全相同，其不同者，只是先立定了一个表义的偏旁而已。‘形声’字表义的偏旁，也与本阶段‘转注’字‘建类’的‘注义符号’完全相同，其不同者，只是预先立定这个‘注义符号’做造字时表示义类的主体，不像‘转注’字的‘注义符号’乃是后加上去的。”“‘转注’是‘形声’的起原，造字的结果，凡‘转注’字都是‘形声’字。……‘转注’‘形声’两种造字法造出来的结果既是一样，则其不同之点何在？只在造字时的手续先后不同：先声（假借字）而后形（加上注义符号），就叫‘转注’；先形（立定表义的偏旁，即注义符号）而后声（加上不拼音的注音符号），就叫‘形声’。”这一段话的实质显然就是：“转注”造字即是加注意符，“形声”造字即是同时既取意符又取音符以相配（即我们所说“转注·形声”合流式造字），二者所造出的在结构上都是形声字。能够把汉字的结构与造字的方法既加以联系，又加以区别，肯定“转注”与“形声”都是造字方法，而且明确指出“转注”为“形声”之源，“‘转注’所以救‘假借’之弊，‘形声’不过衍‘转注’之绪”，这些见解都是难能可贵的。略有不足的是，黎氏认为“形声”定义中“‘以事为名’一语，实带释‘转注’之义”，以致对“转注”与“形声”两种造字方法未能彻底划清其界限。此外，黎氏似乎认为结构类型上的形声字，是在“转注”之后的“形声”法所“大批制造的”，这恐怕也不符合汉字生发之事实。

对于长期以来“转注”造字法未能得到文字学界的确认的原因，黎氏也作了一定的分析，他说：“‘转注’是‘形声’的起原，造字的结果，凡‘转注’字都是‘形声’字。所以《说文序》中‘转注’下‘考老是也’的‘考’字，与‘形声’下‘江河是也’的‘江河’二字，成了同型，都是‘形声’字；这只是古人的逻辑不严格，弄得‘转注’问题聚讼至今一千九百年还没有解决。盖《说文》‘老’从‘人毛匕（化）’，是会意字，老部‘考’下云：‘老也，从老省，丂声’，又明明是一个形声字。‘考’字与‘江’‘河’二字同型于‘形声’，‘老’字与‘武’‘信’二字同型于‘会意’，以致‘转注’的本身竟无例字。不知许氏举此二字之意，非‘考’‘老’并列，乃谓‘考字成于老之为偏旁’，辞太简而意不瞭。且‘考成于老’，只指‘考’这一字为转注之例，亦是专就其手续言，非论‘考’字之本体；言本体，则实与形声无异也。”黎氏的意思即是，要正确认识“转注”问题，必须把文字的“本体”（结构）与造字的“手续”（造字法）加以必要的区分。这一观点，对“六书”研究有着重要的指导意义。

黎氏还认为，汉民族创制文字，由“假借”而“转注”、“形声”之阶段“绵延甚长”，“转注”之法在汉字发展史上有着重要的、特殊的意义。他说：“整个字的‘假借’是语文演进的第三阶段，前已说明。及到有了‘转注’，又有了‘形声’，让那些太滥太歧的假借字渐渐的有个‘形’的区别，于是语文演进，从主‘音’的正面，渐渐的又走到了主‘形’的反面来了，这就是绵延很长的第四阶段。”“这种‘转注’的办法，是汉民族特别的发明”，“‘转注’乃汉字独创之路线，特具之菁英”，“汉字有此发明，虽用衍形之方式，却得标音之实用，仪态万方，孳乳无尽，从此汉字永不必与其他语族用字母拼音之文字合流了。”当然，不能说“转注”之法只是我们汉民族创制文字的一种独有发明①；不过，要说在一度经历来势甚为迅猛的“假借”之后，汉字之所以未曾走向纯音标或拼音化的道路，乃以“虽用衍形的方式，却得标音之实用”的“转注”之故，这倒是很有见地的解释。

---

① 世界上其他一些古老文字，如古埃及文字等，也曾有“转注”造字之例。我国某些少数民族文字，如纳西文亦然。

六、陆锡兴的“转注”说

当今学者对于“转注”的研究，吾友上海陆君锡兴教授《假借转注再研究》一文亦堪称道①。此文征引大量金文材料，详细而深刻地论述了“转注”的性质、功用和特征，颇得“转注”之真意。

关于“转注”的界说，陆文指出：“在过去纷纭的解说中，主形派的部首说是比较符合文字研究特点的。主形派对转注的解释是：建立事类于一个部首，（事类）意义相同的字，此部首相授受，简言之，转注就是通过转授部首来注释字义。考老两字同属一个部首，把这点看做转注字的特征，是人们直接观察、分析字例的结果。因此部首注在诸说中提出最早，而且后来此说不衰，看来绝非偶然。”对“转注”二字以及定义中的某些字，虽然陆文的解释与我们并不完全相同，但精神实质还是比较一致的。

陆文虽然没有提出“类首”的概念，但他强调：“部首是《说文》的重要内容，它是形声字从意义角度分析出来的最基本的结构部件②，形体上它是转注的‘首’，意义上是转注的‘类’。部首说虽然符合《说文》转注的意义，但是它还不是古文字转注的本来情况。部首说的根本问题就在‘部首’，事实上部首是后人整理出来的，上古文字本身没有部首偏旁的概念。我们必须对部首说采取批判继承的态度，取其精华。它的合理部分在于，立足于字形观察六书，以字注义解释转注，这一点，是可以成为我们进一步研究转注的基础的。”由此可见，陆氏事实上是深知《说文》中的部首与“转注”规律中的类首并非完全一回事，是应有所区别的。

关于“考”与“老”这两个例字的关系，陆氏在他的文章中也分析得非常中肯：“古文字中尚无‘考’之本字，常用‘丂’字假借，古人为使字义显豁，就用一个表示老考之‘老’字去标注”，“古文字中标注在‘丂’字之上的‘老’字是一个独立的字，转注字‘考’是假借字‘丂’与标注字‘老’两个字的结合”，“‘考’、‘老’两字在《说文》中情况不大一样，这是两个并存的字，‘老’字是一部之首，是一个独立的字，‘考’中之‘耂’是一个偏旁，是一个字的组成部

---

① 载《语言研究》1986年第一期（总第10期）

② 雍长案，部首不限于形声字。

分，没有独立性，而且作为独立的‘老’字用不省之体，偏旁用省体，从形体上也有明确区别。《说文》中的‘考’字不再是两个字的组合体，而是形符‘耂’与声符‘丂’固定结合的形声字。这种文字体制上的差异使《说文》转注字例不能正确地反映古文字的实际情况。其次，我们通观《说文》，全文并无转注的实际内容。由此可见，研究转注假借不能满足于解释许慎的原意，而要突破《说文》的框框，回到古文字的实际中去。”

章太炎曾多次说到：“转注者，繁而不杀，恣文字之孳乳者也；假借者，志而如晦，节文字之孳乳者也。二者消息相殊，正负相待，造字者以为繁省大例。”① 我们以为不然。根据汉字孳乳繁衍的历史事实，完全可以看出，并非“假借”为节制“转注”而生，而是恰恰相反，是“转注”为节制“假借”、补救“假借”而生。这一点，陆文在论述“转注”之法的产生及“转注”与“假借”的关系时，与我们的看法也是一致的。例如，文章指出说：早期汉字是“表形文字”，“表形文字职能主要依靠本字向假借字转化以及本字对假借字标注得以实现和完善的。本字表音化转化为假借，但是通过本字对假借字的标注，又使假借转化为带有表意符号的表音字。前者是表形文字的主要功能，后者是表形文字的辅助性功能。例如来麦之‘来’，假借为来去之来，如《康侯簋》‘王来伐商邑’，另一方面，‘止’为脚趾本字，含有足及足行为的词义，这个字加在假借字‘来’上，形成一个组合体‘逨’”，例如《来觯》‘逨作宝彝’②。这种在假借字上标注本字，灌注词义的办法就是古文字的转注。转注的作用在于增加字形上的区别特征，使假借与表形文字的构形特点取得统一，它起着完善假借功能的作用。”

关于“转注”的功能即目的，陆文还论述到：“假借是与本字相区别的，由本字的词义来判别的，如果本字词义引申分裂为一个新的词义，这个新词如果与本字共用一个字符，同样是字符上的假借，它也要用标注字标注成为转注字。”“有些本字由于字形变化，或者经常假借应用，原来字形已经不能充分地表达词意，在人们的观念上要把它当做

① 《国故论衡上·转注假借说》。

② 雍长案，金文“逨”字由“来”加注意符“辵”而成；小篆“麦”字，则正由“来”加注意符“止”而成；“麦”字形体中“止”朝下者，古人造字，多以上方为外，下方为内，如“出”、“正”等字中“止”皆朝上，“各”字中“止”则朝下，故“麦”字中“止”朝下，正暗示来至之意。造字者本意如是，然用字者不必尽由造字者之意，此“麦”字反表禾麦，而“来”字仍久假不归之所以然也。

假借字看待，这种情况往往也要标注变为转注字。”“这种转注有点像后人讲的累增字，《说文》中‘豊’，‘行礼之器也，从豆象形……读与禮同’，‘禮’就是‘豊’的转注字。从古文字的实际情况看，古人只要认为字形不能明确地显示词义，就要加字标注，这样，受标注的假借字中还包括某些由于种种原因使本意不显豁的本字。”

关于“转注”的功能特征和性质特征，陆氏也有自己独到的、很有见地很值得重视的一些看法。例如，“转注是辅助性功能，它对假借的标注作用不会根本上改变它的标音性质，应用上没有必须性，可以加可以不加”，这种认识，与我们一再强调的转注字中的“转注原体”要素的表音功能是“转注原体字”固有读音的自然遗存的结论显然也是相通的。陆氏还说：“在同一文献中，有的假借标注，有的不标注，有明显的随意性，我们也可以在一段历史时间内来考察，这种随意性表现为前人把假借转化为转注，后人却依旧用假借，不加承袭”，“转注的随意性还表现在同一个词的不同标注字。词义可以从内部、外部、抽象、具体、基本义、比喻义、语境义等多个不同方面去理解，由于标注者对词义从不同角度的理解因而采取不同的标注字，这种情况也不乏其例”，“转注与其说是标注词的基本意义，还不如说标注词在各种语言环境中的意义”，“总之，转注字注入的符号具有任意性，它不仅表现在转注符号可有可无，而且还表现在转注符号的标注要受到标注者对词义理解的角度不同，转注字所处的语言环境不同等因素的影响而采用不同的标注符号，其中标注者对词义的理解是主要因素，这使得转注字带上了标注人的主观因素，在它所处的语言环境里具有特定的含义”。“假借和转注是表形文字功能内部的一对矛盾，它们在表达词义的方式上是对立的，从整个文字系统与词汇系统的适应功能看，它们是互相补充的。假借与转注之间还处于经常的转换中，前文已经论述了假借通过标注变为转注，而转注也会变为假借。转注一方面脱离应用还原于假借，另一方面又以整体的形式假借应用，转注字变为复体的假借字”，“转注字的假借化，以后又会在这复体的假借字上标注，转注复加转注，产生了叠层架屋的复杂文字结构。”“假借是矛盾的主要方面，转注是矛盾的次要方面，两者相互联系相互制约，共同构成了表形文字的功能。随着文字的发展，这个矛盾的主次关系也不断变化，可以说表形文字不断解体向表意文字过渡的过程就是转注不断上升为矛盾主要方面的过程。”这些深刻的论述，对于我们正确认识“转注”之法的性质和“转注”造字的实际情况，都是大有启益的。虽然我们不能同意这些说法中的每一个观点，但其基本精神与我们是默契的。

毋庸讳言，在某些重大问题上，陆文与我们的观点也有不一致的，其中必须指出的至少有如下三点：

第一，我们认为“六书”皆造字之法，从“六书”研究的角度而言，我们对“四体二用”说是坚决持否定态度的。而陆氏对“四体二用”说则十分推崇，他说：“传统的文字研究在明清间有一个重大的突破，这就是六书的体用说，明代杨慎的‘四经二纬’说为之滥觞，清代戴震的‘四体二用’说登其堂奥。……杨慎的‘四经二纬’说第一次抛弃对六书作简单平行的分析方法，从纵横不同角度对它作研究区别，把六书看成是经纬交织的活的整体，它作为一个有机的整体使它造字的有限性适用于用字的无限性。杨慎以他的卓越见识打开了文字研究的新局面，而戴震进一步发展成为‘四体二用’说。他认为，指事、象形、谐声、会意为书之体，转注、假借为书之用。这样，明确地把六书划分为两个部分，造字的四种结构类型和假借转注的两种功能类型，这是两个性质、作用完全不同的部分。六书的奥秘解开了，我们可以重新认识一下上古表形文字，它是由四种不同结构类型的字组成的，通过假借和转注两种功能形式去表达语言的文字体系。”这段话，我们是不敢苟同的。无论是杨慎的“四经二纬”说，还是戴震的“四体二用”说，把六书割裂为二类，把造字法则混同于结构类型，以至于彻底否定造字法则的客观存在，这绝不是对汉字研究的“一个重大突破”，而是一个严重的倒退。结构类型不是凭空而来，只能是造字法则的产物。抛开造字法则来谈结构类型，恰恰正是一种“简单平行的分析方法”。陆氏赞同“指事、象形、谐声、会意为书之体，转注、假借为书之用”，认为“造字的四种结构类型和假借转注的两种功能类型，这是两个性质、作用完全不同的部分”，这一理论与陆氏对“转注”的具体研究和揭示是背道而驰的。无论如何，“在假借字上标注本字”，“用标注字标注成为转注字”，不管它有多大的“随意性”，我们也无法否认这正是造字，正是造出了一种结构类型。否定“转注”是造字，只说它是“书之用”，是一种“功能类型”，是无法解释由“来”而有“逨”、由“豊”而有“禮”、由“立”而有“位”、由“之”而有“蚩”等等明显地使得汉字的原有结构类型发生了改变这一基本事实的。若说“假借”不是“结构类型”，而是“功能类型”，人们也许能接受；要说“转注”只是一种“功能类型”，无关于“造字的结构类型”，人们是无法理解、无法接受的。此外，说“上古表形文字”是“由四种不同结构类型的字组成的”，这大体是可以的，但说它是“通过假借和转注两种功能形式去表达语言的文字体系”，便有些片面了。因为，有许多字，如“人”、“牛”、“出”、“伐”、“邦”等，它们既可以分属于“四种不同结构类型”，同时也参与“表达语言”。就是说，在卜辞、铭文中，它们用其本字本义的情况还是不少的。作为“四种不同结构类型”的汉字，倘若它们用其本字本义，既无关于“假借”，也无关于“转注”，其“功能形式”和“结构类型”是统一的，这种情况下，就应当承认它们也是在“表达语言”，就不应当把它们排除在“表达语言的文字体系”之外。所以，绝不能认为“表达语言的文字体系”仅仅是“通过假借和转注两种功能形式”来构成的。

第二，我们认为，结构类型不等于造字法则，结构类型上的形声字，不等于“六书”中的“形声”造字法。“形声”与“转注”是两种并存的造字之法，它们造出的字在结构类型上大体可属一类，可统称为形声字。尤其是“转注”与“形声”合流而造出的字，其结构类型与“转注字”尤无二致。“形声”与“转注”的区别，主要在于造字的背景、原理及手段过程。陆氏自己也承认，“形声字和转注字都是音义结合体，如果仅仅从结构看，很容易混同它们本质上的差别”。但是，由于他持杨慎和戴震的见解，把“六书”看成是“四经二纬”或“四体二用”的问题，所以他在谈到“形声”与“转注”的区别时说：“形声是四体之一，是一种字的结构类型。转注是文字特殊功能，是表形文字在语言中的应用。”我们认为，把一个“转注原体字”移附授注于一个“类首”，或者说在一个“转注原体字”的形体上再加附一个意符，这即是造字。“转注”造字的结果，使汉字孳乳繁衍而成大系。尽管有少数“转注字”被淘汰，尽管后人用字不必尽用后起之“转注字”，而时或仍用“转注原体字”，这些都决不足以构成对“转注”造字的否定。而陆氏却认为：“转注合体是表形文字的功能基于应用而表现出来的结合形态，一旦离开应用，又会分解还原，因此它不是一种构形造字手段，严格地讲，转注不具备表意文字中的‘字’的资格。”所谓“一旦离开应用，又会分解还原”，这种说法是缺乏坚实的客观基础的。因为，文字的生命即在于“应用”，离开了“应用”，我们又能根据什么标准可以判断它们“分解还原”了呢？“转注合体”既然能作为一个音义单位的书写符号而“应用”，我们还有什么理由说它们“不具备表意文字中的‘字’的资格”呢？事实上，“转注”造字法所造出的字，绝大多数都并没有“分解还原”，结构类型上的形声字，大多数即是“转注”造字的结果。如果没有“转注”造字，便不可能有后世如此庞大的汉字体系。陆氏也曾经提到：“假借标注的转注不断发展，转注由补充手段上升为制约手段，成为功能的主要形式。日益丧失画意的表形文字迫切需要新的表意手段取代表形手段，这时转注不断地沉积凝固为形声字，或按照转注字的结构大量创造新的形声字就有必要了。”这一看法的基本精神我们是赞同的。所谓“转注不断地沉积凝固为形声字”，这只能说明是“转注”造字的结果，而不应把这一结果与“构型造字手段”截然割裂开来。任何一种“构形造字手段”，其造出的字一般都需要经过一种“沉积凝固”的过程，并非“转注”独然。至于“按照转注字的结构”来创造“新的形声字”，这便是我们所讲的“转注”与“形声”合流式的造字。只是，从汉字的实际情况来看，直接采用意符与音符相配而造出的形声字，似乎并不是“大量”的，结构类型上的形声字，主要还是“转注”造字即加注意符的结果。

第三，“建类一首，同意相受”式的“转注”之法所造出的字，与“以事为名，取譬相成”式的“形声”之法所造出的字，若要求其“结构类型”上的差异，那也只是“类首”（意符）与“名符”的不同。而陆氏认为：“比较转注与形声，形体上显示出两者的不同。转注的标注部分是一个字，离开转注也是独立的，相反，形声的意符是偏旁，它不能离开形声字而独立存在。其次，转注字的标注字在转注字的部位是不固定的。可上可下，可左可右，可以附加在外面，也可以嵌在中间，都不影响它标注词义的作用。形声字中的义符位置一般是固定的，不能随意变动，而且，义符的形体已经不同于原来的形体，如‘忄（心）’、‘扌（手）’、‘亻（人）’，它只能充当配件。显然，从形体上看，转注是两个字松散的结合，形声是由义符声符紧密结合的整体。”其实，所谓“两个字松散的结合”与“义符声符紧密结合”，只不过是汉字不同历史阶段中的问题。把汉字在不同的历史阶段的某些差异性特征看成是“转注字”与“形声字”在形体上的不同，这就更加失去了“六书”的本旨。且不说别的，即以会意字而言，如“休”、“牧”、“好”、“利”等，它们在甲骨文阶段，其构件何尝没有“部位是不固定的”之特点？何尝不是“两个字松散的结合”？而隶变以后，又何尝不是“形体已经不同于原来的形体”，“位置一般是固定的，不能随意变动”？从“六书”的角度来说，是否也要把它们在不同的历史阶段的字体看成两种不同的结构类型呢？陆氏之所以如此看问题，显然是由“转注不断地沉积凝固为形声字”这一观点生发开来的。由此又联系到另一个问题，陆氏说：“转注是在假借字上加字标注词义，它们并不是一个整体，它的字义还是原来的假借字的意义，这个意义是具体语言环境决定的。因此，去掉转注字的标注字，还原到假借，字形依然完整，字义不变。而形声字的义符声符缺一不可，字义凝固在整个形声结合的形体中，形声字和它的声符义符是不同的。”从我们的角度来说，“转注字”是由“转注原体字”孳生而来，“转注原体字”是其原身，因此，若去掉后加的“类首”即意符，还原到“转注原体字”，当然“字形依然完整，字义不变”，而“形声字”是由“名符”和“音譬”直接组合而成，无论是“名符”还是“音譬”，都不是它的前身，由“转注”与“形声”合流所造出的字也是如此，其构件当然是“缺一不可”。但从陆氏的角度来说，既然是“转注不断地沉积凝固为形声字”，那么，在“形声字”业已“沉积凝固”的后世，仍然不时有使用古本字即“转注原体字”的情况，如苏东坡的《石钟山记》，即用“莫”而不用“暮”，那么，站在宋代来说，这个“暮”字到底是“形声字”呢，还是“转注字”？要说它是“形声字”，它却完全可以“还原到假借，字形依然完整，字义不变”；若说它是“转注字”，它却实实在在地已经“沉积凝固”。可见，这个标准是无法对它们作出区分的，即使对于陆氏所说的“形声字”来说也是如此。至于所谓“比较意符和转注字所包含的意义，差别也很大，标注字从直观的、具体的概念出发，标明词的意义类别、归属，标注字和表达的词义有着直接的联系。义符意义高度概括，一般不直接与词义发生联系，而且许多义符在形声字里并没有具体意义，仅仅起了一个区别词义的作用”，事实恐怕也并非如此。例如，“萬年无疆”之“萬”，彝器铭文多作“”，所加之“止”与“萬”的词义又有什么“直接联系”呢？相反，如“江”、“河”之类的字，这该是“沉积凝固的形声字”了，但其“义符”“氵”又如何能“区别词义”？难道它不是“标明词的意义类别、归属”？

陆氏的“转注”说本已非常接近事实，但由于未能彻底摆脱结构类型的困扰，不敢承认“六书”为造字之法，以致功亏一篑，实在令人遗憾。

“六书”之“转注”为造字之法，且为汉字孳乳之大法，加注意符即是“转注”，“‘形声’不过承‘转注’之绪而衍之”，以汉代学者的理论与汉字的历史两相应证，人们必然能够渐渐地得出这种合乎事实的结论。徐锴、郑珍父子、孙诒让、饶炯、黎锦熙、陆锡兴等学者的孜孜研求，必然帮助我们恢复“转注”造字之法的本来面貌，和确立“转注”理论在中国文字学史上应有的重要地位。这似乎不单纯是一种学术自信问题。所谓“折戟沉沙铁未销，自将磨洗认前朝”，我们只是遵循着历史的轨迹在考察和认识“转注”罢了。

第六章　汉字构形的思维模式与汉字的结构类型

一、汉字构形的思维模式*

汉字的构形是我们汉民族祖先博物知识和社会知识的结晶，它的每一个形体的创制，都凝聚着先民们群体的心灵智慧，都是先民们认知体物思维模式的展现。人类思维的发生是靠群体智慧形成的，思维模式是人们在认知过程中将现象物转化为感觉和思想的认知结构体系，是社会历史实践经验的沉积，它具有相对稳定性的特征。思维的基本模式可分为两大类，一种是经验思维型，另一种是逻辑思维型。当然，这两种思维模式不可能具有截然划分的界限，不可能彼此毫无任何联系。我们虽然可以指出，在文字萌生、文明曙光初露的远古时代，体现在汉字初创的构形思维中，经验型思维必定是主要趋势；但是，我们却不能认为，在早期汉字的构形中便没有任何素朴的逻辑思维的因子。尤其在进入文字业已产生的文明社会之后，对于孳乳繁衍发展过程中所继续产生的汉字来说，其形体构造的取向便越来越呈现为某种逻辑型思维的趋势。所以，大体说来，在初创阶段所产生的汉字，一般都具有比较强烈的经验型思维的特质；而在发展阶段所创造出来的汉字，则具有一定的、比较明显的、素朴的逻辑思维性。“转注”之作为一种造字规律和造字方法，便正是后一种情况的典型体现。

应当承认，我国传统文字学中的“六书”说，业已归纳了汉字构造的基本方法，反映了汉字产生和孳衍的主要规律。但也必须看到，由于历史条件的局限，“六书”理论并未能把以甲骨文、金文为主的古汉字的构形模式全面地揭示出来。根据先民们造字构形的不同着眼点，根据汉字的形体与其音义关系的种种不同特质，并充分汲取现当代有关汉

* 本文原载《湖北大学学报》（哲社版）1990 年第 2 期、许嘉璐主编《古代汉语》（高等教育出版社，1992）上册第一章第二节及拙著《管窥蠡测集》（岳麓书社，1994），这里有所修改和补充。

字构造理论研究的科学成果，我们将汉字构形的思维模式归纳为“绘形象物”、“烘托显物”、“标识指物”、“借形寓意”、“符号示意”、“比形象事”、“合字会意”、“加注意符”（含改换意符）、“加注音符”（含改换音符）、“音意合成”等十种。可以说，从“绘形象物”到“比形象事”这六种模式，其经验型思维的特征比较突出，它们主要形成于汉字产生的早期阶段；从“合字会意”到“音意合成”这四种模式，则更具有逻辑型思维的特质，它们主要是汉字发展阶段所形成。至于传统“六书”说中的“假借”问题，我们认为，如果着眼于先民们为语词谋求书写符号这一造字心理的初始事实，应当承认它也是一种“造字之本”；不过，从严格范围来说，“假借”毕竟不能体现为一种独立的汉字形体构造的思维模式，所以这里不作论述。

汉字是为汉语中的词而造，词是造字构形思维过程中的基本着眼点。词具有音和义两个要素，语音是形式，意义是内容。词，尤其是那些基本词汇，其意义内容大多数是客观事物外观与内涵的反映。先民们认知思维的特点是重形感，重经验，所以，在汉字初创之时，造字构形的思维着眼点是只放在词所指称的意义内容上，未曾把词的语音形式作为构形要素来考虑。从世界其他几种古老文字，如苏美尔楔形文字、古埃及文字、玛雅文字的初创情况来看，一开始即把造字构形的着眼点只放在语词的意义内容上，这似乎是上古人类各自独立创造文字的一种思维共性。字形单纯而直接地显现词义，直感可识性强，便于“目治”，但作为构形方式却又有相当的局限性。因此，到后来先民们造字构形的着眼点有所转移，开始注意到词的语音形式。于是，在汉字创制的历史过程中一方面出现了少数对已有的文字加注读音标志的情况，另一方面产生了“假借”的办法。“本无其字，依声托事”的假借之法或者是太方便了，所以情势急剧发展，假借字一度大量涌现，以致给汉字的使用带来极大的困扰。为了摆脱这种困扰，先民们造字构形的思维心理发生逆转，从词的语音形式又有意识地回到词的意义内容，从而产生了大量加注意义标志的“转注字”。从词的意义内容转向词的声音形式，从词的声音形式又回到词的意义内容，造字构形的这一曲折的思维历程给人们带来了新的启迪，所以到最后，汉民族造字构形的着眼点是既放在词的意义内容上，也放在词的语音形式上，终于能自觉地把词语的音与义两个要素都作为造字构形所要体现的内容相提并论地加以考虑。

词所代表的意义内容不外乎两大类：一类是具体的客观物体（包括人自身这种客观物体），可简称之为“物”；一类是客观物体的种种性质、情状、关系及抽象概念等，可简称之为“事”。我们考察汉字构形的思维模式，就是看汉字的构形与词的音义要素是如何联系的：是直接联系于词的意义，还是直接联系于词的声音，还是二者都予以直接联系？若是直接将词的意义内容体现于文字的形体上，那么，是体现为“物”，还是体现为“事”，还是借物现事？凡此种种规律，就是我们所要探讨的内容。

（一）绘形象物

汉字是因汉语中的词而产生，语言中的词是汉民族造字构形思维过程中的基本着眼点。在古汉语基本词汇中，有不少是日常通用的名物之词，它们的意义内容都是直指那些具体的、有形可睹的客观外物（包括人体自身这一客观外物）。这些词的所指对象，界域清晰，形感鲜明，所以先民们凭着直观成象的思维经验，为这一类词采取“绘形象物”的方式来造字构形。

所谓绘形象物，就是用简洁的线条笔划把需要造字的语词所指称的客观物体的形象描摹下来，构成一个该物体的形体图象，让人一看就能明了它所指称的是什么。传统“六书”中“画成其物，随体诘诎”式的“象形”法，主要就是对这种构形模式而言。通常所说的“象形字”，其大多数（不是全部）也就是由这一模式所构成。

在甲骨文、金文中，绘形象物式的字都具有十分鲜明的物体图象之特征。这些汉字的形体结构，如同一幅幅某种物体的写意画。它们所代表的语言中的词，在造字之初也就是这些文字形体所象之物的通用名称。换言之，这些文字的形体结构所描绘的物体，也就是它们代表的语词所指谓的意义内容。它们的构形“近取诸身，远取诸物”，所反映的内容非常广泛、丰富。这些字，有代表人身自体（包括人体部位、器官等）类的，如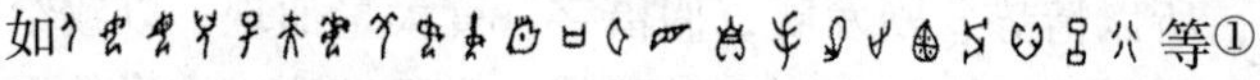等①；有代表人们衣食住行及军旅等活动所需之器物、建制类的，如
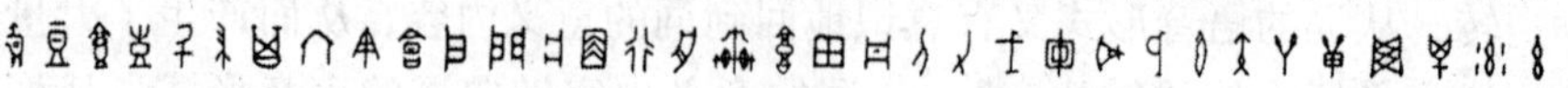

① 所列甲骨文与其相对应的楷书依次是：人、女、母、兒、子、夫、妻、羌、“奴”之初文、“奚”之初文、首、口、耳、目、自（“鼻”之初文）、手、足、止（“趾”之初文）、“胃”之初文、“骨”之初文、心、吕（脊骨）、“㕁”之初文（㕁音 jué，“口上阿”）。

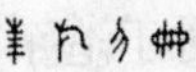等①；有代表禽兽动物类的，如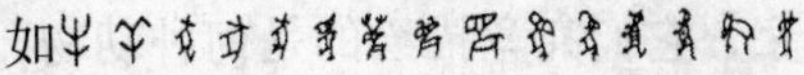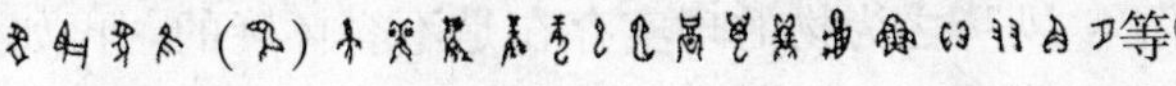等②；有代表草木植物类的，如等③；有代表宇宙自然类的，如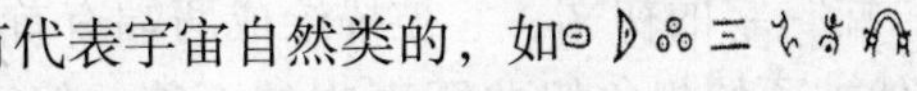等④。

绘形象物的构形模式，注重的是在字形上突出物体的典型特征。例如，同样都是描绘走兽类的字，躯体部分几乎全都相同，但“犬”突出其尾的上翘，“豕”突出其尾的下垂，“象”突出其长鼻，“兔”突出其长耳短尾，“鹿”突出其双角与长颈，“虎”强调其张牙露齿与斑纹。就是借助于这些不同特征的突出强调，作为不同文字的形体其表意功能才得以区别开来。并且，文字构形中只要把握了典型特征，笔划的多寡有时可以退居次要地位，物体形状的真实完整性也可以另当别论。所以，代表兽形的躯体或作双钩，或仅存一线；“龟”的龟甲之纹有时多到七八格，有时却只划一个“十”；“隹”（鸟）可以简化为一足，“人”“子”可以只作一条腿，“犬”“豕”等可以只作两条腿；“止”的脚趾之形可以是三个等等。轮廓式、简单抽象化，但求形似足以达意而已，这是汉字绘形象物构形模式的特点所在，它在形体构造上已不同于纯图画艺术。

经验型思维的主要特征是重形感，求实在，其观念的获得都是直接源于现实世界。所以，绘形象物式的汉字所描述的图象，在造字之初的远古时代都是实有其物的。有些字，例如甲金文中的“龙”字及“凤”

① 所列甲骨文与其相对应的楷书依次是：衣、“裘”之初文、糸（音 mì，细丝）、皿、酉（酿酒或贮酒之器）、鼎、鬲、“爵”之初文、豆、壶、“鼓”之初文、斗、帚、其（“箕”之初文）、六（“庐”之初文）、“舍”之初文、仓、户、门、“琳”之初文、“簟”之初文、行、舟、车、“郭”之初文、田、井、刀、力（农具犁耙之“犁”的初文）、戈、“盾”之初文、“斧”之初文、戉（即“钺”之初文）、弓、矢、干、单、网、毕、率、午（即“杵”之初文）、玉、㫃、勿（“旀”之初文）、册。

② 所列甲骨文与其相对应的楷书依次是：牛、羊、犬、豕、“豭”之初文、马、鹿、“麋”之初文、“麑”之初文、兕、象、“虎”之初文、“豹”之初文、熊、廌、兔、㲋、鼠、隹（鸟）、燕、雚、“鸡”之初文、“凤”之初文、龙、虫（音 huǐ，即“虺”之初文）、它（“蛇”之初文）、“蝉”之初文、萬（“蠆”之初文）、蜘蛛之“蛛”的初文、龟、鱼、贝、羽、角、肉。

③ 所列甲骨文与其相对应的楷书依次是：木、竹、禾、来、“黍”的初文、桑、栗、“稷”的初文。

④ 所列甲骨文与其相对应的楷书依次是：日、月、“星”之初文、气、申（“神”之初文，实即“电”之初文）、“雷”之初文、“虹”之初文、山、丘、水、火、川、泉、“石”之初文。

字，它们究竟描绘的是何种动物，今天虽然还没有弄清楚，但对于造字之时先民们来说，“龙”、“凤”之为物的现实存在是不容怀疑的。再如“虹”字的初文，它被描绘成两端有首，类似虫的一种动物之形，这虽然被原始想象扭曲了事物的面貌，但“虹”作为一种自然现象物的存在，仍然还是客观的，实在的。又如“鬼”与“神”，古人确信其有，但作为“客观外物”，谁也不曾目睹亲见，而先民们造字，“鬼”字（属借形寓意）所依据的是戴上了鬼面具的人（即扮鬼者），“神”字所依据的则是于古人言乃神秘莫测的天空中的闪电。有些事物，如声音、气味等，本来都是无形的东西，汉民族要为代表这一类的语词来构造文字，在“立象以尽意”的心智作用之下，同样得到了生动的展现①，所以如视之无形而闻之有声的“雷”，古人也采取了绘形象物的构形模式来为之造字。此外，到了需要并能够创造文字的时代，人类的思维不可能还是简单的原始思维，所以即使在经验型思维中，也已经包含了素朴的逻辑思维成分。例如，甲金文中“牛”、“羊”二字的构形，以牛头、羊头之形来代指牛、羊的全称，从中即可看出绘形象物式的构形模式，有时并非纯粹的依样画葫芦。

汉字产生的文化渊源在于原始记事和原始绘画。由原始绘画的图象使用于图腾族徽，再转化为文字，这一演进过程的本质特征不在于是否对图画进行了加工改造，而在于是否对它们赋予了一定音义关系，亦即是否让它们同语言中的某个词稳固地结合了起来。实在地说来，汉字虽然是起源于记号和图画，但先民们并非单纯地为绘画而绘画。原始绘画一般都不是纯艺术创作，如同原始记事符号一样，乃有它的实用之目的，即为了辅助语言，帮助记忆和交流情况。原始绘画之所以还不能算作文字，不在于其构形的原始古拙性，也不在于它们不像汉字构形那样具有丰富的思辨性，而是只在于它们尚未与语言中的词牢固地结合起来。如果某一图画所描绘的物体与语言中某一个词的意义内容所指称的物体是一致的，两相吻合的，那么，这一图画之演化为文字，最主要的关键显然是取得那个语词的读音。而读音的取得，只在于社会约定俗成的认可，在图画形体上并不一定需要赋予何种特定的标识。所以，我们认为绘形象物是汉字构形的一种最基本的思维模式，并不与汉字起源于原始记事和原始绘画的观点相矛盾，这只是看问题的角度各有不同罢了。

---

① 参下章第二节。

绘形象物的汉字，在汉字历史中一般都产生得很早。虽然不能说绘形象物的字比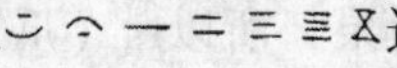这一类符号示意式的字（源于原始记事符号）产生得更早，但在整个汉字体系中，它们造字构形的再生性功能则显然是后者所不能比拟的。这就是说，绘形象物式的汉字是其他一些思维模式支配下造字构形的重要基础。而且，绘形象物构形模式的形成，对其他一些构形模式的产生都有一定的影响和关联性。所以，绘形象物这一造字构形的思维模式，可以说是汉民族造字构形的一种最基础的经验型思维模式，它对汉字最终形成为一种表意体系的文字是具有深远影响的。

（二）烘托显物

语言中有些词所指称的对象虽然也是有形可睹的具体的客观外物，但是，要为它们构造文字，如果只是单纯地把该物体描绘下来，则其形不显白，或容易与其他某种形状类似之物混淆，难以让人识辨。因此，先民们根据自己对客观事物一定的相互依存关系的经验认识，在绘形象物构形模式的基础上，产生出一种“烘托显物”的构形模式。

所谓烘托显物，就是利用一种相关物体的烘托陪衬，来彰显所要指称的另一物体。体现在造字构形上，就是一方面把需要造字的那个语词所指称的物体用极其简略的线条勾勒出来，另一方面还把某种相关的物体，如所依附的主体、经常发生关系的物体、周围的环境等，也连带描绘下来，让后者作为前者的烘托陪衬，以彰显前者所描绘的究竟是何物。

例如，甲骨文或金文中的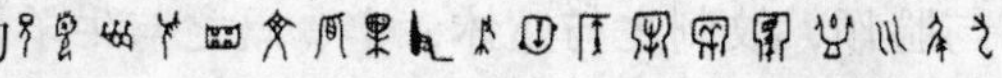等，便属于烘托显物式的字。（元）的本义指人头，人头依附在人体上，所以字形为了彰显人头而连带画出了人身；（页）的本义也是指人头（“页”与“首”一声之转），其构形旨趣与“元”字相同；（眉）指眉毛，如果字形孤立地只描绘眉毛的形状，画得太繁复则不适于成为文字，画得太简略又难以让人明白，所以在简存眉毛之形的同时，连带画出眉下的眼睛；（须）指脸颊上的胡须，若单纯画出几根须毛的形状，也难以让人看明白，所以把代表胡须的几根线条画在“页”的代表脸腮的部位上；（齿）字中的口形，显然是烘托陪衬之形；上古之人有纹身之俗，（文）字即指人体各部位所刺绘的花纹，若单纯描绘花纹之形，则不能明确其所指，何况古人纹身，花纹因人而异，取象也难于专

一（这从甲骨文“文”字的不同写法也可以看出），所以必须借助于人体之形来作烘托陪衬；在蔓为瓜，在木为果，所以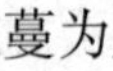（瓜）字在象瓜蓏之形的两边把结瓜的藤蔓也连带描绘下来，（果）字则在象果实之形的下面把长果的树木也连带描绘下来；（父）是“斧”的初文①，（聿）是“筆”的初文，斧不执于手不失其为斧，笔不执于手不失其为笔，“斧”字“聿”字之所以著“又”（代表手），也主要是用作烘托陪衬；（函）谓盛矢之囊，（医，即“侯”字初文）谓射矢之的（古以皮革为之），函之为物，矢不盛不失为函，医之为物，矢不射不失为医，所以“函”字、“医”字著以矢形，也主要是用作烘托陪衬；、（牢）字或从“羊”，指关牛羊的栏圈，（“厩”之初文）为马厩，为使栏圈之形其义显白，所以用牛形或羊形、马形来做烘托陪衬；古人重祭祀，常把牲血盛于器皿中来祭祀鬼神，血之为物又难以独立成象，所以（血）字借助于器皿之形来作烘托陪衬，代表皿形中的圆圈（或作一短横）即象征凝结成块的血形；（州）是“洲”字的初文，指江河等水域中的陆地，若孤立地描绘成某一形状，也难以彰显词义，所以除了画上代表水中陆地之形以外，还借助于代表江河两岸及其水流的图形来作烘托陪衬，等等②。

烘托显物构形模式，突出地体现了古人经验型思维的整体认知式的特征。可以说，要先民们撇开自我经验感知中的相关事物来表现物象，几乎是不可思议的事情。在先民们的感知经验中，像眉之与目，胡须之与脸颊，纹刺之与躯体，牢、厩之与牛羊马，函、医之与矢，洲之与江河流水，等等，显然都是一种整体的认知印象。其实，在这一类事物之间，本来即具有十分密切甚至是不可分割的依存关系，所以人们对它们产生整体认知原本是极自然的事情。不过，我们说“烘托显物”是古人整体认知式的经验型思维在造字构形中的反映，并不意味着“烘托显物”尚未成为我们祖先所自觉运用的一种造字构形的模式。有一个比较典型的例子，甲骨文中的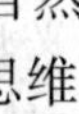（鼠）字象老鼠之形，但它与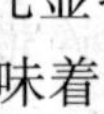（兔）字形

---

① “父”字象手持原始石斧之形，上古之时持石器狩猎主要为男子之事，故男子皆可称“父”。《说文》之训当是后世之事。

② “州”字之后诸古文字所对应的楷书依次是：尾、九（“肘”之初文）、厷（“肱”之初文）、“冕”之初文、奚、因、“俎”之初文、“珥”之初文、“帚”之异体、“爵”之异体、“录”之初文、“僕”之初文、兵、“辔”之初文、向、圂、“罗”之初文、“罝”之初文、“毕”之异体、彘、“鼠”之异体、食、天、“晕”之初文。

近，二者易混淆。为了加以区别，所以古人在绘形象物式的“鼠”字的形体基础上，又造了一个烘托显物式的（鼠）字，即在鼠形的头部连带画上代表谷米之形的符号来作烘托陪衬，以彰显字义之所指是爱吃粮食的老鼠。由此足可看出，烘托显物构形模式，在汉民族的造字实践中已经是一种比较自觉的思维意识了。

“烘托显物”不同于“绘形象物”：

第一，绘形象物所构成的字形，是该字代表的词所指之物单纯的个体图象，字形的全部线条笔划都是用来描绘所指之物的本体形状的；烘托显物构成的字形，并不是该字所代表的词指称之物的单纯的个体图象，字形中的线条笔划，有一部分是用来描绘所指之物的本体形状，还有一部分则是用来描绘作为陪衬的某种相关之物的形状的。例如甲骨文中的（川）字字形与（州）字虽相似，但构形模式却不同。“川”字形体中的全部笔划都是为着直接描绘“川”之为物的，代表两岸河床的笔划与其中代表流水的笔划共同构成“川”的整体内容，所以它是一个绘形象物式的字；“州”字指水中陆地，字形中代表河床两岸及水洲周围的流水，不过是水洲所在的环境，只有字形中的小圆形图象，才是直接描绘水洲之形的，所以它是一个烘托显物式的字。同一个字如果有不同的异体，有时便可能是不同的构形模式。例如前面提到的“鼠”字属绘形象物式，而它的加米粒之形的异体则是烘托显物式。又如（爵）字，甲骨文像饮酒的爵器之形，是一个绘形象物式的字；但它的异体加了一个代表手形的“又”来作烘托陪衬，表示爵是执于手的饮器，便是出自烘托显物的构形模式了。可见，烘托显物式的字实际上是一种复合式的物体图象，但字义所指又不是全部复合之物，而是复合式物体图象中的某一个物形所代表的物体。所以过去研究汉字构造的人。把“人、手、木、犬、日、月”这一类字称作“独体象形”，而把“眉、果、聿、页”这一类字称作“合体象形”。

第二，绘形象物所构成的字形，作为该字代表的词所指称之物的图象来说，都具有十分鲜明的形象特征，在造字时代，人们睹其“形”即可知其“义”；但烘托显物构成的字形，作为该字代表的词所指称之物的那一部分图象，其形象特征往往并不鲜明，有些甚至还谈不上有什么形象性，仅仅是一种象征性的符号而已。反之，代表烘托陪衬之物的那些图象，往往倒是具有鲜明的形象特征，以至于大有“喧宾夺主”之势。例如，甲骨文中的（冕）字，字义指人们头上所戴的一种帽子，所以字形把冠冕之形画在人形的头上。跪跽的人形虽然是用来作为烘托陪衬的，形象特征却很鲜明；冠冕之形虽然是“冕”字所要指称的本体之物，但其形象性却远远不及跪跽的人形那样鲜明逼真。其他如甲骨文“须”、“眉”、“血”等字，都充分可以说明这一点。从烘托显物造字构形的这种特点，我们也可以进一步体会出文字之不同于绘画艺术的本质所在：作为纯图画艺术来说，画面上的烘托陪衬之物是不应当具有喧宾夺主的视觉效果的；但作为一种文字的构形，喧宾夺主式的烘托之所以能够允许，而且还能达到“显物”表义的目的，那是因为文字的要素并不限于形体，文字表义的手段并不限于它的视觉形象。文字的本质在于字形同语言中的一定音义关系的结合，字形的表义手段还有赖于语言社会约定俗成的认可，其形象特征不管是否鲜明强烈，都只能是一种经验思维的提示性功能而已。所以后世汉字不管其字体如何演变，不管其原有的形象特征如何减退乃至完全消失，但仍不失其表义作用，其根本原因即在于此。

（三）标识指物

语言中还有一些这样的名物之词，它们所指称的内容是某种物体的一部分，如树木的根部或末梢，刀器的锋尖或刀刃，人体的爪甲臂腋等。作为物体的这一部分，如果分离出来，往往难以独立成象，因此，既无法采取绘形象物的构形模式来为之造字，也不便用烘托显物的方式来为之构形。于是，根据部分与全体的依存关系，使物象图形与标识性的记号相结合，便形成了“标识指物”的造字构形模式。

所谓标识指物，即在代表某种物体的图象上作出一种标识性的记号，利用这种记号来指示该字代表的词所指称的内容是那种物体的某一部分。例如，甲骨文或金文中的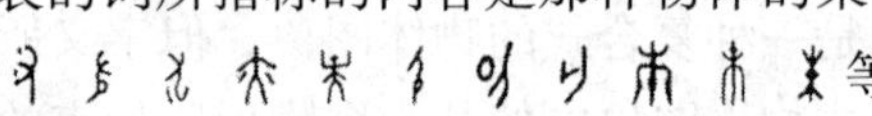等，便属于标识指物式的字。（叉）指手指的爪甲部分，所以字形在代表手（又）的指端部分加上两点作为标识性的记号来指明字义内容的所在。（“肱”的初文）指手臂的胳膊，所以字形在代表手臂之形的肱肌突出之处加上一个小圈作为标识性的记号来指明字义内容的所在。（“肘”的初文）指胳膊肘儿，即手的外臂弯曲之处，所以字形在代表手臂之形弯曲的外侧加上一道弧线作为标识性的记号来指明字义内容的所在。（亦）是“腋”的初文，指人体的臂腋，所以字形在代表人体（大）的两臂腋下之处各加一点（也有只在一侧腋下加点者）作为标识性的记号来指明字义内容的所在。（央）是“项”的初文，本指

颈项，所以字形在代表人体之形（天）的颈项部分加上一个“凵”形标识性的记号来指明字义内容的所在。（“尻”的初文）指臀部尾骨之处，所以字形在代表人体之形的臀部处加上一个小圈作为标识性的记号来指明字义内容的所在。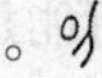（刃）指刀口，所以字形在代表刀形（刀）的刃口部分加上一个小圈作为标识性的记号来指明字义内容的所在。（亡）即锋芒之“芒”的初文，指锐利之器的锋尖，所以字形在代表刀器的锋尖部分加上一短竖线作为一个标识性的记号来指明字义内容的所在。（本）指树根，（末）指树梢，所以金文“本”、“末”二字分别在代表树木之形的根端或末端加上标识性的记号来指明字义内容的所在。（朱）是“株”的初文，指树的株干，所以字形在代表树木之形的中间株干部分加上标识性的记号来指明字义内容的所在。传统“六书”中“视而可识，察而见意”式的“指事”造字法，便包括了这一类字的构形模式。

“标识指物”不同于“烘托显物”：标识指物式的字是物形图象与标识性记号的组合，烘托显物式的字则是物形图象与物形图象的组合。换言之，标识指物式的字，字形中的标识记号不具有图象性质，它仅仅起着指示部位的作用；而烘托显物式的字，字形中的组合部分都具有图象性质，都是描摹或象征着物体的形状。例如“央”字中的“凵”形符号只是表示字义之所指在此，并非表示人体的颈项上配戴有某种“凵”形的物体，所以“凵”在这里不是图象而只是记号；甲、金文的“元”字指人的头，所以字形以人体之形作烘托陪衬，而人体之形上端的方框形或填实的圆形则正为人头的图象，它是实体图象而非记号。所以，“元”是烘托显物式的字，“央”则是标识指物式的字。此外如甲骨文中的“尾”字和“尻”字，“父”字和“叉”字，以及“”和“”、“”和“”等，其构形旨趣的不同，也都在于一为烘托显物，一为标识指物。此外，标识指物式的字，字形中所描绘的物体与标识符号所指示的地方必定是整体与部分的关系；而烘托显物式的字，字形中所描绘的两种物体不一定是部分与整体的关系，即使像“果”字中所代表的果实与树木，“瓜”字中所代表的瓜与藤蔓，其间的关系也是比较松散的，是不难分离的。

汉字中烘托显物式的字不太多，标识指物式的字则更少。

（四）符号示意

采用纯粹的抽象符号，来代表语言中某些意义抽象的词，这种造字构形的模式就是“符号示意”。如甲骨文中的一 二 三 亖 ㄨ 八 丨 凵 山 山 二 二 十 乀 己 ⠂⠂ ⠂⠂①等，便属于符号示意的字。传统六书中的“指事”造字法，也包括了这一构形模式。

古汉语中的符号示意式的字，有些可能是从原始记事性的刻画符号直接吸收而来的，有些则可能是取象于上古原始记事之法（如结绳、契刻）的表象而创制出来的。“一”、“二”、“三”、“四”这四个表数字，最初便是契刻记事符号。“十”、“廿”（二十）、“卅”（三十）、“卌”（四十）这四个十的倍数字，大概是取象于结绳或契刻之事。

符号示意式的字，其字形特征虽然也含有一些图象味道，却明显不同于“绘形象物”和“借形寓意”（详下）。无论是绘形象物还是借形寓意，其字形所描绘的图象，都是一些具体之物的形状，所以我们称之为“形”；符号示意则不然，其字形所描绘的并不是某一具体之物的形状，而是显示某种高度概括的抽象意念的表象，是由众多事物所抽象出来的某种共相，有些则是纯粹的记号，所以我们不称之为“形”，而称之为“符号”。

我们曾指出，绘形象物是汉民族造字构形的一种最基础的思维模式，有些迹象表明，在汉字萌生时代，许多原始记事符号被淘汰，有些则被吸收为文字，那些被吸收为文字的符号，未必全部都充当过族徽标帜，然后再演化为文字的。倘若是并未充当族徽而被吸收为文字的符号，其转化的机遇则在于先民们造字心理的筛选，而对筛选能起主要影响作用的便是绘形象物这一思维模式了。这就是说，那些在构形上无任何“有理性”的纯粹随意而作的符号，要被人们自发地吸收为文字，几乎是不可能的。只有这样的一些符号，它们的构形特征与其所标识的内容也能具有一定的直观乃至形象性的联系，才有最大可能被人们乐于吸收到文字行列中来。例如表数符号一 二 三 亖，其构形特征正好与人们的数目概念相吻合，在符号形体与数目概念之间有着直接的形象联系，所以它们更自然地被吸收为文字。先民们最原始的记数方法便是如此，要表示“五”的数目概念，便划上五道线②，要表示“六”的数目概念，便划上六道线，需要表示多少数，便直观地刻上多少道笔划，这充

① 所列甲骨文与其相对应的楷书依次是：一、二、三、“四”的初文、五、八、十、廿、卅、卌、上、下、“甲”的初文、乙、己、小、少。

② 表数之“五”，甲、金文中有直作五横画者，见刘钊、洪飏、张新俊编纂《新甲骨文编》第766页“五”字（福建人民出版社，2009）、吴大澂《说文古籀补》第十四“五”字。（刘钊教授近以其最新大著《新甲骨文编》见赠，谨在此致谢。2009年10月31日附记。）

分反映了先民们原始记事过程中对符号形体与标识内容力求便于“目治”的直观联系的思维趋势。只是因为，简单的以笔道相加的方式构成的符号毕竟太繁复，它们不能符合文字书写和识读的实用要求，所以自五道线以上的刻划符号便没有吸收为汉字的表数字。后世的表数字“五”、“六”、“七”、“八”、“九”则均来自于假借。“五”字在甲文和金文中写作×，这个符号应当是交午之“午”（接遇，相交接的意思）的本字，我们后世的某些兄弟民族，在其原始记事中还有用×这一符号形体来表示“相遇”之类的意思的。“六”是“庐”字的初文。“七”字是“切”的初文，长的竖线是刀形省变而来，短的横线表示被切割的物体，因字形容易与“甲”字和“十”字相混，所以小篆“七”字其长竖线下端有所弯曲，后来又楷化为“七”。“八”是分别的意思，甲文“八”字即象分别相背之形。“九”是“肘”的初文，不属于符号示意式。至于“回”、“上”、“下”等字，其构形模式虽都属于符号示意，但其形体特征与字义内容之间的直观形象性的联系，也是显而易见的。所以我们认为，绝大多数符号示意式的汉字，其构形模式并非纯粹任意而成。对于先民们来说，以某种形式的符号来标识某种抽象概念，可能大都是有所取象的。只是由于历时绵邈，心迹难存，先民们当初构造这些符号的取象之意已难以推寻罢了。

（五）借形寓意

汉语的历史非常古老久远，到汉字产生之时，汉语早已是一种相当成熟的语言，所以其中自不乏表示种种抽象概念的词汇。先民们初创文字基本经验是直观取象，即使是为那些表示抽象概念的语词来造字，也仍然会受到注重形感的心理习惯所支配。所以，在汉民族造字构形的思维经验中，早就形成了一种“借形寓意”的模式。

所谓借形寓意，就是在造字构形时，借用某一具体之物的形象来寄寓或象征某一抽象概念，以代表语言中某一意义比较抽象的词。例如甲骨文中的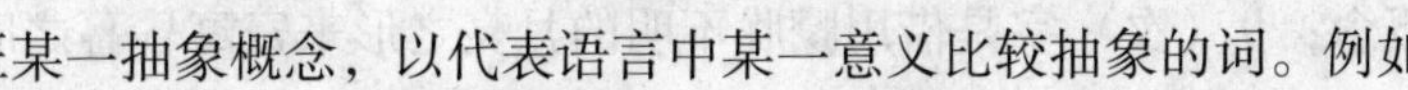等，便都是借形寓意式的字。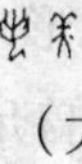（大）字是借用舒展四肢正面站立的人形来寄寓广大这一概念；（交）字是借用双腿交叉而立的人形来寄寓交叉、交错、交接之类的概念；（屰）是“逆”字的初文，它借用倒置的人形来寄寓不顺这一概念；（夨，“仄”之初文）字是借用歪着脑袋的人形来寄寓倾侧、偏斜之类的概念；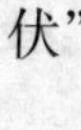（夭）字借用扬臂摆手而跨步的人形来寄寓跑这一动作概念；（“伏”之初文）字是借用俯首伏身

的人形来寄寓匍匐在地、隐藏、埋伏之类动作行为的概念；（卩）是礼节之“节”的初文，跪跽是古人居处的规范姿态，所以“”字借用人的跪跽之形来寄寓动作有常、合乎礼仪之类的概念；（长）字是借用满头长（cháng）发的人形来寄寓长短之长这一概念；（“若”之初文）字是借用双手上举梳理满头乱发的人形来寄寓理顺或顺之类的概念；（美）字是借用头插羊角或花草之类的装饰物之男女人形来寄寓美丽、漂亮之类的概念[1]；（鬼）字是借用蒙着面具的人形（古有大傩之祭，以驱鬼祈福）来寄寓意识观念中鬼神之鬼这一概念；（且）是“祖”的初文，字形是借用男性生殖器之形来寄寓始祖之类的概念；（白）是“伯”的初文，字形是借用姆指之形来寄寓老大、第一之类的概念[2]；（臣）指奴仆，字形借用竖目之形来寄寓屈服这一概念，并象征卑躬屈膝的奴仆（人正常站立时眼睛是横的，躬身俯首时，别人从侧面看上去，其眼睛是竖的）；、（ナ、又）是表方位的“左”、“右”二字的初文，字形分别借用左手和右手之形来寄寓左、右之方位的概念；（高）字是借用耸立的台观之形来寄寓高低之高这一概念；（“齐”之初文）字是借用整齐上平的麦穗之形来寄寓整齐这一概念[3]；（畐）是“福”字之初文，是借用满盛酒醴的器皿之形来寄寓充盈、富有、幸福之类的概念；（中）字是借用主帅所统领之中军的旗鼓之形来寄寓中心、中央之类的概念；（辛）是“辛”字之初文，字形是借用一种似凿器的刑具之形来寄寓罪、有罪之类的概念；上古时代洪水为患十分频繁，给古人留下了深切印象，所以（“灾”字初文）借用洪水横流泛滥之形来寄寓灾害这一概念；（夕）字是借用朦胧不明的月亮之形来寄寓昏暮之时这一抽象时间概念；（屮）字是借用初生草木之形来寄寓通彻这一概念；（釆，音 biàn）字是借用爪痕历历分明的野兽足印之形来寄寓辨别这一概念，等等。

借形寓意式的字与绘形象物式的字，若只从字形特征来看，二者没

---

① 造字之初，与实为一字，后来分化为“每”字而不表美丽之义。

② 后世至今，人们依然用向对方正面挺出大姆指之形来表示第一、了不起之类的意思。

③ 甲文构形或为侧视图，或为仰视图，或为俯视图，整齐之“齐”作，乃俯视图者。

有什么不同。但是我们已指出，文字的本质在于代表语言，汉字是为汉语中的词而创造，所以如果我们考察字形与字义的关系，分析造字构形的思维模式，将不难看出“借形寓意”与“绘形象物”的区别：绘形象物式的字代表的都是具体的名物之词，字形与字义的结合是显性的，也就是说，字形上所描绘的物体即是该字代表的词所指称的意义内容；借形寓意式的字所代表的不是语言中具体的名物之词，而是一些有关事物形状、性质或动作等抽象概念的词，或是反映人类自身对世界的认识过程中超脱于具体之物以后所形成的一些意识观念方面的词，字形与字义的结合是隐性的，也就是说，字形上所描绘的物体，并不就是该字代表的词所指称的意义内容，而是字形图象所暗喻，所寄托或象征的一种深层中的含意，字形的特质不过是一种寓理于形、寓虚于实，或以实喻虚、以形喻理的表现手法而已。例如，“大”字的字形虽然描绘的是一个舒展双手、叉开两腿而正面挺立的人形，但它所代表的词并非是名物之词，而是一个形容词，其意义内容并非是指现实生活中相对于小孩而言的“成年人”或“大人”，而是泛指大小之大的概念；“臣”的字形虽然是一只竖起的眼睛，但它所代表的词并非便是指“纵目”；“且”的字形虽然描绘的是男性生殖器之形，但它所代表的词并非便是指“牡器”；“高”字虽然像台观之形，但它所代表的词并非便是指台观楼阁；“灾”字的初文虽然像大水横流之形，但它所代表的词并非便是指横流之水，而且也并非就是专指水灾。反之，绘形象物的字，如“人”字像人形，它所代表的词便是人；“目”字像眼睛之形，它所代表的词便是指眼睛；“马”字像马形，它所代表的词便是指马；“鹿”字像鹿形，它所代表的词便是指鹿；“水”字像流水之形，它所代表的词便是指水；“火”字像火焰之形，它所代表的词便是指火，等等。

诚然，抽象产生于具体，抽象概念是人类对各种具体事物由感性认识到理性认识综合思维的结果。但是，以人类生存历史及其语言产生历史之悠久而言，我们没有任何理由和证据可以断言汉民族到了需要并能够创造文字的时代尚无抽象概念和表示抽象概念内容的语词，也不可断言造字时代的先民们尚未懂得寓理于形、以实喻虚的表达手法。相反，通过对汉字构形的深入细致的分析研究，可以找到许许多多具体的实例支持我们的看法：不少汉字的构形，是先民们为了表达自己的一些抽象概念而创制的；借代、夸张、象征等曲折表达手法，在早期汉字的构形中已普遍有所存在，我们祖先的思辨精神，在汉字构形中的体现是非常强烈的。这些问题，我们将另有专文论述。

美国人类学家弗兰兹·博厄斯认为："不联系具体事物而谈论事物的质，脱离处于某一状态的具体人或主体而谈论行为或状态，这种现象很少出现在原始语言中。"① 当然，我们没有理由对博厄斯的话产生怀疑，但是，他的话显然并不能意味着原始人类的大脑中完全没有抽象思维和抽象概念，其论断只能说明原始人类抽象思维的方式在更多的情况下是同形象思维结合在一起的罢了。罗常培曾指出这样一种现象："当我们调查文化较低的族语时，遇到抽象一点儿的语词，像代表动作或状态一类的词，往往比调查看得见指得着的东西困难许多，可是一旦明白他们的造字心理以后也可以引起不少的趣味。比方说，昆明近郊的倮倮叫'发怒'做'血滚'，欺负做'看傻'，伤心做'心冷'，难过做'过穷'。这几个语词的构成，多少都和这些动作或状态的心理情景有牵连。"② 语言中的文化积淀现象比文字构形中所表现出来的文化积淀现象更加深远，然而二者之间却存在着一定的密切关系。把发怒叫做"血滚"，把伤心叫做"心冷"（汉民族有"寒心"之语，意义相近），诸如此类的构词心理，也可以作为汉民族"借形寓意"造字构形思维模式之存在的旁证。

先民们创造汉字之时，把一些语词的抽象概念形象地体现在某种具体之物的图象上，这绝不是思维方式的原始状态的展示，而是认知思维过程中一种具有思辨精神的经验反思。因为造字的构形已经是一种创造性的思维活动，并不是盲目的，不自觉的某一意念的机械式的反映。以往谈汉字构造的人，往往拘于字形，脱离语言，忽视文字是为语词而造这一最重要的基本事实，以至于简单地完全根据字形的图象特征来推求所谓"本义"，把文字等同于图画，从而把"大"字的本义说成是"大人"或"成年人"，把"臣"的本义说成是"纵目"，把"高"的本义说成是"台观"，把"且"的本义说成是"牡器"，把"ナ"、"又"的本义说成是左手、右手，等等。这样"望文生义"所主观认定的"本义"，自然不可能得到任何文献语言的历史证明，于是只好又轻易地借助于所谓"本义消失"的说法来曲加回护。我们认为，这实在是对汉民族造字构形的认知思维缺乏深入研究，而考释古文字的方法又完全脱离了语言的缘故。如果不紧密结合历史语言来研究汉字的构形，简单地

---

① ［美］弗兰兹·博厄斯：《原始人的心智》中译本第 82 页，项龙、王星译，国际文化出版公司，1989。

② 罗常培：《语言与文化》第 12 页，语文出版社，1989。

以“本义消失”为遁辞，那么，你可以认为“大”的本义是大人或成年人，“且”的本义是指男性生殖器，他人也可以认为“交”的本义是指交胫之人，“屰”的本义是指要杂技栽天柱之人，“夨”的本义是指歪脑袋的人，“元”的本义是指大头人，“眉”的本义是指眉毛和眼睛，“刃”的本义是指缺了口子的刀，等等。若果如此，古文字的考释就全无客观标准可言了。①

有些借形寓意式的字，例如“大”、“又”、“臣”等，它们的造字本义虽不是实指“大人”、“右手”、“纵目”等，但是，当这些字被用来充当别的文字的构形部件时，却可以代表具体的人形、手形和目形。如“亦”字从“大”，“大”即代表人体；“取”字从“又”，“又”即代表手；甲骨文中的“望”和“监”都从“臣”，“臣”即代表仰望或俯视的眼睛，等等。这种现象，与“大”、“臣”当初的构形原理并不矛盾。因为，当初造这些字时，本就是借用了具体之物的形象，当为别的字构形时，又借用它们的字形来代表那些具体之物，这是自然的事情，也不是绝不可以的事情。古人造字虽有一定的思维模式，却并无严格的自我限制的单一程规。这如同同是一种圆点之形的符号，用来造“本”、“末”等字时它是一种虚用的标识记号，用来造“元”、“米”等字时它却是一种实用的物形图象；又如同同是一个“门”字，用来造“问”字时它是充当音符，用来造“阁”字时它却是充当意符。这种“一形多用”的造字情况，不足以构成对“借形寓意”构形模式存在的否定。

（六）比形象事

词的意义内容是客观事物的反映。客观事物一般都不是孤立的，即使以人的认知心理而言，能构成相对独立表象的事物也很有限。更多的事物，如人的动作行为、自然现象等，往往是多因素彼此关联着的。因此，要为表达这一类意义的语词来构造文字，如果只着眼于词的意义内容，就不得不把客观事物的一些主要的或重要的相关因素在字形上共同地并且形象地显现出来。“比形象事”便是为适应这一造字构形的需要而产生的一种思维模式。

所谓比形象事，就是把两个或两个以上代表着某些客观物体的图

---

① 在甲骨卜辞中，有些形近而音义不同的字有时有借用现象，如“大”字或用作“夫”字，“月”与“夕”也每相通用，这属于用字问题，我们不能据此而混淆它们各自不同的造字构形之旨趣。

形，按照一定的事理关系形象地比配起来，构成一种描绘事物现象或过程的表象，以表示某一语词的意义内容。

比形象事这一构形模式所产生的汉字，字形一般都具有生活气息非常强烈的图画性，其内容大多是反映人们自身的一些动作、行为、生产活动或生活习俗等，也有一些是反映某种自然现象，或是人们头脑中所形成的与自然现象密切相关的一些意识观念。例如甲骨文或金文中的

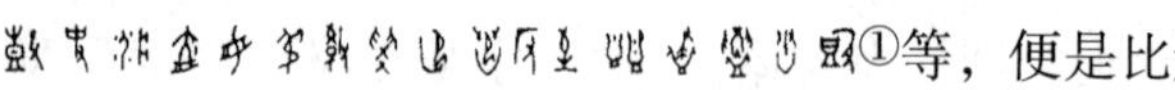①等，便是比形象事式的字。

比形象事式的字，其字形上的图象比配，一般都富有写实性的描绘手法，如“立”、“並”、“从”、“北”、“保”，以及“何”、“籍”等字的初文，便具有这种形象特征。有些字，如“步”、“涉”、“出”、“各”等，虽然采用了借代式的手法，但字形中仍然包含了现实生活的经验和事理逻辑性。也有些比形象事式的字，如“朝”、“莫”等，字形中的图象比配关系则具有比较强烈的想象性或象征性的特征。还有一些比形象事式的字，如“欠”、“见”、“兄”（“祝”之初文）及“望”、“闻”的初文等，把人体之形与人体本身的某一器官之形比配在一起，以突出和强调该器官或与该器官密切相关的动作、行为、功能，其夸张和浪漫的意味非常强烈。汉字是一种表意体系的文字，在先民们造字构形的思维着眼点自觉地注意到语词的声音之前，要为那些内容抽象的语词来构造文字，自然只能通过以实寓虚、以具体喻抽象，以个别

① 所列甲骨文与其相对应的楷书依次是：太（“汏”之初文）、企、立、欠、兄、“何”之初文、及、竝、从、比、北、化、畏、鬥、孕、毓、乳、保、弃、休、“耤”之初文、“疑”之初文、夹、無（“舞”之初文）、異（“戴”之初文）、“拳”之初文、乘、伐、“刖”之初文、奇（“骑”之初文）、令、即、既、卿、夙、“埶”之初文、印（“抑”之初文）、妥、好、直、民、“临”之初文、见、“望”之初文、“闻”之初文、臭、甘、曰、“息”之初文、步、涉、之、出、各（“洛”之初文）、正（“征”之初文）、韋（“衛”和“圍”之初文）、“刍”之初文、“祭”之初文、尹、攴（扑）之初文、友、収（“拱”之初文）、共、兴、争、受、取、戒、弄、“尊”之初文、“寻”之初文、旦、昔、雨、陟、降、“队”（“坠”之初文）、生、朝、莫（“暮”之初文）、采、“折”之初文、“沉”之初文、“埋”之初文、牧、豕、“逐”之初文、为、“虐”之初文、导（“得”之初文）、败、集、敏（“钓”之初文）、贮、“凿”之初文、冥（“娩”之初文）、宿、“执”之初文、“射”之初文、盅、“饮”之初文、鼓、史（“事”之初文）、“病”之初文、“航”之初文、弔、教、“学”之初文、臽（“陷”之初文）、丞（“拯”之初文）、反、至、易（“赐”之初文）、“尽”之初文、“铸”之初文、春、“撤”之初文。

示一般的方法来体现语词的意义特点。这种造字构形的心智特点，在借形寓意和比形象事两种模式中有时是相通的。这就是说，有时候比形象事式的字也具有“借形寓意”的性质。例如“受”字像一人之手授盘器，另一人之手受盘器之形，“逐”字像追逐豕（或从“兔”）之形。在人们的日常生活中，授受和追逐这一类的动作行为总是有对象的，在造字构形时，不是选取这种器物或动物为授受或追逐的对象，就是选取那种器物或动物为对象，离开了对象，授受和追逐这一类动作行为是无法直观而形象地体现出来的。所以，“受”字中的代表盘器之形（或以为“受”字从“舟”是指船，或以从“凡”指船帆，皆难据信）和“逐”字中的“豕”只不过是以个别的对象来代指一般对象之物，是先民们进行典型选择的结果，是具有一定的典型性的。但我们并不能因此而认为，“受”的本义便一定是授受盘器，“逐”的本义便一定是逐豕。如果这样来认识所谓本义问题，那对汉民族造字构形的心智特征和思维模式就太缺乏了解了。

比形象事式的字，其字形中所比配的个体图形大致有两类情况：大多数的个体图形如果从字形中独立出来，可以单独成字，如“取”字中的“又”和“耳”，“休”字中的“人”和“木”，“立”字的“大”，“出”、“各”等字中的“止”，等等；但有些个体图形，如“立”下面的一横（不是“一”字）、“無”（“舞”的初文）字中代表两手所执的兽尾之形，以及许多字形中各有实在象征意义的一些点画式的图形等，它们如从字形中独立出来，只能是一些有形有义而无读音的形符，是不能单独构成文字的。也有些比形象事式的字，如“何”、“籍”等字的初文，其中代表人体的图形，若要独立出来，恐怕也很难说便是“人”字。所以，比形象事式的字，其构形原理只是图形的比配，决不是文字的组合，即便是那些可以独立成字的构件，它们也都是以其图形的比配关系在字的结构中起作用。

“比形象事”不同于“绘形象物”。绘形象物所构成的字形都是事物的个体图形，所代表的词都是物名；比形象事所构成的字形都是事物的合体图形，所代表的大都是事名（动词或形容词）。“比形象事”也不同于“烘托显物”，虽然二者所构成的字形都是合体图形，但烘托显物式的字其意义所指只在那个被烘托陪衬的图形所代表的物体，是物名之词，而比形象事式的字，其意义所指并不在于哪一单方面的图形所代表的物体，而在于字形中的全部图形相互比配中所体现出来的某种现象或事理关系，所代表的词是事名或抽象概念的名词。“比形象事”也不同于“标识指物”，标识指物式的字所代表的词也都是物名，而且，其字形中既包含有图形，也包含有标识性的记号，而比形象事式的字，字形中所包含的都是具体之物的图形或象征性图形，一般都没有标识性的记号。“比形象事”也不同于“借形寓意”，借形寓意式的字都是具体之物的个体图形，比形象事式的字则是两种以上具体之物的复合图形。“比形象事”也不同于“符号示意”，符号示意式的字不是确有所指的具体之物的图形的比配，而是一些抽象符号的组合。

（七）合字会意

由“比形象事”进一步理性化，抽象化，由经验型思维自觉地转变为逻辑型思维，便产生了“合字会意”的构形模式。

所谓合字会意，就是把两个或两个以上的字组合起来，构成一个新字，借助于构件字意义内容上的关联性，会合出一种新的意义内容来，以代表语言中的某个词。例如甲骨文中的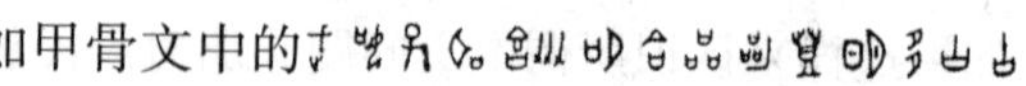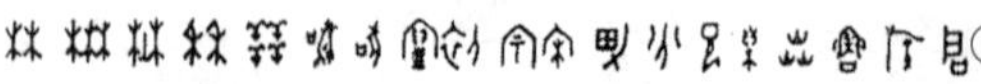①等，以及后来所产生的“斌、轟、淼、尖、尘”等，便都是这种构形模式造出的字。传统“六书”中的“比类合谊，以见指㧑”式的“会意”造字法，主要应当是指这种造字构形的思维模式。

合字会意构形模式导源于比形象事，二者的区别则在于：比形象事是图形的比配，合字会意是文字的组合。比形象事所比配的图形，若从字形中独立出来，有些可以成为文字，有些则不能成为文字。即使是那些可以独立成字的图形构件，它们在比形象事式的字形结构中，也主要是以它们的形象特征来起到比配构形以表义的作用。所以，其图形之间的比配关系是直观的，形象的，字形往往具有生动的画面特征。而且，其图形比配的位置和方向性，都有一定的讲究，并非可以任意地加以移动或调换。即使有些可以移动调换，也必须遵循其图形比配关系中的事理逻辑。例如，（步）字中代表脚形的两个“止”比配成一前一后，表示行走之意，它们绝不能比配为两“止”相对之形。又如，（“祝”之初文）字或作，跪跽的人形虽然可以或向左或向右，但总是保持着张口向上，以象征向神灵祈祷。当然，图形比配的这种事理逻辑关系所要求的不可任意变更性，只是从构形原理或初造其字时的原则

① 所列甲骨文与其相对应的楷书依次是：武、如、孙、耶（“聖”之初文）、吉、劦（“協”之初文）、名、合、品、区、登、明、多、古、占、林、森、“野”之初文、秝、“𦎫”之初文、鸣、吠、宝、初、宗、宋、男、分、邑、臬、焱、鲁、族、启。

要求来说的。至于文字的一经造出，后来的人使用它时，只是把字形当作一种书写符号，就难免不顾原有的比配关系而造出一些“非理性”的异体字来。例如，甲文和金文中的“好”字，代表妇女和小孩的两个图形所比配的位置总是表示面对面的（“好”的本义是喜爱，所以字形取象于母爱之事）。但是，春秋鞄氏钟的“好”字把代表小孩的“子”摆放在代表母亲的“女”的身背，显然违背了“好”字的构形旨趣，严格而言是写了错别字。合字会意则只是凭着构件字意义内容的关联性起作用，原则上不存在构件之间的位置和方向的比配关系，字形结构也不具有画面特征。这就是说，从造字构形的原理来说，合字会意式的字其构件与构件的位置和方向并不重要，并不存在构件比配的事理逻辑性，它们在理论上是可以任意变更移动的。当然，事实上也还是不能任意变更移动构件的位置，但这种不可更易性，纯粹是从文字形体的约定俗成性而言，并非“合字会意”这一思维模式的构形原理所要求。有极个别合字会意式的字，如“尖”字，其构件字“小”和“大”的配备位置似乎也含有一定的事理性（上小下大），但这也仅仅是字形结构与词的意义内容之间的一种暗合，并非是“小”和“大”作为两个图形比配起来所产生的画面效果。我们认为“见”、“欠”之类的字属于“比形象事”，“鸣”、“吠”之类的字属于“合字会意”，主要便是根据字形构件之间是否具有图形比配的形象特征来判分的。

当然，由比形象事到合字会意，两种构形模式的心智历程是有过渡性的，所以在甲骨文中，如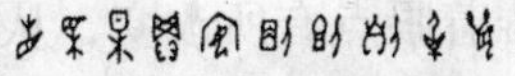①等字，虽然仍然具有一定的“比形象事”的特征，但其事理比配关系已不是很强烈，所以便很难绝对肯定一定是属于前者而非后者。

合字会意构形模式所造出的字，其表义性在很大程度上要借助于语言社会的约定俗成。当然，前面所讲的几种构形模式所产生的汉字，其字形上的表义功能也都有赖于约定俗成，但其约定俗成性主要是建立在对字形图象的直观感性认识的基础上，建立在生动的视觉形象的基础上而形成的。对于合字会意式的字来说，其字形表义的约定俗成性，则主要是建立在理性分析的基础上，甚至可以说是凭着对构件字意义关联性的某种解说的理解与认同才得以形成的。这种构形思维进一步发展，人们为了追求构件字意义上的关联性尽可能更直接一些，显白一些，便刻

① 所列甲骨文与其相对应的楷书依次是：省、相、杲、买、安、刮、则、“劓”之初文、“擒”之初文、“狩”之初文、“猎”之初文。

意造出了一些等于是把语言中的某一短语直接搬到文字形体上来的合字会意式的字。例如，“小土”为“尘”，“少力”为“劣”，“大力”为“夯”，“任几”为“凭”（《说文》：“凭，依几也。从任、几。”段注：“‘任几’犹言‘倚几’也”），“户册”为“扁”（《说文》：“扁，署也。从‘户’、‘册’。户册者，署门户之文也”），“是少”为“尟”（《说文》：“尟，是少也。”“是少”犹言“此不多”，即鲜少之义。“尟”字异体作“尠”，“甚少”为“尠”，则犹著鲜少之义。鲜少之义后世多写“鲜”字，“尟”或“尠”使用甚少），“日永”为“昶”（《说文》：“昶，日长也，从‘日’‘永’会意。”“日永”犹言“日长”），“更生”为“甦”（苏醒之“苏”的本字。昏死而苏醒谓之“甦”，“更生”犹言重新活过来），“日进”为“暹”（《广韵》：“暹，日光升也。”“日进”犹言“日升”），“四方木”为“楞”（即边棱之“棱”，“四方木”有棱有角），等等。这一类字的意义，几乎就等于其构件字连读下来所得出的语义，所以裘锡圭把它们称作“偏旁连读成语的会意字”①。

（八）加注意符

从理论上说，文字应尽可能地标志出语言中所有的词，而要做到这一点，单纯只着眼于词义内容的构形方式往往有很大的局限性。譬如，不管是绘形象物、烘托显物，还是比形象事、合字会意，这些构形模式就无法为更多的事物属名和分名来造字。为了摆脱这种困境，人们为词语谋求书写符号的思维着眼点有所改变，从一度只瞩目于词的意义内容转向了对词的声音形式的关注。“本无其字，依声托事”的假借之法便应运而生，并很快风靡一时。当时的情势，我们从商周时代甲骨卜辞和青铜铭文中假借字的大量存在即可窥见一斑。但假借字一旦盛行，随之又产生一个新的问题，这就是汉字原有的形体表义特征对人们理解它们作为假借字代表的意义所带来的干扰。因为，假借字的产生和使用实质上是只考虑文字所代表的语音与词的联系，而对于字形表义特征与词的意义内容之间的联系，则已弃置不顾。而事实上，表意体系的文字一个重要特质便是有利于“目治”。字形表义特征对于习惯于“目治”的识读者来说，其作用是第一性的。所以，假借字但重字音而不顾字的形义关系这一偏向使人们感到新的困惑乃是必然的。当这种困惑越来越严重时，人们追求便于目治的书写符号的心理趋势必然又要回升。但是，完

① 裘锡圭：《文字学概要》第135页。

全折回到绘形象物等已有的构形模式，是不能找到出路的。人们希望求得一条造字构形的新出路，一条既适应于大量构造新字的需要，又能在字形上体现出意义所指，能反映出不同语词、不同意义之区别的出路。在已有的一些造字构形思维经验与“本无其字，依声托事”假借之法的相互启迪之下，一条新的极有前途的出路终于被找到，这便是对大量的因假借而形成的一字多用式的字进行“建类一首，同意相受”式的形体改造，也就是在原有的一些文字形体上加注意符来分化出大量新字的构形模式。我们认为，传统“六书”中的“转注”，便正是“加注意符”式的造字之法。

汉字产生和发展的过程，是一种体现着汉民族认知体物的才智不断加深、不断细密的过程，是一种反映着先民们由经验型思维愈益趋向于逻辑型思维的过程。在汉字初创阶段，人们的认知思维重在语词所代表的事物的专别体现，构形表义力求直观表达，所以，从“绘形象物”到“合字会意”等思维模式，所考虑的都只是如何将词义的“这一个”直接地体现在字形上。这样造出来的字，其形体结构所显示出来的意义，与它们所代表的语词的意义一般都是密合的。唯其如此，这些构形模式一旦基本上把它们的优势都发挥得差不多了的时候，面临着语言中更多的词还需要大量造字的新形势，便因为它们的种种局限性而显得无能为力了。所以，在汉民族为自己语言中的词汇不断谋求书写符号的思维历程中，才有一度置词义与构形的关系于不顾，而只考虑词的声音的“假借”方法的产生。在“本无其字，依声托事”的假借字盛行，一字多用现象极其普遍的时候，一方面是社会继续进化，物事不断趋繁，另一方面是人们自身的认知体物能力进一步趋于细密而有条理。细密而有条理的思维，开拓了人们的认知境界，使人们认知体物的兴趣不再只是停留在不同事物的专别属性上，人们已越来越善于认识许许多多相关事物的类族共性。而人们对不同事物类族共性的认识，类与属的概念也就渐渐形成。这一思维境界，便是我国《周易》一书中所提到的“类族辨物”能力，也就是后世所讲的“归纳”与“演绎”。先民们在认知实践中逐渐学会了“类族辨物”，逐渐懂得如何“归纳”与“演绎”，这时候，将“假借”所产生的“一字多用”尽可能地改变为文字形体义各有属的强烈愿望，造字构形的思维才智已足可使之实现。汉民族群体心智获得充分发展，在类族辨物思维方法指导下，在对“方以类聚，物以群分，同条牵属，共理相贯”的客观事理有所普遍认知的情况下，“建类一首，同意相受”式的加注意符这一造字构形的思维模式，其产生和形成自然便是水到渠成的事情。甲骨文中的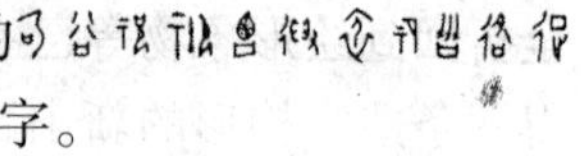
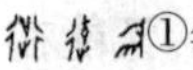①等字，便都是加注意符即“转注”式的字。

在今天看来，按照需要明确的意义与原有文字形体所表示的意义的关系，加注意符的情况可分为三类：

第一，为明确字的假借义而加注意符。例如，栗树的“栗”在古代常借来表示因恐惧而发抖的意思，同一个“栗”字，有时是表示一种果木，有时是表示人的一种精神情状，为了求得这两个不同的意义在文字形体上能有所区别，人们认识到发抖的情状是一种内心情绪的表现，于是，后来便在“栗”字的原有形体上加注意符“心”而分化出一个“慄”字来，让这个从“心”的“慄”字以后就专门用来表示战慄之义，而让原有的那个“栗”字继续表示栗树或栗果之类的意义。其他如：

初文		意符		后起字
隹	+	口	→	唯
屯	+	糸	→	純
昜	+	土	→	場
示	+	邑	→	祁
每	+	攴	→	敏
唐	+	土	→	塘
羊	+	示	→	祥
兒	+	鳥	→	鶂

第二，为明确字的引申义而加注意符。例如，泛指取得物品的“取”字，古代又常常用来特指取得妻子的意思，为了求得取物与取人这两种不同对象的意义在文字形体上能有所区别，后来便在“取”字的原有形体上加注意符“女”而分化出一个“娶”字来，让这个从“女”的“娶”字以后就专门用来表示娶妻之义，而让原有的那个“取”字则用来泛指对物品的取得。其他如：

初文		意符		后起字
井	+	阜	→	阱
吏	+	人	→	使
象	+	人	→	像

① 所列甲骨文与其相对应的楷书依次是：可、谷（jué）、祝、御、“谓”字异体、“得”字异体、依、“祏”字初文、劦（“協”字初文）、洛、征、“步”之累增字、逐、旃。

生 + 女 → 姓
秉 + 木 → 棅
牙 + 艸 → 芽
喜 + 示 → 禧
縣 + 心 → 懸
解 + 心 → 懈

第三，为重新强调造字本义而加注意符。例如，本义为黄昏的“莫”字，有时是表示傍晚、黄昏的意思，有时是表示没有谁，没有什么或不、不要之类的意思，为了求得这两类意义在文字形体上能有所区别，后来便在“莫”字原有的形体上重新加注意符“日”而分化出一个“暮”字来，让这个“暮”字专门用来表示黄昏方面的意思，而让原有的那个“莫”字主要用于作无定指代词或否定副词用。又如，“益”的造字本义是指水满溢，古代又常常假借它来表示利益、有用，或假借作程度副词用，为了求得这两方面的表意功能在文字形体上有所区别，于是后来在“益”字原有的形体上重新加注意符“水”而分化出一个“溢”字来，让这个“溢”字专门用来表示水满溢方面的意思，而让原有的那个“益”字则主要用来表利益、或愈益之类的意思。其他如：

初文 意符 后起字
然 + 火 → 燃
屰 + 辵 → 逆
它 + 虫 → 蛇
其 + 竹 → 箕
來 + 麥 → 麳
衰 + 艸 → 蓑
午 + 木 → 杵
北 + 肉 → 背
且 + 示 → 祖
州 + 水 → 洲
虚 + 土 → 墟
云 + 雨 → 雲

“莫”字形体中本有代表太阳的“日”，而“暮”字又加上一个“日”来作意符；“益”字形体中本有代表水的图形，而“溢”字又加上了一个“水”来作意符，诸如此类加注意符构造新字的情况，看似叠床架屋，缺少思致，其实不然。“莫”与“益”的构体都是比形象事式，“莫”字中代表太阳的图形，“益”字中代表水的图形，作为字形构件的出现，都是一种感性取象的结果；但是，在“暮”与“溢”这两个字形中，所加注的意符“日”或“水”，已经不是感性取象，而是“类族辨物”，理性归纳，具有逻辑型思维的性质了。

加注意符具有多元性，即同一个初文在后来有可能通过加注意符而产生出两个或两个以上的后起字。例如：

隹 → 唯、惟

須 → 盨、鬚

易 → 赐、埸、蜴

采 → 採、綵、彩

巠 → 經、徑、頸、涇

辟 → 避、僻、譬、嬖、劈、辟

有些通过加注意符所产生的字，还可以再加注意符而产生新字，例如：

泉 → 原（泉+厂） → 源（原+水）

气 → 氣（气+米） → 餼（氣+食）

刅 → 梁（刅+木） → 樑（梁+木）

应该指出，若以我们今天研究汉字孳乳的科学眼光来看问题，若以我们今天研究汉字孳乳及其形音义关系的特点来看问题，或从语言词汇学的角度来分析问题，所谓“为借义而加注意符”和“为引申义加注意符”这样划分开来是可以的；然而，从创造汉字的先民们为语词谋求书写符号的初始心理来看问题，从探求汉字的“造字之本”的角度来分析问题，我们认为，是不存在有这种分别的。如果我们承认“假借”是一种“不造字的造字法”，就不应当把“词义引申”排除在“假借”之外。因为先民们为语词谋求书写符号的最初心理，只是考虑日常语言中某一意义已有一文字来代表，或是某一意义尚无书写符号而需要造字。先民们“假借”造字的心理事实不可能追求对“引申”与“假借”去作出区分。同样，先民们运用加注意符的构形模式来改造一字多用的汉字，也是无法借助于今天的语言学理论来区分何者是“假借”，何者是“引申”的，他们的造字心理不可能想到：我给“栗”字加注意符“心”而造出“慄”字，这是为了区别“假借”义；给“取”字加注意符“女”而造出“娶”字，这是为了区别“引申”义。先民们造字构形不可能作出这种科学的区分，他们为语词谋求书写符号的心理趋势也无需作出这种区分。许慎著《说文解字》，无论是对“假借”界说的举例还是对“假借”造字的具体分析，都把在今天看来明显应属于“词义引申”的现象包括在内，而且对“引申”式的假借比对“无意义联系”的假借分析得更多，看得更重要。许慎的这种“假借”造字观，是完全符合“假借”作为一种“不造字的造字法”的事实与性质的。清代学者如段玉裁是最注重词义引申问题的，然而他也同其老师戴震一样，都是把引申归在假借中。有些人指责许慎、戴、段等人“说假借不当”，我们认为实欠思辨，诚如先师萧璋先生所指出：“假借字所具有的借义和它的本义，可以有关系，可以没有关系，关键在于‘依声’。虽然如此，但从《说文》在其假借界说下所举的‘长’、‘令’二字的例证和在‘西’、‘韦’、‘朋’等字下不惮烦地说明假借之故来看，意义有关系的更为重要。段玉裁每言‘引申’，或言‘引申假借’，都应该属于这一类。假借主要是走此一途，因而生生不已，这一点，《说文》早已启示了我们。说假借，举汉之‘长’、‘令’为例，更能说明假借之途，古今一概，以后还会长期照此途径走下去。”①

在汉字发展历史中，一般所说的“区别文”或“古今字”，主要就是加注意符这一造字构形思维模式所产生的问题。训诂学家所常提到的“右文说”、“形声字声中有义”这一类问题，其实质固然是语言本身的规律问题，但体现在文字上，也是与加注意符这一造字模式有着主要的、十分密切的关系的。当然，也有极少数通过加注意符而产生的新字，与原有那个字（即初文）并没有分化为义各有别的不同的字，而是初文被淘汰，后造的新字取代了初文。例如，甲骨文中有“”、“”二字，实即“骨”、“胃”二字的初文②，“骨”、“胃”二字是通过对它们加注意符“肉”而产生的后起字。后世“”、“”废而“骨”、“胃”行，一些讲“六书”的人不明其源流，而把“骨”、“胃”说成是“合体象形”，实在是有失汉字孳衍的历史事实。

由加注意符进一步发展，又产生有改换意符构造新字以区别意义的方式，如由“说”、“赴”、“振”、“柴”通过改换其意符而造出“悦”、“讣”、“赈”、“祡”等，其构形原理与加注意符是一样的，这里就不详细讨论了。

---

① 萧璋：《谈〈说文〉说假借》，《古汉语研究》1989年第1期。

② 甲骨文中还有一个“”字，从“”从“”，实即谓曰之“谓”的初文。

加注意符这一构形模式虽然体现了古人认知思维中的“类族辨物”思想，但这种“类族辨物”的方式是十分粗略的，有些今天看来明显是不怎么科学的。我们不能完全按照今天的科学分类标准去衡量和要求古人造字构形思维过程中的加注意符。古人对意符的选择和应用之所以比较粗略，大概因为古人原本就不是为了对事物进行科学分类，而只是为了在文字的形体上求得对语词意义的大致范畴有所标识或提示。更何况文字非一人一时所造，对意符的加注自然不可能有完全统一的标准。而且，古人的认识还自有古人的时代性、历史性，必然难合后世的科学要求。值得我们重视的是，为了把词义体现在文字上，由绘形象物、烘托显物、比形象事等思维模式而发展为加注意符，由感性的经验型思维进一步发展为理性的逻辑型思维，使汉字体系表意特质的功能重新获得广阔的新天地，实在是造字实践和构形思维的一大进步，一大飞跃。

（九）加注音符

以上几种思维模式尽管特点各不相同，但在有一点上是一样的，这就是，在考虑为语词造字构形时，思维的着眼点都只是放在词的意义内容上，未曾有意识地、自觉地去考虑词的语音形式。绘形象物、烘托显物、标识指物、借形寓意、符号示意、比形象事、合字会意这七种模式所造出来的汉字，字形上都没有把词的声音表识出来。由加注意符这一模式而造出的汉字，由初文保留下来的那部分形体虽然一般都成了表音成分，但这是造字构形所自然形成的一种现象，并非先民们造字心理有意识地或自觉地所追求的一种结果。比如人们在为“采”字加注意符而造出“採”、“綵”、“彩”诸字之前，“采”字即早已常常用来代表采摘、彩绢、文采之类的意义，而“采”字代表这些不同意义时的读音并无什么不同，所以，当加注意符以求别义的“採”、“綵”、“彩”诸字被造出之后，它们的读音是仍然沿用了“采”字的固有读音，而“采”字这一原有的形体被保留在“採”、“綵”、“彩”诸字的形体之中，也决不是人们为了追求读音标识的结果。这一点，我们只要看看后世“骨”、“胃”这两个字来自初文的那部分形体的“冎”与“田”不再具有表音功能，便可得到一种反证。在汉民族创造汉字的实践过程中，真正有意识地、自觉地来考虑文字形体与语词声音的直接联系，应当说是由加注音符这一造字构形的思维模式开始体现出来的。

对于已经造出的某些汉字，在没有读音标识的字形上有意识地加注音符，使文字的形体与语词的声音具备一种便于“目治”的联系，使人们一睹字形即可略知该字的读音，从而进一步可以自觉意识到这个字究竟代表的是哪一个语词，这就是“加注音符”的造字构形模式。例如，甲骨文中有一个  字，像长在口中的牙齿之形，是个烘托显物式的字，它就是后来牙齿的“齿”字的初文。古代牙与齿是有分别的，细小而前当唇者为齿，壮大而后在辅车者为牙。“齿”字初文具有鲜明的直观形象性，但字形所代表的究竟是指口中的牙还是指口中的齿，总难免会使人发生混淆。为了使字义更加确定，于是后人便在字的形体上加注了一个“止”字来充当音符，从而造出了一个“齒”（今简化为“齿”）字。甲骨文中的  、  ，便也是加注音符式的字。

加注音符的结果，使文字与语词的关系明确了，从而也就可以适当降低对文字形体直观形象表意性的要求，所以，加注音符的构形方式往往与改换意符的方式结合进行。例如，“凤”字在甲骨文中作  ，本是一个绘形象物式的字，像高冠、长尾、美羽的凤鸟之形，后来加注音符“凡”而有  ，使字形上有了表音的标识，这时，原有象形特征的表义功能退居次要地位，所以为了便于书写，再到后来又把原来像凤鸟之形的那部分形体改换成意符“鸟”，从而成为一个从“鸟”“凡”声的形声字“鳳”（今又进一步简化为“凤”）。其他如“雞”、“星”（初文为  ，后加注音符而为或，再改换意符而为“星”）等字，其产生也都经历了由直观取象到加注音符，再到改换意符这样一种造字构形的演化过程。

有时加注音符改造旧字，是直接通过对原有字形某一部分的改造来实现的。例如，“带月荷锄归”之“荷”的本字应当是“何”，而“何”的初文在甲骨文中作  ，是个比形象事式的字，像人肩荷器具之形，正是负荷之“荷”的本字。后来把这个古汉字字形中的人形简化为一般的“人”旁，肩上所荷的器具之形被改造成“可”，就成了从“人”、“可”声的形声字了。其他如“罝”（捕兔网，甲文作）、“罟”（捕获麋鹿的网，甲文作  ，为之省形或借代）、“圃”（甲文作  或）、“圄”（甲文作或）、“望”（甲文作）、“耤”（甲文作）等字的产生，也大致是删除或改变原字形体中的某一部分图形再加注音符的结果。

由加注音符所产生的后起字，跟原来的那个字（即初文）一般都是异体关系，而且，加注音符所产生的字通行之后，初文通常就被废弃了。例如，“齒”字是由一个烘托显物式的字加注音符“止”而构成

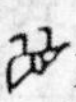

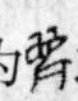

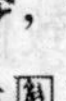

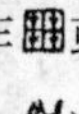

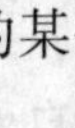

的，“齒”字产生后，初文便废弃不用了。又如，“橐”字是由一个绘形象物式的字加注音符“石”而构成的，“橐”字产生后，初文便废弃不用了。其他如“鳳”、“雞”、“囿”、“圄”、“罝”、“望”、“耤”等字的初文，在后世也都是废而不用了。但少数情况也有二者分化成区别字或异体字而并行于世的。分化为区别字的，如“晶”本是“星”的初文，是个绘形象物式的字，后来加注音符“生”，并把原来代表众多星星的那部分形体改换成意符“日”，便成了从“日”、“生”声的“星”字了。其他如“网”之与“罔”（网＋亡）、“食”之与“饲”（食＋司）、“自”之与“鼻”（自＋畀）、“永”之与“羕”（永＋羊）、“午”之与“啎”（午＋吾）等，均属于加注音符而产生区别字。分化为异体字的，如“鬥”之与“鬭”（鬥＋斲）、“埜”之与“壄”（埜＋予）、“乎”之与“虖”（乎＋虍）等。

加注音符这一思维模式的产生，标志着汉民族语词观念的正式形成，显示了汉民族对文字与语言关系的深刻理解。可以说，从绘形象物到比形象事，乃至合字会意这些构形模式所显示的思维特征主要是经验型的，反映着先民们对语词的意义和语词所指称的客观对象还处于一种混沌的“合二而一”式的认识。到了“依声托事”的假借之法以及“加注意符”的构形模式产生以后，则反映我们的民族已经有了语词的观念。而“加注音符”构形模式的产生，则更是我们民族早在三千多年前即已具备明确的语词观念的一种正式标志（因甲骨文中即有了“凤”、“鸡”之类的加注音符式的字）。可惜由于汉字体系表意特质对汉民族造字构形的思维心理从一开始便产生了强烈的影响（这一影响之所以如此巨大而深远，也许正是汉字与汉语足相适应的反映），所以“加注音符”这一模式在汉字构形中并未得到充分的、长足的发展。

（十）音意合成

加注意符和加注音符这两种模式都是通过对旧字的加工改造来创造新字，它们构形的结果产生出某种一致性：加注意符的结果，使得保留在新字形体中的初文部分自然地成了表音的标识，这个新字的形体于是既有表意成分，也有表音成分；加注音符的结果，使得保留在新字形体中的初文部分自然地成了表意的标识，这个新字的形体于是也兼有表意与表音的两种成分。这种殊途同归的造字特点，又给人们带来一种新的启迪，促使人们自觉地把这种思维模式融合到一块，从而产生出“音意合成”的新模式（亦即“形声”与“转注”合流式的造字法），为给语言中某些一直尚无书写符号的词构造文字开辟了新途径。

所谓“音意合成”，就是当语言中某个词需要造字时，一方面根据这个词的语音特点，从已有的文字中选取一个字来充当音符，另一方面根据这个词的意义特点，从已有的文字中选取一个字来充当意符，把意符和音符组合起来构成一个新字。例如甲骨文中的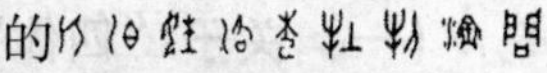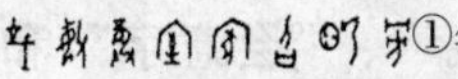①等字，便是“音意合成”的构形模式所造成。

在通常所讲的“形声字”中，凡是该字在历史上不存在加注意符或加注音符的过程，也就是说，这个字与它的形体中充当音符的那部分形体不存在有“加注意符”的关系，或者与它的形体中充当意符的那部分形体不存在有“加注音符”的关系，那么，这样的形声字便是“音意合成”构形模式创造出来的。换句话说，“音意合成”并不是像“加注意符”或“加注音符”那样改造旧字。它是一种自觉地既考虑词的声音形式，也考虑词的意义内容，同时既选用音符，也选用意符来创制新字的构形模式。

传统“六书”说中所指出的“以事为名，取譬相成”的“形声”造字法，严格说来还不是指“音意合成”的构形方法。只有“形声”与“转注”两种造字法合流之后所形成的造字法，才是这里所说的“音意合成”式的构形方法。不过宽泛而言，传统“六书”中的“形声”造字法，自当包括在“音意合成”构形模式之中，不过那就不是“音意合成”，而是“音义合成”了。

“音意合成”构形模式的产生，是表意体系的汉字整个构形思维历程的终结。汉民族在自己漫长的创制文字的历程中最终形成这样一种独具民族特色的思维模式，可以说是一个光辉的顶点。但遗憾的是，它的出现似乎有些姗姗来迟。因为等到这一构形模式自觉形成时，汉民族为自己语言中尚无书写符号的语词来构制文字的具体机会已经不太多了。人们常说，“形声”是最能产的造字法。其实，形声字中的绝大多数并非“音意合成”构形模式所造成。纵观汉字产生发展的历史全过程，占汉字总数百分之九十以上的形声字，其实是由“加注意符”（包括改换意符）、“加注音符”（包括改换音符）及“音意合成”等构形模式所共同创制出来的，而且主要是由“加注意符”所创制。加注意符式的“转注”造字法实为汉字孳乳繁衍之大法，音意合成式的“形声”

① 所列甲骨文与其相对应的楷书依次是：河、泊、姓、洛、杞、牡、牝、渔、问、戋、敏、龚、室、家、召、昕、旁。其构形旨趣，请参本书第七章有关释例。

造字法对于汉字的创制实远远不如“转注”所立下的汗马功劳。

二、汉字的结构类型

（一）关于“四体”（附“变体字”、“拼音字”）

“四体二用”说将汉字分为“象形字”、“指事字”、“会意字”和“形声字”四大结构类型①，这主要是从共时的、静态的角度来观察分析汉字所得到的一种认识。我们一再声明，我们并不简单地否定对汉字进行结构类型的分析研究，也并不反对把汉字划分为以上四种基本结构类型。我们只是不赞成以结构类型说取代“六书”说。其实，如果主要不是研究汉字的造字法则和规律，对汉字进行结构类型的静态分析，并不失其某种实用价值。不过，从文字学的角度来说，对汉字进行结构类型的分析，应该同造字法则问题结合起来。

象形字

结构类型上的“象形字”，于“六书”来说，主要是“画成其物，随体诘诎”的“象形”造字之法所造出。按照我们研究汉字构形的思维模式来说，凡采取“绘形象物”或“烘托显物”这两种构形模式所造出的字都可以看成是象形字。

采取“绘形象物”构形模式所造成的象形字，字形结构单纯，笔划线条一般都是直接用来描绘语词所指谓的具体之物的形貌特征的，可以称之为纯体象形字，前人则称之为“独体象形”或“象形正例”。采取“烘托显物”构形模式所造成的象形字，结构比较复杂，字形中除了直接勾勒语词所指具体之物的形体部分以外，还有用来烘托陪衬该所指之物的形体部分，不妨称之为杂体象形字，前人则称之为“合体象形”或“象形变例”。不过，在一些具体字的归类上，前人所说的“合体象形”或“象形变例”，并不完全等同于我们所说的杂体象形字。

指事字

结构类型上的“指事字”应包括哪些，历来意见颇不一致。许慎对“指事”造字法所下的定义是“视而可识，察而见意”，在“六书”界说中是最浮泛的。而在《说文》五百四十部的说解中，又只有

---

① 至于“本无其字，依声托事”式的“假借”，因为不具有独立的结构类型，所以它可以成为造字标词之一法，而不能成为文字中的一体。从原则上说，四种结构类型的汉字，都可以充当假借字。

“上”、“下”二字指明了是“指事”，与《说文·叙》论述“指事”时所举例字完全相同，此外便别无明言者，所以也引起后世学者的纷扰。

我们认为，凡是采用“符号示意”、“标识指物”以及“借形寓意”这三种构形模式所造出的字，都可以归属于指事字，因为它们都具有“视而可识，察而见意”的表义特质。“符号示意”和“标识指物”式的字自不待言。以往，研究汉字结构类型的人，大都把“大”、“高”、“又”、“交”、“矢”、“齐”这一类“借形寓意”式的字看成是象形字，这是不妥的。象形字不等于字形具有形象性，象形字的表义特质在于“画成其物，随体诘诎”，这个“物”，必定是文字所要代表的语词直接指谓的那个具体之物，换言之，文字的形体即是语词直接指谓的某一物体的图象，文字所代表的语词即是该文字形体所描绘之物的通用名称。“借形寓意”式的字则不同，它的表义特质在于借用一种具体之物的形状特征来寄寓或象征某种抽象的意义，它是寓“意”，而不是表“物”。这个“意”，是需要“察”方能“见”出的，字形所描绘的物体，并不等同于该文字代表的语词所要指谓的意义内容。所以，究竟是象形字还是指事字，我们不能仅仅只看字形，而应结合形义关系、结合语言来考察和分辨。如果字形结构是某种物形图象，而且代表的即是该具体之物的名称，那么，这个字才是象形字。所谓“象形”，应当是指文字“象”语词所指之物的“形”，并非仅仅是文字形体本身有形象特征。如果字形结构虽然也是描绘某种具体之物的形貌，但是它所代表的词并不是这种具体之物的名称，那么，这个字便不能说是象形字，而应是指事字。例如“大”字，其字形结构虽然像舒展四肢正面站立的人体之形，但“大”所代表的这个词，却不是指语言交际中的“大人”或“成年人”这一类内容。“大”之为词，指的是大小之大这一抽象概念；“大”之为字，不过是借用这个人体之形来寄寓大之观念的象征手法而已。没有理由认为，汉民族在业已进入亟须创造文字的时代以后，头脑里还没有大小之类的抽象观念，语言中还没有代表大小之类抽象观念的语词，也没有标志这一语词的字。没有任何迹象，也找不出任何证据，可以证明语言中“大”这个词在汉民族初创文字之时是一个名物之词（指的是大人或成年人），是后来才虚化为一个代表大小之大的形容词的。以往谈“六书”的人，过分拘泥于字形，完全以字形来定词的本义，而所谓本义又往往找不到文献语言的依据，便只好轻易地借助于“本义消失”的说法来开脱。我们认为，这是对汉民族的思维心理和造字原理缺乏深入的分析研究所导致的一种偏见。

指事字所代表的词，主要是一些表示抽象概念的词，如表示事物的性状、数量、方位等意义的词。“事”可赅“物”，所以指事字也有代表的是具体之物的名称的，例如“本”、“末”、“刃”、“亦”等标识指物式的字便是。标识指物式的字，文字形体的表意特质在于标识符号的指示性；烘托显物式的字，文字形体的表意特质在于物体图象的实在性。“果”、“瓜”、“聿”、“眉”等字是烘托显物式的字，“本”、“末”、“刃”、“亦”等字是标识指物式的字，单纯从文字所代表的词义来看，这两类字的意义内容都是名物的，没有什么不同。但是，这两类字以字形体现词义的手法特征却不一样。以“果”、“末”为例，虽然这两个字的字形中都有“木”这一代表树木之形的图象，但与词义直接发生联系的却是除“木”以外的那些形体笔划，而正是在这一点上，这两个字的特质大不相同。在“果”字中，画在“木”形之上的图形正是果实之形，它多少仍然具有象物之形的功能特性；而在“末”字中，加在“木”形之上的笔划并非即是树梢之形，它仅仅是一种指明树梢所在的标识符号，丝毫不具有象物之形的功能特性。所以，我们把“果”、“瓜”等烘托显物式的字归在象形字一类之中，而把“本”、“末”等标识指物式的字归在指事字一类之中。

会意字

于传统“六书”来说，按照“比类合谊，以见指㧑”的“会意”之法所造出的字，便是会意字。根据我们的研究，不妨给会意字下个这样的定义：利用图形的比配或文字的组合来会合出某种意义内容的字，就是会意字。换言之，会意字包括“比形象事”式的字和“合字会意”式的字。

会意字一般都是代表意义比较抽象的词，主要是动词，如“步”、“立”、“臭”（“嗅”的初文）、“犇”等；少数是形容词或抽象概念性的名词，如“信”、“尖”、“莫”、“朝”等；还有极少数是具体的名物之词，如“尘”、“扁”等。其中合字会意式的字，所会合的构件都是字。比形象事式的字，参与比配的几个图形如独立出来，大多数也可以独立成字，但是也有少数不能独立成字。如“曰”、“欠”、“立”、“旦”、“正”、“之”、“出”、“各”、“共”、“興”等字的甲骨文或金文形体，以及甲骨文中“何”、“耤”等字的初文，其形体结构中都有一些部件如独立出来是不能成字的。以往，人们把“曰”、“立”、“旦”这些字归于指事字，我们考虑到这类字的构形模式是比形象事，在构形原理与表意特征上，它们与“逐”、“涉”、“見”、“企”之类的字并无本质差别，所以认为它们同样应属于会意字。

形声字

以往许多人认为“以事为名，取譬相成”就是形声字，这是极其片面的一种认识。其实，通常所说的形声字，其来源最为复杂。结构类型上的形声字，以“半主义，半主声”说其结构特征是可以的，但把它与“六书”中的“形声”造字法简单地划上一个大等号，那就错了。

我们认为，结构类型上的形声字，其产生至少有四种来源：第一，“建类一首，同意相受”式的“转注”造字，亦即加注意符式的造字，这是大量形声字产生的最初也是最主要的来源；第二，加注音符式的造字，严格而言，这是传统“六书”理论所不能包括的；第三，“以事为名，取譬相成”式的“形声”造字，亦即狭义的“音意合成”式的造字；第四，“转注·形声”合流式的造字，亦即“音意合成”式的造字，此即郑珍父子为之阐发者。郑氏父子能够看到结构类型上的形声字或来自于加注意符，或来自于“‘形’、‘声’两旁并作”，可谓已得形声字十之八九。

在字形结构上，形声字都具有“意符”和“音符”两种不同性质的偏旁①。由加注音符而产生的形声字，其意符可能就是这个字的初文，如“齒”字中音符“止”下面的形体，便正是“齒”字的初文演变而成。有些加注音符而产生的形声字，其意符是这个字初文形体中的一部分。如“囿”字中的意符“囗”即是初文的形体所保留下来的一部分。还有些加注音符而产生的形声字，其意符是由这个字的初文改换而成，如“凤”字的意符“鸟”即是由初文形体改换而来。由加注意符而产生的形声字，其音符往往就是这个字的初文，如“蛇”、“娶”的音符“它”、“取”，其实就是“蛇”、“娶”的初文。有极少数加注意符的字，其字形中来自初文的那部分形体，因为在后世不再独立充当文字使用，并且也不在其它字中充当偏旁，从而显示不出它原有的读音，似乎也就失去了表音功能。如“骨”、“胃”二字，其意符“肉”

---

① 雍长案，后世通常所讲到的“形声字”之“意符”，或称“义符”，或称“形旁”，均不确切。因为结构类型中的“形声字”，其“意符”主要是标示事类意义之范畴，而不是直接揭示词义；“形旁”之谓则更为笼统，“形”字究竟是指字形还是指物形？若于字形言，所有之字、所有之偏旁、构件，何者不是“形”？若于物形言，“形声字”之意义岂可尽为物形？又，“音符”或称“声符”，或称“声旁”，亦均不如“音符”确切。因为严格而言，“音”兼声与韵，“声”则偏重于指声母（传统研究声韵之学，大陆学者称“音韵学”，宝岛学者称“声韵学”，窃以为“声韵学”之名更确切）。

以外的那部分形体便是这种情况。

在楷书中，有许多形声字的意符或音符，其形体与它们独立成字时的写法是不一样的，这主要是隶变的结果。此外，同一个字在不同的形声字中充当意符，由于所处的位置不同，也往往有不同的写法。由于书体的演进或字形的发展变化，有些形声字的意符或音符变形尤甚，在楷书中几乎看不出来了。例如："罕"的意符是"网"，"服"的意符是"舟"，"贼"的意符是"戈"，"壽"的意符是"老"字之省；又如："布"的音符是"父"，"責"的音符是"朿"，"急"的音符是"及"，"在"的音符是"才"，"賊"的音符是"則"，"截"的音符是"雀"，"寺"、"志"的音符是"之"，"思"、"细"的音符是"囟"，等等。其意符或音符形体都实在不好辨认。甚至像"年"字，本是从"禾"，"千"声，而今意符与音符浑然一体，一般人都已无法知道它是个形声字了。

文字的特点在于约定俗成。同一个字，在不同的形声字中，既可以充当意符，也可以充当音符。例如："禾"字，在"秈"、"穗"、"稾"等字中，它是意符，但在"和"字中，则是音符。"皿"字，在"盂"、"盎"、"盤"等字中，它是意符，但在"孟"字中，则是音符。"心"字，在"悲"、"恨"、"慕"、"想"等字中，它是意符，但在"沁"字中，则是音符。"衣"字，在"衷"、"衺"、"裹"、"裳"等字中，它是意符，但在"哀"字中，则是音符。"門"字，在"閨"、"閣"、"間"、"闐"等字中，它是意符，但在"問"、"聞"、"悶"、"閩"等字中，则是音符。"示"字，在"福"、"神"、"祈"、"祡"、"御"等字中，它是意符，但在"視"、"祁"等字中，则是音符。"食"字，在"飯"、"餅"、"館"、"飼"等字中，它是意符，但在"飾"、"蝕"等字中，则是音符。"金"字，在"銅"、"鋁"、"鉛"等字中，它是意符，但在"欽"、"錦"等字中，则是音符。"竹"字，在"笨"、"節"、"籍"等字中，它是意符，但在"竺"、"篤"、"築"等字中，则是音符。"刀"字，在"劈"、"剪"、"劍"、"刻"等字中，它是意符，但在"到"、"釗"等字中，则是音符，等等。

一般而言，形声字的意符和音符都是各为一个。但是，在一些加注意符或加注音符而产生的形声字中，情况却比较复杂，似乎呈现出意符或音符不止一个的现象，如"梁"、"寶"等便是这种情况。

造字或用字的人，为了追求字形结构的齐整匀称和书写的便利，有时把某些形声字的音符或意符省去其中一部分形体，从而形成音符或意符不完整的现象，传统文字学称之为“省声”、“省形”。不过，《说文》中分析为省形或省声的文字，有些原本并非如此。如“龙”字，甲骨文作，本是一个绘形象物式的字（象形字），至篆文作“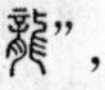”，《说文》分析为“从肉，飞之形，童省声”。其实，所谓“从肉”，是甲文“”字形体中口形的讹变，亦非“童”省声。

形声字意符的表意作用，情况比较复杂。有少数形声字与其意符是同义的，如“船”、“頭”、“爸”、“產”、“燬”、“馨”、“到”、“叛”等，这些就是传统“六书”之真“形声”者。但绝大多数形声字的意符只表示词义的范畴，或表示与词义的某种关系，而且，所表示的关系还往往泛而不切。例如，“瓊”是一种赤色的玉石，故以“玉”为意符，“璋”是用玉制成的一种礼器，也以“玉”为意符；但“瑀”是一种石头，仅仅因为它形似于玉，也从“玉”；“靈”指古代的巫（故从“巫”），仅仅因为这种人常常拿着玉器来祀神，所以古“灵”字作“靈”，也从“玉”。又如，同样以“水”为意符，“江”、“河”是专名，“湖”、“海”是泛名；“洪”、“滔”指大水，“涓”、“淪”指小水小波；“溷”言水浊，“洌”言水清；“浦”谓水滨，“津”谓渡口，“湯”为热水，“酒”为饮料，“漠”为流沙，“沙”为沙粒，却也都从“水”；“氿”谓水厓枯土，“汀”谓平（取譬于水），“淡”谓薄味，“滄”谓寒，“湩”谓乳汁，“洟”谓鼻液，“泣”谓无声出涕，亦均从“水”，等等。

此外，汉字是古人所造，形声字意符的表意特征不可避免地要打上社会和时代局限性的烙印。例如，古代用青铜镜，所以“鏡”字从“金”（更早的“監”即镜，从“皿”，是以陶器盛水照容）；人类社会最初是母系社会，人们只知有母，不知有父，所以古老的姓氏之字如“姬”、“姜”、“媯”、“姚”等都从“女”；进入父系社会以后，逐渐产生歧视妇女的思想，所以有些表示不好的品德的字从“女”，如“妄”、“妒”、“嬖”、“婪”、“嬾”（懒）等；古人认为心脏主管思维，所以许多与思想感情相关的字都从“心”，如“想”、“慮”、“念”、“恨”、“情”等等。

由于客观事物具有种种关联性，人们造字时着眼点又不尽相同，所以在同一范畴的形声字中，有些是用这一个字来充当意符，有些又用另一个字来充当意符。例如，同样都是表示言语方面的字，“問”“召”等字从“口”，“談”“論”等字则从“言”。因为某些意符具有这种相通性，所以不少形声字出于意符的不同而形成异体字，例如“粳”与“秔”、“咏”与“詠”、“歎”與“嘆”、“逾”與“踰”、“裙”与“帬”、“煉”與“鍊”等。此外，器物质料性能的改变或多样性，也会引起意符的替换。例如“盤”字，因为它属于器皿类，所以意符为“皿”；因为古代的盘有用木制作的，所以或从“木”作“槃”；又可以用青铜之类的金属来制盘，所以，又从“金”作“鎜”。又如大炮的“炮”字本来写作“砲”或“礮”，都以“石”为意符，因为原始的炮不过是一种抛石机，后来有了火炮，所以便用意符“火”替换了意符“石”（古代也有“炮”字，当炮炙讲，与大炮的“炮”是同形字）。

形声字音符的表音作用也很复杂。按理说，音符应该尽可能准确地表示形声字的读音，但由于语音的历史演变，到了后世，大多数形声字的读音与其音符的读音不相同了，而且有的差别还很大。例如“頒”从“分”声、“都”从“者”声、“蛇”从“它”声、“代”从“弋”声，在今天看来，这些字的读音与其音符的读音，无论是声还是韵，都有了很明显的差别。甚至，音符相同的形声字，读音也可能不大一样。例如：“代”、“式”、“忒”的音符都是“弋”，“客”、“路”、“略”、“貉”、“咎”的音符都是“各”，今天它们都有各自不同的读音。像“式”、“咎”、“特”（“寺”声）、“耻”（“耳”声）这些形声字，其音符的表音作用实际上已经由于语音的历史演变而消失，对于一般人来说，这种音符已经毫无表音作用了。

附：变体字、拼音字

除了以上四种基本结构类型外，后世汉字（包括现代汉字）还有极少数的“变体字”和“拼音字”。

变体字

《左传》中有“反正为乏”之说，意谓“乏”字是“正”字的反体，指的便是“变体字”。变体字还可以追溯到甲骨文，甲文中的“丬”“𠬝”二字，其构形旨趣也不无“变体表意”之意。在《说文解字》中，已有不少对变体字的标举和解释，如：

少 𣥂，蹈也。从反“止”。读若“挞”。（卷二上止部。小篆“止”作止）

乏 𤴓，《春秋传》曰：“反‘正’为‘乏’。”（卷二下正部。小篆“正”作正）

亍，步止也。从反“彳”。读若“畜”。（卷二下彳部。小篆“彳”作）

廴，长行也。从“彳”引之。（卷二下廴部。小篆“彳”作）

世，三十年为一丗。从“卅”而曳长之。亦取其声也。（卷三上卅部。小篆“卅”作）

爪，亦丮也。从反“爪”。阙。（卷三下爪部。小篆“爪”作）

𠬞，引也。从反“廾”。（卷三上𠬞部。小篆“廾”作）

𠬝，拖持也。从反“丮”。阙。（卷三下丮部。小篆“丮”作）

幻，相诈惑也。从反“予”。（卷四下予部。小篆“予”作）

㔾，反“丂”也。读若“呵”。（卷五上丂部。小篆“丂”作）

叵，不可也。从反“可”。（卷五上可部。小篆“可”作）

㐄，跨步也。从反“夂”。（卷五下夂部。小篆“夂”作）

帀，周也。从反“之”而帀也。（卷六下帀部。小篆“之”作）

𨸏，从反“邑”。“䢵”字从此。阙。（卷六下邑部。小篆“邑”作）

片，判木也。从半“木”。（卷七上片部。小篆“木”作）

七，变也。从到“人”。（卷八上七部。小篆“人”作）

匕，相与比叙也。从反“人”。（卷八上匕部。小篆“人”作）

比，密也。二“人”为“从”，反“从”为“比”。（卷八上比部。小篆“从”作）

㐆，归也。从反“身”。（卷八上身部。小篆“身”作）

旡，㱃食气屰不得息曰“旡”。从反“欠”。（卷八下旡部。小篆“欠”作）

𥄉，到“首”也。（卷九上𥄉部。小篆“首”作）

司，臣司事于外者。从反“后”。（卷九上司部。小篆“后”作）

归，按也。从反“印”。（卷九上印部。小篆“印”作）

丸，圜，倾侧而转者。从反“仄”。（卷九下丸部。小篆“仄”作）

乀，左戾也。从反“丿”。读与“弗”同。（卷十二下丿部。小篆“丿”作）

乀 乁，流也。从反"厂"。读若"移"。（卷十二下乀部。小篆"厂"作）

𠄌 𠃉，钩识也。从反"亅"。（卷十二下亅部。小篆"亅"作）

了 ，尥也。从"子"无臂。象形。（卷十四下了部。小篆"子"作）

𠫓 ，不顺忽出也。从到"子"。（卷十四下𠫓部。小篆"子"作）

㠯 ，用也。从反"巳"。（卷十四下巳部。小篆"巳"作）

应当看到，许慎虽然没有提出"变体字"之类的名称，但他对"变体字"这一类文字的构形来源和构形旨趣的认识则是非常自觉和清楚的（其说解是否正确另当别论）。这不仅从他对这类字的解释的一致性和系统性可以看出，还可以从他对"𠂇""又"二字的说解得到侧面印证。"𠂇"字小篆作，甲、金文作、；"又"字小篆作，甲、金文作、。仅从字形来看，似乎"𠂇""又"二字其一为另一字的"变体"是非常直观的，但许慎却并没有以"从反某"之类的术语来解释此二字之间的构形关系。这充分说明，许慎是清楚知道"𠂇""又"二字是分别取象于人的左右二手之形而造字，并非"变体"构形。

"变体字"的名称，则是裘锡圭先生提出来的①，而研究之集大成者则为余友陈伟武教授②。裘先生说："这类字用改变某一个字字形的方法来表意，为数不多。改变字形的方法主要有两种，即增减笔画（一般是减笔画）和改变方向。"裘先生把变体字归在其三书说中的"表意字"一类中，其实，裘先生认为"不能纳入三书"的"变体表音字"和"半记号字"也可视作变体字。

按其形音义之关系来看，"变体字"可分成两类：

①取意变体

这类变体字的字义与原字的字形有某种联系。如：

（片） 据《说文》，"片"的本义是"判木"，即剖成两半的木。"木"字篆文作，"片"字篆文即取""之半。

（孑）、（孓）二字由变"子"字形体而成。据《说文》，"孑"的本义是"无右臂"，"孓"的本义是"无左臂"（案，《说文》

---

① 裘锡圭：《文字学概要》第139～142页。

② 陈伟武教授著有《特殊汉字的历史考察》，系国家社科规划项目成果，待出版。

乃据字形立训，非关语词之义者）。由于都缺一笔，所以“孑”“孓”二字都有孤单的含义，成语有“茕茕孑立”、“孑然一身”。

（了）　本义当指完结、了结、结束。字形亦由变“子”字形体而成，取“”之两臂皆缺之意。或以为“了”即俗语“屌”的象形字。今案，甲骨文有字，笔者疑即俗语之“屌”字者。如可信，则“了”非“变体字”。

（今）　“‘今’大概是‘吟’（噤）的初文，本义是闭口不作声。字形大概是倒写本作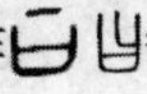等形的‘曰’字而成的，但为了书写的方便，圆顶变成了尖顶。”①

㝵（碍）　“㝵”本“得”的初文，“但是东汉以后，有些人却把‘㝵’当作‘礙’（碍）的异体使用。当‘礙’字用的‘㝵’，以去掉‘得’字的‘彳’旁来表示有障礙不能得到的意思，应该看作变体字。”②作有障碍义用的“㝵”字后来又加类化符号“石”而作“碍”，汉字简化方案即以“碍”为“礙”的简化字。

叵　义为“不可”，是将“可”字反书而成。

②取音变体

这类变体字的读音与原字的读音相近，字义则与原字本义没有联系。如：

乒、乓　二字由“兵”字改造而成，读音与“兵”相近，用作拟声词。

毋　用作否定副词，表示不要做某件事。此字起初用“母”字，是假借字，在甲骨卜辞和金文中已经有作否定副词的用法。后来为了把作否定词的“母”与父母的“母”区分开来，便把它改造为“毋”，读音也略有变化，但仍与“母”相近。

耶　用作疑问句末语气词。此字起初用“邪”字，是假借字（“邪”的本义是地名）。隶书“邪”字字形中的音符“牙”与“耳”的隶书很相近。后来，人们为了把表疑问语气词的“邪”与地名或邪恶义的“邪”区分开来，就把作为疑问语气词的“邪”写成“耶”。“耶”的偏旁“耳”既不表音，也不表义，只起记号的作用。

义　“义”是“義”的简化字，是由“乂”字加点而造的字。“乂”可能是“刈”的初文，古音“鱼刈切”，与“義”相同。据裘先

①②　裘锡圭：《文字学概要》第139页、第141页。

生说，宋元时借“乂”为“義”，后来把“乂”改为“义”，便成为“義”的简化字。

变体字一般可归入到“借形寓意”构形模式，按其结构则可纳于“指事字”。

拼音字

拼音字是指读音由用作偏旁的两个字反切而成的字。按其形音义之关系来看，拼音字也有两种情况。

一种是但取二字之切音而无取于字义，可以说是“纯拼音字”，如中古时代佛教徒为了翻译佛经而造的“⿰名養”（名养反）、“⿰亭夜”（亭夜反）之类者是。这类字只是偶然出现，而且后来并没有在汉字中流通，所以可以视作特殊情况而处理。另一种是既取二字之切音，又取二字之连读以成义，这主要是方言中的拼音字，如“甭”、“嫑”等。若必欲以“四体”范围之，则这类字可作会意字来处理。

（二）关于“独体”、“合体”

以往研究汉字的人，常常把“象形字”与“指事字”合起来叫做“独体字”，把“会意字”与“形声字”合起来叫做“合体字”。“独体”与“合体”之分的标准是什么呢？按照一般的观点，一个字的形体结构如不能分离为两个或两个以上都可以独立成字的部分，便是独体字；一个字的形体结构可以分离为两个或两个以上都可以独立成字的部分，便是合体字。很显然，所谓“独体”、“合体”之“体”，是指字的形体构件，判断的标准则是看它们能否独立成字。如果按照这种观点和标准，把我们所划分的象形字（即“绘形象物”和“烘托显物”两种构形模式所造出的字）与指事字（即“标识指物”、“借形寓意”和“符号示意”三种构形模式所造出的字）都看成是“独体字”是可以说得过去的，但要把我们所划分的会意字（即“比形象事”和“合字会意”两种构形模式所造出的字）与“形声字”（即“加注意符”、“加注音符”和“音义合成”三种构形模式所造出的字）都看成是“合体字”，那就不尽然了。像“立”、“旦”、“正”、“之”、“出”、“各”，以及“何”、“沬”、“耤”、“無”等字的初文，这一类比形象事式的字，应不应该算“合体字”？像“骨”、“胃”这样的加注意符式的字，以及“齿”这样加注音符式的字，应不应该算“合体字”？如果算，它们却不能分离为两个都可以独立成字的形体部分，也就是说，这些字的形体只能分离出一个可以独立成字的构件，其余的构件都是不能独立成字的。“骨”、“胃”、“齿”三字的初文本是字，只是因为后世是废而不用，以致人们不再把它们当作可以独立成字的构件来看待。如果不算，把它们看作是“独体字”，则又在同一种构形模式所产生的文字中横生分裂，甚至使得我们对好些字会感到无法处理。例如“鬥”字，在甲骨文中它像两个怒发上冲的人在徒手搏斗之形，若分离开来，都不能独立成字，它究竟是独体字，还是合体字呢？又如，一般都把“北”字归在“合体字”中，我们也认为它应属于“合体字”，可是甲骨文、金文中的“北”字只是代表两个人形相背而立，我们既不好说它是由“人”字和“匕”字结合而成，也不好说它是由两个“人”字结合而成，它其实只是一种图形的比配。事实上，“独体”、“合体”之分只适用于小篆以后的汉字，对于甲骨文、金文等更早一些的汉字，这种分类是没有意义的，除非另立标准。

如果要重新确立适合于甲骨文、金文“独体”、“合体”之分的标准，那我们认为，这个“体”即汉字的形体构件，不应当看它是否能独立成字，而应当看它是否能代表一种确有所指的物体，是否是某种确有所指之物的图形或象征性图形。如果一个字的形体结构是一个单纯的物体图形或象征性图形，如甲、金文中的“人”、“马”、“木”、“火”、“山”、“大”、“屰”、“夭”、“臣”、“且”等字，或者一个字的形体结构是一种单纯的抽象符号，如甲、金文中的“上”、“下”、“一”、“二”、“五”、“七”、“廿”、“卅”、“乙”、“入”等字，或者一个字的形体结构是一个单纯的物体图形（或象征性图形）再附加一些仅仅起标记、指示作用的符号（记号），如甲、金文中的“刃”、“亦”、“叉”、“本”、“末”、“朱”、“亡”等字，凡此之类的字，便是独体字。如果一个字的形体结构包含有两个或两个以上的物体图形（或象征性图形），如甲、金文中的“眉”、“文”、“果”、“聿”、“立”、“竝”、“比”、“从”、“伐”、“步”、“涉”、“出”、“各”、“相”、“见”等字，以及“何”、“沫”等字的初文，凡此之类的字，便是合体字。也就是说，“绘形象物”、“标识指物”、“借形寓意”、“符号示意”这四种构形模式所造出的字，都是独体字；“烘托显物”、“比形象事”等构形模式所造出的字，都是合体字。而“合字会意”、“加注意符”、“加注音符”、“音意合成”这四种构形模式所造出的字，理所当然地属于合体字。这不仅因为这些字都包含有两个或两个以上可以独立成字的构件，而且还因为，这些构件就其原始形态而言，都是一些物体图形或物体的象征性图形；要么追溯下去，这些构件本身即是由两个或两个以上的物体图形结合而成。

“独体”“合体”之分，可以追溯到许慎的文字学理论。《说文解字·叙》说：“仓颉之初作书，盖依类象形，故谓之‘文’；其后形声相益，即谓之‘字’。‘文’者，物象之本；‘字’者，言孳乳而浸多也。”所谓“依类象形”，自然主要是指描摹事物的个体图象。而“依类象形”的结果，即所谓“文”，自然主要是指绘形象物式的字、借形寓意式的字。如果把范围扩大一些，那就包括标识指物式的字和符号示意式的字。“形声相益”之“形”是承“依类象形”之“形”而言，这个“形”不能单纯理解为字之形，更不能只看成是形声字中的“形符”（即意符），它应当包括虽不成字但却能代表某种具体事物的图形或象征性图形。所以，“形声相益”的含意内容是很丰富的。凡“形”与“形”相益，如烘托显物式的字、比形象事式的字、合字会意式的字、加注意符式的字；“形”与“声”相益，如加注音符式的字、音意合成式的字，都是“形声相益”的结果。段玉裁解释许慎如上那一段话说：“‘依类象形’，谓指事、象形二者也。指事亦所以象形也。‘文’者，画也。交错其画，而物像在是。如见远而知其为兔，见速而知其为鹿也。”“‘形声相益’，谓形声、会意二者也。有‘形’则必有‘声’，‘声’与‘形’相附为形声，‘形’与‘形’相附为会意。‘其后’，为仓颉以后也。仓颉有指事，象形二者而已。其后文与文相合而为形声，为会意，谓之‘字’。如《易》本只八卦，卦与卦相重而得六十四卦也。”① 这一段话领会许慎的基本精神是不错的，但把“形声相益”说成是“‘文’与‘文’相合”，把“形声相益”之“形”单纯地看成是文字之形，恐怕不完全符合许慎的原意。也许，由于“六书”说本身的局限，只能如段氏这样理解。然而当我们今天业已掌握大量古汉字材料，业已更深入理解古汉字的构形方式和规律，便应当对前人的学说有所扬弃，有所发展，学术研究才能有新的进步

① 《说文解字注》十五卷上。

第七章　附　论

一、《说文》订补*

宷

《说文》卷二上釆部：“，悉也。知宷谛也。从‘宀’，从‘釆’。，篆文‘宷’从‘番’。”大徐注引徐锴曰：“宀，覆也；釆，别也。包覆而深别之，宷悉也。”

甲文有字，金文作、，隶定为“釆”，即分辨之“辨”的本字。“釆”字像野兽的足迹之形，《说文》卷二上釆部：“釆，辨别也，象兽指爪分别也。”《说文》釆部又收有“番”字，云：“，兽足谓之番。从‘釆’，‘田’象其掌。，‘番’或从‘足’从‘烦’。，古文番。”“番”即“釆”字，大概因为甲文“釆”与“米”形近易混，所以后来才在“釆”字下加一兽掌之形（“”），以强调原来的构形之意。审察的“审”字，本作“宷”，从“宀”从“釆”会意；后来繁体作“審”，从“宀”从“番”会意。“宀”代表洞穴（古人穴居野处，故表居室之字多从“宀”），“釆”或“番”代表野兽的足迹，意谓于洞穴之处仔细观察野兽足迹便是“审”。不同的野兽足迹有其不同的形状特征①，富有经验的猎人一看便知，所以古代专门负责侦察和通报禽兽行踪的田猎小吏就叫“迹人”。《周礼·地官》：“迹人，掌邦田之地政，为之厉禁而守之。凡田猎者受令焉。”孔颖达疏：“迹人，主迹，知禽兽之处。”《左传·哀公十四年》：“迹人来告，曰：‘逢泽有

* 此节所释诸字，有些曾分别刊布于拙文《〈说文〉订补五例》（载《湖南师范学院学报》1984 年第 4 期）、《释“相”》（载《湖南教育学院学报》1989 年第 1 期）、《〈说文解字〉订补》（载《湖北大学学报》1994 年第 6 期）、《甲骨文字考释五例》（载《古文字研究》第二十六辑，2006），及拙著《管窥蠡测集》（岳麓书社，1994）。此略有修改或删补。

① 《尔雅·释兽》：麋，“其迹躔”；鹿，“其迹速”；麕，“其迹解”；兔，“其迹迒”；豕，“其迹刻”。

介麇焉。'”杜预注：“迹人，主迹禽兽者”。可见，辨别之“釆”和审察之“宷”取象于野兽足迹，正是古人田猎经验的体现。

千

《说文》卷三上十部：“，十百也。从‘十’，从‘人’。”段注本作“从‘十’，‘人’声”，无所注说。

古今治文字者（包括许慎），皆以“千”之造字为表数而作，甲文“千”字作、、诸形，或以为所从之“”“象算筹之形”，或以为“借‘人’声为‘千’”，等等。然无论以“从‘十’从‘人’”之会意，还是以“从‘十’‘人’声”或“以‘一’加于‘人’”之形声，均难说清百千万之“千”的构形之旨趣与所以然。“‘十’‘人’”何以即有百千万之“千”的概念？若“人”为音符，又何以从“十”或“一”？

今案，“千”之造字，实非为表数而作；如同“五”、“六”、“七”、“八”、“九”、“万”诸字一样，各有其造字之朔义，表数之用乃假借耳。“千”当为牵绊之“牵”的本字，字形正象人之双足被牵羁之状。《说文》卷三下臣部：“臣：牵也；事君也。象屈服之形。”“臣，牵也”为声训，“臣”谓奴仆，故其命名之义为“牵”。

舌、西、圅

《说文》卷三上舌部：“，在口，所以言也、别味也。从干，从口，干亦声。”又谷部：“，舌皃。从‘谷’省，象形。，古文‘西’。读若‘三年导服’之‘导’。一曰竹上皮，读若‘沾’。一曰读若‘誓’。”卷七上马部：“，舌也。象形，舌体马马。从‘马’，‘马’亦声。，俗‘圅’从‘肉’、‘今’。”

今案：“舌”、“西”、“圅”三篆，音义疑有混讹。窃以为：“西”，今之舌字也，本当读食列切，“圅”，西（舌）貌也，西（舌）体马马，马亦声，胡男切；“舌”以西（舌）取食也，本当读若沾（今之添字），他念切。何以明之？一曰，人之五官，皆有形可象者。若口，甲文作；耳，甲文作、，金文作；目，甲文作、，金文作；鼻，初文为“自”，甲文作、作。皆栩栩直象其形者。若今之“舌”字，以会意作，非象形也。若舌体者，非无形而不可象也。有形可象而不以象形法造之，此不可解也。然则“西”字，甲文作、作，正为舌体之形（中画乃舌上之纹理），岂非“舌”之本字邪?① 二曰，凡从“舌”之字，多有与“他念切”之音相同相近者，如“甜”，徒兼切；“恬”，徒兼切；“铦”，息兼切；“狧”，他合切；“舚”，以冉切（《广韵》吐滥切），等等，由此可窥见“舌”字古为闭口音，其读当在覃添部之间。又，“舚”或作“䑙”。许慎谓“舌”从干从口，干者犯也，入也，食犯口而入；甲文“舌”字作，金文作，是以舌取食之象，非直谓舌体也。今俗语添食（添，读去声，以舌囫取食也），当作此“舌”字。字亦当读他念切，则与“恬”、“舚”诸字声谐矣。段玉裁笃信古人古书，又惑于“恬”、“舚”从“舌”声之不谐，遂臆断改“恬”为“恬”、改“舚”为“䑙”，而不知“恬”之与“恬”、“舚”之与“䑙”原本一字，正所谓削足适履、舍本逐末矣。“㐭”，“一曰读若誓”。“读若誓”，即今“舌”字之音也。全赖《说文》此“一曰读若”，“㐭”为口舌本字益可明矣。

虽然，后世以“舌”为口舌字，不读“他念切”而读“食列切”，“㐭”字则废而不用，音亦讹变。此所谓积非成是，习久难返者也。“舌”、“㐭”之颠倒，殆非由叔重始。

叜、穾

《说文》卷三下又部：“，老也。从‘又’，从‘灾’；阙。，籀文从‘寸’。，‘叜’或从‘人’。”云“阙”者，盖以造字从“又”、“灾”之旨趣未明也。段注引玄应云：“‘又’音‘手’。‘手灾’者，衰恶也。言脉之大候在于寸口，老人寸口脉衰，故从‘又’从‘灾’也。”许训“叜”为“老”，意谓“叜”乃长老之称（今字作“叟”）。《说文》卷七下穴部：“，深也；一曰灶突。从‘穴’从‘火’，从‘求’省。读若《礼》‘三年导服’之‘导’。”段注云：“穴中求火，穾之意也。”（“穾”，隶变作“罙”。）段注皆曲从许说，不足据信。

今案，“叜”与“穾”造字之意同。“叜”即“搜”之初文，“穾”即“探”之初文。“叜”字甲文作、，非从“灾”，乃从“又”从

① 今之治古文字者，或释、为竹席“簟”之初文。盖甲文“簟”与“㐭”为同形字，或为音假。《说文》“㐭”字或“读若‘三年导服’之‘导’”，“三年导服”之“导”音徒感切，正与“簟”同音。段注“㐭”字“读若‘三年导服’之‘导’”云：“《士虞礼》注曰：‘古文禫或为导’……‘棪’‘穾’‘㐭’读若‘导服’，皆七、八部与三部合韵之理。”

“火”从“宀”。“宀”者室也，“又”者手也，造字之旨趣盖以手持火搜求于室之意也。上古之人多穴居，穴室昏暗，有所搜求，须借助火光之明，故字从“又”持“火”于“宀”，以表搜求义。“叜”之本义为搜求，假为长老之称，故后又另造“挍”（搜）字以代本字，“叜”则专为长老之称矣。然则“叜”字固非专为长老之称所造，故字形实无长老之意，此亦许慎阙如之所由。为彰显长老之借义，后又另造加“人”之“傁”字，即今“叟”之本字也。“𡨦”之于“叜”，字之异体耳；“挍”、“傁”之于“叜”，字之孳乳耳。

“罙”（突），探也，探亦求也。从“又”从“火”从“穴”，非从“求”省，字当隶定为“叜”。从“穴”与从“宀”同意。“叜”从“又”举“火”于“宀”内，义为审覆求索；“罙”从“又”持“火”于“穴”中，义为探寻求取。虽皆从“火、又”会意，一作“火”于“又”上（象举火之形），一作“火”于“又”下（象执火下照之形），立意微殊，故为二字。

“探求”与“幽深”义相因，故“罙”又有“深”义。“滚”之与“罙”（突）（即今之“深”字），亦字之孳乳耳。“罙”一曰灶突，此字义之别说。金文有（苝伯簋）字，从“穴”从“口”从“火”；或作，从“宀”从“火”从四短竖画。从“宀”与从“穴”同意，四短竖画象征烟火所薰之“烟子”（火烟凝聚成的黑色微粒）。二字皆定为“罙”①，正“灶突”义之区别字也。古人穴居，多于穴顶开洞供烟火之所通，故字从“口”。

隶

甲文有字，旧不识②。

今案，此字当隶定为“隶”，即金文之，乃逮捕之“逮”字之初文。《说文》卷三下隶部：“隶，及也。从‘又’，从‘尾’省。‘又’持‘尾’者，从后及之也。”许慎释“隶”字之字形是对的，但以“及”训“隶”，则非其本义，而是其引申义。“隶”为手持兽尾之形，表示逮住了野兽，其本义即“逮”，乃逮住、捉住之义。以尾代兽，以

① 见徐中舒主编《汉语古文字字形表》第296页（四川人民出版社，1981）。

② 徐中舒主编《甲骨文字典》（四川辞书出版社，1988）305页收此字，云“从又从，所会意不明”。于省吾主编《甲骨文字诂林》（中华书局，1996）第二册934页收此字，云“字不可识，其义不详”。

部分代全体，这种构形手法在甲骨文字中多有体现。

卜辞中字仅一见：“乙巳卜……豕祖戊弘隶”，似谓祭祀之豕（去势之雄豕）为祖戊弘所隶（逮）；或疑为祭名，恐不确。

相、省

《说文》卷四上目部：“相，省视也。从‘目’、‘木’。《易》曰：‘地可观者，莫可观于木。’”《说文》所引，今本《易》没有这句话。前人认为，可能是取于《易·观》之意，大概为汉代经师之说。许慎引这句话的目的，段玉裁认为：“说从‘目’、‘木’之意也。目所视多矣，而从‘木’者，地上可观者莫如木也。”（见《说文解字注》“相”字下）。既然大地上可见到的东西没有比树木更多、更普遍的了，那么，一抬眼便可见到的东西，为什么还得仔细察看呢？可见，按照许慎引《易》说之意，实在难以说明“相”字形体结构从“木”与其造字本义“省视”之间的事理关系。

后世文字学家曾就此提出各种不同的新解释。林义光认为：“相”字从“木”取其“凡木为材，须相度而后可用”之意（见《文源》）。吴大澂认为，古人“相”字作，取“十目所视”之意（见《说文古籀补》）。郭沫若认为，古人“相”字作，乃相貌字之初构，盖象眉目之形（见《殷周青铜器铭文研究》）。徐同柏认为，古文“相”字从，，古文“才”，通作“在”，见物之察也。“才”、“相”声近义同，故“相”字从“才”（见《从古堂款识学》）。马叙伦认为：“相”从‘目’，‘杨’省声（《见读金器刻词》），等等。这些见解，都有难以说通之处，缺乏足够的证据和说服力。林氏之说臆改“相”字本义，而且解释依然很牵强。吴氏误把古“眚”字看成“相”；而且，“十目”的解释，无论是就“眚”字的形体，还是就“相”字的形体，都是错的。郭氏所据古文虽不误，但改“相”字本义为“相貌”；而且，仅仅取一只眉毛和一只眼睛便代表人的整个相貌，这种毫无佐证的想象意见，实在没有说服力。徐氏也是误据古“眚”字立论；而且，以“相”字六书结构为形声，认为“才”是“相”的音符，“才”又通“在”，“‘才’、‘相’声近义同”，迂曲武断，所误尤多（若“相”字为形声，“才”是声符，那为什么后世作从“木”之“相”？此其一。“才”字古音为从母之咍韵，“相”字古音为心母阳唐韵，声韵都不同，不得言“声近”，此其二。马氏“杨省声”之说也显然是臆测。总之，诸家所言，皆不足据信，所以王力主编的《古代汉语》以存疑阙如的求实态

度指出说：“相字从‘目’的意思是十分明显的，但是从‘木’的意思不大好懂”（见王力主编《古代汉语》第二册附录二《汉字部首举例》）。

甲文中有“相”字作、、诸形，从“目”从“木”；又有、诸形，从“目”从“”。后一种形体，罗振玉《增订殷虚书契考释》中五十六叶下均收作“相”字。但后人意见不一致，有些人同意罗氏之见，释为“相”，有些人则持异议，释为“省”。如郭沫若《殷虚青铜器铭文研究·大丰𣪕韵读》，把本铭、公违鼎、公违钟、盂鼎等彝器铭文中的“”字都定为“相”字（郭氏以“相”为相貌之相的初文，便是据此立说）；闻一多《大丰𣪕考释》则认为：“，诸家或释‘省’，或释‘相’。案，释‘省’近是。”而周法高所主编《金文诂林》一书，一方面将大丰𣪕，臣卿𣪕、盂鼎等彝器铭文中的“”字收在“省”字条下，一方面却又把它们释为“相”字，以致李孝定大惑不解，提出疑问说：“本书收此‘省’，是也；而 d、g、h 诸字之下又著释文为‘相’，而未有说，未知何义”（见《金文诂林读后记》）。

今案，造字初始，“相”与“省”本是一字。后人不知，所以于甲骨金文中的“”才引起有或释“相”或释“省”的纷争。今确定“相”“省”同字，理由如下：

以造字初义求之，“相”与“省”同义。《说文》：“省，视也。”“相，省视也。”《尔雅·释诂》：“省，察也。”《说文》以“视”训“省”，以“省视”训“相”，则“相”字的解释正是“省”字解释的补足，所以段玉裁为“省”字作注说：“省者，察也。”既本于《尔雅》古训，也是本于《说文》二训相足成之例。“省”谓察视，与“相”训“省视”初义实相同，所以王力所主编《古代汉语·汉字部首举例》说：“‘省’，本义是细看”，“‘相’，本义也是细看。”

以文字古音求之，“相”与“省”同音。《广韵》：“相，息亮切”、“省，息井切”。二字声相同。按照一般古音学家的意见，上推古音，则“相”为阳唐韵，“省”为耕青韵，似乎只是韵相近。但是，古音学所说的上古音，其实只是反映周秦时代的语音系统，与造字初始时代已相去甚远。造字初始之音今天虽已无从推考，但是，我们从古音一般通转规律仍然不难看出“相”与“省”初音当相同的迹象来。因为古音阳唐韵与耕青韵多相通转，不乏其证。例如《易·乾·文言》：“乾元者，始而亨者也；利贞者，性情也。”“情”与“亨”韵。又《萃·象辞》：“王假有庙，致孝享也；利见大人，亨聚以正也。”“正”与“享”韵。而古音学家以“亨”、“享”归阳唐韵，以“情”、“正”归耕青韵。又如《诗·商颂·烈祖》：“亦有和羹，既戒既平。鬷假无言，时靡有争。绥我眉寿，黄耇无疆。”“羹”、“平”、“争”、“疆”四字入韵（王力《诗经韵读》不以“羹”字入韵，且以“绥我”二句属下读为韵，似非是），而古音学家以“羹”、“疆”归阳唐韵，以“平”、“争”归耕青韵。又如《楚辞·招魂》：“砥室翠翘，挂曲琼些。翡翠珠被，烂齐光些。”“琼”、“光”二字入韵，而古音学家以“琼”归耕青韵，以“光”归阳唐韵。又如《诗》“将子无怒”、“将仲子兮”、“将伯助予”，诸“将”字实为“请”的借字，而古音学家以“将”归阳唐韵，以“请”归耕青韵。又如“庆”、“卿”、“明”、“皿”、“京”、“景”、“境”、“杏”、“行”等阳唐韵的字，后世读为［ing］音，与耕青韵的字一样，尤不胜枚举。凡此之类现象，足以向我们启示：“相”与“省”的造字初音，原本相同，后来只是因分化为二字，读音也就跟着分化为阳唐与耕青二韵了（这一分化当成于周秦之时）。

以文字古形求之，“相”与“省”同形。如前所述，甲骨金文中“相”字或作，或作。而形之字，诸家或释“省”，或释“相”。皆以不知“相”“省”本为一字，但据后世之分化而强作别解，遂致纷争而莫衷一是。罗振玉、郭沫若等人虽知从“目”从“”之即是“相”字，而不敢断定“相”与“省”初为一字，所以其说难以圆通。

金文中“”与“”（眚）二字也每相通假，孙诒让、强运开诸家辨之甚是，兹不赘述。只是，孙氏不承认“”（后世分化而为“省”）即是古“相”字，则失于不察。

既知“相”与“省”其初实为一字，则“相”字从“木”之意自可迎刃而解。因为，“相”字或从“目”从“木”，或从“目”从“中”，从“木”犹从“中”也。《说文》卷一下屮部：“，艸木初生也。象丨出形，有枝茎也。”卷六上木部：“，冒也。冒地而生。东方之行。从屮，下象其根。”“屮”谓草木初生，草木初生之象微而不著，以目视之必须仔细察看才能有所见，有所别。所以本义为细看的“相”字或从“目”“屮”会意，而后分化为“省”字（许慎以“省”字从“眉”省，非是）。《说文》“木，冒也”为声训，意在求其语源之义，意思是“木”由“冒”之声义而得名，谓冒地而生者。然则“木”之

为词，其语源之义并不是指已长成的高大树木，而只是指草木刚刚由地土中冒生出来的幼苗（“木”、“冒”声义亦相近）。刚刚冒地而生的草木当然也是微而不著，以目视之必须仔细察看才能有所见有所别。所以，本义为细看的“相”字也自可从“目”从“木”会意。由于后世分化为二字，形、音、义皆产生不同程度的差异，遂至久而不知“相”字从“木”犹从“屮”的用意了。

又，“屮”谓草木初生，兼言木而非专指草；“木”字上体与“屮”同（许慎谓从“屮”），下象其根，自可兼言草而非专指木。“木”与“屮”字形、字义皆相近，所以作为造字构件便每每多相通用或互换，甲、金文中不乏其例，兹不赘述。

口、曰、甘

《说文》立有“口”、“曰”、“甘”三部，对“口”、“曰”、“甘”三篆的解释是：“，人所以言、食也。象形。凡口之属皆从口。”（卷二上口部）“，词也。从‘口’，‘乙’声；亦象口气出也。凡曰之属皆从曰。”（卷五上曰部）“，美也。从‘口’含‘一’。‘一’，道也。凡甘之属皆从甘。”（卷五上甘部）

“口”字甲文作、，金文作、；“曰”字甲文多作、形，金文作、、、等；“甘”字甲文作、，金文作、。很显然，《说文》所释、、三篆之构形与甲、金文的传承性相一致，许慎对三字构形的分析基本上是正确的。不过，其“曰”字“‘乙’声”之说则不可取，当以“象口气出也”为是；说“甘”字之“‘一’，道也”亦不可取。“道”如何可含于口中？口中含“道”何以即是“美”？“从‘口’含‘一’”之“一”也不是表数之“一”字，只是一种象征甘美之食物的符号而已。

作为造字构件，“口”、“曰”、“甘”三形每相通用。

篆文从“口”之字，甲、金文中多有或作从“甘”者。例如，“，评也。从‘口’，‘刀’声。”（《说文》卷二上口部）甲文“召”均以“从‘口’，‘刀’声”作①。金文中另有、等形之字，旧释为“召”。其所从之“召”或作“”，从“”；或作“”，从“”。而且还有既从“”又加“”（即形之侧置）者，如

① 见《新甲骨文编》第55页。

（穌爵）；还有省其“”形而既从“”又从“”者，如（𠷎鼎）。“，唬声也，一曰虎声。从‘口’，从‘虎’。读若‘暠’。”（《说文》卷二上口部）甲文“唬”即“从‘口’从‘虎’”①。金文作（善鼎），从“”；或作（伯篹），从“”。“，故也。从‘十’‘口’，识前言者也。”（《说文》卷三上古部）甲文“古”作，从“”从“”；或作，从“”从“”。金文“古”作、等，从“”；或作，从“”。“，进取也。从‘𠬪’，‘古’声。”（《说文》卷四下𠬪部）金文“敢”作、等，其构件“古”从“”；或作、等，其构件“古”从“”。“，教命急也。从吅，厰声。，古文。”（《说文》卷二上吅部）金文“嚴”作，其构件“厰”中之“古”从“”；或作，其构件“厰”中之“古”从“”。“，同志为友。从二又，相交友也。”（《说文》卷三下又部）甲文“友”作、，或作，从二“又”从“口”。金文“友”既有从二“又”从“口”作者，又从有从二“又”从“”作者。等等。

篆文从“曰”之字，甲、金文中多有作从“口”者。例如：“，告也。从‘曰’，从‘冊’，‘冊’亦声。”（《说文》卷五上曰部）甲文“㫼”作、、等形，均从“口”，不从“曰”②。“，出气词也。从‘曰’，象气出形。，籀文‘曶’，一曰佩也，象形。”（《说文》卷五上曰部）金文“曶”既从“曰”，如（曶卣）、（克钟）等；或从“口”，如（史曶爵）。甚或在同一器物的铭文上有从“曰”与从“口”之二形并作者，如太师虘簋既作，从“曰”；又作，从“口”。“，曾也。从‘曰’，‘兓’声。”（《说文》卷五上曰部）。《新甲骨文编》收甲文“朁”字共八见，均从“口”，无一作从“曰”者③。“，语多沓沓也。从‘水’，从‘曰’。”（《说文》卷五上曰部）甲文“沓”字三见，作或，均从“水”从“口”，无作从“曰”者④。

篆文从“甘”之字，甲、金文中亦有作从“口”者。例如“猒”字：“，饱也。从‘甘’，从‘肰’。”（《说文》卷五上甘部）金文

---

① 见《新甲骨文编》第61页。

② 《新甲骨文编》281页收“㫼”字共26例，均从“口”，无一作从“曰”者。

③④ 见《新甲骨文编》第282页。

"猒"作（沈子簋）、（毛公鼎）、（商叡簋）等，从"口"，不从"甘"。又如"甚"字，小篆从"甘"，"古文"则从"口"："，尤安乐也。从'甘'，从'匹'，耦也。，古文'甚'。"（《说文》卷五上甘部）又如"旨"字："，美也。从'甘'，'匕'声。"（《说文》卷五上旨部）甲文"旨"十六见①，作、等，均从"口"而不从"甘"。金文"旨"则或从"甘"，如（伯旅鱼父固）、（殳季良父壶）等；或从"口"，如（匽侯鼎）、（盠驹尊）等。又如"嘗"字，小篆以"从'旨''尚'声"作："，口味之也。从'旨'，'尚'声。"（《说文》卷五上旨部）金文或作（十年陈侯午錞），从"旨"，"尚"声；或作（陈侯因錞），"从'旨'，'尚'声"之"旨"从"口"不从"甘"。又作（效卣）、（召伯簋），从"旨"，"尚"省声；或作（蔡侯盘），从"旨""尚"省声之"旨"从"口"不从"甘"。又如稽首之"䭫"字，许慎谓"从'𩠐'，'旨'声"："，下首也。从'𩠐'，'旨'声。"（《说文》卷九上首部）金文或作（井侯簋），其构件"旨"从"甘"；或作（录伯簋）、（令鼎），其构件"旨"从"口"。等等。

甚至还有在同一字的构形上，有"口"、"曰"、"甘"三形而相通用者。例如"曾"字，甲文作或。金文加"口"作（易鼎）、（曾大保盆）；或加"甘"作（鄫伯簠）、（余义编钟）；小篆则从"曰"，作："，词之舒也。从'八'，从'曰'，'囮'声。"（《说文》卷二上八部）又如"會"字，小篆"从'曾'省"之"曾"下从"曰"："，合也。从'亼'，从'曾'省。曾，益也。"（《说文》卷五下会部）金文"會"或作（羼羌钟）、（蔡子匜），"从'曾'省"之"曾"从"甘"；或作（自作会鼎），"从'曾'省"之"曾"从"口"。又如"曹"字，甲文作，从"口"；金文作（遣曹鼎）、（曹公子戈），从"甘"；小篆则从"曰"，作："，狱之两曹也，在廷东。从'㯥'，治事者；从'曰'。"（《说文》卷五上曰部）又如"昌"字，籀文作，从"日"从"口"；甲文"昌"正从"日"从

① 见《新甲骨文编》第289页。

“口”作[1]，当为籀文“”之所本；金文“昌”作、，从“甘”；小篆则从“日”从“曰”：“，美言也。从‘日’，从‘曰’。一曰日光也。《诗》曰：‘东方昌矣。’，籀文‘昌’。”（《说文》卷七上日部）又如“孴”字，金文作，从二“子”从“口”；籀文作“”，从二“子”从“甘”；小篆则从“曰”，作“”：“，盛皃。从‘孨’从‘曰’。读若‘薿薿’，一曰若‘存’。，籀文‘孴’从二‘子’。一曰‘䂮’即奇字‘㬜’。”（《说文》卷十四下孨部）

以上这些现象，说者多以“讹变”来解释。今案，“曰”、“甘”二字均从“口”作，甲、金文“口”、“曰”、“甘”三字之字形相近似，所以作为造字构件，三者在甲、金文中多有互借或互换，而又与篆文之所从相异者。此实为用字之有意识的、自觉的“形借”问题，并非书写过程中下意识的、不自觉的“讹变”（写错别字）现象。作为造字构件“口”、“曰”、“甘”三形通用，如同“月”与“夕”通用，“大”、“天”与“夫”三形通用者。

白、皆、鲁、者、𣈆、𥏼

《说文》卷四上鼻部之前有“白”部，部首小篆为“”，隶定作“白”（非黑白之“白”）。许云：“，此亦‘自’字也。省‘自’者，词言之气从鼻出，与口相助也。”段注：“词者，意内而言外也。言从口出，而气从鼻出，与口相助。故其字上从‘自’省，下从‘口’，而读同‘自’。”

孤立地来说，或仅从小篆“”之字形而言，以“”为“”之异体自不误：“自”为“鼻”之初文，“鼻”为“自”之后起加注音符字。甲文“自”作、，金文作、，象征鼻梁上之横纹形作二画，此即小篆“”字之所本；甲文或作、，金文或作、，象征鼻梁上之横纹形作一画，此即小篆“”字之所本。许慎所说“省‘自’”，应当是指“”之于“”省其一横画而言；所说“词言之气从鼻出，与口相助”，则是就人体言语发声之生理现象而言。段玉裁不明许慎之意，乃以“”为“”字上端之“”与“”（口）会意而作，大误。若许慎所说“词言之气从鼻出，与口相助”果为段氏所注之意，则其对“”字构形之说解必当是“从‘自’省，从‘口’”。

---

① 见《新甲骨文编》385页。

《说文》白部收篆文“皆”、“鲁”、“者”、“𣝕”、“𥏼（智）”、“百”共六字，均以从“白”作：“，俱词也。从‘比’，从‘白’。”“，钝词也。从‘白’，‘羴’省声。”“，别事词也。从‘白’，声。，古文‘旅’字。”“，词也。从‘白’，‘𠃬’声。‘𠃬’与‘𣝕’同。”“，识词也。从‘白’，从‘亏’、从‘知’。“，古文‘𥏼’。”“，十十也。从‘一’、‘白’。数，十十为一百。百，白也。十百为一贯。贯，章也。，古文‘百’从‘自’。”①

据小篆字形，以上六字从“白”当然说得过去。但从构形旨趣来看，“皆”、“鲁”、“者”、“𣝕”、“𥏼（智）”五字都是表“词言”之字，不以“口”或“曰”作意符，而以义为鼻之“白”作意符，终嫌太牵傅；“百”是表数之字，从“白”作尤使人难知其意。

今案，“百”字不从“白”，而是“白”之转注字，实为“从‘一’，‘白’声”者。②“皆”、“鲁”、“者”、“𣝕”、“𥏼（智）”五字皆为“词言”之字，求之于甲、金文，亦均不从“白”，而实为从“口”或从“曰”者。从“口”或从“曰”与从“言”同意，故甲、金文“皆”、“鲁”、“者”、“𣝕”、“𥏼（智）”从“”或从“”。“皆”者，甲文作、、，均从“”③。金文作（皆壶）、（中山王鼎）、（中山王壶），从“”。“鲁”者，甲文作，从“”④。金文“鲁”从“”，如（生鼎。其他如井侯簋、鲁侯爵、鲁侯尊、明公簋、克盨、克鼎、鲁姬鬲等之“鲁”字亦皆从“”）；或从“”，如（颂壶）、（颂簋。其他如及善夫克鼎、子仲匜、鲁伯鬲、鲁伯盘、麓伯簋、鲁侯鬲、鲁士簋等之“鲁”字亦皆从“”）。“者”者，甲文有字，旧释为“者”之初文。又有、形之字，从“火”，旧亦释为“者”，且以此形为“者”之正体，谓“金文‘者’从‘口’或‘’，乃火形之讹”，或释为“尞”⑤。金文作（者女觥）、、（奢虎簠）、（者减钟）等，从“口”；或作

---

① 自“数”至“章也”依段注本，大徐本作“数，十百为一贯。相章也。”
② 其说见本书第二章第八节“‘转注’造字释例”之“白、百、伯”条。
③ 刘钊等《新甲骨文编》第226页收“皆”字共19例，均从“口”。
④ 《新甲骨文编》（第226~227页）收“鲁”字共8例，亦均从“口”。
⑤ 见徐中舒主编《汉语古文字字形表》第136页，四川人民出版社，1981；刘钊等《新甲骨文编》第561页。窃以为，甲文当为“煮”之初文，从“火”，“”声。

（兮甲盘）、（盗壶）、（邾公牼钟）等，从“”。“𥏼（智）”者，甲文一见，作，从“口”。金文“智”亦有如甲文作（井宝鼎）者，不过多作（毛公厝鼎）、（智君子鉴）、（鱼颠匕）、（中山王譽鼎）等形，为甲文之转注字，加“”。“𠷎”者：金文作（齐侯匜）、（陈侯鼎）等，从“口”；或作（交君簠）、（王孙鼎）等，从“”。

已如前条所述，甲、金文中“口”、“曰”、“甘”三形每相通用，所以以上五字字形中或从“”之“”形实即借用为“曰”①，此乃假借之“形借”者。若直以“”为“甘”字，“甘”之义为甜美，则于“皆”、“鲁”、“者”、“𠷎”、“𥏼（智）”五字之构形无所取义。然则甲、金文从“口”或从“”（形借为“曰”）之“皆”、“鲁”、“者”、“𠷎”、“𥏼（智）”五字，至小篆何以皆变为从“白”？窃以为，这就是“讹变”而非“形借”问题了，因为从“白”无所取义。从“白”犹从“自”，“自”者鼻也，所谓“词言之气从鼻出，与口相助”，实为皮傅之谈。有一个颇有说服力的旁证之例：《说文》卷十下并部：“暜，废也；一偏下也。从‘并’，‘白’声。𣈶，或从‘曰’。㬱，或从‘兟’从‘曰’。”“暜（替）”训“废”，或训“一偏下”，若谓从“白（自）”为取音，则或作之“𣈶”与“㬱”从“曰”既无所取音亦无所取义；若当以或作者从“曰”为是，则从“白（自）”于“废也；一偏下也”之训义无所取。可见，“暜”字或从“白（自）”，或从“曰”，必有一者是一者非。

已如前述，“者”、“鲁”等字金文或从“口”，或从“”（甘），从“”乃借“”为“曰”，为形借。而“者”字，伯者父簋作，下所从之“口”讹作“”，上横画“”，与“自”字异体“”之上横画相同。而“鲁”字，士父钟作、、，下所从之“”的上横画与所从之“鱼”的鱼尾形笔画共用，为形；鲁侯壶作，下所从之“”讹作“”，上横画“”亦与“自”字异体“”之上横画相同。“”形与“”形，均已非常接近“”（白）字。而颂鼎之“鲁”作，下所从作“”，则已与“自”之异体“”完全相

① 卜辞所用“曰”字，即有借用“口”字者，见《新甲骨文编》第 280 ~ 281 页所收“曰”字最后两例。

同。凡此，均显示了金文从“口”、从“”（形借为“曰”）之字多有至小篆讹变为从“（自）”的所以然。越王者旨於睗矛之“者”字作，越王者旨於睗戈之“者”字亦作，下端均直接为鼻形，则又由从“”之讹变为“”，而自觉地认为“者”字当从“自”了。

某

《说文》卷六上木部：“，酸果也。从‘木’，从‘甘’。阙。，古文‘某’从‘口’。”金文“某”字作（禽簋）、（谏簋）、（皆壶）、（中山王鼎）、（中山王壶）等，从“”、“”等形，与《说文》所析“从‘甘’”同。侯马盟书作，从“”似为“”形之省；或为“口”形之讹，则与《说文》所列“，古文‘某’从‘口’”相一致。然“某”训酸果，典籍未见如此用者；且字义为“酸”而字形从“甘”，亦嫌迂曲。段注云：“甘者，酸之母也。凡食甘多易作酸味。”此说虽似有理，实亦牵强皮傅。或从“口”，则以“酸果”之训更难解释其构形旨趣。

今案，“某”字所从之“”，不当直接以甘甜之“甘”为说，实为前所论大量从“口”、从“曰”、从“甘”之字互借其形者，“某”字从“”实乃借“”为“（曰）”也。从“口”与从“曰”义相通，故异文从“口”。“某”者，称代词也①。凡有所称代，则可曰“某”，其字构实为“从‘曰’，‘木’声”。卷五上曰部：“曰，词也。”卷二上八部：“曾，词之舒也。”卷四上白部：“皆，俱词也。”“者，别事词也。”“鲁，钝词也。”“𪉊，词也。”“𪉖，识词也。”金文“曾”、“皆”、“者”、“鲁”、“𪉊”、“𪉖”皆从“口”；或从“”，均为借“”为“”。从“口”与从“曰”不仅以形近，义亦相通也。“某”字当入“曰”部，不当入“木”部。

旋

《说文》卷七上㫃部：“，周旋，旌旗之指麾也。从‘㫃’，从‘疋’。‘疋’，足也。”徐锴曰：“‘㫃疋’为‘旋’，人足随旌旗也。”②段注曰：“旗有所向，必运转其杠，是曰周旋。”“旋”为周旋运转之义。人足随旌旗，当或前或止，安见其随旌旗而旋转者？段氏以“运转

---

① 还有一种可能，“某”即“谋”字。“谋”为“某”之加注意符字即转注字，“某”为“谋”字初文。

② 大徐注引徐锴曰：“人足随旌旗以周旋也。”

其扛”偷换“旌旗指麾”之意，亦不足取。且与从㫃之意终难说合。今案：‘旋’者，人行止之周旋也，非旌旗之运转也，故从“疋”（即足字）。从“㫃”者，取譬于声耳。“旋”从‘疋’，‘㫃’声，非会意字，且当入疋（足）部。甲文有字，正为从“足”“㫃”声之“旋”；“旋”或从“止”，甲文作，金文作、，从“止”犹从“足”也。“旋”谓行止之周旋，故甲文“旋”又转注于“彳”而作。

䅈

《说文》卷七上多部：“，厚唇皃。从‘多’，‘尚’声。”（依小徐本）

此字可疑者有二：义为“厚唇貌”而从“多”，“多”与“厚”义虽相通，然与“唇”之事类则略无关联，此其难晓者一；音为“‘尚’声”，“尚”古属阳唐韵。《广韵》“五支”有“䅈”字，云“缓口，又厚唇也。敕加切”。上古阳唐与中古五支音理殊难通转，此其不可说者二。前人已疑及于声。小徐本虽作“‘尚’声”，而注云：“‘多’即厚也。‘多尚’为‘䅈’，会意也。”是以“声”字为衍文矣。大徐本则径删“声”字，但云“从‘多’从‘尚’”。二徐以“多尚”会意，取字之厚重意则可，取其厚唇意则不无阂隔。段氏玉裁依中古之音推求，以为“䅈”字当从“多声”。“多”古音属歌部；中古“五支”其源约有三：一通齐佳，一通歌戈，一通脂微转入。“䅈”从多声，敕加切，字音之由来则豁然矣。虽然，义之所在犹有不可说解者。

今案：“䅈”乃“𧮫”之讹字，其正体当为“从‘谷’，‘多’声”。《说文》卷三上谷部：“，口上阿也。从口，上象其理。……，‘’或如此。，或从‘肉’从‘豦’。”“谷”为指事字，从“仌”。“仌”者，象口上阿之纹理形。《广韵》“其虐切”，今音 jue（非山谷之“谷”字）。段玉裁云：“仌上阿，谓口吻以上之肉随口卷曲。”“谷”谓口次卷然之肉，故其字又作“㗾”，从“口”“卻”声。或作“臄”，从“肉”“豦”声。《诗·大雅·行苇》“嘉肴脾臄”，《释文》云：“臄，渠略反，字或作‘醵’……《通俗文》云：‘口上曰醵’。”朱熹《诗集传》：“醵，口上肉也。”“谷”字小篆作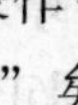，“尚”字小篆作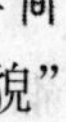，二者形体近似，从谷之“𧮫”故讹混为“䅈”矣。“𧮫”谓“厚唇貌”，义关口上之肉，故从“谷”；“多声”，故有“厚”义。“谷”与“口”事类相同，“厚”与“缓”义亦相通，故《广韵》又训“䅈”为“缓口”。“缓口”犹言“大口”也。《说文》卷二上口部：“哆，张口也。

从‘口’‘多’声。”“张口”，谓张大其口。然则“□”与“哆”音义皆近，故《广韵》“哆”又训“大口”。“大口”犹言“缓口”也。皆口大唇厚之貌。

金文有□、□字（周□壶），此即《说文》之“□”字，亦即“□”字也。金文从“□”从“□”，“□”即“穴”之讹变耳。“穴”本直象口次卷曲之肉，故“谷”字可省口作“穴”。作“□”者，即从“谷”省，“多”声也①。“□”字不见于字书，是所谓正字废而讹字行者。

家

《说文》卷七下宀部：“□，居也。从‘宀’，‘豭’省声。□，古文‘家’。”于“家”字构形，许慎谓“‘豭’省声”，后世学者或是之，或非之，辨者纷如，然终莫当一是。许氏“‘豭’省声”之说犹尚近是，而自段玉裁以来，多以“从‘宀’从‘豕’”会意相解，看似有辨，实则甚非。

今案，“家”字实为从“宀”，“□”声。“□”即“豭”之初文，字形正象腹下有“牡器”之雄豕。甲文“□”为“豕”字，“□”或“□”即为后来之“豭”字。金文“家”字作□、□、□、□、□、□、□、□、□、□者，皆为从“宀”“□”声“家”字之正体。《说文》“家”之“古文”作“□”，所从之“□”与金文之“□”犹尚接近。

“□、□”之与“□”，字形极其相似，差异仅在腹下有无雄具之象征符号，故金文“家”字又或有作□、□、□者，所从之□、□、□，字形有所变易，腹下有“牡器”之雄豕形象已不太明显。又更有作□、□者，所从之□、□腹下无雄具之象征符号，似乎便直是从“豕”了，这应是后来“家”字之由来。如果要说“家”字是“‘豭’省声”，“省”去的便是那“豭”之为物的雄具之象征符号。但这实在是不应当省的，所以严格而言，作□、□之“家”字是不“规范”的“错别字”。

颂鼎“家”字作□，便只是“豭”字之初文，而不从“宀”，此亦可证明“家”字实从“□”，而非从“豕”。

又，“家”字从“□”，乃声兼义者。从语源来说，{家}之言{豭}也，{家}之为词正由{豭}得其音义。所谓“女有家，男有

---

① 金文作□、□，说者谓“从‘尚’省”（见容庚编著《金文编》第486页，中华书局，1985），非是。

室”，女有男则为有｛家｝，男有女则为有｛室｝，是｛家｝之为词由女性而立名。故古人造字，“家”字以从“宀”，“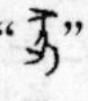”声作。由此亦可推知，“”字之初创，很可能是在母系社会时期。

安、妥

《说文》卷七下宀部：“，静也。从‘女’在‘宀’下。”

《说文》未收“妥”字，偏旁则有之。段玉裁补“妥”字于女部，云：“妥，安也。从‘爪’‘女’。‘妥’与‘安’同意。”而又为之注曰：“‘安’，女居于室；‘妥’，女近于手。好女与子妃，皆以男女人之大欲存焉，故从之会意。”①。

段补“妥”字固当，云“妥”与“安”同意亦然，然说所以同意之意则非是。

今案，女者，如也，顺也。《孙子》：“始如处女，后如脱兔。”“处女”谓居家未适人之女，故其性主静。“安”从“宀”下“女”，意谓女居于室则安止娴静②，由女之德性立意耳，非谓男人于室中有女则安乐也。“妥”字从“爪”下“女”，“爪”犹执持，意谓女人受制，处于执持之下则帖服耳。亦由女之德性立意，非谓男人手下有女则妥安也。段氏以“男女之大欲”说“妥”、“安”构形之旨趣，字从“女”而著意于男，造字之意不当如此迂远。“妥”字入女部，“安”字亦当入女部，许书以入宀部亦非。

弔③

《说文》卷八上人部：“，问终也。古之葬者，厚衣之以薪。从‘人’持‘弓’，会驱禽。弓盖往复弔问之义④。”

许氏说“弔”从“弓”，乃误。弔，甲文作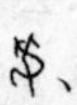、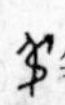等，象蛇缠绕于人身之形。金文作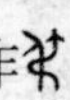，或作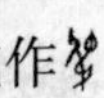（弔鼎）、（铸子簠）等，所从非“弓”尤明显。上古之人穴居野处，多虫蛇之害，故每相见必问曰：“无它

---

① 见《说文解字注》第626页，上海古籍出版社影印本，1981。

② “女”象敛衽跽坐之形，亦取静安之象。或谓“女”字象束手被缚之形，盖未达古之礼俗而臆以“阶级论”为说者。

③ 本小段释“弔”之文早在二十余年之前即已刊布（见拙文《〈说文〉订补五例》，载《湖南师范学院学报》1984年第4期），而后乃有人称：“甲骨文的弔字，研究契文的诸家，对它的初形朔义都没有作出令人满意的解释”，“‘弔’字的初形朔义不是‘不可深考矣’，而是经过探索，可以认识的”，“可以肯定契文中的弔字，是象一个人被一条蛇紧紧缠绕着”（李实《甲骨文字考释·释弔》，甘肃人民出版社，1990）。盖未见拙文之论也。

④ 段注本据小徐本补此八字，可从。

乎?”“它”，即“蛇”之本字，甲文作、、等形。“无它乎”，初即“无蛇害乎”之意也。人有虫蛇之害，他人必相吊问。故“弔”字从蛇加于人身作。其本义当为可哀吊之事（吊有哀义）。事之可哀吊者，人则吊问之，往复吊问之义乃引申耳。

監、臨

《说文》卷八上卧部：“，临下也。从‘卧’，‘䘓’省声。”“，监也。从‘卧’，‘品’声。”① 许氏于“監”、“臨”二字结构均以“形声”相解，非是；以“監”、“臨”二字互训，所释亦非其朔义。

“監”字甲文作、、、等，金文作、等，“象人俯就于盛水之器鉴照其面容之形，为‘鉴’之本字。上古无鉴，以器盛水为鉴，故《周书·酒诰》曰：‘人无于水鉴，当于民鉴。’甲骨文所从之，金文已渐讹为。……《说文》说形实沿金文之讹，更以从‘皿’为‘䘓’省声，尤误。”②

关于“監”字之形义关系，今之治文字者已达共识，然于“臨”字则尚未知晓。其实，与“監”字一样，“臨”字也是比形象事式的字，而不是“形声字”。二字均不从“卧”作，也不是以人体之卧形取象。“監”字中之“皿”形并非“‘䘓’省声”之“血”字（《说文》卷五上血部：“䘓，羊凝血也。从‘血’，‘臽’声），“臨”字中之三“口”形，也并不是“品”字，不是以“品”为音符。

“臨”字甲文未见③，金文作（盂鼎）、（堇临鼎）、（毛公鼎）等，皆不从“品”。“品”字甲文作、等，金文作、等，均为从三“口”，未尝有作二“口”者；且“口”形均为向上作，而无其他连带之笔画者④。而“臨”字“”形下之所从或为三形，或为三形，或为二形，其所从之、、等形绝非“品”字。

今案，“臨”字“”形下之、、皆象泪水。盂鼎“臨”字之泪水形作，表示是向下流的水珠；堇临鼎“臨”字于形之下缀以形，以示形为泪水下流；而毛公鼎“臨”字将竖目形与其下之三

---

① 此从段注本。段注云：“各本作‘监临也’，乃复字未删而又倒之，今正。”

② 《甲骨文字典》第930页。

③ 甲文有字，或定为“囂”，或以未识字收入“附录”。笔者疑此或为“临”字之初文。

④ 《金文编》（124页）收“品”字3，《新甲骨文编》（第119页）收“品”字共21，均如此。

水珠形各用线条紧紧连接在一起，“泪水花花下流”之意则更明显。所以，“臨”字实为象人俯首痛哭流泪之形。雨霖霖之“霖”，甲文作、、，金文作、等，其所从之、、、、等，则为下注之雨水形。

然则“臨”字造字之本义谓何？“臨”者，哭也。《左传·宣公十二年》“卜临于大宫”，杜注：“临，哭也。”特指哭吊死者。《仪礼·士虞礼》：“宗人告有司具，遂请拜宾，如临。”郑注：“临，朝夕哭。”《论语·八佾》：“居上不宽，为礼不敬，临丧不哀，吾何以观之哉？”“临丧不哀”，谓哭吊死者而无哀痛之真情也。《史记·高祖本纪》：“汉王闻之，袒而大哭。遂为义帝发丧，临三日。”“临三日”，哭吊三日也。《汉书·李广苏建传》：“后陵复至北海上，语武：‘区脱捕得云中生口，言太守以下吏民皆白服，曰上崩。’武闻之，南乡号哭，欧血，旦夕临，数月。”“旦夕临，数月”，言苏武早夜哭吊武帝之死达数月之久也。《世说新语·伤逝》：“公往临殡，一恸几绝。”“临殡”，殡敛之时哭吊也。

盧

徐中舒主编之《甲骨文字典》（第534~535页）“盧”字下列甲文、、、、、、、、、等形，谓：“（盧）从从（火），或从（虍）从，或径作、、。表猛兽之革，用以覆屋顶者；表室内之火塘；、象炉身及款足之形。穴居时代，一室之内，中置炉火，昼则围炉而食，夜则围炉而卧。故甲骨文‘盧’实为‘爐’之初文。”《甲骨文字典》（第526页）收、二形，谓“疑为（盧）之异构”。其后所附之字又有字，“同”；有字，谓“释为‘盧’”；有字，谓“同”。说者以“盧”为“爐”之初文，所释“盧（爐）”之形构，多为臆说，殊乖于事物实情与古人造字之心智。谓“、象炉身及款足之形”，然未闻“穴居时代”有具“款足”之火炉者。毋论“穴居时代”，即以数千余年之后的近现代来说，笔者儿时即常常随大人（长辈）“围炉烤火”，其可供数人乃至十来人“团团围坐于周围”的火炉，称之为“团炉”。其为制，多以生铁铸成（有钱人家或以铜造），浅盘状，平底（以便平置于地；或搁置于比炉身稍高的木架上，其木架则称为“团炉座”），大小不一，但最小的口沿直径也不小于500厘米（因为一般都是烧“柴火”，炉太小则不便焚烧柴木，且不能供更多的人围坐。有钱人家可以烧“木炭”，而且不会让更多的人围坐，所以其所用之“团炉”则较小）。俗言谓：“做官要高，烤火要矮（低）。”所以炉身很浅，高不过10厘米，根本无须有“款足”者。即便后世有有“款足”之火炉，而“穴居时代”尚无青铜器，更无铸铁技术，如笔者儿时所经历之火炉（团炉）自然也不会有。那么，所谓有“款足”之火炉便只能是陶器了（因为根本不可能以竹或木来制作“火炉”）。然而，可以“中置炉火，昼则围炉而食，夜则围炉而卧”且有“款足”之火炉，其炉身直径至少也得在三、四百厘米左右，如此大的“陶炉”，“穴居时代”的古人能烧制出来吗？更何况，于其中日夜烧火之“陶炉”，用不了多久必破裂，“穴居时代”之古人岂会制作如此之器？此其不可信者一。其实，古人于室内烤火者为“火塘”。“火塘”者，于室内之地掘一小坑，四周垒以石块，于其中生火取暖者也。所以，即或穴居时代已有“‘款足’之火炉”，然一室之内，既已有“火塘”，又何须复置火炉？此其不可信者二。既知上古之人“穴居”，“穴居”之“穴”多为岩崖之洞穴，或于土壁掘出洞穴有如后世之窑洞者，而断无于平地掘成凵穴，尚有需用“猛兽之革”以覆盖其“屋顶”者，此其不可信者三。谓“□、□”之异构“□、□、□”等形其所从之“□”乃“表猛兽之革”，然遍检甲、金文之构形与后世汉字之结体，未尝见以“□表猛兽之革”者，此其不可信者四。即或有以“□表猛兽之革”者，然谓火炉之“盧”作□、□，其为文字既已“鲜明”地“象炉身及款足之形”，又何须再在□、□字形上再加上与“火炉”毫无关系、仅仅是“表猛兽之革，用以覆屋顶者”之“□”，而作□、□、□等形者？古人造字构形之心智与思致不当如此迂远虚玄，此其不可信者五。既谓□、□、□等形为□、□之异构，又以□、□、□等形亦为□、□之异构，然则竟有略去其直接“象炉身及款足之形”的□、□之形，而加以□（火）形作□、□者；甚至于连□（火）形也不要，而只保留“表猛兽之革，用以覆屋顶者”之□形而作□者，古人造字构形之心智与思致亦不当如此舍本逐末而背离其造字之旨趣者，此其不可信者六。更何况，无论如何弥纶缝补，而于□、□诸形中的□、□之形犹尚无说，此其不可信者七。有此七不可信，故“甲骨文‘盧’实为‘爐’之初文”之说断难成立。

今案，“盧”即“凵盧”之“盧”，并非“爐”之初文，《说文》所训不误。《说文》卷五上皿部：“□，饭器也。从‘皿’，‘𠘗’声。□，籀文‘盧’。”“凵，凵盧，饭器，以柳为之。象形。……□，凵或从'竹'，'去'声。"（《说文》卷五上凵部）段注："'凵'者，单呼曰'盧'，絫呼曰'凵盧'。""凵盧"，字或作"去簇"、"𥬀籚"等，段注云："《士昏礼》注曰：'笲，竹器而衣者，如今之筥、𥬀籚'矣。筥、𥬀籚二物相似，𥬀籚即凵盧也。《方言》：'簇，赵魏之间谓之去簇。'注：'盛饭筥也。'钱氏大昕曰：'去簇即凵盧也。'""盧"谓饭器，甲文时代应主要是陶制，故为字作□、□、□、□等，有款足，皆仿象其器形者。小篆"盧"作□，字形中间之□（□），即承甲文□、□等形而来。

"盧"字从"皿""□"声，"□"字从"□""虍"声①，其文字之孳乳，考诸甲、金文字，嬗衍之轨迹犹历历可见：甲文□、□、□、□诸形，为第一代即最原始之"盧"字。以"构形模式"言，如同□、□字，属"绘形象物"类。甲文"盧"字又□、□、□诸形，从"□"，"虎"或"虍"声，即《说文》之"□"，为第二代之"盧"字。以"构形模式"言，如同□、□之作□、□，属"加注音符"类。甲文"盧"字又作□、□、□、□诸形，从"皿""虎"声，或从"皿""虍"声，可隶定为"盧"或"虚"，为第三代之"盧"字。"盧"为"饭器"，故改□为"皿"（《说文》卷五上皿部："皿，饭食之用器也。象形"），如同□、□之作□，属"改换意符"类。金文"盧"字有作□、□者，先秦货币文"盧"字则多作□、□等形，古玺文则作□，所从之"□、□"、"□、□"、"□"等，均甲文□形类"盧"字之省变。□、□、□、□、□等形之"盧"字，实为甲文□、□、□诸形"盧"字之转注字，亦即由"□"加注意符"皿"而来，此即小篆"□"字之所本，当为第四代之"盧"字。金文"盧"字又有作□、□者，从"□"而复加意符"肉"（"盧"为饭食之用器，故又加"肉"），似为第五代之"盧"字。饮器之"盧"初为陶制，故字构从"皿"，至后世则多以柳条或竹篾编织而成，其形如筐，故又有于"盧"字复加意符"竹"而作"籚"者②，则为第六代"盧"字矣。

---

① 《说文》卷十二下甾部："□，𤮂也。从'□'，'虍'声。读若'卢'同。"

② 《说文》卷五上竹部："籚：积竹矛戟矜也。从'竹'，'卢'声。《春秋国语》曰：'朱儒扶籚。'"许以"积竹矛戟矜（将多根竹条紧紧捆扎起来所做成的矛、戟等兵器的柄）"训"籚"字，别一义也。今案，"籚"即"盧"之转注字，《广雅·释器》"籚，筐也"是。

甲文中□、□、□、□、□、□诸形，则非“盧”字①，实乃“獵”之初文（详下）；□、□二形，为□、□之异构，亦当释为“獵”者。

獵

《说文》卷十上犬部：“□，放猎，逐禽也。从‘犬’，‘巤’声。”

甲文有□、□、□、□、□、□诸形之字，或释为“盧”字，或收为未识字。今案，此皆“猎”字初文之种种异构者。

□者，可隶定为“㞚”，从“火”，从“虍”，“歺”声。□同□。□、□者，可隶定为“□”，从“火”，从“□”（同“虍”），“□”（同“歺”）声。□、□者，可隶定为“□”、“□”，从“口”，从“虍”（或“□”），“歺”（或“□”）声。

字之构形旨趣是：从□者，以虎头形代指猛兽（以部分代全体），表示猎取的对象；从□或□者，以“火”表示狩猎的手段。统言之，“猎”泛指田猎，而田猎未尝不用火，尤其是对付虎豹之类的猛兽，必以火攻，故从“火”；析言之，“猎”则专指夜间之田猎（《诗·魏风·伐檀》：“不狩不猎，胡瞻尔庭有县貆兮？”郑笺：“冬猎曰狩，宵田曰猎。”），这就不仅是火攻问题，即照明也需用火，故从“火”。或从“□”，则代表陷阱，也是表示狩猎的手段。从□或□者，□、□即甲文之□、□、□，亦即《说文》卷四下歺部“𠟭骨之残也”之“□”，可隶定为“歺”，在□、□诸形中为音符，读若“烈”。

古代训诂家解释“猎”字的语源是“虐”，认为捕杀野兽是一种残虐行为，故“猎”由“虐”得其音义。这显然是以后世儒家的“仁”或佛家的“忌杀生”之类的思想所作出的解释，殊不可信。因暴虐之“虐”，甲文作□，金文作□，象猛虎攫挐噬咬人形。《说文》卷五上虍部：“□，残也。从‘虍’，虎足反爪人也。”先民们的观念既是以猛虎残害人为“虐”，怎么可能又认为自己猎取虎豹之类的猛兽也是“虐”呢？其实，“猎”由“烈”得其音义，“猎”之为言“烈”也，焚烈火而猎也。所以甲文“猎”字作“□”等，从“火”，而以“□”为声。古代狩猎，尤其是大规模的田猎活动，常常借助于火攻，这就是古书中所常说的“焚林而田”、“焚林而猎”、“火田”。《诗·小雅·车攻》

---

① 《新甲骨文编》（第300~301页）收“盧”字共22例，作□形类者14例，于□形类加音符而作□形类者8例。不以□、□、□、□、□、□诸形为“盧”字，极是。

"射夫既同，助我举柴"，《郑风·大叔于田》"火烈具举"、"火烈具扬"、"火烈具阜"等诗句，便都是描写焚林而猎的盛大景况。

、诸形实为"猎"字，卜辞中之"田"（如""）即后世所常说的"田猎"。卜辞中还每有"虡（猎），不遘大雨"、"虡（猎）无灾"之类的卜问或叙事之辞，因为"虡（猎）"的主要手段是火攻，主要对象又是虎豹之类的猛兽，所以古人特别关心是否会遇上大雨和造成灾害。遇雨则火攻难以施行。古人火猎所关心的"灾"则有两方面的含义：一是指造成意外火灾（所以古人焚林而猎时派有专人守"下风"，以防止火势蔓延），二是指困兽犹斗，伤害于人。

奔

《说文》卷十下夭部："，走也。从'夭'，'卉'声。"① 徐锴曰："'卉'非声，疑奔走于草卉。"意谓"奔"当为会意字，非形声也。段玉裁则以"'卉'声"为是，且以大徐"'賁'省声"为非。今案，许慎、二徐、段氏皆误，诸家皆未见金文之切实者故也。此"奔"字，周早期之盂鼎作，下作，从三"止"。至周晚、战国彝器则有讹变作、者，下作，从三"中"。故小篆承讹体作，下从三"中"，致使许氏解为"卉'声"。

"奔"疾于"走"。"走"从夭从止会意。故"奔"从夭从三止会意。许曰"奔与走同意"，是也。春秋石鼓文"奔"作，从三"走"，此亦可证"奔"非"卉声"。然则如同"𦮙"字，亦正字废而讹体行者也。

民

《说文》卷十二下民部："民，众萌也。从古文之象。……，古文民。"许氏所云古文"民"，字形与金文"民"字近似。金文"民"字作、等。学者或以为取象于以针刺眼之形，进而以为古之奴隶眼须刺瞎云云②。

今案，"民"与"盲"声义同源，许慎以"众萌"释"民"，"萌"亦盲之意也（《吕览·高义》："比之于宾萌。"韦注："萌，民也。"《贾子·大政下》："萌之为言，盲也。"《一切经音义》："萌，古文'氓'同。"故《说文》小徐本作"众氓"。《说文》卷十三下田部：

---

① 此依小徐本，大徐本作"贲省声"。

② 金文"民"有作者，"目"形下之，显然不可能是"针"类之物。

“甿，田民也。”“甿”即“氓”字耳）。然“民”之言“盲”，命名之意如此而已，非谓“民”即真盲人也。故师古注《汉书·刘向传》“民萌何以劝勉”云：“‘萌’与‘甿’同，无知之貌。”是也，奴隶之蓄养为供劳作，若刺瞎其眼，则几近废人矣。“民”字之形体，从“目”而无眸，即取目盲无知无识之象，非取以针刺眼之象。

者，光线有所止而不能入于目之象也。此意由“直”字之形体可反证而知。《说文》：“直，正见也。”“直”字甲文作，金文作，即为光线无所止碍而直入于目之象，故训“正见”。金文“民”字或作、，从倒“屮”，“屮”者通也，识也，倒“屮”则不通无识矣。此意亦可由“省”字之形体求得反证。《说文》：“省，视也。”段注：“省者，察也；察者，覆也。”则“省”为明审覆察之视。“省”字甲文作，金文作，从“目”，上从“屮”，即取通识之意（《说文》“省”字大徐注：“屮，通识也”）。

武

《说文》卷十二下戈部：“，楚庄王曰：夫武，定功戢兵，故‘止戈’为‘武’。”段注：“宣十二年《左传》文，此檃栝楚庄王语以解‘武’义。庄王曰‘於文止戈为武’，是仓颉所造古文也。衹取‘定功戢兵’者，以合於‘止戈’之义也。文之会意已明，故不言‘从止、戈’。”

许慎取《左传》“止戈为武”释“武”字之义，于训诂言是所谓为“形训”者。“武，定功戢兵，故‘止戈’为‘武’”，意谓“武”是能制止战争之威力，故“武”之为文从“止”从“戈”。后世治契文者，或着意于“武”字之从“止”，而以为“武”之本义为“步武”，为“健威”，为“踵武”（跟着别人的脚步走，喻指继承前人之事业）等；或着意于“武”字之从“戈”，而以为“武”之本义为“征伐示威”。窃以为，唯马叙伦谓“‘武’‘舞’同字”，于“武”字构形旨趣庶几得之。①

今案，以语言言，“舞”、“武”、“巫”三字实同源：乐容谓之“舞”，字或作“儛”，谓文舞；持戈、矛而舞谓之“武”，谓武舞；女子以舞容事鬼神者谓之“巫”，谓以舞事神者（《说文》卷五上巫部：“，祝也。女能事无形，以舞降神者也。”《公羊传·隐公四年》：“于

---

① 参《古文字诂林》第九册第974至976页、《甲骨文字典》第1365页。

钟巫之祭焉，弑隐公也。”何休注：“巫者，事鬼神祷解以治病请福者也。男曰觋，女曰巫”）。

持旄、羽以舞谓之“舞”，持戈、矛以舞谓之“武”。《释名·释言语》：“武，舞也，征伐动行如物鼓舞也。”《礼记·乐记》：“干戚旄狄以舞之。”孔疏：“文武之舞，并可在于宗庙之中。”是干戚以舞是谓武舞。又《乐记》：“武、乱皆坐，周、召之治也。”郑注：“武舞，象战斗也。”《后汉书·祭遵列传》“作黄门武乐”，李贤注：“武乐，执干戚以舞也。”按，“武”字从“止”从“戈”：舞必“足之蹈之”，故从“止”；武舞手持干戚以舞，故从“戈”。“武”字造字溯义即为武舞之武，“武”与“舞”实同源。又，“舞”之甲文作、、、、等形，象人手持旄尾以舞（金文或作，特写二“止”，“手之舞之，足之蹈之”之象尤为生动），则“舞”于造字之义，旨在取“文舞”之象；“武”则旨在取“武舞”之象。合“武”、“舞”以观之，《乐记》所谓“干戚、旄狄以舞之”之“文武之舞”则全矣。古人或谓“止戈为‘武’”，今人或谓“‘武’从‘戈’从‘止’，本义为征伐示威。征伐者必有行，‘止’即示行也；征伐者必以武器，‘戈’即武器也”，均偏于望文生训，而不知结合语源之考求者。

钓

《说文》卷十四上金部：“，钩鱼也。从‘金’，‘勺’声。”

甲文有、，所有研究古文字的人，均将其定为“渔”字之异构。今案，此字当隶定为“魰”，实即钓鱼之“钓”字的初文[①]。

隶楷“魰”字从“攴”，似与字手持丝绳之形不尽相符，这是隶变的差异和不得已。

字实乃手持钓竿钓鱼之形，钓竿离不开丝绳，丝绳离不开钓竿，不可能只用丝绳而不用竿来钓鱼。所以，竿与丝绳紧密相连，丝绳又与鱼紧密相连，看上去便好像只是手持丝绳钓鱼之形了。隶变为从“攴”从“鱼”，从“攴”是取其手持钓竿之形而省去了其丝绳之形，这正如《诗·卫风·竹竿》所写：“籊籊竹竿，以钓于淇。”言“竿”，自然包括了钓绳，也是不可能只用竿而不用丝绳来钓鱼。

后世读“魰”为“䲐（渔）”，笔者推测，这很可能是“魰”与

---

① 刘钊教授等所编撰之《新甲骨文编》（第744页）已将10见形之字释为“钓”，盖采纳鄙说。又，甲文另有字，疑为、字之省。

“魰”相混所致。今本《说文》有“魰”字（音“鱼”），许慎列为“籞”字异文，实为“渔（𩼝）”字之异文（《六书故·动物四》：“魰，取鱼也。别作渔”）。《文选·张衡〈西京赋〉》“逞欲畋魰，效获麑麌”注曰：“《说文》曰：‘魰，捕鱼也，音鱼。’”然《说文》被释字实无“魰”字。

甲文“魰”字，正像手持钓竿钓鱼之形，由形构而言，与“钓”字之意义关系极其显白，毋须多作解释。所以知“魰”为“钓”字之初文者，今本《说文》网部“罠，钓也”，四库全书本《太平御览》第八百三十四卷罠门引《说文》亦为“罠，钓也”，而四部丛刊三编影印宋刊本《太平御览》引《说文》则为“罠，魰也”，是“钓”与“魰”互为异文之明证。“魰”为会意字，后世之“钓”为形声字，则“钓”乃“魰”之声化字。卜辞中“魰”字仅用为地名，故其造字之初义不显。

又，《说文》“罠，钓也”，段注本改为“罠，所以钓也”，曰：“‘所以’二字今补。《召南》曰：‘其钓维何？维丝伊缗。’《传》曰：‘緍，纶也。’《笺》云：‘以丝为之纶，则是善钓也。’按，糸部曰‘缗，钓鱼繁也’，此曰‘罠，所以钓也’，然则‘缗’、‘罠’古今字，一古文，一小篆也。”（《说文》“緍”，《十三经注疏》本作“缗”，后世亦多作“缗”。）

今案，“缗”谓钓丝，故有钓义，韩愈《河之水二首寄子侄老成》（其二）“采蕨于山，缗鱼于泉（“泉”，当作“渊”，避高祖讳作“泉”）”，是其例。“缗”可训为钓，故古诗文中或言“举钓”，如元李士瞻《次古山下时儒学提举陈景忠来讶也》诗：“粳稻满田冬不刈，渔翁举钓晚犹安。”明于谦《秋波》诗：“个中浩荡无穷趣，都属中流举钓人。”贺钦《鱼矶偶成》诗：“纵然有节中无物，怪底长江举钓丝。”或言“振缗”，如《文选·左思〈吴都赋〉》文：“结轻舟而竞逐，迎潮水而振缗。”唐薛据《登秦望山》诗：“振缗迎早潮，弭棹候远风。”宋宋祁《史逸人》诗：“席地雕觞千日酒，振缗丹水百金鱼。”凡此“振缗”，犹言“举钓”。“振”，举也。《说文》手部：“振，举救也……一曰奋也。”《逸周书·小明武》“振以长旗”，言举以长旗也；《文选·贾谊〈过秦论〉》“振长策而御宇内”，李善注：“说文曰：‘振，举也。’”故吕向注《吴都赋》“振缗”曰：“振，犹举也。”“缗”可训为钓，故古诗文中又或言“垂钓”，如《晋书·职官志》文：“或牵羊以叶于梦，或垂钓以申其道。”《新唐书·隐逸列传·张志和》文：

"每垂钓不设饵，志不在鱼也。"或言"垂缗"，如南朝陈张正见《谢赐钱启》文："青凫委质，笑夷甫之不言；赤仄垂缗，重河间之能数。"唐张环《以玉抵鹊赋》文："傅版筑以灭迹，吕垂缗而退趾。"宋穆修《秋浦会遇》诗："小蛮聊倒榼，独茧暂垂缗。"宋刘克庄《发枕峰》诗："渔父隐者欤，叶舟方垂缗。"等等。

斯

《说文》卷十四上斤部："，析也。从'斤'，'其'声。《诗》曰：'斧以斯之'。"段注："'其'声非闻。'斯'字自三百篇及唐韵在支部无误，而'其'声在之部，断非声也。"

段氏以"其"非声极是，然未言从"斤"从"其"之意。今案，"斯"为会意字，非形声字。"其"即箕畚之器，以竹篾制作者。"斯"之义为析，字从"斤"从"其"，意谓以斤斧作箕，事在析竹也。

、、①

甲文有字，或作，从"隹"在"口"中，可隶定为""，旧不识②。

今案，此为系鸟之形，求其音义，当为""字之初文。又有字，从"隹"在"凵"上；或作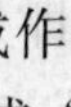，隹足作缚系状。当隶定为""，则为"鸠"字之初文。"口"或"凵"均为坎穴之形，象征捕猎禽兽的机阱。置鸟于机阱，且系其足，非谓此鸟为机阱所获，而是表示此为诱猎之鸟，是某种常常充当鸟媒之鸟。

《说文》卷六下口部："，译也。从'口'，'化'声③。率鸟者系生鸟以来之，名曰囮。读若讹。，'囮'或从'繇'。"段注："率，捕鸟毕也。将欲毕之，必先诱致之。潘安仁曰：'暇而习媒翳之事。'徐爰曰：'媒者，少养雉子，至长狎人，能召引野雉，因名曰媒。'"古人狩猎，为了提高禽兽捕获率，往往在布网设阱时投放活的诱物。这种诱猎手段即叫做"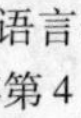"，所用诱物也叫做""，后世则称之为"媒"。

---

① 笔者早年有《体现在甲骨文构形上的一种狩猎手段——释、、萑诸字》一文，曾在1991年11月中国语言学会第六届年会（厦门）宣读，修改后发表于《湖北大学学报》（哲社版）1992年第4期。此为节录。

② 《古文字诂林》（上海世纪出版集团、上海教育出版社，1999）第六册第164页辑朱歧祥说："象置隹鸟于园圃中，以图引诱野雉。隶作。为捕鸟法之一，相当《说文》囮字：'率鸟者，系生鸟以来之，名曰囮。读若讹。'卜辞用为武丁部属名。"是朱说略同于笔者之论。

③ 此从小徐本，大徐本作"从'口'、'化'"，无声字，非是。

《说文》所训“率鸟者系生鸟以来之”，便是指猎人用毕网捕鸟，缚系相应的活鸟（生鸟）充当诱媒，以招引野鸟入彀。《玉篇》、《广韵》等字书，“囮”、“圝”二字即并训“鸟媒”。“圝”谓鸟媒，或假“游”字为之，如潘岳《射雉赋》：“恐吾游之晏起，虑原禽之罕至。”徐爰注：“游，雉媒名，江淮间谓之游。”“圝”之为言诱也，言诱致猎物入彀也。①

“囮”从“化”声，读若“讹”，古韵隶歌部；“圝”从“繇”声，读若“由”，古韵隶萧部。二字不同音，故清代学者如段玉裁、王念孙等认为它们是“义同而音异”之二字。② 但许慎明以“圝”为“囮”字之重文，别为二字证据似乎还不足。闻一多有《释圝》一文③，以金文“”、“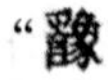”即“讹”又为“繇”，《篇海》有“鵂”字从“化”音“休”即“鵂”字，舜为“妫”姓又一曰“姚”姓等为证，坚持认为它们是同字之异体者，不无道理。不过，通过考察“⿱隹凵”的同源字族及其在卜辞中的使用情况，读若由当为“⿱隹凵”字之本音，所以我们只说它是“圝”字的初文。

甲文从“凵”之字，至小篆则多变为从“臼”④，如“臽”、“舂”、“舊”等皆是。故“⿱隹凵”字后来楷化即是“雔”字，或写作“鴭”或“鶹”。后世字书训“鴭”为“百舌鸟”或“乌鶹鸟”，其实，不管是指“百舌”还是指“乌鶹”，在上古时代，均被人们视为鸠属之鸟。《离骚》：“吾令鸩为媒兮，鸩告余以不好；雄鸠之鸣逝兮，余犹恶其佻巧。”谢济世《离骚解》：“鸣鸠，雄者尤善鸣，人常养为媒，以诱他鸠。”在古代鸠属之鸟常被用为鸟媒，所以古人造字，取“隹（鸟）”在“凵”上之形而为“（⿱隹凵）”字，以示此鸟即每每用为鸟媒者。古人捕鸟，又常以鸱鸺（猫头鹰）充当鸟媒。唐段公路《北户录》卷一：“《淮南万毕术》曰：‘鸱鸺致鸟。’注云：‘取鸱鸺，折其大羽，绊其两足，以为媒，张罗其旁，众鸟聚矣。’”甲文有、字，隶定为“萑”。萑即鸱鸺。《说文》卷四上萑部：“，鸱属。从‘隹’，从‘𠂉’，有毛角。所鸣，其民有旤。……读若‘和’。”“，鸱舊，舊留也。从‘萑’，‘臼’声。，‘舊’或从‘鸟’，‘休’声。”《说文》以“萑”

① 段注《说文》“囮，译也”云：“‘译’，疑当作‘诱’。”

② 见段玉裁《说文解字注》六篇下“囮”字注、《广雅疏证》卷五下“囮，圝也”条。

③ 见《闻一多全集·古典新义》。

④ 古者掘地为臼，与穿地陷兽之阱穴现象相同。

为鸱属之总名，以“舊”（鸺）为鸱鸺之专称，如同以“隹”为“短尾鸟”之总名，而以“雝”为“祝鸠”之专称，以“鸠”为“鹘鸠”之专称，当是后世之分别，造字初始未必如此。上古之世语义浑圆，无有如此之细分者。因古代亦常以鸱鸺为鸟媒，所以“舊”字甲文作，从“萑”在“凵”上，与“”同意。可隶定为“萑凵”，后变“凵”为“臼”，即是“舊”字。其实，“萑”即“萑凵”之初文，卜辞用字，“萑”当读为“旧”（如“萑岁”），或读为“由”。

“囮”、“𠚫”、“萑凵”三字实声义同源，造字旨趣亦同，均为取象于以鸟媒诱猎。“囮”从“隹”在“囗”中，“𠚫”、“萑凵”从“隹”、“萑”在“凵”上，前者为俯视图，后二者为侧视图。“凵”“囗”都是象征狩猎的机阱，卜辞中多有“井鸟”和井兽的记载，即指以机阱、诱谋诱捕鸟兽。“𠚫”、“萑凵”即“囮”之随形赋事之字，闻一多谓“萑凵”即“囮萑”之专字①，所见极是。“囮”、“𠚫”、“萑凵”古音皆为幽部字。得其本音，有关卜辞多可涣然冰释。

“囮”字二见②，其辞为：“惟囮令……”、“……曰阜……惟……惟……囮”。两例皆辞残，后一例尤甚，文义难明，惟前一例尚稍可释读。其“囮”字可能为两种用法：或作人名用，为动词“令”的宾语，前置；或为动词，读为由。由，用也（《广雅·释诂》：“由，用也”。《诗·小雅·小弁》“君子无易由言”，郑笺：“由，用也”）；令，命。“惟囮令”者，言惟用命也。“用命”乃古之常语。

“𠚫”字共十见③，三种用法。第一用作地名，与“舊”字通，有七例；第二为贞人名，一见；第三用作动词，二见：“令羌𠚫师”、“……令龙以𠚫示……”。前一例“𠚫”亦读如由，由，用也，言令羌用师也。卜辞有“辛酉卜，其用师以羌于父丁父乙”，“令羌𠚫师”，与“用师以羌”义同。后一例“𠚫”通“侑”，谓侑祭也。“𠚫”隶幽韵，“侑”隶之韵，古音幽、之二部多相通，如“求”隶幽韵，“求”声之“裘”入之韵，“久”隶之韵，“久”声之“医”、“柩”、“灸”皆入幽韵，等等。

“萑凵（舊）”字共三十六见④，三种用法。第一是故旧之旧，如言

---

① 见《闻一多全集·古典新义·释囮》

② 见姚孝遂主编《殷墟甲骨刻辞类纂》中册 654 页。

③ 见姚孝遂主编《殷墟甲骨刻辞类纂》中册 656 页。

④ 见姚孝遂主编《殷墟甲骨刻辞类纂》中册 656～657 页。

“萑岁”、“萑册”等。卜辞或作“雈岁”、“雈册”，是“雈”、“萑”初本为一字之明证。卜辞用字，“雈”当读为“舊”，或读若由。《说文》以“雈”读若和，则为歌部之字，而“舊”为幽部字，这种读音的分化，恰如“囮”（歌部）之与“圝”（幽部）的关系。“雈”又有“胡官切”之音，则是“读若和”之音转（歌寒对转）。诸家据后世之音，读卜辞之“雈”为“观”，往往不能尽合辞意。第二通“由”，用也，以也。如“奠其奏庸惟萑庸大京武丁……引吉”，“萑庸”与“奏庸”文相承，言用庸也。第三种用作地名，如“弜……丧萑田不受佑”、“戊午王卜在羌贞田萑，往来亡灾，兹御获鹿狐”，“丧萑田”，谓丧萑地之田也；“田萑”，谓田猎于萑也。

二、汉字构形的心智特征

纵观全人类的文化发展史，有一个十分值得重视、值得深思的文化现象。这就是，在全世界各民族中，没有任何一个民族像我们汉民族这样拥有自己所固有的文字而历久不废。

我们的祖先至迟在五六千年前便已创造了汉字，人们世世代代用它来记录自己的语言，表达和传播自己的思想感情，储存自己的观念文化和精神财富。它的使用，它的价值，历尽人间沧桑，虽数度遭受异族入侵的劫难也能永存不废，弥久不衰。它一直从上古绵延至今，而且肯定还将继续往后世绵延。汉字的这种巨大生命力是客观存在的，它的兴废存亡，将不以任何个人的主观意愿为转移。当然，随着社会进化，汉字从未停止过自身的改进和发展；但是要想人为地废除它，在可以预见的未来，几乎是不可能办到的事情。这是因为，我们民族所固有的、富有我们民族心智特征的汉字，它的产生，它的使用，它的功能价值，无不与我们民族的语言、民族的思维方式息息相关。毋庸讳言，我们热爱我们民族我们国家一切优秀的传统文化，并且认为，我们历史悠久的汉字当之无愧地应当置于我国优秀的传统文化之列。但是，并不是因为人们主观上的这种热爱之情，才使得汉字具有如此强大的生命力。如果没有人能首先改变我们民族的思维方式，并改变我们语言的结构要素，而想有朝一日废除汉字，这简直是不可思议的事情。

完全可以说，汉字是中国文化史上第一项民族心智系统工程。它的产生和形成，究竟是基于我们民族怎样的思维方式，是至今尚未得到认真研究的一个重要问题。我们也仅仅只是注意到了，体现在汉字形体构造上的民族心智特征是十分强烈的。我们所体会到的这些心智特征，虽然还不能说就是汉民族创制文字的全部思维方式，但从中大致已可看出汉民族思维特征，如求神似、人本位等，显然对我们民族的艺术文化、精神文化都有着深远的影响。

（一）立象以尽意

汉字的产生源于两个系统，一个是原始绘画的图形系统，一个是原始记事的符号系统。总体来看，图形系统对汉字的形成所起的作用显然更突出，更重要。所以，人们只要一谈到汉字形体构造的特征，都很自然地首先想到它的直观形象性。《周易·系辞下》及《说文解字》都说包牺氏之始作八卦是“仰则观象于天，俯则观法于地，观鸟兽之文与地之宜，近取诸身，远取诸物”。如果把这几句话用来概括先民们构制汉字时直观取象的心智特征，倒是很合适的。

在河北省藁城县台西商代文化遗址里所发现的陶器文字，“止、目、刀”等字都是“画成其物”，直观取象的形象特征非常明显。具有这种特征的汉字，在甲骨文和金文中仍然可以看到许多。其实，反映在汉字构形上的这种直观取象的心智特征，远远不限止在为语言中的名物之词所造的文字上。我们在介绍“借形寓意”及“比形象事”这两种构形模式时都曾强调，先民们为好些意义抽象的事名语词（动词、形容词）来构造文字时，也同样是凭着直观取象的经验型思维。文字的本质在于代表语词，表达概念，所以汉字构形中的直观取象，有时便是一种曲折表意式的手法。《说文解字》解释“大”字的构形之意说：“天大地大人亦大，故‘大’象人形。”这意思是说：“大”之为词是指一种抽象概念，要把这个抽象概念构形为文字，便取人形为象，因为在古人的观念中，人是仅次于天和地的伟大者。或以为：“‘天大地大人亦大’的思想，在殷商和西周时期，并不存在。那时人们对自然的力量，是没有能力抗拒的。在他们的心目中，天、地是伟大的，而人是渺小的。‘人大’这种思想的形成，应在人权逐渐发展，科学进步到一定水平，人们了解到自己的创造能力之后，大约在战国后期发生的。‘大’字的原意是与‘子’相对而言，‘大’象大人，‘子’是小子，就是一个未成年的小孩，‘大’字的本意就是如此。”① 我们认为，许慎以“天大地大人亦大”来解释“大”字的构形旨趣即或不正确，但由此而认为“大”字的“本意”即是指大人，也是不妥当的。认为“大”字的本意是指

① 徐中舒：《怎么研究中国古代文学》，《古汉字研究》第5期，中华书局，1986。

大人，后来才泛指一般的大，那就意味着，对于初创汉字的先民们来说，在他们的头脑中还没有形成“大”这一抽象概念。若果如此的话，那么，画着一个倒置人形（、、）的“屰”字是否便是专指头朝地或栽天柱的人呢？画着一个侧歪脑袋的人形（、）的“”字，是否便是专指一种歪脖子的人呢？画着一个交叉着双腿的人形（）的“交”字是否便是专指“交胫国”的人呢？等等。事实显然不是如此。先民们既然已经懂得用倒置的人形来象征“不顺”的概念，用歪着脑袋的人形来象征“倾侧不正”的概念，用交叉着双腿的人形来象征“相交”的概念，为什么就不能用舒展着四肢正面挺立的大人之形来象征“大”的概念呢？其实，“‘大’的字形象一个成年大人，这是以一种具有‘大’这个特征的具体事物来表示一般的‘大’。如果根据‘大’的字形得出结论，认为‘大’的本义专指人的大，其它事物的大也叫‘大’是词义引申的结果，那就错了。”①

人类的思维方式是多元的，复杂的。“即使在相当低级的社会集体中，抽象概念就已经形成了，尽管它们一切方面都不能与我们的概念相比，但它们终究是概念。”② 当社会进化到迫切需要，并完全能够创制文字的历史阶段，没有任何理由可以认为那时候的人们还没有抽象概念和代表抽象概念的语词。固然，人们认识客观事物的一般规律是从具体到抽象，从个别到一般，但文字创制的历程远比人类思维发展的历程来得晚，文字的创制更不是人类思维进化的照相式反映。我们很容易看到，体现在汉字的形体构造上，既有对具体事物的描摹，也有对客观事理的认知。在尚未着眼于语词声音的构形经验中，要把抽象的事理和概念体现为具象式的文字，必然只能采取化抽象为具体、化个别为一般的手法。这种手法的思维特质，就是《周易》所说的“立象以尽意”。如果不了解汉民族造字构形的这种思维特质，那就必然会把早期汉字混同于图画，就会像射覆（猜谜）一般来解释汉字的形义关系，就会认为“大”字的本义即是指大人，“ナ”、“又”二字的本义即是指左手与右手，“且”字的本义即是男人的生殖器，“高”字的本义即是指高耸的台观，“逐”字的本义即是指追赶猪，“初”字的本义即是指用刀裁衣，等等。

① 裘锡圭：《文字学概要》第147页，商务印书馆，1998。

② ［法］列维·布留尔《原始思维》中译本第446页，丁由译，商务印书馆，1987。

其实，无论是过去还是现在，许多学者对汉字构形中的“立象以尽意”这一思维特质是有所认识的。例如，清代学者陈澧指出：“有字义不专属一物，而字形则画一物者。”① 王筠指出：“‘高’字借形以指事。……高者事也，而天之高、山之高，高者多矣，何术以指之？则借台观高之形指之。”② 现代学者杨树达指出：“以具体之器物表抽象之意义，此先民智慧之所在也。”③ 沈兼士指出：“写实的方法未免麻烦而且太呆板了，表示思想的力量的范围过于狭小。比方‘大’、‘凶’这两种抽象的意思，用写实的方法是很不容易造成一个字的，想象力薄弱的古人，你叫他不依象形而凭空构造，又是绝对不可能的事实；于是想出一种法子，借了人的形状，这么一来，就可以把不容易表示的意思都举重若轻的表示出来了。这个方法又叫做‘借象’……后人往往以许慎《说文》解释本形之语谓之‘本义’，未必尽合于古人造字之旨。”④ 裘锡圭指出：“在文字画阶段，已经开始用抽象的图形，或者用象征等比较曲折的手法来表意了。……例如古汉字用成年男子的图形表示{大}，因为成年人比孩子大（也有人认为‘大’字以张开两臂的人形表示‘大’的意思，这也是一种曲折的表意手法）。圣书字用王笏的图形表示{统治}，因为王笏是统治权的象征。用这些方法造出来的字，虽然外形往往仍然象图画，本质上却跟图画截然有别。”⑤

有些事物的属性，如声音、气味等，本来都是无形的东西，汉民族要为代表这一类意义的语词来构造文字，在“立象以尽意”的心智作用之下，同样得到了生动的展现。例如，甲文的“声”字或作：一只手拿着一柄小锤在敲击石磬，再画上一只耳朵，一张口。手执小锤敲击石磬这一基本图形即是对声音的曲折表现，还嫌不够显明，所以再用“”形来暗示石磬被敲击而有声音发出，用“”形来强调声音之入于耳。通过这样一种意象图形，便生动地把本来是作用于人的听觉器官的声音，转化成作用于视觉器官而能被看到的“声音”了。再如“彭”字，是指击鼓所发出的嘭嘭之声，是个象声词。而甲文“彭”字作、

① 陈澧：《东塾读书记·小学》。
② 王筠：《说文释例》卷一。
③ 《积微居小学述林》卷三《释荆》。
④ 《沈兼士学术论文集·国语问题之历史的研究》，中华书局，1986。然谓古人“想象力薄弱”，则过于简单。
⑤ 裘锡圭：《文字学概要》第3页。

、等，字形的一边是一面鼓，另一边画上三条短斜线，显然是一种象征符号，象征由鼓所发出的声音，其构形旨趣与“声”字相同，也是把听觉的声音转化为“视觉的声音”了。再如“雷”字，甲、金文作、、、等，为“累累如连鼓”形①，同样也是把听觉的声音转化为“视觉的声音”了。再如芳香之“香”字，甲文或作；“皀”字，或以为是芳香之“香”的初文②，甲文或作、；食物的“食”甲文作、。、、等字形中的一些小点，显然都是象征食物散发出来的馨香气味，则是把本来作用于嗅觉的香气转化为“视觉的香气”了。凡此，都是化无形为有形的典型例子。由此可以看出，先民们为了给代表抽象意义或无形事物的语词构造文字，利用“立象以尽意”的手法，充分发挥了自己的聪明才智，表现了丰富的想象力。

汉民族长期积淀而成的造字构形方面的思维心智，强烈地表现为力图屏弃纯抽象的符号，而倾向于尽可能采用直观形象的方式来反映语词的意义。在汉字初创阶段所形成的绘形象物、烘托显物、标识指物、借形寓意、比形象事这几种思维模式所造出的汉字，具有强烈的直观形象之特征是一目了然的。即便是符号示意式的汉字，它们在一定程度上也仍然具有意象特征。纯粹抽象的、任意的、毫无意象可说的符号，在汉字体系中恐怕是没有的。我们所归纳的符号示意式的字，也就是“六书”中的指事字的一部分。在《说文解字》中，许慎对大多数指事字采用“象某某之形”的话来解说。王筠说：“指事而云象形者，避不成词也。事必有意，意中有形，此象人意中之形，非象人目中之形也。”③现代学者李静中也指出：“指事字是象人为之事，取象于人的臆想，是通象形之理，而用于指事字的构体。”④所谓“象人意中之形”，所谓“取象于人的臆想”，便是指“符号示意”思维模式所展现的一种更抽象化的“立象”。例如，、、、这四个表数字，其形体特征显然是直接展现了人们头脑中的数目观念；、这两个方位词，其形体特征也显然是直接展现了人们头脑中｛上｝与｛下｝相对的方位观念。所以，“符号示意”构形思维中的“立象”，并非具体之物的形象，而是一些抽象化、概念化的典型共相。如（五）为上下交午之

① 吴大澂《说文古籀补》第十一：“，古‘雷’字，累累如连鼓。”

② 《说文》卷五下皀部：“，谷之馨香也。象嘉谷在裹中之形。……又读若香。”

③ 王筠：《说文解字》卷一。

④ 李静中：《中国文字构形法例之研究》第10页，台湾文史哲出版社，1983。

象、（八）为分别相背之象，、（丩，即“纠”字初文）为相纠缭之象，、（回）为回旋之象，、（叕，即“缀”字初文）为相缀连之象，等等。由于历年绵渺，有些符号示意式的汉字，如、（乙）、、（己）之类，其立象之意后世已难以确知。虽然如此，这也并不足以构成对“立象以尽意”这一思维特质在符号示意思维模式中普遍存在的否定。

有些符号示意式的汉字，包括一、二、三、亖这几个表数字，很可能是由原始记事（记数）符号承继而来。但这种承继，在很大程度上要受先民们追求形感“有理性”的思维经验的制约。所以，“立象以尽意”仍不失为对原始记事符号进行筛选性吸收时的一项心理准则。这就是说，那些纯属任意性的记事符号，因为它们缺乏“立象”的特征，不能引起人们的思维联想，不能有利于“目治”，便不可能被吸收到汉字体系中来。能够被吸收到汉字体系中来的记事符号，一般都具有某种“立象”的特征，能够在人们的认知活动中取得一定的共识。我们的这一推断，从后世某些少数民族使用记事符号的情况可以得到一些佐证。生活在我国云南、四川等地的普米族是我国最古老的民族之一，约有两万多人，他们在不久前还保留着阿注婚姻和母系制的残余，一直使用一种刻划符号来记事。据调查研究，普米族的刻划符号有数十以至近百种之多，按其使用的内容范围可分为占有符号、方位符号和记数符号三大类①。其占有符号为个人占有某物的标识，刻划的随意性较大，一般都没有“立象”的心智特征，所以并无趋于统一的倾向。其记数符号一般是划道道来表示数目，多少数目便相应地划多少道道，明显地体现为一种原始直觉思维的特征。因为具有适应于直觉思维的特征，容易获得共识，所以这种记数符号在普米族中已趋向统一。这种追求一定意象的心理趋势，在他们所使用的方位词符号中体现得更明显些。比如，云南省宁蒗县温泉乡比奇村的普米族人，普遍使用“○”形代表东方，使用“∧”形符号来代表西方。因为“○”形象太阳的形状，东方是太阳升起的方位，所以用“○”形来代表东方；“∧”形象山峰的形状，西方是太阳“落山”之处，而比奇村西面又正是山峦起伏，所以用“∧”形代表西方。再比如四川省木里县依吉乡机素村的普米族人使用一组近似图画文字的符号来表示方位：代表东方的是一个大圆圈套着一

① 参严汝娴《普米族的刻划符号》，《考古》，1982 年第 3 期。

个小圆圈，内外圈之间用三条辐射线连接起来的符号。普米族人认为太阳有一个灼热的内核，由它发出万道光辉，符号的内圈即象征太阳的内核，外圈即象征太阳的光环，内外圈之间的连线即象征一道道的光芒。代表南方的是一个山峰形符号，酷似甲骨文的“”字。机素村的南面崇山连绵，所以用它来代表南方。代表西方的是一个向上弯的新月形符号，大概是基于与太阳之形代表东方相对应的一种观念。代表北方的符号比较独特，一个小圆圈下面缀连着三条曲线，是山涧的象征。因为机素村的北面有一条山涧流过，所以用它来代表北方。这些符号构形的由来，显然具有“立象”的心智特征，是具有“有理性”的，其原理与汉民族祖先造字构形中的“借形寓意”很接近。由此不难看出，记事符号之能否获得一定的共识，进而能否被吸收为文字，其符号形体是否具有一定的“立象”性将起到重要的作用。所以总的说来，古汉字的直观形象表意性，正是汉民族在初创汉字之时对客观事物进行直观取象，立象尽意的经验型与逻辑型思维相结合的体现。

（二）神似之形

汉字虽然主要导源于原始绘画的图形系统，但作为一种文字，它的构形不管具有何等鲜明、何等强烈的形象性，我们还是可以看到，它仍然显示了不同于纯图画艺术的外在特征。这一点，我们可以从古汉字构形结体的取舍和笔划线条的运用两方面得到一定的证明。

有两个大家熟知的实例。在汉字的族徽文字中，“牛”、“羊”二字是牛头、羊头之形：、、，而“羊”字甚至仅仅是羊头的一个示意轮廓而已：、。如果作为纯图画艺术，则牛头只能是牛头，羊头只能是羊头，若说牛头、羊头便是牛和羊，这对于图画艺术的观赏者来说是难以接受的。然而，作为文字构形的一种手段，这种以部分代全体的方式，不仅能为识读者所认可、所接受，而且还得承认，这恰恰是一种更经济实用的手法，是直观取象中的一种思辨精神之所在。

古汉字的形象性，在线条的运用上尤其强烈地展示了我们民族心智的灵透。例如，仅仅使用两三笔，便把人类自身生活中“人”、“女”、“子”这一类带有概念性区别的实体对象洒脱地描绘了出来：、、、、。仅仅通过其中一笔收尾的上翘或下垂，便可以把“犬”和“豕”作出了不容淆混的区分：、、、。其他同是描绘走兽类的字，代表躯体部分的线条轮廓几乎全都相同，但（象）突出其长鼻，（兔）突出其大耳短尾，（鹿）强调其长颈双角，（熊）强调其长毛大足躬身，（马）强调其长头和鬣毛，（虎）与（豹）则渲染其血盆大口和各自不同的斑纹。此外，如（牛）、（羊）二字虽然都是头部的轮廓之形，但“牛”突出牛角的纡徐上弯，而“羊”则强调羊角的犄曲下垂。这种运用极其简洁的线条来描绘不同外物的构形技巧，充分显示了先民们是多么善于捕捉和把握客观对象外在的典型特征。所以，董彦堂指出：“古人制作动物象形字的通例是略图全形抽象特点：大口修尾的是‘虎’；长鼻巨牙的是‘象’；‘猿’‘狻’同形，别于口耳之间；‘牛’‘羊’异角，只看曲直之度；‘兔’体肥耳大尾厥，后足特长，故又作善坐的形态，这是兼以动作表示特点的了；‘鹿’与‘廌’都是歧角，有两角一角之别；‘麑’与‘鹿’都是颈长，在有角无角之别；‘犬’与‘豕’形极相似，然而尾的长短厥垂、腹的细粗，都显然的不同。至于‘马’和‘麟’的易于相混，身尾是不用说是完全相同的，有时又可以把麟角当作没有鬣的马耳，以致有指‘麟’为‘马’之误。其实，他们又何尝外乎前面的通例：我们只要认清‘马’的特点在项上多鬣，‘麟’的特点在头顶一角，就不至于彼此误认了。”① 鲁迅说：“文字成就，所当绵历岁时，且由众手，全群共喻，乃得流行。”要达到“全群共喻”的目的，在字形上突出和强调客观事物鲜明典型的外在特征，自然是最重要的一种手段。

正因为先民们造字构形注重的是客观事物的外在典型特征，所以，古汉字形体所描绘的物体形象往往重在神似，而不追求（也无法追求）一丝不苟的惟妙惟肖。只要把握和体现了对象的典型特征，能达到神似的目的，文字笔划的多少有时可以退居次要地位，客观事物的原貌也可以在最大限度上被夸张，甚至被扭曲，从而在文字的构造上形成了一种强烈的写意风格。这种风格，在甲骨文中得到了淋漓尽致的发挥。例如，“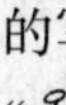”字、“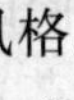”字显然都是一种简存化的轮廓式形象；、（止，即“趾”之初文）的脚趾之形与（又）的手指之形都被简化为三个，也显然没再顾及原貌真相。“犬”的躯干之形或仅存一线，或只画一条腿，但不管如何简存化、轮廓化，犬尾上厥之形始终被突出，被强调了；“鹿”字也不管如何简存化、轮廓化，歧角的特征也始终未曾被抛弃；、（龟）字其尾形可以不画，脚可以画两条，甚至只画一条，但蛇形般的头与甲纹的特征必须保留。、、、（象）字的传神

① 见李孝定《甲骨文集释》第九“兕”篆下所引。

之笔始终在长长的鼻子上，（虎）字的传神之笔始终在血盆大口上。（兕）字的构形更突出，其独角被夸张到成了整个犀牛的头。其他如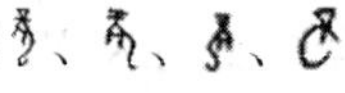（龙）、（隹）等字，重神轻形的风格也是一目了然的。

高度轮廓化，简存化，但求神似足以达意而已，这种构形思维的价值取向，一方面为汉字体系的表意性和字形结构的民族审美性奠定了基础，另一方面，也使得汉字作为一种文字符号在笔划上具有尽可能的经济性，从而为其书写的实用性也奠定了基础。汉字源于图画，但本质上不同于图画，形体风格上也有不同于图画的特征。然而，汉字与中国传统绘画却有着精神风格上的很大一致性。中国画的散点透视性，在汉字构形上可以寻到根源。如果说中国画具有写意性的话，汉字的写意性可以说更甚于绘画。写意是从写实乃至是从原始汉字绘形象物的写实中走出来的。我们可不可以认为，汉字的写意风正是中国画乃至其他中国艺术写意风的重要源泉？西方抽象派艺术所追求的某些东西，正是我们远古祖先所早已认识并运用自如了的。

（三）发明的共性

汉字是我们汉民族远古祖先独立自发地创造出来的一种文字。世界上独立形成的古老文字，除了汉字以外，还有古埃及的圣书字，古美索不达米亚的楔形文字，以及中美洲玛雅人的图形文字。这四大古老的文字体系，构成了世界上各种语文所使用的文字的四个来源。但其他那三种古老的文字体系，都早已不再被人们直接使用，唯有我国的汉字，却是从古一直使用至今。这四大古老的文字体系虽然是各自独立产生，但最初却都是以绘画式的图形及少数标识性的记号为基础而发展起来的。这正如前苏联文字学家 B. A. 伊斯特林所指出的："不同的民族在文字发展的早期阶段，为了表达言语，曾经使用几乎与线条艺术所用的相同的具体图画。"① 文字起源的这一共同规律，决定了不同民族在相隔遥远的不同地区、不同时期的造字构形的具体过程中，必然会有某些相同或相近的发明。

埃及的圣书字是埃及文字的最古形体，大约产生于公元前三千多年。它起初也是一种图画文字，是从原始时代一些简单的图画和花纹产生出来的，后来逐渐轮廓化、符号化，但许多仍然明显地表现出图形或

① ［苏］B. A. 伊斯特林：《文字的产生和发展》中译本第 21 页，左少兴译，北京大学出版社，1987。

图示的特征。因此有些圣书字与我们古汉字中的“口、目、足、步、宀、日、水、山、田、它”等相同或相近。不仅造字构形的心智特征有相近同的地方，就在造字构形的思维模式上两种文字体系也有着相通之处。例如，我们的汉字有“本无其事，依声托事”的假借之法，埃及的圣书字也有这种方法。如古埃及人利用鹅的图形表示{鹅}这一意思，也可以借它来表示{儿子}的意思，因为在古埃及语中，表示{鹅}和表示{儿子}的这两个词的语音是相同的。我们汉民族对一字多用的字有加注意符的构形模式（即六书说中的“转注”造字法），埃及的圣书字也有这种方法，如在古埃及语里，表示“男青年”、“纸莎草”、“蜂蜡”这三种意义的语词发音是相同的，所以圣书字使用相同的音符来表示它们，但为了区别其不同意义，表示“男青年”时就在音符的后面加上一个表示人的图形来作意符，表示“纸莎草”时便在音符的后面加上一个表示植物的图形来作意符，表示“蜂蜡”时便在音符的后面加上一个表示散体的图形来作意符。B. A. 伊斯特林把埃及圣书字所使用的意符称作“定义符号”或“定符”①。

楔形文字是居住在美索不达米亚的底格里斯河和幼发拉底河两河流域的苏美尔人于公元前三千年左右创制的。这种文字最初也是从图画产生，例如代表鸟、水、山等意义的字就很接近古汉字中的“鸟、水、山”等字。汉字体系有比形象事、合字会意之类的构形模式，苏美尔人的图形文字也有这种情况。例如把“眼睛”和“水”两个图形符号结合在一起表示“下雨”，把“鸟”和“卵”两个图形符号结合在一起表示“生”，等等。此外，这种古老的文字体系中也存在使用意符的情况。

中美洲玛雅人的图形文字是墨西哥玛雅族的印第安人所创制的，产生的时间比较晚一些，大约是公元前的最后几个世纪。其写法是在鹿皮或用树皮做成的外表像纸的特殊材料上画上各种图形来表示各种事物和动作的特征。但比起圣书字、楔形文字、古汉字来，玛雅人的图形文字更接近图画原型，符号化的特征很不明显，风格也迥然有别。

分布在地球上不同地区的不同民族，无论在大致相近的历史时期还是不同的历史时期，只要该民族发展到了既迫切需要创造文字而又有了创造文字之可能的阶段，便能够创造出自己的文字来。只要是独立自发

---

① ［苏］B. A. 伊斯特林：《文字的产生和发展》中译本第266页，左少兴译，北京大学出版社，1987。

地创造出来的文字，由于语言的不同，心智的不完全一样，文化条件及生活环境的差异，其文字体系必定有自己独立的特色。不同之处是大量的，主要的，体现在不同文字体系上的某些心智特征的相同或相近现象，毕竟是少量的，极其次要的。由于世界上几种古老文字都是由图画演化而成，而图画的对象一般都是现实世界中的客观事物，不同地区不同民族的人，即使在不同的历史时期内，他们所面对的客观事物，必然是既有不同的东西，也会有相同的东西。例如人自身口眼之类的五官、天上的太阳月亮、水中的鱼、地面的山和水，等等，这些东西总是相同的。而且，不同民族虽然有着各自不同的思维方式，但作为同是地球上的人类，只要是处在社会进化大致相近的阶段，其思维取向便不可能绝对没有共同的地方。因此，由于客观事物的某些相同相近，和人类自身思维心智上的某些共识性，便导致了世界上几种古老的文字体系之间出现有少数相同相近的形体构造和构形模式，这完全是不足为怪的现象。

某些国外学者，他们把自己的注意力完全集中在相似性上，忽略了事情的本质差异，只见树木不见森林。他们看到我国的古汉字有那么几个跟古埃及的圣书字暗合，或者跟苏美尔人楔形文字暗合，便认为我们的汉字是从古埃及文字传播来的，或认为是从巴比伦的苏美尔人之类的地方传播过来的，甚至还天方夜谭似的说什么古代中国曾是古埃及的殖民地。而我们国内近现代个别学者也曾幼稚地相信汉字与埃及文字“同出一源”。在这种简单片面的认识基础上，国外有些文字史学家提出了古文字体系的“单源论”，或认为埃及文字源于苏美尔文字，或认为苏美尔文字源于埃及文字，或认为埃及文字、汉字都源于苏美尔文字，这些意见都是不足为信的。

美国人类社会学家爱尔乌德曾指出：“关于创造是稀少的而借用是普遍的这种认识，引导了一派人类学家走到了一个极端的地位，他们解释所有的文化进展和发达，都以为全由于传播或借用。照这一派的意见，以为一种发明之多次出现，必然是各由一个简单的中心而四向传播。然而这种学说，过于偏激了，不能用观察和历史的事实来支持。实际上，许多可惊异的相同的发明，往往出现于非常隔离的地方和不相同的时候，好像奥格朋所申说的一样。我们可以用传播这个观念来解释文化的同质，仅能在我们能够追溯借用的真正过程的时候，或者在地理毗连有借用可能的时候。没有历史的证据，我们就不能像欧利奥斯密士教授一样，去推论古代秘鲁人香殓死尸的办法是自埃及人借来的。特别是在两种过程很不相同时，这样的结论，是无从证明的。”[①]他又说：“在非常隔离的民族中和非常远隔的地域中，往往有类似文化之存在。在某种范围内，如果有源可溯，这些类似物，可以归之于借用。然而，这些类似的现象，常由于相同的发明出现于几个隔离的地域中。用以发明的材料，各地既是常常相同，而各民族和各时期中，又有人心的根本一致性，所以我们可以希望有同样文化之出现。当到两地并不毗连，也无接触可能性，而文化特质又仅有雏形类似点时，那么，很可以说他们是由于独立的发明。”②美国另一位人类学家弗兰兹·博厄斯也有过类似的见解，他说：“在研究任一部落的文化时，如果考察它的个别特征，我们会在各种不同的民族中找到与这些特征或多或少极为相近的类似特征。……人类所普遍具有的摩擦生火、烹煮食物和钻孔的知识表明了某些发明的共性。……在我们发现不同民族的个别文化特征有相似之处时，我们应推断它们是独立产生的，而不是同一历史起源的产物。根据这一理论，是同一原因导致这些现象在人类不同成员（不管他们属于哪一种族）中经常反复发生”，“人类的不同群体从文化还未产生的远古时期共同进步；由于人类大脑的共性和随之对外部和自身刺激所产生的相似反应，他们在所有地方大致都以相似的方式发展，创造类似的发明，形成类似习俗和信仰。”③我们无疑不是文化传播论的简单否定者，但是，在缺乏起码历史事实的支持、完全不能“追溯借用的真正过程”的时候，便断言汉字源于其他民族某种文字，这种文字传播论乃至单源论，则是我们理所当然地要否定的。因为历史事实是，我们中国和苏美尔人居住的两河流域以及古埃及“正当这几个古老的奴隶制文化发源地产生文字时，这几个国家的民族之间还没有任何的文化联系”。④还必须指出的是，认为古汉字源于古埃及文字或苏美尔文字的人，显然是把三千多年前的甲骨文看成汉字的最早文字，殊不知汉字产生的时代至迟距离现在也有了五六千年。随着各方面研究的深入，也许人们将惊异地不得不承认：中国人创造文字的历史，要比世界上其他任何民族创造文字的历史更悠久。

其实，即使是存在于不同文字体系之间的某些构形思维的共识性，在心智特征方面也还是或多或少有着一定的差异性。例如，古汉字的

①② ［美］爱尔乌德：《文化进化论》，中译本第 79 ~ 80 页，钏北麟译，上海文化出版社，1989。

③ ［美］弗兰兹·博厄斯：《原始人的心智》，中译本第 85 ~ 86 页，项龙、王星译，国际文化出版公司，1989。

④ B. A. 伊斯特林：《文字的产生和发展》，中译本第 97 页。

“口”字与圣书字的代表｛口｝义的字、古汉字的“耳”字与圣书字的代表｛耳｝义的字、古汉字的“目”字与圣书字代表｛目｝义的字、古汉字的“山”字与圣书字及苏美尔文代表｛山｝义的字、古汉字的“水”字与圣书字及苏美尔文代表｛水｝义的字等等，其形体特征便都同中有异。相同的只是直观取象的思维方式，而在具体构形上则各自显示出不同的特征。这就是如同孩童们各自描画公鸡的形象，画下来的图形人们都能知道是公鸡，但描绘的形状特征却并不尽同。从总的风格上来看，我们汉字的构形更倾向于写意，倾向于追示神似之形，而圣书字和苏美尔字在构形特质上则比较注重写实。这种差异性，显然是不同民族心智和民族风格的总体现。有时，文字反映的客观事物或意义内容是相同的，但取象立意的角度或对象却不一定相同。例如，古埃及的圣书字采用一个小圆点放射出一束光芒的图形来代表天空的星星，而我们民族祖先倾向于整体认知，根据自己的观察经验，太阳永远是圆的，月亮有圆有缺，并且是不圆的时候多，而太阳和月亮各只有一个，星星则是无数众多的，所以，采用一个圆圈内加点线符号的图形来代表太阳，采用新月图形来代表月亮，采用五个或三个小圆圈相叠积的图形（或在小圆圈中加点线）来代表星星。有时，文字反映的客观事物或意义内容并不相同，但造字构形的思维模式和心智特征却相同或相近。例如，北美印第安人的图画文字用一个从头的两耳处各引出一条波纹线的图形来表示“听”或“注意”的意思，用两颗联在一起的心的图形来表示“爱情”，用两个人手拉着手的图形来表示“友谊”，这与我们的“曰”字用一个从口中引出一条线的图形来表示“说”，“友”字用两手相并的图形来表示“友爱”、“朋友”，心智显然是一致的。这些情况都足以说明，世界上几种古老的文字虽然都是由图画文字脱化而来，虽然在一定程度上体现了某些发明的共性，但它们都是走着自己的道路。我们的汉字在构形思维上以汉民族固有的心智为基础，所走的也完全是自己独树一帜的道路。

（四）人本位与我本位

古汉字的形体，最初大都是来自客观事物的图象，其中最多的又是人类自身的有关图象。所谓“近取诸身，远取诸物”，“物”指人们所观察到的客观外物，“身”便是指人类自身。在甲骨文中，字形结构直接由人体图象或包含有人体图象（包括人体器官、肢体一类的图形）来表意的字，占了总字数的三分之一以上。汉字构形所反映的这一主要的取象或立象倾向，充分体现了汉民族的一种“人本位”意识。所谓

"人本位"，就是指先民们在创造文字的实践过程中，既以人类自身为主要的认识对象、反映对象，也以人类自身为本位，为中心来认识万事万物，来反映客观世界。

在甲骨文、金文中，人形图象很多，而且多姿多态，内容极其丰富。有描绘着人的各种动作姿态的图形：或垂手并足而侧立（、），或伸展四肢而正面站立（、、、），或屈身而侧卧（、），或敛手而危坐（、、、），或扬臂而飞跑（、），或彷徨于歧途，东张西望，不知所从（、、），或扭头朝后，不屑一顾（、），或手之舞之，足之蹈之（、），或弯腰躬身，歪头交胫（、、），或大张其口，垂涎欲滴（、、），或口衔吸管，痛喝酣饮（、），真可谓姿态百出，仪容纷陈。有描绘着不同年龄层次，不同性别的人形：有脑盖骨尚未长合的婴儿之形（、），有头大身小的小孩之形（、），也有满头长发的长者之形、老人之形（、），有垂须飘髯的男人之形（、、），有束发加冕的"大丈夫"之形（、），有秀发散披，尚未及笄的姑娘之形（、、），也有敛手跽坐，挽髻插笄，文雅娴静的少妇之形（、、），还有腆着肚子，怀了身孕，生儿育女，做了母亲的女人之形（、、、、、），等等。有表现出种种风俗习惯的人形：或戴头插（、、、、、、、、、、），或着尾饰（、），或身绘纹绣（、、、），或佩戴面具（、、、），或手持火把，向火光、土块顶礼膜拜，象征着向往光明，崇拜大地（、、、、、）等等。有体现了不同社会地位，不同境遇的人形：有留着刑记，带着颈绳，执役服事的婢妾奴仆之形（、、、、等），有被捆绑，被反缚，被掌控，带着脚镣，枷着手梏，关在牢笼，囚于居室的奴仆囚犯之形（如、、、、、、、），或被砍头（、、、），或被刖足（如、），等等。还有许许多多反映着古人的衣食住行、动作止息、人际交往等各方面内容的人形：或安坐于居室之中（、），或横陈于卧席之上（、），或梦有所见（、），或疾病加身（、），或以手梳发，临盆照容，洗面浴身（、、、、、、），或俯身就器饮水，跽坐就器进食（、、、），或头顶筐筥（、），肩荷锄戈（、、、），脚踏耒耜（、），手插禾木（、），或因劳作而大汗淋淋（），或因苦累而依木憩息（），或登于树木（），或坠落山崖（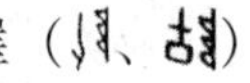），或摆渡舟中（），或跨骑马上（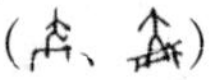），或牵引车辆（），或挥笔而书（），或弄玉玩赏（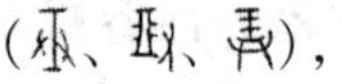），或前后相随（），或彼此相背（），或斗殴厮打（），或亲爱友善（），或护携扶持（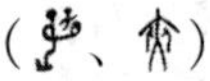），或顶礼膜拜于祖宗神灵，仰首向天祝祷（），或聚于旌旗之下，挟弓拥盾，持斧挥戈，以征战杀伐为事（），等等。凡此之类，不胜枚举。单是古汉字的这一类构形，便从各种社会侧面，以各种不同形象，生动具体地展现了我们祖先的现实生活，构成了一幅以人类自身为中心题材的“人生百象图”。

其实，汉字构形所反映出来的“人本位”思维特质，远远不限于直接在字形上描绘出各种人生景象。文字代表语词，语词所反映的意义内容如果本来就是属于人类自身所特有，那么，采用人体图形或人事图象来为之造字构形，这是极其自然的事情。但是，有许多事物或现象并非人类所特有，我们的祖先在造字构形时却仍然刻意追求采用人体图形或人事图象来曲折表达之，这就更充分反映了汉民族习惯于以人类自身为主体，以万物为客体，习惯于通过认识自身来认识世界，以反映自身来反映万物的心智特征。比如，人有头，牛马有头，一般动物都有头，{首}之为词，到了文字初创之时，肯定早已不是人头的专称了。然而，先民们要为{首}这个词来造字构形，不是取马鹿牛羊之首以为象，而是取人首以为象。人有心脏，猪狗有心脏，许多动物都有心脏，{心}之为词，到了文字初创之时，也肯定早已不是人心的专称了，然而先民们要为{心}这个词来造字构形，也不是取猪狗虎豹之心以为象，而是取人心以为象。这就足以说明，“人本位”意识在我们远古祖先的思维经验中是十分强烈的。也许有人会说，甲文“首”字作等，是一个凸头凹脑，尖嘴猴腮的模样，何以见得是取象于人头？会不会描绘的是猿猴的脑袋呢？甲文“心”字作等形，金文作等形，小篆作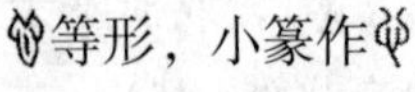，牛羊猪马的心脏与人的心脏在形状上也没有明显差别，何以见得古汉字的“心”字便是取人心以为象，而不是取牛羊之心以为象呢？我们认为，这种怀疑，是可以得到排除的。我们知道，“首”字甲文作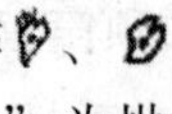，它有一个孳乳分化字“页”，甲文作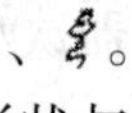。“页”字以“人”为烘托而突出其头形，其中代表人头的那部分形状与

甲文“首”字构形是完全相同的。关于“心”字，《说文》解释说：“，人心，土藏，在身之中。象形。”（卷十下心部）甲文中还有一个字，在“心”的形体之上加一短竖，此实即思考问题的“思”字。古人以为心主思，所以用心形加象征符号以示心在思虑，其构形模式与“曰”字用口形加象征符号以示口在说话是一样的。这些情况，足以说明古人为“首”与“心”两个词造字构形是取象于人首、人心。

虽然我们不能说“人本位”是汉民族在造字构形中所表现出来的一种独有的民族心智特征，但我们至少可以肯定，在世界上其他几种古老的文字体系中，通过代表人体自身的各种图形来反映世界、反映自然的思维趋向远不及汉字体系所表现出来的这样广泛而深刻、强烈而普遍。我们可以再列举一个很普通的例子。我们知道，死亡也并不是人类所特有的一种生理现象，语言中｛死｝之为词，也并非专指人的死亡。在北美印第安人的图画文字中，象征死亡的是一个四脚朝上头朝下的动物之形。我国河南偃师县二里头文化遗址里所出土的陶文中有一个字，在一方框里画着一个脚朝上头朝下的人形，李孝定指出这是个“死”字①，字形即取象于人的死亡。此外，人有生有死，万物有变有化，我们汉民族由自身的感知经验中认识到，人由生到死，这是一种最大的变化，所以“化”字甲文作、、、等形，以二人形一正一倒作。“化”字货币文或省正立之“人”形而只作倒立之人形、等，“货”字货币文或作、等，亦如“化”字之或作、者。凡此，说明作倒人形的“匕”字应当即是“化”字之初文，只是甲、金文中尚未见到“匕”字而已。《说文》卷八上匕部：“，变也。从到（倒）人。”“，僊人变形而登天也。从‘匕’……”汉民族把死称作“化去”，“化去”与“登天”、“反本还真”等说法虽有观念意识的某些不同，但论其实质则并非二事。我们祖先以人死之象来反映一切有生之物的灭亡，其他民族则或以动物死亡之象来代表一切有生之物的灭亡，其“人本位”意识的强烈之差异不是很明显吗？

“人本位”这一心智特征，与汉民族造字构形的思维模式也有着密切关系。比如，人体无尾，真正有尾而又彰明昭著的是牛羊虎豹之类的动物。然而，我们的先民们为语言中｛尾｝这个词来造字构形，却偏偏不取象于牛羊虎豹，而是也要取象于人。甲文“尾”字作，象一个

① 李孝定：《汉字史话》第36页，台北联经出版事业公司，1977。

人的屁股后面垂挂着一条长长的尾巴，似乎令人匪夷所思。当然，这是一条假尾巴。这虽然是取象于上古人类身着尾饰的习俗形象，但所以如此，也实有古人构想的一定道理。因为，如果单独描绘一条尾巴，则易与“毛”字之形相混（金文“毛”字作、，象倒尾之形），故转而谋求于“烘托显物”的构形模式。但若画上某种有尾的动物，突出其尾形来强调其所指，也难以收到确切表意的好效果。因为动物有尾是自然现象，人们不可能一看到有尾的动物图形，便意识到它不是指这只有尾的动物整体，而只是指这只动物身上的那条尾巴。相反，正因为人体是无尾的，现在画上一个拖着一条长长尾巴的人形图象，谁见了都会立即注意到这条尾巴的形象。很显然，像这种“烘托显物”构形模式所造出的字，也完全是在“人本位”心智特征影响之下产生的。

汉字构形中的“人本位”观念，有时甚至体现为“我本位”。这个“我”不是人类大我，而是造字者本人的“小我”。这就是说，造字者力图通过表达自我来表达外物，反映自我来反映世界，并让所有使用文字的人也能通过认识自我来认识客观事物。例如。、二字是表左、右之方位的本字，是借人的左、右二手之形来寄寓左、右两种方位概念。甲骨文的这两个字形，显然是从造字自身的立场，以造字者自身的两只手为本体而构想出来的。平时，我们自然地举起自己的一双手，手指一般都是相对的：左手的手指会自然地朝向右边，右手的手指则自然地朝向左边。所以、二字是象“自我”左右二手之形。“左”、“右”这两个方位概念完全是根据每一个人的自我本位而形成的，其标准是，举起自己的右手这一边便是右方，举其自己的左手这一边便是左方。所以，造字者采用“自我”左、右二手之形来寄寓左、右之方位，典型地体现了我们的祖先通过认识自我来认识外物，反映自我来反映世界的心智特征。今天我们教导小孩辨识左、右方位，常常首先告诉孩子：“你拿筷子的这只手便是右手。”（当然不是“左撇子”）然后再告诉孩子：“右手这一边便是右方。”这也正是“我本位”意识的反映。

（五）思辨与约定俗成

汉民族初创文字阶段，其构形思维带有显著的感性直观特点，从总体上来说，是一种经验型思维。但也不可否认，在早期汉字的形体结构上，已经具有比较细密的思辨型心智特征，具有朴素的逻辑思维的因素了。经验型思维与逻辑型思维看起来相互矛盾，其实，二者之间并没有一条不可逾越的鸿沟。尤其对上古时代的人们来说，他们的思维方式是含混的，不存在为铜墙铁壁所隔开的两种思维形式。而且，从经验型思维本身而言，它常常偏重于对事物现象作整体认识和把握，而作为构成整体事物的每一部分，都处在矛盾冲突和相互制约的位置上。所以，只要整体事物得到了比较真实的反映，在认知思维的体现上便必然具有朴素的辩证因子。

通过对不同事物的比较，求异存同，突出事物的典型特征，或强调事物特殊属性，这是汉字构形中最容易被人们注意到的一种思辨性。这一点，除了我们在论述“神似之形”时所谈到的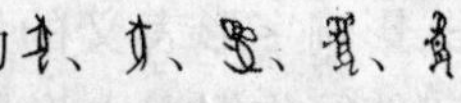等字形的各自不同特征的体现以外，这里不妨再举一两个例子来进一步说明。语言中｛栗｝之为词，或指栗树，或指板栗树所结的果，其意义内容是容易明白的。但是，要把｛栗｝这个词体现为文字，而且是表意文字，希望能在字形上直接把它所指称的意义内容直观形象地反映出来，便不能不付出一定的心智。先民们凭着自己感性经验，想到栗树所结的果实不同于一般果实，它是一种长满毛刺的果实，把握了这一典型的外在特征，便把栗果（俗称“栗子”或“板栗”）同其他的果，把栗树同其他果树，在直观形象上区分开来了。所以，甲文“栗”字作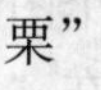，突出的是带毛刺的果形，这就与泛指所有果实、果树的｛果｝有了较明显的区分。又如，在语言中｛豕｝是猪的总称，｛豭｝是专指公猪，｛彘｝又是专指野猪。家猪和野猪之分，公猪和母猪之分，在现实生活中也许不是什么特别难以辨识的事情，但诉诸文字要通过直观形象的构形把它们体现出来，便不是容易的了。先民们凭着自己思维才智，既通过把“豕”描绘成肥躯垂尾之形以区别于“犬”，又在“豕”形的肚腹部十分醒目地标上一个象征着雄性生殖器的符号，构成一个代表公猪的字，这就是，即“豭”字的初文。那么，野猪又如何来表现呢？家畜和野兽的分别是人类社会的产物，家猪是人类自己畜养的，野猪是野生的。野生的动物是狩猎的对象，人们需要通过射猎之类的手段才能获得。根据是否畜养的这一不同，先民们便在代表猪的统称“豕”字的形体上，添加上横穿一支箭的图形，这就成了意义是野猪的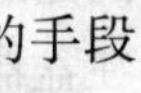（彘）字①。其形体结构即向人们暗示，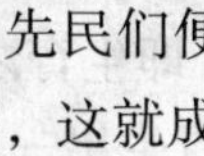所代表的“豕”不是家畜，而是可以射猎的，是为｛彘｝。

人们常用“正反侧倒不拘”、“偏旁形体不固定，各种偏旁在字形

① 后世“彘”字也泛指家猪，那是文字使用后意义演变的结果。

中的位置不固定”这一类的说法来概括早期汉字字形不统一的风格特点。这些看法自然不能说是错误的，因为在古汉字中，的确存在着大量的似乎是“字无定格”的形象。比如“帝”、“车”二字，在甲骨文中便各有多种不同的写法。然而，所谓“字无定格”仅仅是一种表面现象，在这种表面现象的掩盖下，古汉字的构形实际上存在着一种比较严格的非任意性。这种非任意性，体现为字形的变异决不能违背该字义所包含的最基本的客观事理。像“帝”、“车”之类的字的不同写法，都并未影响字形表义的思辨精神，并未违背客观事理。此外，像“山”就不能写作倒山之形，“立”字不能写成一横在上，人形倒挂在下，“大”字若倒写，那就不是“大”字，而是“逆”字的初文了，“曰”字和“甘”字的差别只在象征符号是在口形之上还是在口形之中，二者也不容变易混淆。这种字形的不能任意变易性，在“比形象事”式的古汉字中尤其重要。凡是由“比形象事”构形模式所造出的汉字，其图形的比配无论怎样变换位置或改易方向，始终都遵循着该文字意义内容所包含的事理关系或事理原则。例如，“休”字是由“人”和“木”两个图形符号比配而成，表示人背倚树木而休息，这个字或把“人”放在“木”的左边，或把“人”放在“木”的右边，但不管怎样变易，总是体现为人背倚树木之形，而不能让“人”面对着“木”，更不能把“人”置于“木”上或“木”下；“祝”字是由“兄”和“示”两个图形符号比配而成，表示一个人跪拜在神位前仰头祝告，这个字或把“兄”放在“示”的右边，或把“兄”放在“示”的左边，但不管怎样变易，总体现为祝祷者跪拜在神位之前，而不能让他背着神位；“饮”字描绘的是一个俯身张口（含管，或谓吐舌）的人向一个盛水之器喝水的图形，不管取饮之人是被描绘在饮器的右边还是左边，但总是俯身面对着饮器，饮器决不能画在人的背后或头顶；“监”字描绘的是一个人俯手张目向盛水之器看自己面容的图形，不管这个照容之人在盆器的左边还是右边，但总是俯首面对容器，决不能把盛水之器画在人的背后或头顶；“毓”即生育之“育”的本字，指女人生孩子，字形即描绘着一个女人的下身生出一个婴儿来，不管婴儿之形是画在右边还是左边，都必须是在“母亲”的胯下，而且一般是头朝下（婴儿出生一般都是头部先出，若是足在下先出，则为难产）；“好”的本义是喜爱，即今天所说的爱好之“好”的意思，字形描绘的是一幅母子欢爱图，不管母亲之形是画在小孩之形的左边还是右边，总是母子相互面对，而不是一方背对另一方不理不睬，等等。古人造字构形的几微奥妙，心思之纤细缜密，往往如此。所以，如果简单地说古汉字“字无定格”，实在是没有揭示出问题的本质特征。当然，文字并非一人所专造，尤非一人所专用，一个字形一经造出，一经使用开来，由于约定俗成的效力，它便渐渐成为一种符号，大家来书写它时，便不可能人人都像造字者当初那样来讲究思辨，那样严格遵守字形的应有写法。所以，在古汉字中，我们间或也可以看到一些实际上是违背了思辨原则的异体字。例如，“毓”字也偶有把倒子之形画在产妇之形面前的，不再具有婴儿降生的直观形象性；“好”字也偶有把小孩之形画在母亲之形背后的，不再能充分显示母子欢爱之情；“祝”字也偶有把神位之形画在祝祷者背后的，违反了情理和事实。凡此之类，都应看作是后来写字的人所写出的“错别字”，断非造字者的初意即是如此。

汉字构形的思辨性，在方位安排的取向上往往与古人的心理习俗融合在一起，形成了一种颇具民族心智特征的构形趋势。这就是，汉民族造字构形的取向和布局，习惯于以上方为前为外，以下方为后为内，以南北向为纵为顺，以东西向为横为逆。这虽然还不能说是汉字构形的一条定则，但作为一种心理趋势，在早期汉字中还是体现得比较明显的。例如，“正”是“征”的初文，指外出远行，甲金文“正”字由一个四方形与一个或两个脚趾形比配而成，四方形符号被画在脚趾形的上方，脚趾形朝向上方的四方形符号，即象征朝着前方的目的地进发；“出”字从“止”，在一坎穴之上，脚趾朝向上方，坎穴形象征居室（古人穴居或半穴居），字形表示离开居室外出；“各”是“洛”的初文，是至、来到的意思，与“出”是一种相对的行动概念，所以其构形是“止”在坎穴形上方而让脚趾朝向下方的坎穴口，表示回到或来到住地；“入”与“内”是同源词，在文字构形上，二字都是以一个丫形符号倒朝下方；甲骨文中有一个丫形符号字，丫叉朝向上方，正是内外之“外”的初文；古人把洪水泛滥成灾说成是大水横流，所以“灾”字的初文取象于洪水，用三条相叠的东西向的曲线图形，象征着大水横流，泛滥成灾（后来又加注了一个声符“才”，把象征水流的东西向改成了南北向）；正常的江河之水是顺势而流，循河道而行，所以甲骨文“水”字象水流之形而南北向。汉字中绝大多数代表动物的字之所以被写成头朝上尾朝下的竖立之形，我们认为并非纯粹为了书写的方便（事实上这样安排有些并不便于书写），主要还是与汉民族以上为前，以纵为顺的心理习俗密不可分。这种构形趋势，如果与古埃及文字作一下比较，其民族心智的不同习性便尤可看出。例如，古埃及文字中表示水的字便是用一条横向的曲线来代表，不像我们古汉字中的“水”字是纵向的水流之形；古埃及代表月亮的字也是一弯新月之形，但是是横向的，朝下弯曲，而我们的“月”字则是一轮朝左弯曲（纵向）的新月之形；古埃及表示手或手掌的字是一个横置的手臂或手掌之形，而我们古汉字中取象于手的字如“𠂇”、“又”、“手”及“肱”、“肘”等字的初文，其手形都是竖立的；古埃及表示行走意义的字是一个象两只脚横向分开的符号，而我们的“步”字（本义是行走）从二“止”上下相叠，是纵向的，等等。当然，例外的情况两方面都不是没有，但心智特征的差异性是明显存在的。

我们还注意到，语言中所运用的一些修辞手法，比如借代、特指、烘托、夸张等，在古老的汉字构形中，都早已有所体现。关于烘托，已形成为汉字构形的一种模式，这里就不多说了。体现在汉字构形中的借代手法有种种表现，或是以少代多，如“林”、“森”、“众”、“艸”、“茻”、“晶”等字，其构形原理即是如此。或是以个别代一般，如作为“追赶”这样的一种动作，其被追赶的对象可以是人，也可以是动物，可以是犬是豕，也可以是鹿是兔，而“逐”字的构形最后选定在从“止”从“豕”，这个“豕”作为被追逐的对象，显然是基于个别代一般的原理。若不理解这种构形原理，以为“逐”的“本义”是追赶猪，用来表示追人或追逐其他动物都是“词义引申”的结果，这样看问题的话，那我们的思维方式反而比远古祖先还落后还肤浅了。或是以部分代全体，如“牛”、“羊”二字即是如此。此外，在古汉字中许多动物的头其实只是一只眼睛的图形，是以“目”代“首”；“兕”字代表犀牛的头部有时只画一只角，是以“角”代“首”。可见这些借代手法的运用又都是与突出典型特征密切相关的。大量从“止”的字，如“出”、“各”、“正”、“逐”、“韦”、“武”、“陟”、“降”等，都是以脚形符号来借指人在从事某种动作或行为；从“口”、“又”、“𠂇”、“収”等一类的字，也大都是这种性质。《说文》卷二下品部：“喿，鸟群鸣也。从‘品’在‘木’上。”这又是以“口”代鸟，以三“口”代群鸟了。或是以某种相关之物来代人，例如甲骨文“幸”字为梏手的刑具之形，甲骨文“执”字即是一个以梏械执拿罪人的图形，“圉”指囹圄，从“囗”从“幸”，“囗”即象征监牢，“幸”即代指囚犯。又比如，“辛”是柴木之形（或以为是一种施刑的凿具），在古汉字的构形中，常常借用它来代指服仆役之事的人，如“宰”、“辟”、“妾”

等字的构形便是如此。

所谓“特指”，是相对于泛指而言。比如语言中的{人}，既可用来指男人，也可用来指女人，还可用来指老人、大人、小孩等，总之可以泛指一切的人。在日常言语中，若要用它来特指某一种或某一个人，一般都要加上修饰性的词语。若不使用修饰、限制性的词语，直接用来特指某种人，那就是一种修辞手法了。例如《左传·昭公三年》记载齐景公使晏婴请继室于晋，晏婴与晋大夫叔向（羊舌肸），谈论季世之事时，叔向说了这样一段话：“晋之公族尽矣！肸闻之：公室将卑，其宗族枝叶先落，则公从之。肸之宗十一族，唯羊舌氏在而已。肸又无子，公室无度，幸而得死，岂其获祀?”据《左传》记载和后人的考证，叔向这时是有儿子的，为什么他在这里要说自己“无子”呢？原来，叔向主要是感叹自己没有一个能很好地把自己的宗族统治继承和维持下去的人，他所说的“子”，已不是泛泛所指，而是一种特指，指的是“贤子”。叔向又说：“虽吾公室，今亦季世也；戎马不驾，卿无军行；公乘无人，卒列无长。”这些话也多是特有所指：“公乘无人”的“人”是特指国君戎车的合适人才，“卒列无长”的“长”是特指军队编伍中的好长官。我们注意到，后世文献语言中的这类特指修辞手法，在古汉字的构形中早已得到了普遍运用。例如，甲骨文中的“孕”字描绘的是一个腹中怀有胎儿之人的形状，其怀胎的人形必定无疑地是特指女人的了。甲骨文中还有一个“孕”的异体字，怀孕的人便是一个女人之形。这个异体字便没有运用特指手法。又如，“毓”指妇女生孩子，所以字形从“女”从倒“子”。它有一个异体，从“人”而不从“女”，这个“人”当然也是特指女人。

汉字构形中的夸张式表现手法，我们从“欠”、“次”、“兄”、“见”、“望”、“监”、“饮”、“闻”、“沫”诸字的古形体上，极容易获得鲜明而深刻的印象。田倩君对这种构形特征作过分析，他说：“古文字凡是用眼睛看者，即将‘臣’字特大书之，如同今日影剧中之特写镜头，凡表示此片之重点所在，即将其所表现之部分特别放大，竟有整个银幕上只映出两只眼睛，即知此片中之故事与目有关。以此类推，此等心理与表现之技术，早倡导于数千年前，今日制影剧者，竟与造字之仓皇情发一衷，五千年遥遥相应，妙哉！”① 当然，汉字构形中的夸张手法，往往是与借代手法结合在一起运用的，从而形成了这种别开生面

① 田倩君：《监字考》，见台湾大学文学院中国文学系编印的《中国文字》第九册。

的"特写镜头"。

杨树达曾指出："古人制字，因义赋形，形与义未有不密合者。说者失其形，则义具而不知其源；失其义，则形孤而无所丽。""古人制字，用意大都精切，不应不协事实。"① 我们非常赞同杨氏的看法，并由此感觉到，对古汉字的考释，不能脱离文字为语词而造这一基本事实。只有从文字代表语词这一基点来看待古汉字的构形取象，遵循客观事理来探求古人的思致，考释古汉字才不至于猜谜射覆，望图生训。比如，"受"字本取象于授受器皿，字形中的舟形符号实为杯盘之类的礼器之形，人们却以舟船之"舟"为说，殊不知舟船之为物，人岂能彼此以手相授受？又如，偁举之"偁"字，指用力提举重物，所以甲文"偁"字之形即象人伸臂躬身抓举鼎器之类的重物；说者或以为"象人手提鱼形"，殊不知鱼之为物较轻，岂能体现提举重物之意？在甲骨卜辞中，"月"和"夕"二字每混用，这只能是一种用字出现的问题，溯其造字初意，"月"和"夕"自为二字。二字均取象于新月之形，一个月形中有一点画式的象征符号，一个没有。我们认为，中有点画象征符号的应为"月"字，无者应为"夕"字。有点画，象征月中有清影；无点画，为月朦胧不清之形，所以用作黄昏初夜之象征。大凡月初出，其形尚朦胧不清；只有当空皓月，其中清影才明晰可见。《世说新语·言语》记有这样一件逸事："徐孺子年九岁，尝月下戏，人语之曰：'若令月中无物，当极明邪？'徐曰：'不然。譬如人眼中有瞳子，无此必不明。'"这个故事说明，能见到月中之物，便是皎洁之明月；不见月中物，则是朦胧之月，黄昏初上之时便是如此。古人想象月中有玉兔捣药，也是因月中之阴影而生。所以，许慎著《说文》，定月形之中有点画者为"月"字，无者为"夕"字，是非常正确的。我们不能因为甲骨卜辞中用字有相通或淆混现象而判定"月""夕"为一字。

当然，汉字构形讲究思辨性，在根本上还得借助于约定俗成。离开文字代表语词之事实，"思辨"往往无从谈起。例如，从"止"从"豕"为"逐"，意在强调人的追逐，"止"非"豕"之"止"；从"止"从"兔"（甲文如此，小篆变为从"辵"）为"逸"，意在表现动物的逃逸，则"止"为"兔"之"止"。这种表意的不同，在构形原理和方式上实无区别。若离开约定俗成的形义关系，我们完全可以反问："逐"为什么不能说是豕在逃跑？"逸"为什么不能说是兔在被逐？你

---

① 《积微居小学述林》卷三《释同》、《释兴》。

说“好”字表示的是母亲对孩子的喜爱，为什么就不能看成是当妈妈的在责骂孩子？你说“休”字表示的是人背靠树木在休息，为什么就不能看成人在扛木头进行劳动？再比如，“朝”指早晨，甲骨文“朝”字字形表示太阳刚刚从地面草木丛中露出，月亮则还悬挂在天空而未西沉，这自然是一种清晨的景象；“莫”是“暮”字的本字，指黄昏，甲骨文“莫”字字形表示太阳正向着地面草木丛中坠落下去。其实，说“朝”字字形中的“日”是升起之象，“莫”字字形中的“日”是沉落之象，完全是结合词义而约定俗成地理解的结果，字形本身并不能客观地把太阳的升落之象作出区分来。若离开文字代表语词这一基本事实，离开形音义关系的约定俗成，我们说“朝”字取象于黄昏，“莫”字取象于早晨，谁又能说绝对不行呢？唐兰说得好：“‘朝’字象日月同在草中，与‘莫’象日在草中相对。郭氏谓此下弦时现象，上弦时日月同见于暮，因谓罗说为绝非。然古人绘一图象以见意，取彼时人所共喻，固不容胶固以说之也。”① “‘莫’是古‘暮’字，象太阳在丛莽中，为什么一定是黄昏时候，而不是早上呢？可是古人就是用这幅图画来代替这个语言，这就是‘约定俗成’。”②

文字的约定俗成，就建立在语言的根基上；造字构形之讲究思辨，也完全是建立在语言之根基上。所以潘重规指出：“在我们运用六书的知识解释文字之前，有一个重要的事实我们必须弄清楚。就是文字是代表语言的，语言是代表意思的；人类有共同互相了解的意思，然后代表意思的语言，才能彼此了解。又必须有互相了解的语言，然后才能了解代表语言的文字。譬如古人造了一个‘一’字，来代表未有‘一’字以前的语言，经过一番认识，一番解说之后，大家便能互相了解，互相使用。又如未造‘日’字以前，先有互相了解的‘日’字的语言早经通行，所以画出一个⊖字以后，经过一番认识，一番解说之后，大家便能互相了解，便肯大家使用。经过约定俗成，便成为大众使用的文字。如果单看见字形，而没有历史的根据，使用六书的方法，个人的意见任意猜测，那便仍旧要陷于极端的武断和错误的。因为文字不管是象形，是写意，都不能脱离历史的根据而任意解释的。假使看见⊖字，就说这是象太阳之形；但是圆形的物体非常之多，到底是圆镜呢？是圆球呢？还是中秋的月饼？何以见得圆形的⊖，非是象太阳的形状不可？

① 唐兰：《殷墟文字记》第63页，中华书局，1981。
② 唐兰：《中国文字学》第77页，上海古籍出版社，1979。

这应当说明，圆形的‘⊖’本来可以代表太阳、镜子、圆球、月饼乃至于一切的圆状之物；不过在远古时期，经过我们老祖先无数人共同意志的公认，又经过多少千年来的中国人的共同使用，所以圆形的⊖便做了太阳独占的标记。荀卿说得好：‘名无固宜，约之以命，约定俗成谓之宜，异于约，则谓之不宜。’荀子说的名，便是文字；约定，便是得到民意的公认；俗成，便是有了历史的根据。我们要明白六书，才能解释分析文字；也必须先认识了文字，先获得了文字的历史根据，才能正确运用六书。决不可单凭一点六书的理论，望着一个个的文字，便凭个人主观随意解释，这便堕入‘望文生训’的魔障，像历史上王安石一流人的做法。”①

① 潘重规：《中国文字学》第42～43页，台湾东大图书有限公司，1983年再版。雍长案，认为荀子说的“名”仅指文字，非是。

主要参考文献

许　慎：《说文解字》，清同治十二年陈昌治刻本（大徐本），中华书局1963年影印。

徐　锴：《说文系传》，清同治十三年阮元《古经解汇函》刻本，上海蜚英馆光绪戊子年影印。

段玉裁：《说文解字注》，经韵楼藏版，上海古籍出版社影印本，1981。

王　筠：《说文释例》，清道光丁酉本，世界书局印行。

曹仁虎：《转注古义考》，上海古籍出版社影印本，1995。

周名辉：《新定说文古籀考》，武汉古籍书店，1985。

商承祚：《说文中之古文考》，上海古籍出版社，1983。

吴大澂：《说文古籀补》，中华书局，1988。

丁佛言：《说文古籀补补》，中华书局，1988。

强运开：《说文古籀三补》，中华书局，1986。

中国科学院考古研究所编：《甲骨文编》，中华书局影印本，1965。

沈建华、曹锦炎：《甲骨文字形表》，上海辞书出版社，2008。

刘钊、洪飏、张新俊编纂：《新甲骨文编》，福建人民出版社，2009。

姚孝遂主编：《殷墟甲骨刻辞类纂》，中华书局，1989。

李孝定编述：《甲骨文字集释》，中央研究院历史语言研究所（台湾），1970。

徐中舒主编：《甲骨文字典》，四川辞书出版社，1989。

于省吾主编：《甲骨文字诂林》，中华书局，1996。

容　庚：《金文编》，中华书局，1985。

徐中舒主编：《汉语古文字字形表》，四川人民出版社，1981。

李圃主编：《古文字诂林》，上海教育出版社，1999。

裘锡圭：《文字学概要》，商务印书馆，1998。

孙雍长：《管窥蠡测集》，岳麓书社，1994。

图书在版编目（CIP）数据

转注论/孙雍长著. —北京：语文出版社，2010.4
ISBN 978-7-80241-300-9

Ⅰ.①转… Ⅱ.①孙… Ⅲ.①汉字—汉语史—研究
Ⅳ.①H12

中国版本图书馆 CIP 数据核字(2010)第 036599 号

汉字孳乳之大法

转注论

（增补本）

孙雍长 著

*

语文出版社出版

100010 北京朝阳门南小街 51 号

E-mail:ywp@ywcbs.com

新华书店经销 河北新华印刷一厂印刷

*

787 毫米×1092 毫米 异 16 开本 18 印张 299 千字

2010 年 4 月第 1 版 2010 年 4 月第 1 次印刷

印数：1—1,500 定价：35.00 元